近世庚申塔の考古学

石神裕之
Ishigami Hiroyuki

慶應義塾大学出版会

The Archaeology of Koshinto in the Edo Period: A Typological and
Epigraphical Analysis of Stone Monuments in Japanese Folk Belief
Hiroyuki Ishigami
Keio University Press Inc., 2013
ISBN 978-4-7664-2041-8

1

2

― 梵字ウーン
― 月
― 日
― 法輪（輪宝）
― 願文
― 三叉矛（戟）
― 紀年銘
― 弓
― 矢
― 三猿（左から見ざる，聞かざる，言わざる）
― 国・村・小名（字）銘
― 施主銘

【近世庚申塔のすがた】
　庚申塔といえば，写真3のような「青面金剛」と「三猿」の刻まれた姿がよく知られていよう。紀年銘や願文，施主・村名なども刻まれており，歴史資料としての価値を示している。本文で詳述するように，青面金剛が庚申信仰の本尊として流布する時期は比較的新しく，それまでは多様な主尊が刻まれていた。いわゆる「庚申経」と呼ばれる経典には，青面金剛の詳細な持物や姿が記されるが，写真7のように邪鬼を踏まえた青面金剛に二童子（本来はさらに，四薬叉を加える）を従える規範に沿った像容が刻まれることは稀である。また青面金剛は手に，弓・矢・法輪（輪宝）・剣・羂索（一端に環，他端に独鈷杵をつけた縄）・三叉矛（戟）・剣などの武具・法具を持つが，その組み合わせも多様である。くわえてショケラとも呼ばれる「女人」の頭髪を鷲づかみする像や雌雄二鶏を刻む事例も見受けられるが，その由来は詳らかではない。このように庚申信仰の普及過程で，人々が青面金剛の姿を「創造」していった様子が窺われる。そうした多様性が，近世庚申塔の「石仏」としての魅力ともなっていよう。

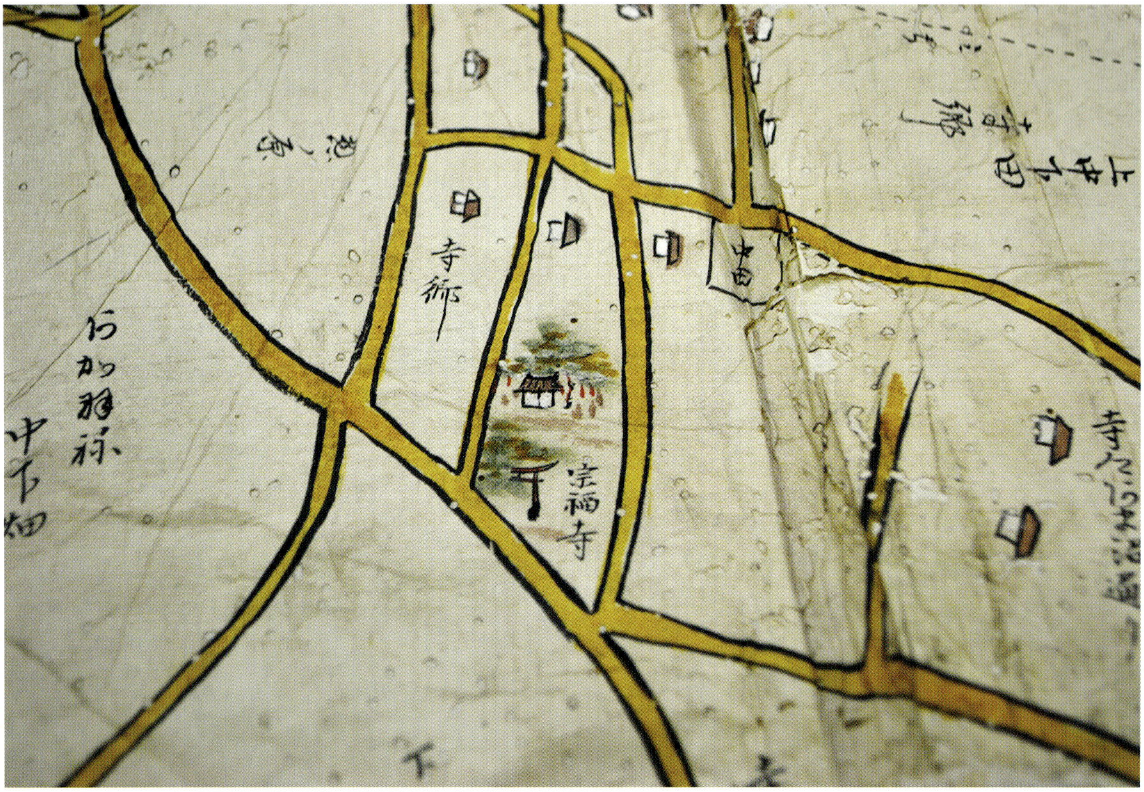

【村絵図にみる馬込村と庚申塔】

　本書第6章で取り上げる村絵図［馬込村惣村絵図（129×190cm）］は木原領馬込村の名主を代々勤めた加藤家に伝わるものである。掲出部分の「寺郷」には「天保11年庚申塔」の現存する「宗福寺」が、「平張」には「石仏」が描かれている。第6章で扱う平張谷の「享保5年庚申塔（口絵写真3）」の現存する地点は、欅・松などが植えられ塚状を呈し、明治期造立の「磨墨塚」の碑（宇治川の戦いで、佐々木高綱と先陣を争った梶原景季の愛馬「磨墨」の墓とする伝承を顕彰したもの）と大正期造立の馬頭観音が共に建てられている。この絵図での「石仏」の近傍にも木々が繁茂した塚状の小山に松の古木が描かれているが、道の形状などからこの塚が現「磨墨塚」である可能性は高い。「享保5年庚申塔」以外で現存する近世の石造遺物が塚周辺に存在しない点を考慮するなら、この「石仏」が「享保5年庚申塔」である可能性を示唆している。

1　B−1a類【阿弥陀三尊来迎図線刻・元和2年（1623）】足立区正覚院（現存東京都内最古紀年銘）
2　A−2類【偈・願文系・正保4年（1647）】新宿区月見岡八幡神社
3　B−1b類【青面金剛・享保5年（1720）】大田区南馬込路傍
4　C類【地蔵菩薩・寛文4年（1664）】新宿区観音寺
5　C類【阿弥陀如来（来迎印）・寛文12年（1672）】新宿区全龍寺
6　C類【青面金剛・元禄15年（1702）】千葉県鎌ヶ谷市大宮神社
7　B−1b類【青面金剛・享保5年（1720）】埼玉県加須市（旧・北川辺町）鷲神社
8　B−1b類【青面金剛・宝永5年（1708）】埼玉県熊谷市（旧・妻沼町）龍泉寺
9　C類【二猿（桃持猿）・寛文4年（1664）】新宿区筑土八幡神社
10　B−1b類【偈・願文系・明暦4年（1658）】世田谷区宗圓寺
11　B−1b類【偈・願文系・貞享3年（1686）】新宿区諏訪神社
12　B−1b類【偈・願文系・貞享3年（1686）】荒川区石浜神社
13　B−1b類【偈・願文系・無紀年銘】埼玉県熊谷市（旧・妻沼町）永井太田路傍
14　寺郷谷・宗福寺周辺『馬込村惣村絵図』（作製年不詳・加藤家蔵・大田区郷土博物館寄託）
15　平張周辺『馬込村惣村絵図』（同上）

目次

序章　近世庚申塔研究の目的 ... 1
　1　歴史学としての近世庚申塔研究　1
　2　近世庚申塔とは何か　2
　3　庚申塔のもつ多様な資料性　3
　4　庚申塔による歴史復元の可能性　5

第1章　既往研究の概要と視座 ... 9
　1　石造物研究の歩みと近世石造遺物　9
　2　戦前期における庚申塔研究　10
　3　戦後期における庚申塔研究　14
　　(1)　敗戦から高度経済成長期（戦後期Ⅰ）　14
　　(2)　高度経済成長期以後〜現在（戦後期Ⅱ）　16
　4　近世庚申塔研究の視座　18
　　(1)　近世石造遺物の実践的研究事例　18
　　(2)　庚申塔研究における考古学的視座の有効性　21
　　(3)　庚申塔研究の見取り図　24

第2章　石塔形態に対する型式学的分析 ... 39
　1　問題の所在　39
　2　分析方法の検討及び資料の集成　40
　　(1)　型式学的分析の意義と問題点　40
　　(2)　対象地域の選定　41
　　(3)　近世庚申塔の型式設定　42
　　(4)　分析項目の設定と分析の前提　47
　3　東京都区部における型式学的分析　50
　　(1)　東京都区部の庚申塔に対するセリエーション分析　50
　　(2)　東京都区部のセリエーション分析の要約　54
　4　東京周辺地域の庚申塔に対する型式学的分析　54
　　(1)　対象地域の選定と庚申塔の類型設定　54
　　(2)　東京周辺地域の庚申塔に対するセリエーション分析　57
　　(3)　庚申塔の流行型式にみる地域差　62
　5　石塔形態に対する考古学的分析の要約　64

第3章　近世庚申塔の主尊に対する考古学的分析 　69

- 1　問題の所在　69
- 2　庚申塔の像容に対する定量的分析　70
- 3　像容に対する定量的分析の要約　74
- 4　像容と石塔型式の関係性　75
  - (1)　主尊および石塔型式の組み合わせとその変遷　75
  - (2)　主尊と像容の史的変遷の要約　76
- 5　結語　78

第4章　近世庚申塔にみる施主名称の史的変遷 　81

- 1　問題の所在　81
- 2　庚申塔の施主分析の研究史　82
  - (1)　竹内利美による施主分析　82
  - (2)　庚申塔と村落史研究　83
- 3　近世庚申塔の施主名称の概要と集成　84
  - (1)　施主名称の定義　84
  - (2)　施主名称の種類と分析における問題点　84
  - (3)　資料の集成方法とその数量的分析の妥当性　85
- 4　施主名称の定量的分析　88
  - (1)　施主名称の定量的分析　88
  - (2)　施主分析の結果の要約　90
  - (3)　庚申塔造立者の分類と時期区分　91
- 5　庚申塔研究による近世村落史への接近　94
  - (1)　施主名称にみる「集団」と「個人」の関係　94
  - (2)　近世前期の施主名称の多様性　94
  - (3)　庚申塔による集団関係復元への見通し　95

第5章　近世庚申塔にみる造立期日銘の検討 　101

- 1　問題の所在　101
- 2　東京都区部の造立月銘の計量的分析　102
- 3　造立日の計量的分析と庚申日との関係　105
- 4　結語　109

第6章　武蔵国荏原郡馬込村の庚申塔施主 　113

- 1　問題の所在　113
- 2　馬込村の支配関係と地理的環境　115

(1)　馬込村の支配関係　115
　　　(2)　馬込村の地理的環境　116
　3　馬込村の庚申塔　120
　　　(1)　馬込村の庚申塔の概要　120
　　　(2)　庚申塔施主の人物特定の前提　122
　　　(3)　享保5年庚申塔の施主　124
　4　寺郷谷の天保11年庚申塔にみる施主の社会関係　127
　　　(1)　天保11年庚申塔の概要　127
　　　(2)　庚申塔施主の人物の特定　129
　　　(3)　庚申塔施主の社会関係・家族構成　131
　　　(4)　庚申塔施主の土地所有状況　139
　5　結語　141

第7章　近世庚申塔造立習俗の展開と村落社会の変化　151

　1　問題の所在　151
　2　流行型式の普及と運輸機構の整備　154
　　　(1)　庚申塔の普及にみる地域差と石工の動向　154
　　　(2)　利根川の整備と庚申塔の普及　157
　3　近世前期の庚申塔増加の背景―青面金剛と講中―　162
　　　(1)　庚申塔の造立数の増加と青面金剛　162
　　　(2)　青面金剛の主尊化　166
　　　(3)　青面金剛の主尊化と石塔形態　169
　4　庚申塔造立習俗の普及と村落社会　170
　　　(1)　小農自立と村の成立　170
　　　(2)　新田の開発と小名集落　172
　　　(3)　近世村の成立と庚申塔造立習俗の普及　173
　5　結語　176

第8章　近世後期の庚申塔にみる石造遺物の盛衰　183

　1　問題の所在　183
　2　庚申塔の減少と造立目的の多様化　184
　　　(1)　近世庚申塔の減少の背景　184
　　　(2)　新規庚申塔の造立禁止と石塔規模の変化　186
　　　(3)　村中銘の増加　189
　　　(4)　石橋供養の庚申塔　190

⑸　道標銘のある庚申塔　191
　3　近世後期の富士信仰の流行と庚申信仰の変化　195
　　　⑴　富士信仰の隆盛と庚申信仰　195
　　　⑵　不二道の活動と百庚申　197
　4　庚申塔にみる石塔文化の盛衰と近世村落社会　201
　　　⑴　近世後期の「石碑文化」　201
　　　⑵　再建銘のある庚申塔　203
　5　結語　205

終章　近世庚申塔研究の地平 ……………………………………………………… 211

跋にかえて　215

文献目録　227

索引　237

図表目次

[図]
- 図1−1　近世庚申塔研究の領域　24
- 図2−1　分析対象市町村並びに近世の代表的河岸　42
- 図2−2　近世庚申塔の類型概念図　43
- 図2−3−a　B−1a類実測図　44
- 図2−3−b　B−1b類実測図　44
- 図2−3−c　B−2類実測図　45
- 図2−3−d　C類実測図　45
- 図2−3−e　E類実測図　46
- 図2−3−f　F類実測図　46
- 図2−3−g　G類実測図　47
- 図2−4　近世庚申塔の年次別造立数の変遷　49
- 図2−5　近世庚申塔の型式別の年次造立数の変遷　49
- 図2−6−a　近世庚申塔型式のセリエーショングラフ（都心部）　51
- 図2−6−b　近世庚申塔型式のセリエーショングラフ（東京南部）　51
- 図2−6−c　近世庚申塔型式のセリエーショングラフ（東京西部）　52
- 図2−6−d　近世庚申塔型式のセリエーショングラフ（東京北部）　52
- 図2−6−e　近世庚申塔型式のセリエーショングラフ（東京東部）　53
- 図2−7　東京都内における近世庚申塔の密度　55
- 図2−8−a　吉川市の庚申塔型式セリエーショングラフ　58
- 図2−8−b　上尾市の庚申塔型式セリエーショングラフ　58
- 図2−8−c　八王子市の庚申塔型式セリエーショングラフ　59
- 図2−8−d　飯能市の庚申塔型式セリエーショングラフ　59
- 図2−8−e　青梅市の庚申塔型式セリエーショングラフ　60
- 図2−8−f　旧都幾川村の庚申塔型式セリエーショングラフ　60
- 図2−8−g　旧北川辺町の庚申塔型式セリエーショングラフ　61
- 図2−8−h　旧妻沼村の庚申塔型式セリエーショングラフ　61
- 図3−1−a　庚申塔の主尊にみる像容比の変遷（都心部）　72
- 図3−1−b　庚申塔の主尊にみる像容比の変遷（東京南部）　72
- 図3−1−c　庚申塔の主尊にみる像容比の変遷（東京西部）　72
- 図3−1−d　庚申塔の主尊にみる像容比の変遷（東京北部）　73
- 図3−1−e　庚申塔の主尊にみる像容比の変遷（東京東部）　73
- 図3−2　像容別の型式出現比率　75
- 図3−3　「型式＋像容」の組み合わせにみる年次変遷　77
- 図4−1　「施主名称」の年次別出現頻度グラフ　89
- 図4−2　集団名称と個人名連記の出現頻度　93
- 図5−1　区部別造立月出現比　103
- 図5−2　造立月の年次別変遷　104
- 図5−3　期日語句にみる出現率　107
- 図5−4　各期日銘の年次別変遷　107
- 図5−5　庚申日と一般期日銘の変化　109
- 図6−1　「馬込村惣村絵図」　117
- 図6−2　馬込村周辺の地形と馬込村の範囲　118
- 図6−3−a　宗福寺位置図　128

図6－3－b　寺郷谷天保11年（1840）庚申塔実測図および背面拓影図　128
図6－4　木原領馬込村の年齢別人口構成　132
図6－5　「明治4年（1871）7月　馬込村畑屋敷成願場所絵図」　137
図7－1　近世庚申塔の造立数の変遷　152
図7－2　1621～1700年における地域別の庚申塔の型式変遷　154
図7－3　伊勢崎市の庚申塔型式の変遷　160
図7－4　1600年代から1750年代までの像容別型式変遷　163
図7－5　像容別の型式出現比率　166
図7－6　型式ごとの青面金剛に対する寄与率　167
図7－7　B－1b類における主尊の構成比　168
図8－1　東京都区部および東京周辺の18世紀後半以降の造立数の変遷　185
図8－2　1750年代以降の年次ごとの像容別型式変遷　186
図8－3　17世紀後半以降の庚申塔造立数と庚申道標率の変遷　194
図8－4　埼玉県和光市吹上観音の位置図　197

[表]
表1－1　近世庚申塔の主要研究年表　11
表1－2　庚申塔関連主要文献　33-37
表2－1　東京都区部の型式比率　48
表2－2　対象市区町村における庚申塔の型式比率　56
表2－3　分析対象地域の初出庚申塔型式と江戸への里程　63
表3－1　庚申塔における主尊の種類と文字銘　70-71
表3－2　近世庚申塔の型式と主尊の組み合わせとその構成比　76
表4－1　東京都15区における庚申塔造立者を示す名称一覧　86-87
表4－2　「施主名称」の種類とその割合　86
表4－3　「施主名称」の初出年代　88
表4－4　「施主名称」の年次別個体数集計表　89
表4－5　「施主名称」と「個人名連記」の資料数集計表　93
表5－1　造立月別の庚申塔資料数　103
表5－2　主な期日用語の種類　106
表6－1－a　馬込村における庚申塔の型式変遷　121
表6－1－b　馬込村庚申塔の主尊の変遷　121
表6－2　馬込村における施主名称の変遷　121
表6－3　馬込村の庚申塔と小名の対応関係　122
表6－4　嘉永2年（1849）5月「八幡宮氏子之内我儘之仕方ニ付議定連印帳」にみる各所領の小名　123
表6－5　木原領馬込村における同族比率　124
表6－6　五人組帳にみる各組の構成　125
表6－7　享保5年（1720）庚申塔の施主に関する社会関係と土地所有状況　126
表6－8　「寺郷谷」に居住すると推測される人物名　130
表6－9　天保11年（1840）寺郷谷庚申塔の施主にみる社会関係及び土地所有状況　132
表6－10　木原領石高別の世帯数と平均構成人数　132
表6－11－a　金兵衛家・新兵衛家・五兵衛家の世帯構成の変遷①　133
表6－11－b　金兵衛家・新兵衛家・五兵衛家の世帯構成の変遷②　134
表6－11－c　金兵衛家・新兵衛家・五兵衛家の世帯構成の変遷③　135
表6－12　金兵衛・新兵衛・五兵衛の土地所有状況　136
表7－1　東京都23区内の庚申塔にみる石工銘　158-159
表7－2　地域別の青面金剛（文字・像容）の造立数と型式　165

表7－3　庚申塔型式と寄与率　166
表8－1　庚申塔の総高にみる造立数の変遷　187
表8－2　「五人組帳前書」にみる庚申塔及び石造物等の造立禁止の事例　188
表8－3　「惣村中」銘のある庚申塔　190
表8－4　石橋造立と関わる庚申塔一覧　191
表8－5　庚申道標の造立数と各区における年次ごとの庚申塔数　192-193
表8－6　庚申道標の造立数とその比率　194
表8－7　再建銘を有する庚申塔一覧　202-203

[写真]
写真6－1　宗福寺・寺郷谷天保11年（1840）庚申塔　127
写真8－1　吹上百庚申　198
写真8－2　「孝心塔」　198
写真8－3　富士信仰信者によって造立された庚申塔　199

凡例：本書では図表番号を章ごとに附した。

序章　近世庚申塔研究の目的

1　歴史学としての近世庚申塔研究

　庚申塔研究は石造遺物研究のなかでも比較的長い歴史を持っている。これまでも多くの諸先学によって様々な成果が上げられてきたが，そうした研究成果を概観すると，その内容は必ずしも相互に有機的な繋がりを形成してはおらず，個別具体的な研究に完結していることが多い。加えてこれまで庚申塔は，造立の背景としての庚申信仰の存在を示す指標として捉えられ，実際に内包されている多様な資料的価値の大半は未開拓のまま残されてきたといえよう。そうした庚申塔研究の現状を鑑みるなら，庚申塔の資料的価値を明確化し，研究可能性の広がりを適切に把握，整理した上で，その評価と有効性を活かした実践的な研究が望まれる。
　庚申塔をめぐる研究領域の中で，とくに考古学は墓標をはじめ石造遺物にも関心を払ってきた。そうした従来からの研究の立場を踏まえるならば，庚申塔研究における考古学的手法の重要性は極めて高いということができる。しかし庚申塔に限っては，考古学的立場においてもその研究は等閑視されてきたといえよう。例えば庚申塔の歴史は中世の板碑に淵源を持っていると考えられているが[1]，その後の展開は断絶と継続の両面の捉え方があり，明確ではない。関東地方において中世に造立された庚申待板碑の数は101基程度にすぎないが[2]，近世に至り東京都区部で造立された庚申塔だけで1,600基を優に超える資料数を持っている。加えて，近世庚申塔は今日に到るまで，その造立が継続される地域も多く，そうした歴史的継続性の高い資料であると指摘できる。そうした板碑から近世的な石造遺物への変化は考古学的にも重要な課題にもかかわらず，その変遷を捉える試みは未だに見られない。
　他方，近世は庚申塔に限らず，馬頭観音や道祖神，その他の供養塔をはじめとして，筆子塚，句碑，顕彰碑といった記念碑的石塔まで，多種多様な石碑が造立された時代であると形容できる。そうした近世特有の石塔造立の意識を「石碑文化」と杉仁[3]は形容しているが，実際に近世を通じて，そうした建碑の思想が一貫性を保ったものであったのか，時期や地域によって異なる性質をもつものであったのかを，明確に提示した研究は歴史学の分野ではほとんど認められない。そうした通時代的な検討は，いわゆる石仏愛好家や民俗学の研究領域に委ねられ，具体的な歴史復元資料として用いられることはほとんどなかったといっていいだろう。いわば庚申塔は考古学的にも歴史学的にも顧みられることはなく，その資料性が十分に活かされずに今日に到っているのである。
　それは庚申塔のもつ研究価値を歴史研究のなかに有効なかたちで提示してこなかったことや，形態分類や分析手法の整備が十分になされていなかったことも背景として存在しているものと思

われる。しかしながら，そうした資料性は既に少なからず発見され，具体的な検討も加えられているのである。その進展が妨げられてきた背景には，個別の資料性を分析することに関心が集まり，巨視的な立場から諸成果を眺める視点が存在しなかったことがあげられよう。即ち，そうした個々の成果を一つ一つ組み合わせて新たな歴史を再構成する作業が，その研究可能性を明示する上で不可欠であるということができる。例えば本論の考古学的分析において示した如く，17世紀後半の庚申塔にみられる造立数の急激な増加は，庚申信仰の普及過程として捉えられるばかりではなく，その背景としての歴史的，社会的変化を反映したものとしても捉えられるだろう。また庚申塔を造立した施主の性格は，信仰として結集した集団であるばかりではなく，村落内での日常生活のまとまりや支配制度的枠組みとも関係性を持っている。

庚申塔はそうした近世村落の歴史と密接な繋がりをもつものであり，まさに近世における村落生活や文化を明瞭に示す歴史資料としての価値を十分に有していると指摘できる。そこで本書では考古学的立場から，近世庚申塔が持つ資料性を適切に整理し，その具体的な分析を施すことにしたい。それによって得た知見を，同時代の文献史料や民俗学的研究が示す知見などと対比させることで，庚申塔の歴史復元資料としての価値を明らかにしたいと考えている。もちろん庚申信仰の供養塔としての意義は，庚申塔研究の重要な課題であるが，その造立意識や造立形態の変化もまた，庚申塔にまつわる，歴史的事実に他ならない。本研究は以上のような視座に立って近世庚申塔を取り上げ，その歴史的，社会的意味について考察を試みるものである。

2　近世庚申塔とは何か

ここで本書における庚申塔の定義を提示しておきたい。まず関東地方における庚申塔について，簡単に言及しておきたい。庚申塔とは民間信仰の一つである庚申信仰に伴い建てられた石塔を指す。庚申信仰とは「庚申待（こうしんまち）」と呼ばれる徹宵勤行を伴う信仰で，もともとは道教的思想に基づき発展したものと考えられており[4]，十干十二支における庚申にあたる日に行われる。具体的には，いわゆる「三尸（さんし）説」とよばれる考え方に基づいており，人間の体内に住みつく「三尸」と呼ばれる邪鬼が，庚申の日の夜になると昇天し，「天帝」にその人間の罪科を報告するため，寿命が縮められてしまうとされた[5]。それを防ぐために，徹夜で行を行うことを「庚申待」という。ただし，もともとは「守庚申」と呼ばれる宗教的行事を伴わない徹宵行為が先行したとされ，『枕草子』を始め，平安朝にすでに行われた記録がある[6]。それが中近世には経典を唱えるといった宗教行事が加わり，「庚申待」に変化したと考えられている。

こうした「庚申待」を60日ごとに巡ってくる庚申の日に，3年ないしは7年の一定期間にわたり行を続けることによって，その行の成就がなされ，調伏された三尸や現世来世の幸を祈り建てられた「供養塔」が近世庚申塔である[7]。庚申塔には14〜16世紀の紀年銘を持つ板石塔婆，いわゆる庚申待板碑もその範疇に含まれているが[8]，庚申待板碑と近世庚申塔の連続性については，十分な史料がなく未だ十分には明らかにされていない。また関東地方を例にすると，庚申待板碑は緑泥片岩が主体であるが，近世庚申塔の場合は安山岩を素材とするものが多く，石材の質や形

態の面で中世と近世の庚申塔では性格をやや異にする資料であると考えられる。そこで本書ではこうした差異を考慮し，とくに近世の紀年銘を持つ庚申塔を「近世庚申塔」と呼び，中世来の庚申待板碑とは区別して分析を行いたい[9]。まず近世庚申塔の定義を示せば以下の如くである。

①庚申信仰に基づく銘文を伴うこと。
②見ざる・言わざる・聞かざるの三猿のレリーフが刻まれていること。
③主尊として庚申縁起に記される「青面金剛」の像容，あるいは文字が存在するもの。

以上の基準を1項目以上満たした資料は庚申塔として認識した[10]。庚申信仰に関わりを持つ石造遺物は，石川博司が整理したように，燈籠や手水鉢など多様な種類を含んでいる。それらは個々に造立目的を持ち，石造遺物としての性格を異にしている。そこで本論では厳密な意味で供養塔として造立したことが明確な資料のみを「庚申塔」として認識するものとし，資料集成の際には燈籠や手水鉢といった奉納石造物に関しても抽出対象としたが，その具体的分析にあたっては基本的に除外した。加えて一般に「猿田彦大神」銘を持つ石塔は，道祖神として祀られてきた場合と庚申塔として意識されてきた石塔が存在している[11]。こうした石塔については，上述の基準に適合する資料は「庚申塔」として取り上げたが，それ以外の区分が明瞭でない資料については基本的に除外した。

また石造遺物は，石仏あるいは石塔，石造物など多様な形容がなされてきたが，その背景には，諸学問の石塔，石仏に対する立場の違いが明確に示されている。例えば後に詳述するように，従来の庚申塔の研究は，主に庚申信仰研究の一分野として発展してきた。そのため，信仰に関連した像容の性質や銘文に関心が注がれ，形態的側面への関心は薄く，考古学的遺物として意識されることは少なかった。考古学での関心は多くの場合，仏教史的立場から多層形態の石塔や古代・中世の石仏などにあり，平安期の石仏群や磨崖仏，中世の板碑や石塔などの研究は数多い[12]。しかし膨大な資料数を持ち新奇性の薄い近世石仏，石塔は，近年まで遺物として考古学的対象とは認められてこなかった。そこで本稿では考古学的見地からこれらを扱うことを明確にする意味で，「石造遺物」の呼称を用いたい。また「石造物」は一般的な石塔，石仏類を指す言葉として使用する。加えて「石仏」は，墓標との区別や指示内容を明確にする意味で，一般名詞としては使用するが，石塔あるいは石造仏の区別が曖昧になるため，分析術語としての使用は控えたい。

3　庚申塔のもつ多様な資料性

近世庚申塔研究は，一般的には庚申信仰研究の中に包摂されるものとして捉えられてきた。第1章の研究史の整理において詳述するが，庚申塔研究は庚申信仰の研究領域のなかに包摂されるものと捉えられ，庚申塔そのものを研究対象として歴史研究を試みる立場は殆ど見られない。例えば宗教学の窪徳忠は「庚申信仰研究の意義」[13]という一文の中で，庚申懇話会の石川博司[14]が1980年の庚申年に際して造塔記録を取る必要性を『庚申』紙上で論じたことに関して，「造塔は庚申信仰全体からみればわずかその一部に過ぎない」としたうえで石塔に偏重した姿勢を批判し，石塔研究の意義を「塔の持つ意味，造立するにいたった宗教的・社会的・経済的背景や意義，銘

序章　近世庚申塔研究の目的

文の究明などをふくむ体系的な研究」であり，聞き取りや文献史料を含め庚申信仰の実体を総合的に解明するための資料提示にあるとした。

民俗学の小花波平六[15]も「庚申信仰研究の課題の若干」では，青面金剛や庚申縁起，三猿，講と並んで，「塚」を取り上げているが，石塔の造立意義の解明を扱うという点で，窪と同様といえる。その他の項目で石造美術の視点からとして，石工の交流や技術伝播といった点も指摘しているが，その方向性は庚申信仰の伝播と系譜を捉える試みにあり，庚申信仰の宗教的意味を理解することに主眼があるといえる。即ち歴史資料としての庚申塔の位置を適切に把握することなく今日に到っているということができよう。それは庚申塔に含まれる資料性が明瞭な形で適切に整理されていないことに理由がある。そこでまず庚申塔が内包する資料性の整理を試みる必要があるだろう。

これまでも筆者は庚申塔に含まれる資料性には，二つの側面があるものと主張してきた[16]。その一つは物質的側面（物質的資料）であり，石塔の形態や彫り込まれる像容や装飾などの要素を指す。もう一つは史料的側面（銘文資料）であり，庚申信仰に関わる偈頌（げじゅ）[17]や願文，施主名など銘文として刻まれた文字的要素（金石文）を指す。この大きく二つの側面を軸として，近世庚申塔の研究は成り立つものと筆者は考えているが，実際にそこから具体的に明らかにされる事柄は，庚申信仰という民間信仰の歴史のみならず，村落史や流通史など多岐にわたる研究領域に裾野を拡げうるものといえる。

つまり庚申塔とは，そうした多面的な研究素材が内包されている一級の歴史資料であるということができる。にもかかわらず，実際にはそうした研究可能性は十分活かされることはなく，また物質的側面を主体的に扱う考古学も関心を示すことは殆どなかった。こうした背景のひとつには，庚申塔の資料的要素を従来の学問領域の枠組のなかで捉えていたために，多様なインターフェイスを持つ資料を限定的な視野から活用し，庚申塔がもつ資料性を適切に扱ってこなかったことが挙げられよう。その状況を改善していくためには，まず庚申塔のもつ資料性を従来どのように活用してきたかを，学問的枠組みからではなく，研究領域の立場から捉え直し，適切な資料理解のもとで庚申塔研究の可能性を検討する作業が不可欠であると考えられる。そこでまず庚申塔の資料性として抽出しうる要素を列記してみたい。

Ⅰ．**物質的資料**
1．石塔形態，2．石塔構造（一石か複数石か），3．像容（庚申信仰の本尊である青面金剛では顔・所持物・手数），4．三猿，5．邪鬼，6．日月，7．鶏，8．蓮華や碑面枠等，9．その他の碑面装飾，

Ⅱ．**史料的側面**
1．梵字，2．偈頌銘，3．願文銘，4．紀年銘（期日銘），5．施主銘，6．導師銘，7．村落銘，8．道標銘，9．その他銘文。

近世庚申塔が内包する資料性には，以上のような要素が存在している。むろん他にも資料的価値を持つものは存在するであろうが，既往の研究において取り上げられてきた内容に限定し抽出した。第1章の研究史ではこれらをもとに，既往の研究や今後の研究可能性について議論するが，

従来の研究対象は主にⅠ－3．像容やⅠ－4．三猿，Ⅱ－1～3の要素であり，まさに庚申信仰と関わる項目に偏重していた。本論では，その全体にわたる考古学的分析において，これらの資料性をさらに歴史復元の基礎的資料として扱いうる要素に限定し，具体的研究を進めたいと考えている。その理由の一つには，本論では近世庚申塔の網羅的な定量分析を試みることを柱としているが，その目的にかなう一次資料が必ずしも多くはないからである。基礎となる資料の集成に際しては，多大な蓄積を有する既往の石造遺物調査の成果を用いるが，そうした調査の記載には一定の資料数を確保できる要素や共通した定義に基づく記載がなされた項目が必ずしも多くはない。そのためより実証的かつ具体的な考古学的分析を実施するためには，できる限り明確で共通した内容による資料の集成を行う必要があるものと考えられる。

4　庚申塔による歴史復元の可能性

　本書では，上述の資料性のうち，Ⅰ－1．石塔型式，Ⅰ－3．像容，Ⅱ－4．紀年銘（期日銘）Ⅱ－5．施主銘，Ⅱ－7．村落銘，Ⅱ－8．道標銘などを中心として具体的検討を試みるものとしたい。こうした資料性は，石造遺物研究はもとより，地域史や民俗学，社会学などの個別研究では先駆的な試みも見られ議論がなされ，資料の蓄積も進んでいる。しかしながら，巨視的な立場から近世史の諸課題といかなる関係性を有しているかは整理されておらず，その研究は未開拓のまま残されている。本書での試みは，そうした未開拓な資料性を素材として，研究可能性の整理を行い，具体的成果を提示することにある。そこで本論は分析手法として定量的把握による地域的，時間的差異の顕在化を柱としたい。近世庚申塔をはじめ石造遺物には紀年銘が刻まれており，それは実年代を把握することができる点で文献史料にも劣らない歴史復元資料としての価値を有している。そうした資料価値を活かすためには，個別具体的な庚申塔の造立ばかりではなく，より巨視的な立場から庚申塔の造立形態や普及過程を眺め，その傾向を捉えることが重要である。

　こうした定量的分析手法はややもすると地域差や時期差を捨象し，平均的な傾向を示すにとどまる場合もあるだろう。そこで本論はそうした斉一的な傾向の把握ばかりではなく，地域的特徴や差異を顕在化するために，特に対象地域の選定や区分には近世当時の地域意識に配慮した選定をおこなう。例えば東京都区部での分析では，五街道の助郷村の分布を配慮した地域区分を行っているほか，石塔型式の普及形態の把握には，交通路や地理的要素をふまえた対象地域の選択を図った。他方，一村落内での庚申塔を通した社会関係の検討も試み，巨視的なレベルとより微細なレベルの両局面から庚申塔の歴史復元を目指した。その方向は具体的には村落生活や文化史的側面に焦点を絞ったものと言えようが，少なからず，その背景にある制度史や社会経済史的領域とも有機的な繋がりを持つものといえる。

　近世史の木村礎は，歴史学のいわば「主流」からは離れた位置にある村落生活史に焦点を絞り，新たな研究領域を開拓すべく実践的活動を行った。その内容は木村自身が整理し，その学問の位置づけを検証しているが[18]，その一部を概観すれば，近世村という制度的枠組みを踏まえつつ，

序章　近世庚申塔研究の目的

実態の生活のなかで育まれた生活空間としてのムラのあり方を，景観を通して捉えようと試みている。「生活のムラ」とは福田アジオが提起した用語であるが[19]，木村はそれを文献史学の立場から切り取ることを意図し，文書史料や絵図，その他現在の土地へのフィールドワークをも実践して，同一地域の古代から現在まで一貫した村落景観を復元しようとした。加えてそうした村落景観と実態としての生活そのものとの関係性をより有機的なものとするために，年中行事や衣食住など従来は民俗学的視野から関心が注がれてきた内容についても検討を加え，とくに社会関係を重視した村落生活の日常性を描く試みを行った。

こうした村落生活史の試みは，文献史学という枠組みにとらわれることなく，民俗学や地理学などを取り込んだ村落生活の歴史を適切に掬い上げるための学際的研究として注目に値する。近世庚申塔が存在している「場」もまさに村落生活のなかにある。そうした村落生活の日常空間に存在した石造遺物の意味は，精神生活という一部分的な領域に押し込められるものではなく，村落生活全体のなかで理解される必要があるだろう。そこには木村が述べているように，国家や領主との関係といった制度史的側面や社会経済史的側面などとの関係が含まれている。いわば歴史学としての村落生活史の資料として，庚申塔を位置づけ，具体的な歴史復原を試みる作業は，近世史の多様な課題に対しても有効な知見を提示することができるものと考える。

日本における歴史人口学の泰斗である速水融は，従来の日本史研究には二つの「欠陥」があると指摘する[20]。1点は十分な検証作業がなされないままに既存の研究をいわば権威化して，その法則や理論に安住してしまっていること，2点は数多くの文献史料の提示が，すなわち歴史研究であるがごとき風潮がみられることであるという。速水は，仮設の導出とその観察，検証といった自然科学的研究手法にみられるような「科学性」を歴史研究においても追求すべきであると主張する。筆者が本研究において定量的分析手法を用いるのも，まさにこの「科学性」が重要であると考えるからである。歴史が物語であるか否かは，しばしば歴史学の問いとして提起されるが[21]，歴史家がある仮説をもとに，その検証のために史料を抽出していくという意味で恣意性があるとしても，その方法論において適切な「科学性」が保障されるならば，導き出される結果における「科学性」もまた担保されるはずである。速水はそうした「科学性」のある歴史研究の分析手法たりうるためには，数量的分析や歴史考古学や民具学的方法といった「非文献資料」や気象学，地形学といった自然科学的分野の積極的な活用が必要であるとも主張し，学際的な立場から近世史を捉えなおすことの意義を強く説いている[22]。

本書の試みは，いわば歴史研究における補助学的な立場におかれがちな考古学の側から，石造物という物質文化に認められた歴史的事実を具体的かつ実証的に提示し，速水が指摘するような先入観にとらわれることなく，木村が行ったような活きた近世村落史像を拓こうとするものなのである。すなわち本書では「近世庚申塔」を，いわば歴史学としての村落生活史研究のための同時代資料と位置づけたうえで，まず第一に石塔形態や像容といった物質的側面から認められる新たな知見を詳細に導き出すとともに，銘文といった史料的側面についても有効に活用しつつ，文書史料のみでは十分には接近し得なかった近世村落の生活史，文化史の諸課題にも積極的にアプローチしてみたい。以上の前提を踏まえ，近世庚申塔の考古学的研究を進めていくこととする。

以下，本書の構成を掲げる。

　第1章から第3章では主に考古学的視座からの分析を行う。まず第1章では近世庚申塔研究の歴史と視座について検討を図り，庚申塔による歴史復元の見通しを明らかにしたい。第2章では，庚申塔の石塔形態に対する型式学的分析，第3章では庚申塔の主尊（石塔の礼拝対象）である像容に対する考古学的分析を行う。対象としたのは東京都区部と関東地方の地方都市であるが，像容分析については東京都区部のみを対象にしている。本論では東京都区部の庚申塔を中心に議論を進め，その理解を深めるために比較資料として関東圏の都市に対する分析を試みたい。分析内容の基軸は①石塔形態の歴史的変遷とその普及過程と②像容にみる歴史的変遷過程の定量的分析にある。従来の研究では十分ではなかった定量的把握と整理を試みることで，歴史復元資料としての庚申塔の有効性を明示したい。

　第4章から第6章では銘文及び文献史料を基にした歴史復元を試みる。第4章では庚申塔の施主名称に対する整理をもとに，庚申塔造立の担い手となった人々の性格や特徴を歴史的に把握し，その意味を考察することを通して近世村落史への具体的接近を図りたい。第5章では造立期日銘の整理と地域的特徴について考察し，村落生活での庚申塔造立の意味を捉えたい。また第6章では武蔵国荏原郡馬込村（東京都大田区馬込地区）の近世庚申塔を素材として，庚申塔施主の社会関係を現存する村方史料をもとに，歴史人口学的視点もふまえつつ，捉える試みを行い，近世後期の村落生活の具体的な歴史復元を図りたい。

　第7・8章では近世庚申塔の考古学的分析を基軸として，文献史料や民間信仰史，民俗学的知見などを重ね合わせつつ，近世を通じた庚申塔による歴史復元を試みる。主たる検討課題となるテーマが，①近世前期における庚申塔造立数の増加の意味，②近世後期における庚申塔造立数の減少の意味と，③近世を通じた石造物造立の意識変化についてである。関東地方における近世庚申塔の盛衰は古くから関心が払われてきたものの，その盛衰の要因は未だ十分な解明を経ていない。そこで第7章では，特に東京都区部およびその周辺地域での17世紀後半から18世紀初頭における庚申塔造立数の増加に焦点を絞り，歴史的，社会的背景に迫りたい。また第8章では，18世紀中葉以降の急激な庚申塔造立数の減少と，あわせて富士信仰との関係や百庚申の造立といった，庚申塔をめぐる他の石造遺物とは異なる変化について考察を加えたい。こうした近世庚申塔の消長を，同時代の近世史における社会変化や民間信仰史の知見を踏まえ，その要因と歴史的意味を明らかにすることは，近世庚申塔を歴史復元資料として位置づける上で重要な作業になるものと考えている。

［注］
1) 服部清道の『板碑概説』において初めて指摘された。15世紀以降の関東地方では，庚申待板碑や月待板碑など結衆（交名）板碑と呼ばれる民間信仰との関わりを示す板碑が盛んに造立された。①服部清道『板碑概説』，鳳鳴書院，1933（1972，角川書店）。②小花波平六「庚申待板碑」『考古学ジャーナル』132，ニューサイエンス社，1977，21～23頁。
2) 前掲注1）②。
3) 杉仁「非文献史料にみる在村文化　房総芭蕉句碑をめぐる情報網と風雅の交流」『国立歴史民俗博物館研究

4) 窪徳忠の一連の著作に詳しいが，柳田国男らによる「日待」や「月待」といった「マチゴト」に淵源があるとする日本固有説と本文に記した中国の道教に由来する説に二分し，現在も確定的ではない。①窪徳忠『新訂　庚申信仰の研究　上巻』（窪徳忠著作集 1 ），第一書房，1996。②窪徳忠『新訂　庚申信仰の研究　下巻』（窪徳忠著作集 2 ），第一書房，1996。

5) 清水長輝『庚申塔の研究』，名著出版，1988（大日洞，初版1959），315頁。

6) 鳥野幸治「庚申について」『國學院雑誌』第31巻第10号，1924，1～16頁。また窪によれば，永保元（1081）年に源俊房が孔子を礼拝対象とした儀礼を行っていた記録が「水左記」にあるほか，平安末には藤原頼長が「守三尸」と呼んで，老子の御影を掲げて老子経の購読や討論を行い，「守庚申経」に従って儀礼もおこなっていたことが『台記』に認められると指摘し，11世紀以降の貴族社会において，宗教的側面が「守庚申」にも付加されていた可能性に言及している。窪徳忠「第五章　日本における庚申信仰　3 宮廷貴族の庚申信仰」『新訂庚申信仰の研究　下巻』（窪徳忠著作集 2 ），第一書房，1996，86～100頁。

7) 庚申塔の造立契機については，3 年ないし 7 年間にわたる「庚申待」継続にともなう行の成就以外にも，庚申待を行う「結衆」の結集など様々な要因が指摘されている。窪徳忠「附章　庚申塔と塚」『新訂庚申信仰の研究　下巻』（窪徳忠著作集 2 ），第一書房，1996，277～315頁。

8) 小花波平六「庚申待板碑」『考古学ジャーナル』132，ニューサイエンス社，1977，21～23頁。

9) 本書における近世は，いわゆる江戸時代を指し，徳川家康が征夷大将軍に任じられた西暦1603年から，元号が明治に改元された1868年までを便宜上あてている。

10) 庚申信仰に伴う石造遺物には，灯籠や手水鉢なども含まれるが，今回は庚申信仰の宗教的要素が明確に把握できるもののみ取り上げるものとした。既存の定義については①清水長輝『庚申塔の研究』，名著出版，1988（大日洞，初版1959），8～9頁，および②石川博司「庚申塔の範囲基準」『庚申』43，1967，18～25頁を参照。

11) 前掲注10）①。

12) 戦後刊行された『図解　考古学事典』では，「石塔」，「石仏」の項目が設けられているが，具体的内容は中国・朝鮮半島の多層塔や磨崖仏，日本における中世までの石造遺物に限定した説明となっている。①水野清一「石塔」（水野清一・小林行雄編『図解　考古学事典』，東京創元社，1959），554～555頁。②水野清一「石仏」（水野清一・小林行雄編『図解　考古学事典』，東京創元社，1959），556～557頁。

13) 窪徳忠「庚申信仰研究の意義」『庚申』81，庚申懇話会，1980，1～23頁。

14) 石川博司「庚申年に備えて」『庚申』80，庚申懇話会，1980，1～3頁。

15) 小花波平六「庚申信仰研究の課題の若干」『庚申』50，1967，1～9頁。

16) 石神裕之「近世庚申塔にみる施主名称の史的変遷―江戸近郊農村における近世前期の一様相―」『日本宗教文化史研究』4 - 1，日本宗教文化史学会，2000，124～152頁および本書第 1 章に詳しい。

17) 偈頌とは，「偈」ともいうが，仏徳を韻文の形態で讃嘆し，教理を述べたものである。川勝政太郎講述，歴史考古学研究会編『偈頌』，言叢社，1984。

18) 木村の村落生活史の定義をまとめるならば，民俗学的ではなく，また風俗史的な好事家風の学問ともならず，またフランスのアナール的な個別社会史とも異なるものとしたうえで，歴史学的手法を基に，日常性（衣食住）を取り囲む社会関係をふまえた村落生活の歴史復元にあるとしている。また「木村史学」の近世史学史上の意義については牧原憲夫に詳しい。①木村礎「第一編　なぜ村落生活史を」（木村礎編『村落生活の史的研究』，八木書店，1994），12～38頁。②木村礎『村の生活史』，雄山閣出版，2000。③牧原憲夫「思想としての日本村落史」『村の世界　視座と方法』（木村礎著作集Ⅵ），名著出版，1996，397～408頁。

19) 福田アジオ『日本村落の民俗的構造』，弘文堂，1982，18～19頁。

20) 速水融「歴史の中の江戸時代」『歴史の中の江戸時代』速水融編，藤原書店，2011，21～52頁。

21) Peter Burke "11 History of Events and the Revival of Narratives." In Peter Burke (ed.) *New Perspectives on Historical Writings*. Cambridge: Polity Press, 1991, pp 1 ～23。ピーター・バーク著，谷川稔訳「第11章　事件史と物語的歴史の復活」（谷川稔・谷口健治・川島昭夫・太田和子他訳『ニューヒストリーの現在―歴史叙述の新しい展望』人文書院），1996，273～289頁及び註331～335頁やカルロ・ギンズブルグ著，上村忠雄訳『歴史・レトリック・実証』，みすず書房，2001に詳しい。

22) 前掲注20），25頁。

第1章　既往研究の概要と視座

1　石造物研究の歩みと近世石造遺物

　庚申塔研究の歴史は古く，現在に至るまでの過程においては，石造物研究全体の潮流とも無関係ではない。そこで庚申塔研究を振り返るにあたって，近世石造遺物の研究史について概括しておきたい[1]。時代区分に関しては一般的ではあるが，昭和20年（1945）を境とする戦前期と戦後期とし，特に戦後に関しては論考も多く整理が煩雑となるため，便宜的に敗戦から高度経済成長期までとそれ以後から現在までの2期に分けるものとした。庚申塔に対する歴史学的関心は，高度成長期以後の土地開発に伴う文化財の遺失と少なからず関係しており，そうした意識を背景とした研究動向を整理する目的も含んでいる。

　明治〜昭和20年代までの戦前期は，石造物の造形（石塔形態・像容・装飾）に対する関心をもとに研究が盛んに行われた時期である。考古学的な関心よりもむしろ建築学や仏教美術史家からの関心が高かった。平子鐸嶺による「墳墓の沿革」[2]をはじめ，小川琢治による九州地方の磨崖仏を集成した『日本石仏小譜』[3]などは石塔や石仏に対する初期研究に位置づけられる。また天沼俊一による『建築学雑誌』での奈良県の石塔調査報告[4]や磨崖仏報告[5]，石燈籠報告[6]なども，体系的，先駆的な研究として著名である。加えて『考古学雑誌』でも，古代から中世にかけての石塔に対する報告が散見されたが，川勝政太郎による『石造美術概説』[7]が刊行されることで，石造美術（川勝による造語）史的研究視角による石塔，石仏の研究は盛んとなった。

　他方，浜田耕作が1922年に発表した『通論考古学』[8]において「仏教考古学」を提唱したことも，仏塔や伽藍配置などと並んで，古代から中世の石仏や墳墓，石塔への関心を高めた。そうした潮流なかで，坪井良平による近世墓標調査が実施され，近世石造遺物に対する実証的研究が考古学的に初めて示されたことは特筆すべきだろう[9]。また『考古学雑誌』に掲載された，小山真夫による長野県での石造物調査は，考古学としていわゆる近世「石仏」に対する初めての関心として評価できる。その他にも鳥居龍蔵が主宰した『武蔵野』において庚申塔に関する論考が認められた。加えて武田久吉は『道祖神』[10]，『農村の年中行事』[11]で体系的な研究発表を行い，服部清道も『徒歩旅行者の歴史学』[12]において，石造遺物の歴史資料性を示唆した。当時の研究視角は，川勝の主宰による研究誌『史迹と美術』（昭和5年創刊）[13]に代表されるような石造美術史研究が主流をなしており，古代，中世の石仏，石塔に対する研究が大半であった。そうした時代偏重の研究姿勢は，現在まで近世石造遺物研究において大きな影響を与え続けている。

　敗戦後から高度成長期（1945〜1970年代前半）にかけては，造形的側面ばかりでなく，民間信仰の発展過程の解明する素材として近世の石造遺物が着目されるようになった時期にあたる。と

はいえ，歴史時代の考古学的関心は低く，例えば東京都港区増上寺の徳川将軍墓の調査が1956年に行われたが，その十分な考古学的調査はなされなかった[14]。そうした社会状況において，1958年に設立された庚申懇話会は，会員らの努力により庚申塔の全国的規模での悉皆調査を試みるようになった。また石造美術史的流れをくむ若杉慧が，写真を通して「野仏」の魅力を提唱[15]，路傍の石仏に対する世間一般的に対する関心を喚起した。

そして高度成長期以後から現在（1970年代後半～現在）では，石造遺物の郷土史的価値が再発見されることとなり，自治体による悉皆調査の報告の増加や自治体史のなかで民間信仰の事例として取り上げられることが多くなった。その背景には住宅開発をはじめとする土地改変による文化財の破壊と無関係ではない。埋蔵文化財の領域では急速な勢いで発掘件数が増加していくが[16]，石造遺物の多くは顧みられることなく遺失した資料もまた多いものと思われる。近年の研究動向としては，庚申信仰の存在や地域的特徴を解明するばかりではなく，施主組織や講のあり方など，近世村落の社会組織を明らかにする資料としても石造遺物の有効性が意識されるようになってきている。

このように戦前から戦後にかけての近世石造遺物への関心は，主に石造美術史と民間信仰研究といった一部の資料性に焦点を絞った立場から進められ，考古学的関心は依然として低いものであった。しかしながら墓標研究では，実測図が主体とした考古学的悉皆調査が行われており，石材や型式をもとに村落間の関係性や地域差などの地域社会史的立場からの検討が，近年認められるようになっている。また中世石造遺物については「石造物研究会」が2001年設立され，従来の石造美術史的視点をより発展させ，考古学的視野からの研究も精力的に行われている[17]。こうした研究動向に対して，近世の石造遺物については依然として民間信仰研究の資料という位置づけが根強く，実測図や形態計測といった考古学的手法ではなく，簡単な写真の提示と，形態，像容や銘文の資料化が主になっている。以上の石造遺物研究の動向を踏まえ，近世庚申塔の研究を整理したい。

2　戦前期における庚申塔研究

庚申塔が学術的研究対象となったのは，柳田国男が1911年（明治44）に上梓した『石神問答』を嚆矢とする[18]。爾来，庚申塔は民間信仰研究の素材のひとつとして，主に信仰的側面から石造美術史との関わりを意識されつつ，研究が進められてきた。「庚申塔」の語は第8章で指摘するように江戸時代の史料にも既に登場している。しかし，庚申塚と庚申塔の区別が意識されていた形跡はなく，石塔と塚を区分して，学術用語として「庚申塔」と称したのは柳田が最初だろう。『石神問答』は書簡集であるが，その書簡の相手の一人であった山中共古（笑）も，後に『三猿塔』[19]を執筆し，庚申塔の紹介ならびに研究の牽引役として大きな役割を果たす。

庚申塔研究の歴史を整理するにあたって，研究史上重要と思われる具体的な論考については表1－1に掲げ，付表を本章末（表1－2）に掲出した。まず表1－1に示したのは，本文中に取り上げる庚申塔関連論考（庚申信仰研究を含む）と石造遺物研究で注目される論考について，記

表1－1　近世庚申塔の主要研究年表

	「石仏」系雑誌	物質的資料			銘文資料			その他資史料
		技術	信仰	社会	技術	信仰	社会	
戦前期 1968年-1945年 (明治元年～昭和20年)	史跡美術同攷会設立(1930) 『史跡と美術』創刊(1930)	三輪(1915) 林(1916) 三輪(1933) 三輪(1935) 三輪(1936) 藤沢(1936) 武田(1940-41) 服部(1944)	山中(1928) 服部(1933) 小山(1935a・b)				竹内(1943a) 竹内(1943b)	柳田(1910) 鳥野(1925)
戦後期Ⅰ 1945年-1969年 (昭和20年～44年)	庚申懇話会設立(1956) 『庚申』創刊(1959)	<u>若杉(1958)</u> <u>若杉(1960)</u> 石川(博)(1968)	藤田(1948) 種元(1952) 大護(1958) 清水(1959) 石川(博)(1967) 石川(博)(1969)	別所(1953)		三輪(1959a) 三輪(1959b) 横田(1961a・b・c・d) 八代(1962) 秋山(1966a・b)	南雲(1957) 位野木(1959)	柳田(1949) 和歌森(1949) 柳田(1950) 窪(1956) 大島(1958) 窪(1960) 窪(1961b) 窪(1962a) 窪(1965) 平野(1969)
戦後期Ⅱ 1970年-2004年 (昭和45年～現在)	日本石仏協会設立(1977) 『日本の石仏』創刊(1977) 大村(1978) 大村(1983) 伊藤(1987a) 伊藤(1987b) 浜田(1988) 石造物研究会設立(2001) 『日引』創刊(2001)	石川(博)(1974) 庚申懇話会(1975) 石神(2004)	小花波(1977) 大護(1977) 大護(1978) 窪(1980) 松本(1984) 縣(1985) 庚申懇話会(1985) 井ノ内(1990) 石田(1997) 縣(1999a) 田村・星野(2002) 石神(2006)	川崎(1980) <u>松村(1983)</u> <u>松村(1983)</u> <u>松村(1985a)</u> <u>松村(1985b)</u> <u>飯山(1988)</u> <u>大石(2001)</u> 石神(2002) 石神(2010)	<u>金森(1978)</u> <u>金井(1985)</u> <u>金井(1986)</u>	横田(1970) 伊藤(1977) 宇野沢(1978) 西海(1980) 加藤(1987) 西海(1992) 石山・實形・外山(1997) 石川(治)(1998) <u>羽賀(1998)</u> 石神(1999) 山口(1999) 石神(2000) <u>畑(2002)</u>	森田(1984) 縣(1999b) <u>北村(2001)</u> 町田(2011b)	小花波(1972) 中野(1987) 中野(1988) 小花波(1988) 町田(1997) 西川(1999)

※下線は庚申塔以外の本文掲出の石造遺物研究（書誌情報は本文注参照）
※年次後の英小数字は同一著者が複数論文を発表している場合，表1－2の掲載No.順に便宜的にaから順に付与したものである。

述内容から資料の性質と研究領域別で整理したものである。石造遺物研究史を概観すると，その研究領域には石塔の造形面を検討する「技術（形態）」領域と，背景となる信仰面を検討する「信仰」領域，そして石塔造立の担い手の社会関係を検討する「社会」領域の3領域が想定できるものと考える。ここであえて学問領域や個々の資料性を基軸として区分しなかった理由は，後に述べるように従来の研究では，分析資料の選択が各学問領域の関心に左右されやすかったことや，個別の資料分析を行うことに関心があるあまり，巨視的な立場から庚申塔が持つ資料の有効性が理解されず，現在まで未開拓のままとなってきた背景がある。

　これらの研究分類において「技術」という括り方は石塔形態や像容などの研究を示す言葉として必ずしも適切とは言い切れない。しかし，石造遺物が石工の加工や彫刻技術をもとに石塔形態や像容が生み出されることを踏まえるなら，そうした資料性を「美術」という観念的な枠組みではなく，より実体的な分析要素として捉えるべきだと思われる。また「社会」や「信仰」の側面については，研究史を整理する中で述べていきたいが，近世庚申塔の歴史資料性を適切に引き出すためには，そうした研究領域との関係を明確化し，その有効な活用手法を開発していくことが必要であると思われる。そこで序章において述べた近世庚申塔の資料性をふまえ，様々な研究領域との関係性を考慮しつつ，既往の研究を表に整理したい。

　なお庚申塔研究史の整理に当たっては，庚申塔研究を主題とした単行本以外に，雑誌としては，いわゆる石仏系雑誌（『史跡と美術』，『庚申』，『日本の石仏』）と考古学系雑誌（『考古学雑誌』，『考古学』，『考古学研究』，『季刊考古学』，『考古学ジャーナル』）を対象として，『武蔵野』[20]や『あしなか』[21]など，郷土史系，民俗学系，そして歴史系の雑誌も参照し，庚申塔を素材とした研究論文については網羅的に抽出した。ただし庚申塔の資料性に基づいた分析を伴う論考を優先的に抽出し，事例報告レベルの内容や民俗調査などの論考は概ね省略した。他方，石造遺物全般にわたる関連論考については一部抽出している。また章末の表1－2は，研究史上重要と判断した庚申信仰関連研究の論考も取り上げたうえで，庚申塔関連論文をすべて網羅的に列記したものである。

　まず，戦前期において圧倒的に多くの研究事例が認められるのは物質的側面の研究である。いわゆる石塔や像容の造形的要素に属する資料内容を対象としたもので，山中笑は1922年『三猿塔』を執筆し，後『共古随筆』として発表した[22]。主に旧東京市内の庚申塔の紹介を行ったほか，石塔形態の多様性にも言及した。加えて庚申待の内容と石塔の関係性についても触れ，庚申縁起や川柳などの史料を基に庚申信仰全体についても示唆的な議論を展開した。また三輪善之助は「江戸時代の庚申塔」[23]を発表したほか，林古渓「駒込神明富士両社の庚申塔」[24]も発表し，従来関心を持たれることのなかった庚申塔の存在を広く世間一般に紹介した功績は評価すべきだろう。

　近世庚申塔の石塔形態に対する分類の初見となるのは，1935年に三輪善之助が発表した『庚申待と庚申塔』である[25]。庚申信仰についての網羅的な議論を体系的に行った論考として評価は高い。特に石塔形態について「板碑形」，「駒形」，「屋根付形」，「舟形」，「自然石形」の五つに区分し，自然石を除く四つの形態を図示して，庚申塔の形態分類を具体的に示した点が特筆される。こうした石塔の形態を三輪が取り上げた背景には，中・近世墓標に代表される石塔形態の発展と系譜に関する研究動向は無視できないだろう[26]。

中近世墓標研究の展開については，坂詰秀一が簡明にまとめているが[27]，八木奘三郎による墳墓標識への関心を出発点として，平子鐸嶺や，高橋健自，川勝政太郎など建築学，仏教美術・石造美術史的視角が中心として発展してきた。こうした仏教美術への考古学の本格的関心は，先述のように浜田耕作が『通論考古学』において「仏教考古学」を提唱したことに始まるといってよい。仏教に関わる寺院址や墳墓，仏具，金石文への関心は高まりをみせ，1936年から1937年にかけては柴田常恵が編集委員として加わった『仏教考古学講座』が刊行され[28]，1937年の後藤守一による『日本歴史考古学』が刊行された[29]，その項目には「仏教」や「墳墓」が取り上げられた。「仏教」の章に石塔研究が含められたことは，石造遺物研究が仏教考古学の一部をなすという意識が存在したことを示すと共に，また墳墓研究の枠組みの中で墓標としての石塔にも関心が向けられていたことが窺える。

坪井による近世墓標調査もこうした一連の動向と無関係ではない。坪井の調査は型式学的な手法や実測図の作成など，近世石造遺物の考古学的研究の嚆矢であり，加えて型式変遷やその流行範囲を基に地方文化圏を捉えようとする先駆的試みは，当時はもとより現在でも高い資料的価値を持つ研究といえる[30]。しかしながら，同時代の庚申塔研究は，こうした方法を十分に活かすことができなかった。そうした時期にあって，小山眞夫は長野県小縣郡武石村の近世から現代（大正）までの石造遺物を事例として網羅的な考察を行った。その中では型式学的分類も行なわれているが[31]，惜しむらくは比較的整理された形態分類であるにもかかわらず考察面には十分反映せず，その研究可能性を十分には活かせなかった点だろう。しかしながら，馬頭観音について村落史料をもとに，村に存在した馬の頭数や馬医，馬喰の数と，石塔数の変遷を対比する作業を行ったほか，庚申塔に関しても像容の変遷をもとに信仰の性格的な変化を論じるなど，石造遺物による民間信仰研究として先見的試みが随所に認められ，特筆されるべき調査ということができる。

他方，近世庚申塔研究において特筆すべき人物に竹内利美がいる。竹内は社会学者であったが，旧信濃国東筑摩郡の庚申講の調査と併行して庚申塔調査を行い，調査時点での講組織の規模や講の役割，機能のみならず，近世当時のそれらの状況についても初めて検討を試みた[32]。具体的には昭和前期における庚申講は10人前後の小規模集団で構成され，その多くは葬儀などにおける互助組織として社会的機能を有しているとする結果を導いた。そして近世の庚申塔に刻まれた造塔者の銘文調査からも，当時の集団構成が小規模の志向を持つことを指摘し，講組織の持つ歴史的連続性を明らかにした。このような銘文資料を用いて過去の社会組織の動向を検討する姿勢は，庚申塔の新しい資料価値を提示したものとして高く評価できるだろう。

戦前期における近世庚申塔の研究は，民間信仰史の資料の一部として注目され，考古学的には中・近世の石造遺物，特に墓標に対する研究を契機として行われるようになったほか，銘文に認められる施主に対しては社会学からも関心が示された。こうした研究領域の多様さは評価できるが，近世石造遺物自体への学問的関心は依然として低く，石造美術史の領域でも中世の石塔を対象とするものが大半であったため，近世庚申塔は注目されることはほとんどなかった。一方で板碑研究でも，服部清道によって庚申待板碑といった中世の講集団を背景とした石造遺物の造立について関心が示されていたものの[33]，それに続く近世庚申塔との系譜関係については十分な検討

はされなかった。

　なお戦時下の調査報告としては，三輪が「天王寺の庚申塔」[34]を，藤沢一夫は「大阪の庚申塔資料」[35]を発表しているほか，武田久吉は，『民族文化』に東京近郊の庚申塔を記録した「庚申雑記」を発表している[36]。また松浦伊喜三も戦中期に調査を行い，戦後にその記録を発表している[37]。これらは庚申塔の位置や形態，像容などの基本的な情報を散文的に記述したもので，研究として体系化されることはなかったものの，戦争前の記録として貴重な調査資料といえよう。

3　戦後期における庚申塔研究

(1) 敗戦から高度経済成長期（戦後期Ⅰ）

　庚申塔研究をめぐる状況は戦後大きな変化を示す。墓標研究において悉皆調査が本格的に行われるようになるのは昭和40年（1965）代以降であるが[38]，近世庚申塔の悉皆調査は，昭和31年（1956）の庚申懇話会の設立以降，精力的に行われるようになった。加えて問題点は多いものの近世石造遺物をすべて網羅した研究が，この会の活動を軸として次第に模索されるようになった。その潮流がいわゆる「石仏研究」という石造遺物の新しい研究の枠組として誕生する契機になったと言える。庚申塔のみならず近世石造遺物研究全体に多大な影響を与えることになった庚申懇話会の設立には，庚申信仰に関する激しい議論が背景として存在する。

　そもそも民俗学では，柳田以来，庚申信仰に対する関心は高かった[39]。こうした庚申信仰をめぐる議論が活発となるのが，大島建彦が述べるように戦後，昭和24年ごろのことである[40]。柳田による「猿の祭」[41]，和歌森太郎による「庚申信仰について」[42]が相次いで発表され，庚申信仰を日本固有の信仰とする説が提起された。日本固有とする説が民俗学界で主流となるなかで，道教研究に関心を持っていた宗教学の窪徳忠が，山中笑ら既に指摘していた道教起源説を民俗学界に提起し，大きな衝撃を与えることになった。

　窪は元来，中国道教の日本への展開に関心があり，その研究過程で庚申信仰との接点を見出した。即ち，庚申信仰は日本固有の信仰とする民俗学の立場を批判したうえで，中国大陸に起源を発する道教に由来するものと断じた。窪の見解は自身が述懐するように当時民俗学界から多くの批判を浴びたが[43]，これ以後，窪はその批判に答え，日本各地の庚申関連史料を博捜し，自ら庚申講に対する民俗調査を実施し，庚申信仰の伝播と展開を実証的に解明することを試みた。窪は資料収集活動の中で，庚申塔に認められる像容や偈頌，発願文，また現在の造立方法なども調査し，庚申信仰の重要な資料となることを指摘した。その集大成は『庚申信仰』[44]，『庚申信仰の研究』[45]となって発表され，庚申信仰研究の基礎文献として現在まで高い評価を受けるところとなった。

　しかし窪の研究は，庚申信仰の宗教史的解明を目的としたものであり，庚申塔については，銘文や縁起，本尊である青面金剛の由来など信仰的側面には関心を示したものの，石塔形態や施主といった点は，ほとんど手をつけなかった。そうした偏りをいわば補ったのが，清水長輝による

『庚申塔の研究』[46]である。型式分類はじめ研究可能性の提示において，これ以後の庚申塔研究の方向性を決定づけ，大きな影響を与えるものとなった。清水は，自ら石塔の「塔形分類」を整理したうえで，主尊の変化を含め庚申塔にまつわる様々な要素の変遷に関して，網羅的に考察を加えた。銘文や縁起に関わる史料にも配慮を示しているものの，分析の大半は庚申塔の物質的資料を対象としたものであった。

こうした石塔を基軸とした清水の研究手法について，縣敏夫はその画期的な功績は評価しつつも，「おのおのの主尊にまつわる近世信仰史とそれにかかわる文献の統合・整理にあまり進展はみられず，したがって庚申塔を歴史的に位置づける史観に立って論ずる姿勢の不足が，学問体系からはみだす結果となってしまった。それは塔の形態への興味から入ったアマチュアとしての限界がはしなくも表れたともいえる」[47]と述べ，清水の庚申塔研究の意義と欠点を厳しく評価している。しかし，庚申塔のもつ資料性を的確に抽出した点は評価すべきであり，その研究可能性の整理や具体的実践ははまさにそれ以後の研究者に委ねられていると言うことができる。

他方，若杉慧に代表される石造美術史的視点から派生した石仏写真への関心の高まりは石造遺物に対する当時の認識を明瞭に示している。『野の佛』[48]，『石仏巡礼』[49]などの書籍が，写真素材としての庚申塔や石造遺物という認識を広めた。佐藤佐太郎は若林の立場を批判的視点ながら擁護しているが[50]，そのなかで「石仏の多様な美的内容——つまり造形美の質と性格をさぐることにより，石仏の宗教的な意味と表現の関係を明らかに」することが自らの目的であるとして，美的内容から宗教性と表現の意味を探ることを意図している。こうした石塔の造形美への抒情的鑑賞といった立場は，庚申塔や近世石造遺物の研究をより石造美術史的方向に導いたことは否めない。

他方，竹内の系譜を引き継ぐ研究として，南雲寿美雄が，当時の群馬県赤城村旧横野村地域を事例に銘文資料を中心とした検討を行っている[51]。竹内の手法を踏襲し，特に「造立者」銘を分析したうえで，「造立者団体は同行的なものから村中，組中，講中がおおむね時を同じくして現われ，個人の造立へと進んでいる」と指摘した。加えて記銘された人員の数を元に，組織としての村人の結合状態を検討し，講（中）集団の規模を推測している。しかしこうした庚申塔の施主銘を本格的に扱った研究は，南雲の考察以降はしばらく認められなくなる。

つぎに昭和34年（1959）創刊された庚申懇話会の機関誌『庚申』誌上での活動を見てみたい。その論考の多くは，全国を対象とした庚申塔や庚申信仰に関する記事であり，とくに庚申塔についての各地の調査事例が毎号掲載された。執筆の中心メンバーとなったのは三輪や窪，武田久吉といった庚申信仰や石造遺物研究の第一人者をはじめとして，小花波平六，横田甲一，石川博司などの，後に庚申塔研究を担う研究者が登場した。例えば石川は庚申塔の定義[52]や庚申塔の調査方法について整理したほか[53]，「塔形分類」を検討し，広域での比較検討を可能にするため，統一した類型を基にした調査を行う必要性を論じている[54]。この指摘が活かされていれば，現在の庚申塔研究は大きく変わっていたものと思われるが，残念ながら型式分類の統一化は十分には果たされなかった。

他方，小花波は主に民俗調査や史料調査を基にして庚申信仰に関する論考を多数掲載し，後に

は庚申懇話会会長にも就任した。他方，1962年には富士講特集を組むなど意欲的な編集が行われ，この昭和30年代後半から40年代前半が，『庚申』誌の高い活動が認められた時期ということができる。郷土史における庚申塔調査は活発化も，その契機の一つとなったのが，庚申懇話会の存在であったことは疑いないだろう。こうした「戦後期Ⅰ」の研究動向を概観すると，現在まで続く近世庚申塔研究の基礎が形作られた時期であるといえようが，その領域は戦前期と比べやや信仰的側面に偏りを示す。また，同時に考古学や歴史学といった庚申塔の歴史資料性を活かすことのできる分野での関心が依然として低かったことが理解できるだろう。

(2) 高度経済成長期以後～現在（戦後期Ⅱ）

庚申塔研究の中核として，庚申懇話会の活動は1960年代以降，事例報告や考察を数多くの活動内容を見ることができ，雑誌の刊行数や頁数を見てもその充実ぶりが理解できる。そうした庚申塔への関心が広がりを見せる中で，1970年代にはいると『庚申』紙上ばかりではなく，私家版による庚申塔調査の資料公開がなされるようになる。その結果，各地の庚申塔資料を基にした比較研究も行われるようになった。その中心的な課題となったのは，庚申塔の石塔形態の伝播や像容の初現論であるといえる。主に石造美術史的観点から，石塔の形態や装飾，像容の所持物など多様な造形的要素に着目し，石工の系統論や信仰の変化にも関心が及んだ。

特に像容形態は，木製や金銅製の仏像同様に，所持物や容姿には「儀軌（ぎき）」と呼ばれる規範があり[55]，そうした規定との差異に着目する立場から検討が行われた。例えば横田甲一は，清水が『庚申塔の研究』で言及した二手青面と呼ばれる青面金剛の分布や普及に注目し，石工の動向や小規模な範囲での庚申塔の類似性を捉える試みが行われている[56]。しかし，こうした青面金剛の主尊化や，異種の青面金剛に関する多くの議論をはじめとして[57]，庚申信仰に関わる造形的要素を議論する立場は多いが，その内容は形態的側面よりむしろ，信仰的内容に関わる図像学的な検討であり，今日までの『庚申』や1977年創刊の日本石仏協会の機関誌『日本の石仏』誌上をはじめ多くの石仏関連雑誌での潮流となった。こうした研究視角は主に信仰的領域を解明する上で重要なものと言えようが，そうした信仰的変化が歴史的，社会的に如何なる意味を持ちうるかを議論されることはなく，庚申塔の資料性は信仰領域や技術領域から踏み出すことはほとんどなかった。

また庚申待板碑や山王二十一社板碑など中世庚申塔と近世庚申塔との関係などについても関心が示されるようになったが[58]，その背景には中世板碑の網羅的調査も背景にはあるだろう[59]。中世石造遺物の資料整備が進む一方で，近世の石造遺物についての調査報告は依然として個人的作業の域を出るものではなかった。そうした資料整備が十分に進まなかったことも，次第に庚申塔研究が停滞傾向を示す背景として存在するものと思われる。しかし一方で，自治体史の編纂とともに，庚申塔の調査が行われるようになる。例えば東京都内での事例では，石造遺物の調査成果をもとに『杉並区史』[60]では，地蔵立像や庚申塔，馬頭観音像などの造立数の変遷から，近世村落での民間信仰の変化を論じているほか，多くの自治体史で民間信仰の「存在」と盛衰を示す指標として庚申塔は関心を注がれている。また大田区では平野栄次を中心として庚申塔のみならず，

3 戦後期における庚申塔研究

現存する庚申講におけるマチゴトの作法や講の行事に対する調査も実施し，民俗学的調査を活かした民間信仰研究の試みが認められる[61]。

中村たかをはそうした自治体史の資料をもとに，定量的な分析を試み，累積曲線を用いて庚申塔が区部と多摩地方で造立時期が異なり，他の石造遺物とも盛行期に差異があることなどを初めて明瞭に明らかにした[62]。その中で中村は，こうした石造遺物の研究について，「仮に近世考古学といった分野（もっとも，近世考古学は戦術的な性格のものであろう）で扱っていただければよいのではないか」と述べているが，墓標以外の石造遺物に対して，考古学の立場からその資料性に言及した事例として先駆的と言えよう。石川博司も同時期に自身が型式を分類し調査を行い，自治体による調査報告を基に，石塔形態の地域差や普及の遅速について東京都区内と多摩地区を事例に検討を行った[63]。具体的な形態に関する記載や実測図，計測値など，考古学的視点は十分ではないが，その内容は考古学的研究とも親和性を持つ先駆的研究として評価できる。他方石塔形態については墓標との関わりから，特に「板碑型」の石塔の系譜関係について板碑や墓標との関係性を論じたもの[64]や，庚申塔の造立意義を民間信仰面から検討する試みもあった[65]。

石造遺物の資料化という点では，庚申懇話会は『日本石仏事典』[66]や『石仏調査ハンドブック』[67]，『石仏研究ハンドブック』[68]などを刊行し，統一化した石造遺物の資料化の手法を示すとともに，石塔形態についても類型例を提示した。しかしながら，庚申塔の形態分類の類型に統一した見解が示されていないため，共通した項目の比較が行えない調査事例が近年散見されている。特に石塔の流行形態を追う上で重要な類型の有無を確認できないことが多く，地域間比較を行うための障害となっている。特に駒型と呼ばれる頭部が山状を呈する形態の庚申塔は，背面が粗彫と平滑な形態があり，そうした要素の時系列的変遷を捉えることが，第2章で指摘する型式的分析においては不可欠である。しかし，石塔正面の形態のみで分類されることが多く，両者の区別がなされていない場合も多い。筆者も関東地方における型式普及の実態を解明しようと試みたが，既存の報告書を活用する上でも記載内容に差異が見られ，形態的要素を検討する上での困難を実感した[69]。

一方，竹内による先駆的研究を踏まえて，近世村落の社会組織としての民間信仰の機能や性格を問う研究は十分に行なわれてきたとは言い難い。史料による分析では，近年，町田葉子が越後遠山郷の庚申講について民俗調査や史料調査を行い，庚申講の組織化の過程を，村落内の社会関係との関わりを通して検討を行っている[70]。加えて，中野守久は東京都北区旧袋村地域に現存する講帳より幕末前後の庚申講組織の規模や性格に関して検討を行っている[71]。こうした庚申塔造立と同時期の史料の発掘も，この時期以降関心が持たれ，現在まで意識的に調査がなされるようになった。他方，庚申塔の銘文をもとにした施主の規模や組織を論じた研究は数少ない。筆者は東京都区部の石造遺物報告書を基に，銘文として刻まれた施主名称を整理し，その変遷を明らかにした[72]。具体的には，名を連記する形態から「結衆」や「講衆」といった組織的名称へと変化し，次第に「講中」を名乗ることが一般化していく過程を明らかにした。中世の庚申待板碑に関しては，縣[73]や西海賢二[74]が施主名称に関して検討しているが，最近では自治体の報告書においても近世庚申塔に関する数量データの整理が行われる事例も増えている。しかし施主のあり方から

社会組織との関係まで射程をひろげた試みは，依然十分とは言えないだろう。また石田哲哉は『石仏学入門』[75] を発表し，多様な石造遺物の研究により地域史の復元をめざす試みを行っている。その中では庚申塔数の変化についても検討がなされ，近世の新潟地方における庚申信仰の変化について言及しているが，その具体的内容については今後十分な議論が必要としても，村落の民間信仰の歴史資料として庚申塔を位置づけようとする方向性は評価できよう。

　以上，戦後期Ⅱについて概観してみると，調査報告自体の量的充実は言うまでもないところであるが，一方で研究手法や具体的な分析内容は，ややもすると経験主義的側面を脱しきれず，具体的な実証性を伴わない研究が認められるのも事実である。その背景には物質文化の時空間的変化を捉えることを得意とする考古学的手法の有効性が十分には理解されず，その導入が積極的になされてこなかったことが挙げられよう。また具体的な研究目的を検討すると，既往の研究の多くは庚申信仰の「存在」を確認するための資料であり，近世庚申塔がもつ庚申信仰の変化を反映した要素や近世村落の生活世界の一端を明らかにする内容には踏み込んでいない。そうした研究視角は戦前から一貫して踏襲されてきた意識であり，一部に先駆的な試みも見られるものの，いわば信仰領域に偏って庚申塔の研究は進められてきたものといえよう。

　このように戦前から戦後を通じて近世庚申塔研究の展開は，石塔や像容などの物質的資料や偈文などの信仰的側面の銘文を対象に進められてきた。その内容は一部には先駆的試みはあるものの，大半は民間信仰の実態解明という古典的課題に偏り，新しい研究可能性の開拓は十分には試みられていない。竹内による施主の検討からも明らかなように，庚申塔の研究可能性は一つの領域に納まるものではなく，物質的資料と銘文資料の違いはあれ，同じ庚申塔に内包される資料性であるということを考慮すれば，物質的資料による信仰史のみならず村落社会史や経済史といった近世史の多様な領域において貢献しうる可能性を秘めている。つまり近世庚申塔の研究の今後を見通しためには，まず資料性や分析手法の整理を行った上で，その成果を提示しうる研究領域を適切に把握することが必要であると理解できる。そうした作業が従来の庚申塔研究の偏りを是正することのみならず，今後の石造遺物研究の発展にも貢献しうる方向性を明示するものともなると思われる。そこで庚申塔以外の石造遺物研究における先駆的研究を取り上げ，考古学的手法による庚申塔研究の意味についてさらに議論を進めたい。

4　近世庚申塔研究の視座

(1) 近世石造遺物の実践的研究事例

　戦前，戦後を通じて物質的資料としての石造遺物の研究可能性を拡げてきたのは，墓標研究である。石塔形態の型式学的分析が考古学独自の方法論として有効に作用したことは，坪井や横山浩一の指摘を引くまでもなく周知のことだろう。具体的分析の手法も近年では厳密かつ精緻化し，横山浩一が試みた墓標型式のセリエーショングラフの作成は，考古遺物の整理と編年研究にも多大な貢献をなしている[76]。そうした墓標研究におけるテーマの一つ，墓標造立と寺壇制度あるい

は家制度の関係性であろう。谷川章雄は，千葉県の調査事例を基に，墓標の碑面部を1面だけ有する一観面の墓標から，複数の碑面部を持つ多観面の墓標に形態が変化したことについて，刻まれた戒名の内容や数量を検討し，その変化を家意識の発展を反映したものとして解釈した[77]。

家意識の成立と墓標の造立との関係は，既に竹田聴州[78]や民俗学的立場からも指摘されていたが，檀家制度の成立や近世村落社会の家制度の成立過程を，物質的資料である墓標から具体的に読み解くことが可能である点を明示した試みとして先駆的なものといえよう。こうした社会的な変化を，物質的側面から捉える手法は考古学独自の有効な手法であるとともに，他分野の学問領域の研究主題とも関わりを持つ学際的研究手法としても評価できる。しかしながら「かたち」の変化を，こうした「イベント対応主義」で捉える単純な視角では，実際の人間活動を十分には捉えきれない部分もあると時津裕子は指摘している[79]。

例えば時津は，抽出した家ごとの墓標に認められる形態特徴や大きさ，戒名等の要素を詳細に分析し分類を試みた上で，文献史料に認められる家格などの階層差が考古学的分析の結果とほぼ重なること，そしてそうした考古学的に認められた特徴においても，大きさや戒名などの要素では階層的な逆転が認められ，単純な階層的違いでは説明できない，家ごとでの戦略的な部分があることを指摘した[80]。他方，朽木量は型式学的分析と石材分析を通じて，坪井が木津周辺で行った墓標調査の結果をもとに，型式変遷過程の地域差や石材の地域差から村落間の関係性の粗密を論じ，墓標研究に新たな切り口を示した[81]。また最近では平塚市の寺院に残存していた過去帳と墓標の戒名との照合を行い，一村落内に留まらない寺壇関係のあり方を明らかにしている[82]。他方，筑紫敏夫は江戸湾防備のため千葉県内房沿いの陣屋に赴任していた白河，会津藩の藩士の墓標を元に，家臣団の活動の様子を明らかにしたものがある[83]。

また近年では寛永寺徳川家御裏方墓所をはじめとして，将軍，大名家墓所調査も盛んとなり，家格や地域的要素による家ごとの多様な石塔形態の存在も明らかになりつつある[84]。松原典明はこうした大名墓所のあり方を整理したうえで，儒葬的要素の共通性を見出すとともに，朱熹の『家禮』に基づく葬礼規範の構築が各大名家において進められていったことを指摘している[85]。こうした大名墓所は個々の石塔の造立のみならず，墓所全体の儀礼的，表象的意味を持つものといえる。時津も指摘しているような階層的要素を背景とした儀礼行為としての墓塔の造立のあり方を踏まえるなら，渡部圭一が指摘しているように，墓地，石塔空間を総体として改めて評価しなおすことも必要であり[86]，近年の墓標研究は多角的な切り口から新たな研究領域を拡げつつある[87]。こうした墓標研究にと比較して近世石造遺物研究は未だに古典的な立場にある。

例えば，道祖神研究は，武田久吉による研究[88]をはじめ，倉石忠彦[89]や石田[90]など研究者は多い。しかしその内容は民俗学的手法に則ったもので，信仰面への傾倒が強かった。例えば，武田が行った形態分類が，自然石，丸石，文字塔，双体道祖神といった信仰の性格差に着目した分類であったことからも理解できる。他方，鈴木章生は秦野市の大山講に関わる道標を用いて，その造立数の変遷から大山講の盛衰を検討し，その変化の時期推定における石造物の有効性を明らかにしている[91]。また，畑大介は山梨県内の馬頭観音塔を対象として，形態分類や造立者の性格，そして小山が試みたような村落内の馬数との比較といった多様な視角から検討を行い，馬頭観音

塔の歴史資料性を明らかにした[92]。そうした古典的研究の一方で中村と同様に推量的な分析を試みた一人に松村雄介の研究を挙げることができる。

　松村は主に神奈川県内の道祖神を対象として，「推計学」的手法を導入し調査方法の効率化を図りつつ，既存の柳田民俗学的な道祖神研究を実証的に批判した[93]。そのなかでは道祖神の祭祀地に関して，銘文や石塔の現所在地，村絵図や村明細帳などによる検討が行われ，造塔を伴う道祖神信仰の実態を多様な資料から実証的に論じた。そして「石仏推計学」の分析では，造立数や石塔の計測値データを元に，道祖神や庚申塔などの造立数の度数分布や基礎統計値の検討，形態計測値データの相関などの分析を試みた[94]。とくに造立数の変動を平滑化する「移動平均法」は，石田哲哉の道祖神研究にも大きな影響を与えている[95]。

　こうしたコンピュータを用いた石造遺物の整理と分析では，ほかに浜田弘明が神奈川県の調査事例をもとに，さらに統計ソフトを用いた分析を試みている[96]。道祖神や庚申塔，地神塔を対象に造立年や形態，計測値，造立場所などの変化を基礎統計的な検討を含め分析を行い，地域差や時代差を容易に検討できる手法を提示した。解釈に関する記述が少ないものの，先駆的研究として評価に値する。元来のしかし，こうした作業に松村のような統計的手法をはじめ，石塔形態や像容に関する要素の型式学的分析を導入することによって，新たな側面が明らかとなる可能性もあるだろう。また資料の集成とデータベース化の作業を綿密に行っていくことで，より年代推定の可能性も高まるものと思われる。そうした集成や，分類，編年といった作業は考古学が最も得意とするところであり，考古学的手法が詳細な地域差や変化の過程を追う一助となることは，坪井をはじめとした墓標研究において既にその有効性は明らかと言えよう。

　歴史地理学的視点からは，位野木寿一による金比羅灯籠の研究があげられる[97]。街道別に献灯者の性格を整理し，職業や出身地の全国的分布を通して，その信仰圏の広がりや施主の社会的位置などを論じているほか，街道交通の盛衰など，金比羅燈籠を通して多様な側面を明らかにした。加えて，北村章宏は青梅市の即清寺の「新四国八十八カ所霊場碑」の残存した史料より，石塔の製作地や青梅までの搬入ルートの確定，諸経費など明らかにし，石塔の販売，普及のあり方を知る上で貴重な事例を報告している[98]。また萱野章宏は袖ヶ浦の石工の活動の盛衰を銘文史料より辿りながら，石材や石塔の流通に関して言及している[99]。石山秀和らは東京湾岸地域の石造遺物の寄進者銘を通して，交流範囲を推測する手がかりとしている[100]。谷川も新潟県佐渡郡の墓標調査を基に，墓標の普及が航路や交通路に沿って進められていった可能性に言及している[101]。

　石造遺物を用いた講組織の復元では，西海賢二は遊行僧の活動を供養塔の造立地域や年代を整理し，また掛軸やその他の物質的資料を踏まえつつ検討し，近世村落における民間宗教者の活動に関して論じた[102]。また常陸周辺の十九夜塔や二十三夜塔に刻まれた銘文を用いて分析では，女人講による造立数が増加することや組織形態の変化を明らかにし，その背景として子安講といった産死供養の意味合いを持つ講が盛んとならざるを得ない，当時の農村社会の荒廃した様相があったことを指摘している[103]。他方，石川治夫は沼津市の庚申塔や馬頭観音における形態変遷と銘文に見られる「造立者」の内訳について分析を行った[104]。石塔に刻まれた個人名や集団などの人員数の比較から，庚申や巡拝塔が集団による祭祀であるのに対して，馬頭観音は個人

的祭祀であった可能性を指摘した。

　こうした信仰的供養塔を対象とした研究の他，関根達人は青森県内に残存する「飢饉供養塔」を網羅的に集成し，元禄，天明，天保といった大飢饉後に人々が飢饉被害を乗り越えて行ったかを，造立形態や銘文内容から検討している[105]。特に「餓死」の文言の使用頻度が津軽地方では時代を経るごとに低下するのに対して，南部地方では増加するといった地域による飢饉への意識差が示される点は興味深い。こうした記念碑的石造遺物の研究では，川崎喜久男が房総半島に点在するいわゆる「筆子塚」を素材として，銘文を用いつつ，史料との対応から師弟関係の復原や寺子屋の盛衰といった地域教育史の解明を行っている[106]。また杉仁は近世後期における房総半島の句碑の建碑活動について論じ，地域社会の文化を通じた関係性を明らかにしている[107]。

　近世後期の石造物の造立について，羽賀祥二は『史蹟論』[108]の中で，石仏から顕彰碑へという19世紀以降の石造遺物の造立意識の変化に言及している。即ち，宗教から歴史へという図式が幕末から明治以降の地域社会の意識変化として認められることを指摘したうえで，天皇や神道の定着という明治国家の意図が歴史という名の下に，歴史的功労者や社寺など古刹の保存，顕彰へと向かったとも指摘した[109]。羽賀はこうした近世の石造物の造立を「記念碑（石碑）文化」と形容し，それらが形成される際に，宗教から歴史への関心の遷移が起こった可能性に言及している。羽賀は風土記や地誌編纂など，地域の歴史を見る目が活発となる江戸後期の風潮に言及しているが，近世の石造遺物の捉え方として，今後の研究可能性を拡げる興味深い事例といえよう[110]。こうした供養塔ではなく，記念碑的意味を込めた石塔造立の形態は，近世の石造遺物の造立意義を明らかにする上で重要な視角であると考えられる。加えて，それは村落生活の歴史復元を試みる上でも有益な貢献を果たしうる視角と言えよう。

　墓標研究で見られた考古学的手法による近世地域史，社会史へのアプローチや，石造遺物を用いた流通史へのアプローチ，そして社会史的観点から近世民間信仰史へのアプローチを試みた松村，西海，川崎らの石造遺物の研究手法は，歴史資料性を意識した手法として意義深い。また近世の石造物造立の意義を捉える方向性は，近世村落の文化史復元の道筋として興味深いものといえる。これらの研究に共通しているのは的確な資料操作と目的の明瞭さ，そして歴史資料として社会史や流通史など新たな切り口を見出している点であろう。従来の「石仏研究」においては，石塔形態や像容の変化，普及過程の解明，偈や願文などの銘文を含め資料性の発見という点では十分な役割を果たしてきたが，それらの個別研究は，庚申信仰の解明に重きがおかれるきらいがあった[111]。そうした要素も歴史性，特に村落生活史や文化史，流通史といった側面からの切り口を導入していくことによって，新たな研究可能性が生まれてくる物と予測される。そこで次節では，特に考古学的手法が扱いうる資料をもとに，歴史研究として具体的成果を活かしうる研究領域の整理を行い，庚申塔研究の方向性について検討してみたい。

(2) 庚申塔研究における考古学的視座の有効性

　既に序章において庚申塔の資料性を提示したごとく，庚申塔の資料性は以下のように整理することができる。Ⅰ．物質的側面では，1．石塔形態，2．石塔構造（一石か複数石か），3．像容

(特に青面金剛では顔・所持品・手の数)，4．三猿，5．邪鬼，6．日月，7．鶏，8．蓮華や碑面枠等，9．その他の碑面装飾などが挙げられる。またⅡ．史料的側面では1．梵字，2．偈頌銘，3．願文銘，4．紀年銘，5．施主・願主銘，6．導師銘，7．村落銘，8．道標銘，9．その他銘文がある。くわえて庚申塔に備わる資料性には他にも，下部構造として地下構造物，あるいは塚状構築物の存在の有無によってはさらに増えるほか，原位置の保持に関する検討が必要であるものの，設置位置や標高など地理的情報も資料的価値を持つ。

　こうした資料性のうち，考古学的に適切に扱いうる要素は本章で指摘したごとくⅠ．物質的側面の資料であり，考古学がこれまでどのように接してきたかは研究史で述べた通りである。とくに庚申塔に限らず石造遺物に対する考古学的関心は，石塔が卒塔婆に由来する墳墓標識として発展してきた経緯をふまえ，宗教考古学のさらに細分された仏教考古学の範疇で扱われてきた。例えば坂詰秀一は石田茂作や網干義教の見解を踏まえつつ，「仏教考古学の本質は，物質的資料を研究の対象とする考古学的方法を駆使することによって遺跡・遺物の残した仏教の過去における実態の側面を明らかにすること」と定義した[112]。翻っていえば，ややもすると仏教史的性質に重きが置かれ，多様な歴史的側面を明らかにする方向性が等閑視される側面がなかったとはいえない。例えば近世墓標の研究において，寺壇制度や祖先崇拝といった当時の宗教政策と家意識の動向を捉える視角が指向されたのは，仏教という宗教的枠組みを意識してのことであったことは疑いない。

　考古学は，山内清男を取り上げるまでもなく，大半を遺物型式の細別に心血を注いできた[113]。しかしそれは，かたちの要素を時間と空間とを示す記号に変えたて細密な整理を行う試みであって，その分析によって得られた考古学的成果の意味を解釈し分析する手法は，依然，十分に成熟したものとは必ずしも言えない。例えば考古学的事実を解釈し，歴史として構築する際に，限られた物質的資料のみを用いるがために，我田引水的に自らの仮説を実証可能な枠組みの中で捉え，解釈してしまう側面は否めず，その検証が十分になされない側面があるのも，また事実といえよう[114]。時津裕子は墓標研究におけるそうしたイベント対応型の解釈を克服する手段として，小林達雄の示唆する物質文化の変化要因のうち[115]，特に人間の「飽きる」という特性や「よりよきかたち」への指向性といった要素を取り上げ，認知考古学的視座に立脚した墳墓イメージの形成過程を捉える試みの重要性を説いている[116]。

　認知考古学的手法の是非は別として，先の石造遺物の研究史でも触れたように，モノの変化を社会変化や人間行動といった側面から捉え直すことは，今後の石造遺物研究においても不可欠である。その際，他の学問領域の手法を積極的に導入することが有効であることは，これまでの研究史においても明らかであるが，それはたとえば単に物質的資料の分析結果と他の文献史料を引き合わせるといった答え合わせ的学際性ではなく，石造遺物に内包された資料性を異なる切り口，すなわち異なる学問領域の視点から捉えなおし，新たな研究領域を拓くといった作業が先述した課題を克服するための鍵になるのではないだろうか。

　例えば筆者は，第2章で詳述するように庚申塔の石塔形態を対象として型式学的分析を行い，その歴史的変遷過程を検討した[117]。その際，江戸の庚申塔の流行型式が関東各地へ普及する過

程を，歴史地理学的視点を踏まえて河川や街道との距離などをもとに整理したところ，普及過程には地理的環境に左右された地域差や江戸との交流関係にみる地域差が存在することが明らかとなり，石造遺物をもとに近世当時の人的・物的交流や流通体系の整備過程などを復元することが可能であることを指摘した。これまでの庚申塔研究は物質的側面を従来の民間信仰史の解明という枠組みから切り取るばかりで，地理的な情報を加味して交通史的，社会経済史的側面から捉える試みはなされてこなかった。こうした側面は，近世墓標ではかつて坪井が先駆的な指摘を行い，近年では朽木量が石材流通の視点から行った事例はあるものの，庚申塔をふくめ，石造遺物の分野では依然として十分な議論は尽くされていない。

　こうした単純なモノの解釈にとどまらない歴史復原を目的とした新たな庚申塔研究の領域を拓くためには，石塔形態にとどまらず多様な物質的資料，さらには銘文，その他の資史料とも有機的に結びつけていくことが肝要である。それが物質的資料の価値を高めるばかりでなく，非物質的資料（銘文や史料）の価値をも高めることになる。これまでこうした資料性が個々に分析され，議論されてきたことが一番の問題点であり，それはこれまで縷々述べてきた「石仏研究」の歩んできた道筋が物語っていよう。例えば発掘調査などでも出土遺物のもつ多様な資料性を，考古学，文献史学，民俗学，地理学などの成果から有機的に関連づけ検討し，解釈していくことが重要である。しかしながら，発掘調査における協同作業をみても，一方的な援用や接点のない個別研究など，その成果には必ずしも有機的繋がりを形成できないことが多い。自省を込めて言えば，その実践のほとんどは，他の学問の成果を自らの学問で得られた知見を解釈するための道具として用いているにすぎず，相互の援用が促される知見や研究領域の発見を生み出す努力を怠っている。それは多様な資料性をセットとして捉え，相互に有機的な議論を行うための方法論を十分成熟させてこなかった考古学の側にこそ責任があるといえるだろう。

　石造遺物研究においても同様であり，とくに多様な資料性を整理する役割を担うべきは，物質的資料の扱いに卓越した考古学が率先して行うべき責務であるといえ，石造遺物の持つ資料性をいかに活かすかというマネジメントの役割を果たしていく必要がある。例えば竹田聴洲は，民俗学と考古学の「墓」に対する考え方の違いが，両者の志向性を噛み合わないものとしていると述べた[118]。およそ30年が経ち，墓標研究におけるそうした齟齬が解消されたか否かの評価はここでは控えるが，庚申塔という素材を対象においても例外とはいえない。もちろん石造遺物をめぐる学問領域は数多くあり，考古学のみが庚申塔の資料的有効性を引き出せるが如き，我田引水的な評価をするつもりは毛頭無い。しかしながら，石造遺物の多様な資料性から新たな研究領域を拓いていくためには，基軸となる「成果」が必要であり，石造遺物からそうした成果を抽出できるのは，豊富な資料性を有している物質的側面，すなわち考古学が得意とする領域にこそあると考えるからである。そこで次節では庚申塔の多様な資料性と分析手法（学問領域），そしてそこに拡がる研究領域という三者の関係を適切に理解できるような枠組を整理し，今後の研究可能性について考えてみたい。

第1章　既往研究の概要と視座

(3) 庚申塔研究の見取り図

　従来の「石仏研究」における庚申塔の位置を整理すると，その研究志向は歴史復元ではなく，信仰復元にあった。冒頭に掲げた窪の指摘に代表されるように，庚申信仰の復元資料として庚申塔は位置づけられており，その資料性の活用が十分であったとはいえない。先述のように，石造遺物は多様な資料性を有しており，それらを十分に活用し新たな研究領域を拓いていくためには，各種の資料性と学問領域（分析手法）との関係を適切に整理し，その資料性を十二分に引き出しうる方法論を検討する作業が不可欠なのである。そこで本節では，先述し庚申塔の資料性をもとに学問領域（分析手法）との関係を整理したうえで，それらがどのような研究領域と結びつくかを検討してみたい。

　図1－1は研究史上での諸学問の役割や資料との関係を考慮し，三つの研究領域と諸学問との関係性，それらを取り巻く主な研究主題を整理したものである。扱う学問領域は，考古学，石造美術史，文献史学，社会学，地理学，民俗学，宗教学の7つに集約した。その意図は，これまでの庚申塔研究史を顧みたときに，資料の適正にあった有効な分析手法を提示した学問領域に限定した。むろん，これまで言及されてきたその他の学問との関係を否定するものではない[119]。また研究領域については，本章でまとめた研究史を踏まえて，「技術」，「社会」，「信仰」の3つの領域を元にして整理した。

　まず先の資料性の分類で示したⅠ－1．石塔形態と2．石塔構造は，考古学における型式学的分析が手法において有効性をもち，Ⅰ－8も石造美術史的視角からの図像学的手法が有効性を持つ。これらの資料は造形的側面という点で技術領域を明らかにできる資料といえる。またⅠ－3～7は手法的には型式学や図像学的分析が有効性を持ち，研究領域としては技術領域に属する。しかしながら像容の変化といった事象は，信仰面と密接に関わるものであり，いわば複合的資料であると考えられる。ここでは今後の研究可能性の拡大を考慮して，技術領域と信仰領域の中間に

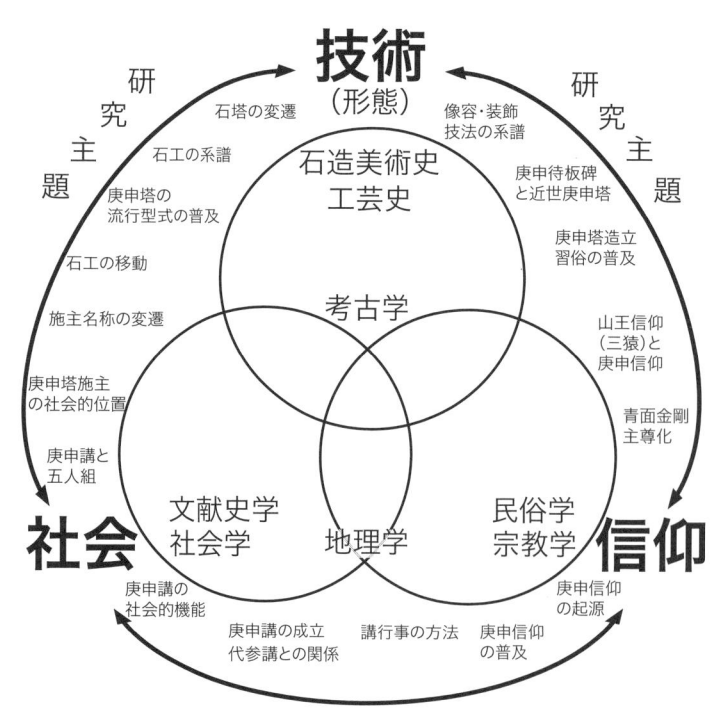

図1－1　近世庚申塔研究の領域

位置するものとしておきたい。

　Ⅱの銘文側面では，Ⅱ-1～3・6は庚申信仰に直接的に関わる金石文として，民俗学・文献史学的手法から検討が可能であり，信仰領域で有効性を発揮するものといえる。Ⅱ-4は改刻等の検証は必要ではあるが，絶対年代をⅠとⅡ双方の資料に付与する点で全領域に貢献しうる資料と言える。そしてⅡ-5・7は分析手法としては文献史学や社会学的検討が有効であり，村落内の社会的側面の解明に有効性を持つ。Ⅱ-8は文献史学のみならず地理情報を含む点で，地理学的手法からも検討が可能である。加えて庚申塔の用途転用的な部分を示すことから，社会と信仰の各領域に有効性をもつ資料といえよう。Ⅱ-9は，その内容によって異なるので，ここでは言及しない。

　ここでひとまずまとめるならば，物質的資料の大半は「技術領域」を，銘文資料は「社会領域」に貢献しうる資料であると指摘できる。そして「信仰領域」では物質的資料と銘文資料が有効性を持つと言える。いわば資料性の多くが様々な研究領域との関わりを持つ，複合的性格を持っているといえるだろう。例えばⅡ-5．施主名の場合，今日，講帳や寄付者の名寄帳といった近世村落史料の存在はごくわずかでしかなく，そうした史料の欠失を補い，庚申講の組織化と民間信仰史を明らかにする上で，絶対年代を備えた庚申塔が果たす役割は大きいものがある。他方，村方文書と対応させつつ，講員の詳細な分析をくわえることで，講の社会的機能や，村落内での講組織の役割までも明らかにすることも可能となる。しかし研究史でも指摘したように，こうした銘文資料の多様な有効性を理解し，学問の領域を超えたテーマに即した的確な活用が一部には進められているが，多くの石造遺物研究ではこうした銘文の有効性や物質的側面と有機的活用といった手法は十分に構築し得ていない。

　また「技術領域」には物質的資料に関わる学問が布置されるが，従来は特に石造美術史が重要な役割を果たしてきた。特徴的な装飾技法の分布，石工の動向とともに，「信仰領域」における像容や銘文など，モノの空間的な把握を試みてきたものの，従来の民俗学，宗教学といった学問的手法を乗り越えるものではなく，社会的領域には十分踏み込んでこなかった。他方，先述のように考古学においても，朽木による墓標の石材から見た地域的まとまりの把握や谷川による墓標の流通における交通路の重要性への言及[120]などがなされているが，空間的広がりを持った「社会領域」的側面への関心は未だ十分とはいえない。

　空間的情報把握と分析に卓越した学問である地理学では，位野木の行った金比羅燈籠の研究をみるように，単にモノの分布や信仰圏の把握といった側面のみならず，社会的，経済的交流の実態解明にも関心を払っており，また宗教地理学といった枠組みも存在している[121]。自然地形や地質のみならず，これまで石造遺物研究ではあまり重要視されていないような近世の村絵図や近代以降の地籍図といったマクロな情報をはじめ，多様な地理的情報をもとに空間解析的手法を用いて，物質的資料や銘文資料の分析を試みることは，近世における村落内の新たな信仰的側面や社会関係について，より豊かな資料理解を促すことが期待される。

　このように時空間的情報を整理し，資料の持つ傾向や特質を明らかにしていく地理学や考古学が，研究の学際性をもとめる石造遺物研究において大きな力となることは疑いない。とくに考古

学は人間活動に伴う物質的資料（考古資料，人工遺物・自然遺物も含めて）が内包する全ての属性によって成り立つ学問であり，モノに備わる時間的，空間的属性が抽出できれば，多様な領域に関わる分析が可能といえる。先に述べてきたように石塔形態は造形的，技術的側面のみを捉えるだけでなく，型式普及の過程の背景にある地域的結びつきや製作した石工の系譜，活動範囲などを，時空間的に捉えることができる。また像容や装飾技法においても，造形的側面を時空間的系譜から検討するばかりでなく，信仰の変化を有紀年銘資料からも適切に捉えることができ，新たな研究領域の拡大を促すものと期待される。

すなわち，こうした研究領域を基軸に学際的な研究手法の開拓を行うことがいま求められている。むろんこれまでも石造遺物研究では中核的学問の枠組として，「石仏学」といった学際的な学問の構築を図る試みがあった。しかしながら，こうした主題に依拠した学問領域の構築は方法論的枠組が曖昧となり，好事家的な立場から離れることではできなかった。即ち，そうした研究領域の学問的囲い込みを行うことが研究可能性を拡げる上で重要なのではなく，むしろ研究対象に対して実行可能な分析手法の開発とその具体的実践にこそ意味があるのである。学問の領域を細分化し，むやみに自らをアイデンティファイすることは，根本的な方法論の進展に何ら有効な貢献をなしえない。

今後の庚申塔研究の方向性の一つとして，社会領域，すなわち社会史的なアプローチが鍵になるだろうと思われるが，その際に社会科学という視点から歴史学を変革しようとした，フランス，アナール学派は注目に値しよう。総合人文科学の学問として学際的研究を行い，長期変動や数量革命などの枠組みを通して，多くの成果を世に送り出した功績は歴史学のみならず様々な立場から評価されている[122]。しかしながら現在のアナール学派をみると，一時の活動に比べ研究領域が細分化し，総合的学問としての特性を逆に活かせない状態となっていることは否めない。こうした主題学問の問題点やアナール学派の動向を踏まえるならば，庚申塔研究の学際性とは，学問領域を越えた個別テーマへの接近にあるのではなく，インターフェイス構築するための研究（領域）地図を共有することにあるのではないだろうか。それこそが資料性，学問領域，研究領域の三つの関係を適切に理解し，個々の研究テーマの裾野を拡げて行く学際的研究を本当の意味で促す枠組となるものと考えられる。

従来，民俗調査資料として，金石文資料として個々の領域で扱われていた主題も，時空間的要素を持った物質資料，つまり考古学的資料の立場から総合的に捉え直すことで，さらにテーマ間の有機的な融合を可能にし，新しい切り口からの歴史復元を可能にするだろう。それは庚申塔をめぐる村落社会の諸関係や信仰，文化などを有機的に繋ぐうえで重要な作業であると共に，考古学の役割をより高めるものとなるのではないだろうか。今後，考古学は民間信仰史の解明という分野史的な枠組みを超えて，技術，信仰，社会の様々な領域までアプローチを可能にする，いわば学問のインターフェイスとなる知見を積極的に提供し，庚申塔研究をマネジメントしていく中核になることが期待される。庚申塔研究は技術史や社会史，信仰史などの分野史に区分されるものではなく，庚申塔を取り巻く人間活動すべてを明らかにする全体史的研究であると考える。むろん制度史的な側面に直接的な貢献はなしえないだろうが，宗教，社会，技術，美術面も含めた総

合的生活史，文化史的研究の枠組としても有効性を持ちうるだろう。その実現のためには，拡がり続けるであろう研究地図を適切に把握することが必要なのであり，物質的資料を通じて歴史復元を試みる考古学は，そうした研究地図の中核を担う学問として役割を果たしていかなければならない。

　以上，近世庚申塔研究が目指すべき地平と考古学的役割について整理を試みた。その方向性には多様な展開が見出される期待もある一方で，その具体的な実践は未だ十分とはいえない。こうした考古学的手法の有効性を活かす努力を確実に行っていくことが，庚申塔研究のみならず石造遺物研究の裾野を拡げることにもつながるものと思われる。しかしながら筆者の力量で行いうる領域は限られざるを得ない。そこでとくに本書において関心を払うのは以下の諸点である。①近世庚申塔の物質的側面の定量的分析，②近世庚申塔の銘文資料における有効性の検討，③近世史の諸課題と庚申塔研究の位置づけ，を本書での基軸としたい。①および②については既に研究史の検討より明らかな如く，その具体的実践作業については再度述べるまでもないだろうが，③については若干の説明を加えておく必要があろう。

　近世史において墓標以外の石造遺物が資料的価値を発揮してきたのは主に信仰史，文化史的領域であった。その事例は研究史においても触れたように，筆子塚と呼ばれる寺子屋の師匠を顕彰碑や句碑，また民間信仰の「存在」を確認する素材としての庚申塔や馬頭観音などの石塔類が関心の主な対象といえる。こうした文化史としての石造遺物研究は，近世史における主流，つまりは制度史や法制史，社会経済史などとはほとんどかけ離れた位置にあると言ってよいだろう。上述のように学際的研究の方向性について指摘してきたが，考古学としての方法論を堅持し，確立していくことが歴史考古学の発展には不可欠であり，そうした学問の自立性を鑑みれば学際性とは，自らの学問的手法の適正な使用によってのみ有効に作用する。まず研究素材の研究可能性のある領域を整理し，主題を的確に捉え，必要な手法を基に，適切な結びつきを構築した上で解釈を行うことが必要だろう。その実践作業として本書の研究は位置づけられる。

［注］
1) 　墓標以外の「石仏研究史」については縣の論考が最も簡明に概括されている。①縣敏夫「石仏研究史」（庚申懇話会編『石仏研究ハンドブック』，雄山閣，1985），11～57頁。墳墓，墓標をはじめとした石塔に関わる仏教考古学の展開については，坂詰の著作に詳しい。②坂詰秀一「仏教考古学序説」坂詰秀一編『シンポジウム仏教考古学序説』，雄山閣，1971，7～13頁。③坂詰秀一「中・近世墓標研究の回顧と課題」，『考古学ジャーナル』288，ニューサイエンス社，1988，2頁。
2) 　平子鐸嶺「本邦墳墓の変革」『仏教』，1899，146～157頁。
3) 　小川琢治『日本石仏小譜』，1914。
4) 　天沼俊一「奈良県における慶長以前の石燈」『建築雑誌』311，建築学会，1912，505～514頁。天沼俊一「奈良県に於ける慶長以前の石燈補遺　附奈良県所在の石塔其他に就て」『建築雑誌』324，建築学会，1915，4～19頁。
5) 　天沼俊一「深田の石塔」『考古学雑誌』6-10，東京考古学会，1916，1～11頁。
6) 　天沼俊一『慶長以前の石灯籠』，スズカケ出版部，1937。
7) 　川勝政太郎『石造美術概説』，スズカケ出版部，1935。
8) 　浜田耕作『通論考古学』，大鐙閣，1922（雄山閣，1984）。

9) 坪井良平「山城木津惣墓墓標の研究」『考古学』10－6，東京考古学会，1939，310〜346頁。
10) 武田久吉『道祖神』，アルス社，1941。
11) 武田久吉『農村の年中行事』，竜星閣，1943。
12) 服部清道『徒歩旅行者の歴史学』，牧書房，1944。
13) 『史迹と美術』は川勝政太郎らによって創刊された。
14) 東京都港区増上寺に遺存していた徳川将軍墓は，戦災により著しく荒廃し，改葬，整理する必要性が指摘されていた。そこで再開発の動きがあることを知った増上寺檀家総代でもある民族学者渋沢敬三の努力もあり，発掘調査による記録保存を行うことが決定した。調査には人類学，考古学，民俗学，美術史学など多様な学問領域の研究者が参加したが，考古学者の関心は低く，発掘調査としての記録には不備な点も多い。出土資料の実測図の掲載が見られない点からも，近世考古学への関心の低さが示されている。鈴木尚ほか編『徳川将軍墓とその遺品・遺体：増上寺』，東京大学出版会，1967。
15) 若杉慧『野の佛』，創元社，1958（創元新社，再版1963）。
16) 日本の発掘行政は1960年代までは400件程度の調査件数であったものが，1970年代には1,000件を越え，近年では3万件以上の発掘を数える。森本和男『遺跡と発掘の社会史―発掘捏造はなぜ起きたか―』，彩流社，2001。
17) 石材を通して石造遺物の流通を解き明かす試みや中世墓の考古学的報告など，物質的側面の資料性を活かした新しい歴史資料としての石造遺物研究を模作する動きとして注目される。特に大石一久の日引石に関する論考は，中世における日本海沿岸から九州にかけての人的交流を石造遺物から解明する試みとして興味深い。大石一久「日引石塔に関する一考察―とくに長崎県下の分布状況から見た大量搬入の背景について―」『日引』1，石造物研究会，2001，7〜37頁。
18) 柳田国男「石神問答」『定本　柳田国男集』12，筑摩書房，1963（聚精堂，初版1910）。
19) 山中笑『共古随筆』，温故書店，1928。
20) 『武蔵野』は鳥居龍蔵を代表とする武蔵野会が，1918年に発刊した雑誌で，戦前における郷土史研究の一翼を担った。
21) 昭和13（1938）年に岩科小一郎ら有志4名で「山村民俗の会」が設立された。機関誌『あしなか』は現在までで，29輯を数える（2012年現在）。
22) 前掲注19）。
23) 三輪善之助「江戸時代の庚申塔」『考古学雑誌』，1915，5〜12頁。
24) 林古渓「駒込神明富士両社の庚申塔」『考古学雑誌』6－2，1916，295〜311頁。
25) 三輪善之助「天王寺の庚申塔」『考古学』，1936，7〜4頁。
26) 近世の石塔形態に関する検討は，沼田頼輔によって1933年に「墓碑の形式」と題する論考が既に発表されているほか，関心は高い。沼田は中世来の石塔について現在の分類名称と同様の層塔，宝塔，五輪塔，宝篋印塔や板碑などの類型を設定しているほか，近世石塔に関しても「舟形碑」，「角塔」，「卵塔（無縫塔）」，「異形塔」の設定を提示していた。加えて考証史家の森潤三郎は「江戸時代の墳墓概観」と題して『歴史公論』紙上で江戸時代の墓石の形式を設定しているが，悉皆調査といった具体的成果はなかったものの，墓標の石塔形態への強い関心が存在していたことを示している。
27) 前掲注1）①。
28) 仏教考古学講座の第7冊として，『墳墓篇』が上梓され，「墳墓概説（後藤守一），奈良時代の墳墓（後藤守一・森貞成），墓碑（中島利一郎），種子（服部清道），宝塔（多宝塔）・宝篋印塔・無縫塔（跡部直治），板碑（稲村坦元），位牌（跡部直治）」の項が作られた。後藤守一ほか『仏教考古学講座　第7冊』，雄山閣，1936。
29) 後藤守一『日本歴史考古学』，四海書房，1937。
30) 森本六爾は坪井の木津惣墓の研究に関して，実測図や統計表といった手法の精緻さや型式変遷のみならず地方文化圏の把握など研究の広がりがある点を指摘した上で，「文字を離脱した考古学的研究として，歴史時代墳墓研究の最新の方法」であるとして評価している。森本六爾「墳墓研究の方法並びに沿革」『歴史公論』3－13，雄山閣，1936，58〜68頁。ただし気にかかるのは森本がこの論考を書いたのは昭和9年で，坪井の論考は昭和14年発表であることである。既に坪井の論考は『考古学』誌上以外で発表されていた可能性が高いものと思われる。

[注]

31) ①小山真夫「信濃国小県郡武石村金石文（一）」『考古学』25－6，東京考古学会，1935，14～33頁。②小山真夫「信濃国小県郡武石村金石文（二）」『考古学』25－7，東京考古学会，1935，28～40頁。
32) ①竹内利美「講集団の組織形態―松本平の庚申講について―」『民族学研究』8－3，日本民族学会，1943，34～84頁。②竹内利美『東筑摩郡誌　別篇　第二　農村信仰誌　庚申念佛篇』，山村書院，1943（慶友社，1975）。
33) 前掲注1）①。
34) 三輪善之助「天王寺の庚申塔」『考古学』，1936，7～4頁。
35) 藤沢一夫「大阪の庚申塔資料」『考古学』7－4，1936，295～311頁。
36) 武田久吉「庚申雑記（一）～（八）」『民族文化』3～6・8，2－2～6・9・10，1940・41。
37) 松浦伊喜三『庚申塔スケッチ集』，1969。
38) 谷川章雄「近世墓塔の形態分類と編年について　千葉県市原市高滝・養老地区の調査」『早稲田大学大学院文学研究科紀要』（別冊10　哲学・史学編），早稲田大学大学院文学研究科，1983，175～186頁。
39) 小花波平六「庚申信仰研究の課題の若干」（庚申懇話会編『庚申　民間信仰の研究』，同朋社，1978），1～6頁。
40) 大島建彦「庚申の昔話」『民俗』32，相模民俗学会，1958，1～6頁。
41) 柳田国男「猿の祭」『定本　柳田国男集』13，筑摩書房，1963（津軽民族の会編・発行『津軽民俗』創刊号，初出1949），266～274頁。
42) 和歌森太郎「庚申信仰」『和歌森太郎著作集』10，弘文堂，1981（津軽民族の会編・発行『津軽民俗』2，初出1949），155～161頁。
43) 窪徳忠『庚申信仰』，山川出版社，1958。
44) 前掲注43）。
45) 窪徳忠『庚申信仰の研究―日中宗教文化交渉史―』，日本学術振興会，1961（『庚申信仰の研究―日中宗教文化交渉史―（上・下）』，第一書房，1996）。
46) 清水長輝『庚申塔の研究』，名著出版，1988（大日洞，初版1958）。
47) 前掲注1）①11～57頁。
48) 前掲注15）。
49) 若杉慧『石仏巡礼』，社会思想研究会出版部，1960。
50) 佐藤宗太郎「石仏と仏教美術と造形美―大塚省悟氏に応える(2)―」日本石仏協会編『日本の石仏』21，木耳社，1982，64～75頁。
51) 南雲寿美雄「庚申塔より見た村人の結合状態」『群馬文化』創刊号，群馬文化の会，1957，1～8頁。
52) 石川博司「庚申塔の範囲の基準」『庚申』46，庚申懇話会，1967，18～25頁。
53) 石川博司『庚申塔調査の手引』，庚申塔資料刊行会，1968。
54) 石川博司「庚申塔の塔形分類」『庚申』54，庚申懇話会，1969，20～24頁。
55) 儀軌とは真言密教で念誦や曼荼羅などの儀式一切の法規を言い，その経典自体も指す。偈頌同様に庚申縁起のなかに記載されていることが多く，庚申塔の主尊として扱われる青面金剛の容姿について議論する際に，絵画資料と共に重要な史料となる。
56) ①横田甲一「二手青面金剛」『庚申』66，庚申懇話会，1973，10～14頁。②横田甲一「再び二手青面金剛について」日本石仏協会編『日本の石仏』16，木耳社，1980，24～27頁。
57) 庚申懇話会『石仏研究ハンドブック』，雄山閣，1985。
58) ①星野昌治「山王二十一社板碑について」日本石仏協会編『日本の石仏』12，木耳社，1979，55～63頁。②星野昌治「神道の板碑」『板碑の総合研究　1　総論編』，柏書房，1983，267～303頁。③小花波平六「庚申待板碑」『考古学ジャーナル』132，ニューサイエンス社，1977，21～23頁。
59) 坂詰秀一編『板碑の総合研究　2　地域編』，柏書房，1983。
60) 杉並区教育委員会編『杉並区史』，杉並区，1982。
61) 大田区教育委員会編・発行『大田区の民間信仰（庚申信仰編）』，1969。
62) 中村たかを「近世考古学の一課題」『物質文化』16，物質文化研究会，1970，18～24頁。
63) 石川博司「市内の庚申塔」『青梅市の石仏』，青梅市教育委員会，1974，35～76頁。

64) 横田甲一「関東の板碑型と称せられる塔に対する私見」『庚申』74，庚申懇話会，1977，6〜16頁。
65) ①窪徳忠「庚申塔造立の意義とその変遷」『庚申』24，庚申懇話会，1961，1〜9頁。②前掲注45)。③松村雄介「供養塔としての庚申塔」日本石仏協会編『日本の石仏』25，国書刊行会，1983，15〜23頁。
66) 庚申懇話会『日本石仏辞典』，雄山閣，1975（増補版1980)。
67) 庚申懇話会『石仏調査ハンドブック』，雄山閣，1981。
68) 前掲注57)。
69) 石神裕之「近世庚申塔にみる流行型式の普及―江戸周辺における物質文化交流の復原への試み―」『歴史地理学』44-4，歴史地理学会，2002，1〜21頁。
70) 町田葉子「越後秋山郷における庚申講の形成過程―オオド・コド・マゴドから―」『日本民俗学』212，日本民俗学会，1997，125〜142頁。
71) ①中野守久「旧袋村庚申講の記録（一）」『文化財研究紀要』第1集，北区教育委員会，1987，295〜311頁。②中野守久「旧袋村庚申講の記録（二）」『文化財研究紀要』第2集，北区教育委員会，1988，295〜311頁。
72) 石神裕之「近世庚申塔にみる施主名称の史的変遷―江戸近郊農村における近世前期の一様相―」『日本宗教文化史研究』4-1，日本宗教文化史学会，2000，124〜152頁。
73) 縣敏夫「武蔵板碑における結衆の変遷および分類」(地方史研究協議会編『「開発」と地域民衆―その歴史像を求めて―』，雄山閣，1991)，93〜114頁。
74) 西海賢二「板碑にみる講集団の萌芽―特に多摩を中心として―」日本石仏協会編『日本の石仏』12，木耳社，1979，41〜48頁。
75) 石田哲弥『石仏学入門』(環日本海歴史民俗学叢書)，高志書院，1997。
76) 横山浩一「型式論」『日本考古学』1研究の方法，岩波書店，1985，44〜78頁。
77) 谷川章雄「近世墓標の変遷と家意識―千葉県市原東高滝・養老地区の近世墓標の再検討―」『史観』12，早稲田大学史学会，1989，12〜16頁。
78) 竹田聴洲「石碑墓の源流」日本歴史学会編『日本歴史』265，吉川弘文館，1970，111〜116頁。
79) 時津裕子「近世墓標研究の射程―墓石から何を読むか―」『帝京山梨文化財研究所研究報告』10，帝京山梨文化財研究所，2002，147〜165頁。
80) 時津裕子「近世・近代墓の計量考古学的分析―筑前秋月における櫛形墓標の変化―」『人類史研究』11，人類史研究会，1999，269〜273頁。
81) ①朽木量「近世墓標とその地域的・社会的背景―山城国木津郷梅谷村の事例―」『史学』66-1，三田史学会，1996，91〜110頁。②朽木量「墓標の考古学的分析からみた近世前期の採石活動―奈良在地産石材の消長と南山城における墓標の地域的差異―」『史学』69-3・4，三田史学会，2000，259〜282頁。③朽木量「近世墓標からみた京都府南山城地域の社会的繋がり」『帝京山梨文化財研究所研究報告』10，帝京山梨文化財研究所，2002，131〜145頁。④朽木量『墓標の民族学・考古学』慶應義塾大学出版会，2004では，物質文化研究としての墓標研究の新しい枠組を提示している。
82) 朽木量「墓標からみた近世の寺院墓地―神奈川県平塚市大神真芳寺墓地の事例から―」『国立歴史民俗博物館研究報告』112，国立歴史民俗博物館，2004，451〜464頁。
83) 筑紫敏夫「墓標からみた江戸湾沿岸防備」(地方史研究協議会編『都市周辺の地方史』雄山閣，1990)，61〜88頁。
84) 坂詰秀一監修『近世大名墓所要覧』，ニューサイエンス社，2010。
85) 松原典明『近世大名葬制の考古学的研究』，雄山閣，2012。
86) 渡部圭一「モノと精神史のあいだ―石塔史料論の自立をめざして―」(西海賢二・水谷類・渡部圭一・朽木量ほか『墓制・墓標研究の再構築　歴史・考古・民俗学の現場から』，岩田書院，2010)，49〜94頁。
87) 例えば前掲注86)の基となった，第845回日本民俗学会談話会「墓制・墓標研究の再構築」では，学際的かつ横断的な「ハカ」研究を目指して，刺激的な議論が展開されており，墓地という空間に累積する人々の想いに迫る試みとして極めて示唆に富む。
88) 前掲注20)。
89) 倉石忠彦『道祖神信仰論』，名著出版，1990。
90) 石田哲弥・椎橋幸夫『道祖神信仰史の研究』，名著出版，2001。
91) 鈴木章生「相模大山信仰の成立と展開―民衆参詣の動向と信仰圏をめぐって―」(圭室文雄編『大山信仰』，

[注]

92) 畑大介『石造馬頭観音の歴史資料性』『帝京山梨文化財研究所研究報告』10, 帝京山梨文化財研究所, 2002, 167～195頁。
93) ①前掲注65) ③15～23頁。②松村雄介「造塔を伴う道祖神信仰―その発生と展開Ⅱ―」日本石仏協会編『日本の石仏』36, 国書刊行会, 1985, 11～18頁。表1－1で松村(1985a)。
94) ①松村雄介「造塔を伴う道祖神信仰―その発生と展開Ⅰ―」日本石仏協会編『日本の石仏』26, 国書刊行会, 1983, 4～33頁。②松村雄介「石仏調査のための推計学(二)」日本石仏協会編『日本の石仏』32, 国書刊行会, 1985, 20～29頁。表1－1で(松村 1985b)。③松村雄介『神奈川の石仏』有隣堂, 1987。
95) 石田哲弥・椎橋幸夫『道祖神信仰史の研究』, 名著出版, 2001。
96) 浜田耕作『通論考古学』, 大鐙閣, 1922 (雄山閣, 再版1984)。
97) 位野木寿一「金比羅灯籠の交通地理的意義」『人文地理』11－3, 人文地理学会, 1959, 1～20頁。
98) 北村和寛「江戸から青梅街道への物資輸送―鋳物と石造物を例に―」『交通史研究』47, 交通史研究会, 2001, 41～52頁。
99) 萱野章宏「袖ヶ浦の石工」『袖ヶ浦市史研究』5, 袖ヶ浦市教育委員会, 1997, 109～127頁。
100) 石山秀和・實形裕介・外山徹「石に刻まれた文化交流―石造物の寄進名から」『袖ヶ浦市史研究』5, 袖ヶ浦市教育委員会, 1997, 81～108頁。
101) 谷川章雄「近世墓標の普及の様相―新潟県佐渡郡両津市鷺崎, 観音寺墓地の調査―」『ヒューマンサイエンス』14－1, 早稲田大学人間科学総合センター, 2001, 22～31頁。
102) 西海賢二「近世の遊行僧と供養塔―木喰観正の宗教活動をめぐって―」日本石仏協会編『日本の石仏』13, 木耳社, 1980, 31～48頁。
103) 西海賢二「江戸後期の女人講―常総地域の人口対策と子安講をめぐって―」圭室幸雄編『寺と地域社会』仏教民俗大系7, 1992, 159～187頁。
104) 石川治夫「石仏・石神・石塔の形態と変遷―沼津市域における近世～近代の石造物について―」『沼津市史研究』7, 沼津市教育委員会, 1998, 121～148頁。
105) 関根達人編『津軽の飢饉供養塔』弘前大学人文学部文化財論ゼミナール2004, 関根達人ほか『下北・南部の飢饉供養塔 補遺 津軽の飢饉供養塔』弘前大学人文学部文化財論ゼミナール2005。
106) ①川崎喜久男「房総の寺子屋―筆子塚等の建立状況からみた普及ぶり―」『千葉県の歴史』19, 千葉県企画部広報県民課, 1980, 33～40頁。②川崎喜久男『筆子塚研究』, 多賀出版, 1992。
107) 杉仁「非文献史料にみる在村文化 房総芭蕉句碑をめぐる情報網と風雅の交流」『国立歴史民俗博物館研究報告』第97集, 2002, 33～48頁。
108) 羽賀祥二『史蹟論―19世紀日本の地域社会と歴史意識―』, 名古屋大学出版会, 1998。
109) 羽賀祥二『明治維新と宗教』筑摩書房, 1994。
110) ケネス・E・フット (Foote, Kenneth, E.) は『記念碑の語るアメリカ―暴力と追悼の風景』の中で, 伝統や歴史を創出する媒体としての記念碑の役割を様々な事例を通して明らかにしている。こうした記念碑の役割の国情を越えた共通性に, 記憶のかたちとしての石造遺物の意味を改めて考えさせられる。フット, K.E.著, 和田光弘ほか訳『記念碑が語るアメリカ―暴力と追悼の風景』, 名古屋大学出版会, 2002。
111) 庚申塔研究でも状況は変わらない。例えば大護八郎は「庚申研究の現状と課題」というシンポジウムに際して,「石仏研究会としては庚申塔自体が究極の課題である。日本石仏協会の目ざすところは石仏の究明にあり, 民俗学の方々とは目的や方法論を必ずしも同じくしない」と述べている。しかしながら, そこで語られる目的とは石仏というかたちで体現された信仰の実践とその教導者, そうした造立意識に迫ろうとする志向であり, 大きく民間信仰の側面から逸脱するものではない。
112) 前掲注1) ②10～13頁。
113) 山内は「縄文土器型式の細別と大別」の中で, 型式分類を究極まで推し進めることの意義を指摘しているが, その是非について議論があることは周知の通りである。小林達雄「タイポロジー」(麻生優・加藤晋平・藤本強編『日本の旧石器文化』1 総論編, 1975), 雄山閣, 48～63頁。
114) 鈴木公雄は近世考古学の課題として,「考古学研究法の検討を行っていくこと」が主要な方法論的課題となることを述べている。文献史学や他の学問領域の知見に基づいて考古学的解釈を導き出した研究法や分析法の

第1章　既往研究の概要と視座

信頼度をいかにしてチェックするか，すなわち対象とする時代を問わず，考古学資料の歴史的検証可能性は決して完全無欠なものではなく，その有効性と妥当性を常に検証する必要があることを指摘している。鈴木公雄「近世考古学の課題」（鈴木公雄ゼミナール編『近世・近現代考古学入門』，慶應義塾大学出版会，2007），3～11頁（『村上徹君追悼論文集』，村上徹君追悼論文集編集委員会，1988初出）。

[115] 前掲注108）48～63頁。

[116] 時津は先の近世墓の論考において，墓標の形態が家ごとに異なることに関して，例えば，家格の低い家が大きな自然石の墓標を造立した点を，笠付型であれば許されない規模でも，自然石を用いることでそれを肯定させることができたとして，そうしたプライドの表出の意味が墓標の造立に示されていることを指摘した。解釈のための仮説としては興味深いものであるが，この場合のプライド誇示の理由や家格による諍いの存在は，他の資史料によって実証される必要がある。しかしながら提示された分析結果は，家格の差を屋敷面積や石高，役職によって示すにとどまり，その検証には不満が残る。こうした「物語性」を克服する試みは，歴史学において国内外を問わず既に多くの議論があり，R. J. エヴァンズは特にポストモダニズム的歴史学の潮流に対して反論を試みている。考古学においても改めて問題意識を持つべき重要な課題の一つと言えよう。①時津裕子「近世墓にみる階層性―筑前秋月城下の事例から―」『日本考古学』9，日本考古学協会，2000，97～122頁。②エヴァンズ，R. J.，今関恒夫・林以知郎監訳，佐々木龍馬・與田純訳，『歴史学の擁護　ポストモダニズムとの対話』，晃洋書房，1999。

[117] 前掲69）1～21頁。

[118] 前掲78）111～116頁。

[119] 小花波は「石仏」を取り巻く諸学として歴史学，地方史学を軸とした「石仏地域史」，「宗教学」，「民俗学」，「美術史，彫刻技術史」，「考古学」，「文学」，「地理学」を取り上げている。小花波平六「庚申信仰研究のあゆみと展望」小花波平六編『庚申信仰』（民衆宗教史叢書17巻），雄山閣，1988，343～365頁。こうした研究領域の多様性こそが石造遺物研究の特質であると共に弱点でもある。

[120] 前掲97）22～31頁。

[121] 小田匡保は網羅的な文献目録の作成を基に，いわゆる「宗教地理学」が包合する研究視角の整理を行っている。宗教地理学が内包するテーマ別の区分は神道，仏教，修験道・山岳信仰，民間信仰・アニミズム，キリスト教，新宗教，その他・宗教一般の6タイプで，小田が集成した戦後に既往文献390件のうち民間信仰に関する文献は16.8％で，全体のおよそ1／5を占めるという。小田が示した研究テーマから特に石遺物に関わるものを抽出すれば，巡礼・参詣，墓制，宗教分布・信仰圏，村落の宗教組織などが挙げられよう。こうした宗教地理学明らかにする対象は幅広く，民俗学や近世史の諸課題に対する目配りもある。しかし，その視点は山岳信仰や宗教都市といった地域的枠組みから捉える視点が多く，また村落地理学的立場から空間構成や現在の社会関係に着目するもので，近世の石造遺物を基軸に生活空間としての村落を捉える試みは必ずしも多くはない。小田匡保「戦後日本の宗教地理学―宗教地理学文献目録の分析を通じて―」『駒沢地理』38，2002，21～51頁。

[122] イザベル・フランドロワ編，グベールほか著，尾河直哉訳『「アナール」とは何か　進化しつづける「アナール」の一〇〇年』，藤原書店，2003。

[注]

表1-2 庚申塔関連主要文献

参考文献No.	著者	刊行年	題名	掲載誌名（初版・所収全集など）	編・発行
1	柳田国男	1910	『石神問答』	（『定本 柳田国男集』第12巻 1963 筑摩書房）	聚精堂
2	三輪善之助	1915	「江戸時代の庚申塔」	『考古学』5-12	東京考古学会
3	林 古渓	1916	「駒込神明富士両社の庚申塔」	『考古学』6-2	東京考古学会
4	山中 笑	1928	『共古随筆』		温故書店
5	三輪善之助	1933	「庚申待と庚申塔」	『武蔵野』20-11	武蔵野会
6	小山真夫	1935	「信濃国小県郡武石村金石文（一）」	『考古学雑誌』25-6	考古学会
7	小山真夫	1935	「信濃国小県郡武石村金石文（二）」	『考古学雑誌』25-7	考古学会
8	三輪善之助	1935	『庚申待と庚申塔』	（『庚申待と庚申塔』1985 第一書房）	不二書房
9	藤沢一夫	1936	「大阪の庚申塔資料」	『考古学』7-4	東京考古学会
10	三輪善之助	1936	「天王寺の庚申塔」	『考古学』7-4	東京考古学会
11	武田久吉	1940	「庚申雑記」（一～二）	『民族文化』3	山岡書店
12	武田久吉	1940	「庚申雑記」（三）	『民族文化』4	山岡書店
13	武田久吉	1940	「庚申雑記」（四～六）	『民族文化』5	山岡書店
14	武田久吉	1940	「庚申雑記」（七）	『民族文化』6	山岡書店
15	武田久吉	1940	「庚申雑記」（八～九）	『民族文化』7	山岡書店
16	武田久吉	1941	「庚申雑記」（十）	『民族文化』2-2	山岡書店
17	武田久吉	1941	「庚申雑記」（十一）	『民族文化』2-3	山岡書店
18	武田久吉	1941	「庚申雑記」（十二）	『民族文化』2-4	山岡書店
19	武田久吉	1941	「庚申雑記」（十三）	『民族文化』2-5	山岡書店
20	武田久吉	1941	「庚申雑記」（十三［筆者註：ママ］～十四）	『民族文化』2-6	山岡書店
21	武田久吉	1941	「庚申雑記」（十五～十七）	『民族文化』2-9	山岡書店
22	武田久吉	1941	「庚申雑記」（十八）	『民族文化』2-10	山岡書店
23	竹内利美	1943	「講集団の組織形態―松本平の庚申講について―」	『民族学研究』8-3	日本民族学会
24	竹内利美	1943	「東筑摩郡誌別篇第二 農村信仰誌 庚申念佛篇」	（『東筑摩郡誌別篇第二 農村信仰誌 庚申念佛篇』1975 慶友社）	山村書院
25	藤田秀司	1948	東北の庚申の塔	『民間伝承』12-11・12	六人社
26	柳田国男	1949	「猿の祭」	『津軽民俗』創刊号（『定本 柳田国男集』第13巻 1963 筑摩書店）	津軽民俗の会
27	和歌森太郎	1949	「庚申信仰」	『津軽民俗』2（『和歌森太郎著作集』第10巻 1981 弘文堂）	津軽民俗の会
28	柳田国男	1950	「二十三夜塔」	『本流』創刊号（『定本 柳田国男集』第13巻 1963 筑摩書店）	國學院大學文學部
29	種元勝弘	1952	「球磨地方に於ける庚申塔」	『熊本史学』2	熊本史学会
30	別所光一	1953	「儀右衛門塚と庚申塔」	『西郊文化』6	杉並区史編算委員会
31	吉岡義豊	1955	「明応八年の庚申供養輪廻塔について」	『仏教と民俗』6	仏教民俗学会
32	窪 徳忠	1956	『庚申信仰』		東京大学東洋文化研究所
33	窪 徳忠	1956	『庚申信仰』		山川出版社
34	菊池武紀	1957	「うれつき塔婆について」	『民俗』21	
35	南雲寿美雄	1957	「庚申塔より見た村人の結合状態」	『群馬文化』創刊号	群馬文化の会
36	大護八郎・小林徳太郎	1958	『庚申塔』	（大護八郎 小林徳太郎『庚申塔』1972 木耳社）	新世紀社
37	武田久吉	1958	「東京に見る庚申塔小記」	『武蔵』3-1	武蔵野会
38	松岡六郎	1958	「北多摩の珍しい庚申塔」	『武蔵』233	武蔵野文化協会
39	小花波平六	1959	「江戸初期の庚申塔」	『庚申』2	庚申懇話会
40	三輪善之助	1959	「庚申塔の梵字種字（一）」	『庚申』2	庚申懇話会
41	三輪善之助	1959	「庚申塔の梵字種字（二）」	『庚申』3	庚申懇話会
42	清水長輝	1959	『庚申塔の研究』	（『庚申塔の研究 復刻版』1988 名著出版）	大日洞
43	吉岡義豊	1960	「再び庚申供養輪廻塔について」	『仏教と民俗』7	仏教民俗学会
44	窪 徳忠	1960	「各地の庚申塔報告」	『庚申』8	庚申懇話会
45	小花波平六	1960	「庚申のつかについて」	『庚申』16	庚申懇話会
46	清水長輝	1960	「庚申と青面金剛」	『庚申』13	庚申懇話会
47	三輪善之助	1960	「山王廿一仏庚申塔について」	『庚申』14	庚申懇話会
48	横田甲一	1960	「銘文からみた庚申信仰（一）」	『庚申』16	庚申懇話会
49	吉岡義豊	1960	「「庚申と青面金剛」への回答」	『庚申』15	庚申懇話会
50	窪 徳忠	1960	「庚申信仰研究法私見―日本民俗学者の批判に答う」	『民族学研究』24／1-2	日本民族学会

第 1 章　既往研究の概要と視座

51	窪 徳忠	1961	「庚申塔造立の意義とその変遷」	『庚申』24	庚申懇話会
52	武田久吉	1961	「庚申と猿」	『庚申』18	庚申懇話会
53	武田久吉	1961	「石塔の損傷と亡失」	『庚申』25	庚申懇話会
54	横田甲一	1961	「銘文からみた庚申信仰（二）」	『庚申』18	庚申懇話会
55	横田甲一	1961	「銘文からみた庚申信仰（三）」	『庚申』19	庚申懇話会
56	横田甲一	1961	「銘文からみた庚申信仰（四）」	『庚申』22	庚申懇話会
57	横田甲一	1961	「銘文からみた庚申信仰（五）」	『庚申』23	庚申懇話会
58	窪 徳忠	1961	『庚申信仰の研究―日中宗教文化交渉史―』	（『庚申信仰の研究 上』1980 原書房／『庚申信仰の研究―日中宗教文化交渉史―（上・下）』1996 第一書房）	日本学術振興会
59	窪 徳忠	1962	『庚申信仰の研究―年譜篇―』	（『庚申信仰の研究 下』1980 原書房／『庚申信仰の研究―年譜篇―』1996 第一書房）	帝国書院
60	窪 徳忠	1962	「庚申塔造立の事情を物語る一資料」	『庚申』27	庚申懇話会
61	八代恒治	1962	「三尸銘文の塔」	『庚申』27	庚申懇話会
62	横田甲一	1962	「庚申塔年表」	『庚申』28	庚申懇話会
63	横田甲一	1963	「団地の神様になった庚申祠」	『庚申』33	庚申懇話会
64	窪 徳忠	1964	「島の庚申塔」	『庚申』41	庚申懇話会
65	横田甲一	1964	「田舎教師と庚申塚」	『庚申』37	庚申懇話会
66	小花波平六	1964	「日光の庚申塔」	『庚申』40	庚申懇話会
67	横田甲一	1964	「庚申塔の改刻及追刻」	『庚申』40	庚申懇話会
68	秋山正香	1966	「武州羽生領における⻤種字庚申塔群とその系譜」	『庚申』43	庚申懇話会
69	石川博司	1966	「庚申雑記帳より」	『庚申』43	庚申懇話会
70	永田よしの	1966	「箱根の庚申塔」	金沢文庫研究12－5	神奈川県立金沢文庫
71	石川博司	1966	「数字から見た庚申塔」	『庚申』42	庚申懇話会
72	石川博司	1966	「廿三区の庚申塔」	『ともしび』4	ともしび会
73	秋山正香	1966	「武州羽生領における⻤種字庚申塔 追記」	『庚申』44	庚申懇話会
74	石川博司	1966	「庚申雑記帳より（二）」	『庚申』44	庚申懇話会
75	秋山正香	1966	「北武蔵における個人造立の庚申塔―庚申信仰の零落と復興―」	『庚申』45	庚申懇話会
76	鈴木 茂	1967	『庚申研究』		上毛古文化協会
77	大護八郎	1967	『庚申塔』		真珠書院
78	石川博司	1967	「庚申塔の範囲の基準」	『庚申』46	庚申懇話会
79	石川博司	1967	「庚申雑記帳より（三）」	『庚申』46	庚申懇話会
80	石川博司	1967	「東京都の庚申塔数」	『庚申』48	庚申懇話会
81	石川博司	1968	『庚申塔調査の手引』	(1996 復刻版 ともしび会)	庚申資料刊行会
82	窪 徳忠	1968	庚申の本尊について	朝鮮学報49	朝鮮学会／朝鮮学会編
83	大護八郎	1968	「民間信仰と庚申塔」	『武蔵野』234・235・236合併号	武蔵野会
84	三輪善之助	1968	「下町の庚申塔」	『武蔵野』234・235・236合併号	武蔵野会
85	横田甲一	1968	「練馬区内の庚申塔を求めて」	『武蔵野』234・235・236合併号	武蔵野会
86	小花波平六	1968	「日光の庚申塔（改訂）」	『庚申』49	庚申懇話会
87	小花波平六	1968	「庚申信仰研究の課題の若干」	『庚申』50	庚申懇話会
88	窪 徳忠	1969	『庚申信仰の研究 ―島嶼篇―』		勁草書房
89	平野 実	1969	『庚申信仰』		角川書店
90	石川博司	1969	「庚申塔の塔形分類」	『庚申』54	庚申懇話会
91	荒井広祐	1969	「下総中山法華経寺周辺の庚申信仰」	『庚申』56	庚申懇話会
92	横田甲一	1969	「日蓮宗と青面金剛像塔」	『庚申』56	庚申懇話会
93	石川博司	1969	「情報化時代の『庚申』に望む」	『庚申』69	庚申懇話会
94	渡辺信幸	1970	「大分県国東半島西部と北部の庚申塔」	『庚申』57	庚申懇話会
95	国遠一夫	1970	「阿波山麓の庚申塔の紋」	『庚申』57	庚申懇話会
96	小花波平六	1970	「山王と北斗と庚申信仰」	『庚申』58	庚申懇話会
97	窪 徳忠	1971	「谷中墓地内の三尸塔について」	『庚申』62	庚申懇話会
98	横田甲一	1973	「二手青面金剛」	『庚申』66	庚申懇話会
99	横田甲一	1976	「庚申一座塔について」	『庚申』70	庚申懇話会
100	石川博司	1977	「二手青面の系譜」	『庚申』72	庚申懇話会
101	石川博司	1977	「庚申塔調査の失敗」	『多摩のあゆみ』7	たましん地域文化財団
102	伊藤重信	1977	「神奈川県にみられる山王系の庚申塔」	『日本の石仏』3	木耳社・日本石仏協会
103	横田甲一	1977	「関東の板碑型と称せられる塔に対する私見」	『庚申』74	庚申懇話会
104	小花波平六	1977	「庚申待板碑」	『考古学ジャーナル132』	ニューサイエンス社
105	大護八郎	1977	「第4章 治病・息災・延命 第一節 庚申塔」	『石神信仰』	木耳社
106	小花波平六	1978	「庚申信仰」	『あしなか』160	山村民俗の会

[注]

107	石川博司	1978	「庚申塔の話」	『あしなか』160	山村民俗の会
108	小花波平六	1978	「富士御縁年の庚申掛軸と庚申塔」	『あしなか』160	山村民俗の会
109	横田甲一	1978	「修験と庚申塔」	『あしなか』160	山村民俗の会
110	芦田正次郎	1978	「庚申と観音」	『あしなか』160	山村民俗の会
111	平野栄次	1978	「庚申待の習俗」	『あしなか』160	山村民俗の会
112	石川博司	1978	「勢至を主尊とした庚申塔」	『日本の石仏』6	木耳社・日本石仏協会
113	宇野沢梅吉	1978	「庚申の原点は北斗信仰に生ずるや」	『日本の石仏』5	木耳社・日本石仏協会
114	織戸市郎	1978	「山王系庚申塔の疑問―上・下畑の山王系庚申塔」	『日本の石仏』5	木耳社・日本石仏協会
115	加藤和徳	1978	「房総の三猿塔―木更津市牛込の場合」	『日本の石仏』6	木耳社・日本石仏協会
116	金子 弘	1978	「浦和市内谷の庚申塔と講の現状」	『日本の石仏』6	木耳社・日本石仏協会
117	坂口和子	1978	「奥武蔵の庚申信仰考」	『日本の石仏』5	木耳社・日本石仏協会
118	柴田寿彦	1978	「埼玉県東南部の庚申塔―江戸初期造立と仏像庚申について―」	『日本の石仏』5	木耳社・日本石仏協会
119	大護八郎	1978	「庚申塔研究上の問題点」	『日本の石仏』5	木耳社・日本石仏協会
120	高島信平	1978	「鳥取県の庚申塔」	『日本の石仏』6	木耳社・日本石仏協会
121	永田日出男	1978	「九州最古の庚申塔および熊本県の武士庚申塔」	『日本の石仏』6	木耳社・日本石仏協会
122	服部清道	1978	「湘南地方における日蓮宗系庚申塔について」	『日本の石仏』6	木耳社・日本石仏協会
123	藤橋幹之助	1978	「鎌倉郡の庚申塔」	『日本の石仏』5	木耳社・日本石仏協会
124	編集部	1978	「庚申関係文献解題」	『日本の石仏』5	木耳社・日本石仏協会
125	松村雄介	1978	「竜前院型三猿塔について」	『日本の石仏』6	木耳社・日本石仏協会
126	横田甲一	1978	「猿田彦神と塞神塔」	『日本の石仏』5	木耳社・日本石仏協会
127	渡辺信幸	1978	「北九州の庚申塔（一）」	『日本の石仏』5	木耳社・日本石仏協会
128	渡辺信幸	1978	「北九州の庚申塔（二）」	『日本の石仏』6	木耳社・日本石仏協会
129	窪 德忠	1978	「庚申信仰研究の回顧と展望」	『庚申民間信仰の研究』	庚申懇話会
130	石川博司	1978	「東京都の弥陀刻像庚申塔」	『庚申』78	庚申懇話会
131	星野昌治	1979	「山王二十一社板碑について」	『日本の石仏』12	木耳社・日本石仏協会
132	小花波平六	1979	「庚申」	『講座 日本の民間宗教 3 神観念と民俗』	弘文堂
133	石川博司	1979	「庚申年に備えて」	『庚申』80	庚申懇話会
134	横田甲一	1979	「汝等所行是菩薩道の偈文塔」	『庚申』80	庚申懇話会
135	石川博司	1980	「庚申年造塔と庚申」	『日本の石仏』16	木耳社・日本石仏協会
136	金子 弘	1980	「庚申年表覚え書」	『日本の石仏』16	木耳社・日本石仏協会
137	窪 德忠	1980	「庚申信仰研究の意義」	『庚申』81	庚申懇話会
138	黒田 正	1980	「中国山地奥備後の庚申塔―広島県の推移と現状」	『日本の石仏』16	木耳社・日本石仏協会
139	柴田寿彦	1980	「庚申歳と改元」	『日本の石仏』16	木耳社・日本石仏協会
140	大護八郎	1980	「庚申年に思う」	『日本の石仏』16	木耳社・日本石仏協会
141	大護八郎・石川博司・平野栄治・清水長明・松村雄介	1980	「庚申研究の現状と課題」	『日本の石仏』16	木耳社・日本石仏協会
142	中沢 厚	1980	「庚申縁年に因む話」	『日本の石仏』16	木耳社・日本石仏協会
143	服部清道	1980	「庚申の厄」	『日本の石仏』16	木耳社・日本石仏協会
144	横田甲一	1980	「再び二手面青金剛について」	『日本の石仏』16	木耳社・日本石仏協会
145	石川博司	1981	「東京都の庚申年造塔―中沢 厚氏に答える―」	『日本の石仏』17	木耳社・日本石仏協会
146	胡桃沢友男	1981	「庚申年造塔をめぐって―主として信州の場合」	『日本の石仏』18	木耳社・日本石仏協会
147	當摩泰二	1981	「三申供養塔について」	『日本の石仏』19	木耳社・日本石仏協会
148	勝倉元吉郎	1982	「石巻地方の庚申供養塔―その一―」	『日本の石仏』21	木耳社・日本石仏協会
149	勝倉元吉郎	1982	「石巻地方の庚申供養塔（その二）」	『日本の石仏』23	木耳社・日本石仏協会
150	小林繁夫	1982	「庚申再考」	『日本の石仏』20	木耳社・日本石仏協会
151	柴田寿彦	1982	「伊豆北部の庚申塔―豆州北部と駿州東部の庚申信仰と造塔―」	『日本の石仏』21	木耳社・日本石仏協会
152	中沢幸男	1982	「十字のある庚申塔」	『日本の石仏』23	木耳社・日本石仏協会
153	石川博司	1982	「パーソナルコンピュータの利用―庚申塔の調査資料の整理と分析―」	『庚申』84	庚申懇話会
154	石川博司	1983	「関東庚申層塔仮年表」	『日本の石仏』24	木耳社・日本石仏協会
155	石川博司	1983	「ソフト利用によるパソコン活用」	『庚申』86	庚申懇話会
156	勝倉元吉郎	1983	「石巻地方の庚申供養塔―その三―」	『日本の石仏』24	木耳社・日本石仏協会
157	勝倉元吉郎	1983	「河南町北村・三戸塔について」	『日本の石仏』27	国書刊行会・日本石仏協会

第1章　既往研究の概要と視座

158	中上敬一	1983	「庚申塔諸種の主尊像（その一）」	『日本の石仏』27	国書刊行会・日本石仏協会
159	中上敬一	1983	「庚申石幢」	『日本の石仏』28	国書刊行会・日本石仏協会
160	松村雄介	1983	「供養塔としての庚申塔」	『日本の石仏』25	国書刊行会・日本石仏協会
161	渡辺菊治	1983	「宮城県最古の庚申塔について」	『日本の石仏』24	木耳社・日本石仏協会
162	蛯原徳夫	1984	「富士信仰と庚申塔」	『日本の石仏』30	国書刊行会・日本石仏協会
163	柴田寿彦	1984	「静岡県富士市内の江戸初期庚申塔」	『日本の石仏』29	国書刊行会・日本石仏協会
164	中上敬一	1984	「地蔵庚申塔」	『日本の石仏』32	国書刊行会・日本石仏協会
165	松本　真	1984	「広島県の庚申信仰と庚申塔―上―刻像塔図像集成」	『広島修道大学論集』人文編25-2	広島修道大学
166	井ノ内真人	1985	「川崎に於ける庚申信仰」	『二松学舎大学人文論叢』30	二松学舎大学人文学会
167	横田甲一	1987	「昭和庚申年造立塔の模索」	『庚申』92	庚申懇話会
168	中野守久	1987	「旧袋村庚申講の記録（一）」	『文化財研究紀要』第1集	北区教育委員会
169	高橋　肇	1987	「庚申塔の造立月」	『庚申』93	庚申懇話会
170	中山正義	1987	「岩槻型青面金剛像について」	『野仏』19	多摩石仏の会
171	小花波平六	1988	「庚申信仰研究のあゆみと展望」	『庚申信仰』（民俗宗教叢書17巻）	雄山閣
172	中野守久	1988	「旧袋村庚申講の記録（二）」	『文化財研究紀要』第2集	北区教育委員会
173	芦田正次郎	1989	「庚申塔から見た庚申信仰の変容―荒川下流域　特に北区を中心として―」	『文化財研究紀要』第3集	北区教育委員会
174	仲　芳人	1989	「奈良県の近世庚申塔年表」	『史迹と美術』59-8	史迹美術同攷会
175	井ノ内真人	1990	「庚申塔の本尊について」	『二松学舎大学人文論叢』44	二松学舎大学人文学会
176	仲　芳人	1991	「奈良県の近世庚申塔年表―2―」	『史迹と美術』61-9	史迹美術同攷会
177	喜代吉榮德	1994	「四国の庚申信仰について」	『日本の石仏』72	国書刊行会・日本石仏協会
178	牛越嘉人	1994	「長野県大北地方の庚申塔の造立」	『日本の石仏』72	国書刊行会・日本石仏協会
179	荒井　昭	1994	「平成の庚申講私観―長岡市宮本町の庚申さま―」	『日本の石仏』72	国書刊行会・日本石仏協会
180	高橋大蔵	1994	「愛媛に遺る庚申塔」	『日本の石仏』72	国書刊行会・日本石仏協会
181	榊原　勲	1994	「庚申信仰と四猿像」	『日本の石仏』72	国書刊行会・日本石仏協会
182	山下　立	1994	「神奈川県愛川町上の原山王社の石造山王坐像」	『日本の石仏』72	国書刊行会・日本石仏協会
183	山本　力	1994	「翁猿楽から庚申考」	『日本の石仏』72	国書刊行会・日本石仏協会
184	大畠洋一	1994	「青面金剛のオリジンをさぐる」	『日本の石仏』72	国書刊行会・日本石仏協会
185	滝本靖士	1994	「富山県の庚申塔の形態と像容による分類」	『日本の石仏』72	国書刊行会・日本石仏協会
186	田村右品・森田　茂	1994	「日光山麓の庚申塔」	『日本の石仏』72	国書刊行会・日本石仏協会
187	岡村庄造	1995	「徳島県庚申塔の変遷」	『日本の石仏』74	国書刊行会・日本石仏協会
188	加藤和徳	1995	「山形置賜地方の三尸（三彭）塔」	『日本の石仏』73	国書刊行会・日本石仏協会
189	金子　弘	1995	「庚申著作集「日本の石仏」創刊号より73号まで」	『日本の石仏』74	国書刊行会・日本石仏協会
190	山本弘光	1995	「高知の庚申塔」	『日本の石仏』73	国書刊行会・日本石仏協会
191	石川博司	1995	「続昭和庚申年の全国造塔数」	『日本の石仏』74	国書刊行会・日本石仏協会
192	石田哲哉	1995	「庚申塔造立を探る―推計学が語る隠された世界―」	『日本の石仏』73	国書刊行会・日本石仏協会
193	大畠洋一	1995	「ショケラについて―「青面金剛のオリジンを探る」追補―」	『日本の石仏』75	国書刊行会・日本石仏協会
194	小花波平六	1995	「旧利根川流域の庚申信仰―庶民の庚申待の起りについて―」	『庚申』100	庚申懇話会
195	門間　勇	1995	「武州比企郡青山村の百庚申塔」	『日本の石仏』74	国書刊行会・日本石仏協会
196	町田葉子	1997	「越後秋山郷における庚申講の形成過程―オオド・コド・マゴドから―」	『日本民俗学』212	日本民俗学会
197	滝本靖士	1998	「石川県の庚申塔」	『北陸石仏の会研究紀要』2	北陸石仏の会
198	冨永文昭	1998	「庚申塔についての考察―江東区を中心として―」	『江東ふるさと歴史研究―』	東京都江東区教育委員会

[注]

199	石神裕之	1999	「石仏に刻まれた秘めごと―東京都大田区旧新井宿村の庚申塔と義民伝承―」	『メタ・アーケオロジー』創刊号	メタアーケオロジー研究会
200	山口義晴	1999	「農村の女性がたてた庚申塔―苗字を有する女人講」	『日本の石仏』91	国書刊行会・日本石仏協会
201	小和田稔	1999	「北斗を追って（2）庚申塔に刻まれた北斗七星」	『天界』80	東亜天文学会
202	繁原幸子	1999	「庚申講の変容―豊橋市賀茂町を例として」	『女性と経験』24	女性民俗学研究会
203	縣 敏夫	1999	『図説 庚申塔』		揺藍社
204	縣 敏夫	1999	「百書体の庚申塔」	『日本の石仏』91	国書刊行会・日本石仏協会
205	石神裕之	2000	「近世庚申塔にみる施主名称の史的変遷―江戸近郊農村における近世前期の一様相―」	『日本宗教文化史研究』4－1	日本宗教文化史学会
206	石川博司	2000	「観音主尊の庚申塔―東京都を中心に隣接県の場合」（特集 観音菩薩）	『日本の石仏』95	青蛾書房・日本石仏協会
207	大畑洋一	2000	「ショケラを下げた夜叉―江戸青面金剛の起源を探る」	『日本の石仏』93	青蛾書房・日本石仏協会
208	野尻かおる	2000	「鳩ケ谷宿松坂屋八太郎八才の庚申塔」	『荒川ふるさと文化館だより』第5号	荒川ふるさと文化館
209	小花波平六	2001	「庚申塔」	『日本の石仏』100	青蛾書房・日本石仏協会
210	嶋 二郎	2001	「岩手の庚申塔―「七・五庚申」塔をたずねて」	『日本の石仏』99	青蛾書房・日本石仏協会
211	石神裕之	2002	「近世庚申塔にみる流行型式の普及―江戸周辺における物質文化交流の復原への試み―」	『歴史地理学』44－4	歴史地理学会
212	田村允彦・星野光行	2002	『足利の庚申塔』		随想舎
213	加藤政久	2002	「庚申と北斗七星および山王社とのつながり」	『日本の石仏』102	青蛾書房・日本石仏協会
214	嘉津山清	2002	「庚申の当たり日について―暦から見た庚申塔造立のお日柄」	『歴史考古学』50	歴史考古学会
215	石神裕之	2004	「近世庚申塔に対する多変量解析―B－1b類を事例として―」	『時空を超えた対話―三田の考古学―』	六一書房・慶應義塾大学民族学考古学研究室編
216	伊折俊夫	2004	「奥三河の庚申塔―幻の石工をもとめて」	『日本の石仏』109	青蛾書房・日本石仏協会
217	嘉津山清	2004	「奥三河名倉の庚申講を訪ねて」	『日本の石仏』109	青蛾書房・日本石仏協会
218	石神裕之	2006	「近世庚申塔の造立期日銘にみる地域差―東京都区部を中心として―」	『日本宗教文化史研究』10－2	日本宗教文化史学会
219	石神裕之	2010	「近世庚申塔にみる「かたち」の普及―多摩と江戸・周辺地域とのつながり―」	『多摩のあゆみ』140	たましん地域文化財団
220	町田 聡	2011	「庚申塔が立つ空間」	『文京区の石造文化財』	文京区教育委員会
221	町田 聡	2011	「近世武士の庚申待」	『文京区の石造文化財』	文京区教育委員会

第2章　石塔形態に対する型式学的分析

1　問題の所在

　東京都区部をはじめとして関東地方各地には，膨大な資料数を有する石造遺物が現存している。その全容については，近年の調査報告書の刊行により次第に資料的蓄積が進みつつあり，例えば東京23区に残存する庚申塔は，近世の紀年銘を有する資料だけでも1,600基を超える数量を呈する。従来，特に「石仏」と称されてきた石造墓標以外の石造遺物は，地域史の復元のための歴史資料としては活用がなされてはきたものの，考古学的立場から十分な資料的位置づけや具体的検討がなされてきたとは必ずしもいえない。

　石造遺物の種類には，上記の庚申塔のほか馬頭観音や道祖神といった「石仏」に加え，石造墓標や灯籠，道標など様々な用途をもった石塔が含まれている。こうした石造遺物のうち，これまでに最も研究蓄積を有するものは石造墓標といえよう。既に研究史の中で触れたように，坪井良平[1]が山城国木津惣墓墓標2,284基を対象に行った型式学的分析をはじめとして，現在全国各地で研究が進められている[2]。また海外でもディーツとデスレフセン[3]による，ニューイングランドの墓石デザインの盛行や衰退を通して，当時の人々の死生観や志向に迫る先駆的研究のほか，近年では中川正[4]によるルイジアナの墓地景観から都市と農村，人種，宗教など多様な集団間での文化要素の普及，展開過程を解読する試みなどが行われている。

　このように石造墓標の物質的側面に見られる流行変遷には，造立当時の社会的，文化的変化や交流の様相が，何らかのかたちで反映されている可能性を指摘することができる。坪井は先述の分析の中で，石塔形態にみられる地域的な特徴の存在についても言及し，型式学的分析を広域にわたって行うことによって，「当時の各地方の交通各地方文化圏の擴り」を明瞭にできる可能性を指摘している[5]。これまでも石造遺物の銘文史料を対象として地域的，文化的の交流の解明を試みる研究はこれまでも行われており[6]，関東地方では高森良昌[7]による利根川流域における常夜灯の分析のほか，石山秀和，實形裕介，外山徹[8]らによる千葉県市原市，木更津市，君津市周辺の東京内湾地域における交流を，石造物の寄進者銘から明らかにした試みなどが挙げられる。

　しかしながら，こうした銘文史料に対する研究に比べ，いわゆる「石仏」の物質的側面を通して，地域的，文化的交流の解明を試みる分析が行われることは稀であった。そこで本章では，関東地方において資料的蓄積を有する近世庚申塔を事例に，銘文を用いた史料的側面ではなく石塔形態に着目し[9]，石造遺物による文化交流の具体的復原の可能性について検討したい。その際注目されるのが，江戸の石塔が地方に搬送されていたという事実である。北村和寛[10]は，青梅市に現存する石造遺物である「新四国八十八カ所霊場碑」の造立時の状況を記録した史料をもとに，

幕末における青梅街道や川越街道を利用した物資の搬送の実態を解明することを試みている。

慶應3年（1867）の「新四国八十八カ所施主緒懸扣」と題する史料には，石塔の製作地や搬送の道筋，費用などが詳細に記述されており，石塔の製作地を検討すると，約5割が江戸であった点は興味深い[11]。またその流通経路として新河岸川と陸路が組み合わせて用いられていることが明らかとなるなど，交通史的，流通史的観点からも重要な知見が明らかとなっている。仮に江戸で造られた石塔が近郊村落へむけて搬送されていたとするなら，江戸とその周辺地域の石造遺物の展開を整理することによって，坪井が指摘する石造遺物による地域交流の復原の可能性を，より具体的に検証することが可能であることを示唆している。

近世の関東地方における地域間交流については，いわゆる「江戸地廻り経済圏」[12]の視点から，専ら社会経済史的側面を中心に議論がなされてきた。また近年では，文化的交流のあり方についても，川名登による利根川流域の文人の活動など興味深い知見が提示されているが[13]，こうした近世流通史，交流史の領域に対して，物質的側面を用いて考古学的立場から言及した事例は極めて少ない。そこで坪井による先駆的な研究の方向性に立脚しつつ，特に江戸における石塔の流行形態の地方への普及過程を時空間的に解明することにより，江戸とその周辺地域との関係を整理してみたい。その上で型式学的分析の結果と文献史学などにおける知見との対照を行いつつ，従来，諸先学により検討されてきた流通史・経済史的課題と石造遺物研究との接点を模索するとともに，石造遺物研究による地域交流史や流通史的な研究領域への新たな位置づけを図る試みとしたい。

2　分析方法の検討及び資料の集成

(1) 型式学的分析の意義と問題点

考古学における石造遺物の型式学的分析が最も盛んに行われているのは，石造墓標の分野である。先述の坪井の調査以来，今日まで多くの調査が行われているが，その分析手法として注目されているのがセリエーション分析である。日本において先駆けとなったのは横山浩一[14]で，先述の坪井による研究成果をもとに，セリエーション分析を用いて坪井の指摘していた諸型式の変化について，より明確に図化することを可能にした。その作業過程を横山の事例から述べると，まず単位期間（10年）内に建てられた墓標について，型式ごとで塔数を集計し，各型式の割合を百分率によって標準化する。そしてその数値を棒グラフとして図化し並べていくというもので，特に紀年銘のある石造遺物では，時系列的に出現から盛行，衰退の過程を凸レンズ状の形で，明瞭に示すことができる。

セリエーション分析の手法は，もともと北アメリカの先史学の中で用いられた手法で[15]，先に取り上げたディーツらの試みでも有効性が指摘されている[16]。流行性の高いものや経年的な変化の少ないものなど，各型式の新旧関係や並存期間を具体的に示しうる点で，考古遺物の編年研究に有益な手法として意識されているが，さらに型式学的分析によって示された地域ごとの流行変

遷を比較対照していく作業を加えることによって，諸型式の普及の様相を空間的な視点から捉えなおすことも可能となる。

　先述のごとく本章が目的とするのは，庚申塔の編年ではなく，むしろ諸型式にみられる流行の普及過程を地域的に把握することであり，その点でもセリエーション分析は重要な手法であるといえる。従って，本稿ではセリエーション分析を型式学的分析の具体的作業に据え，近世庚申塔における流行型式を対象に出現時期や出現頻度を地域ごとで詳細に把握したうえで，流行型式の時系列的変化や普及過程の地域差を顕在化したい。ただし，分析結果を解釈するに当たって注意したいのは，従来の考古学的研究においては，文化要素の普及の方向を中心から縁辺部の地域への同心円的な拡散，伝播と捉えることが多かった。勿論，こうした文化要素の捉え方は普及過程を把握上で重要な視点であるが，斉一的で画一的な普及という単純な図式に収斂させてしまう可能性も否定できない。

　中川は，アメリカ合衆国ルイジアナの墓地景観に含まれる諸要素の解読作業において，黒人と白人，カトリックとプロテスタント，都市と農村といった複数の集団を軸に，墓石の様式に見られる変遷を時空間的に捉える試みを行っているが[17]，本章においても流行型式の普及過程を捉えるにあたっては，個々の地域的な特徴や変化を適切に捉えられる多様な視点を考慮したい。例えば平野部と山間部，河川の存在有無などの地理的環境や江戸との距離，物資の主たる運輸形態の違いなど多様な要素を視野に入れ，庚申塔の流行型式の地域的な展開に内在する様々な課題を顕在化し，整理したいと考えている。

⑵　対象地域の選定

　本章における分析対象は「江戸」及び「江戸周辺地域」である（図２－１）。そのうち江戸については，現在の東京都区部すべてを対象範囲として取り上げることにした（中央区は資料が存在しないため除外した）。後に詳述するように，各区部の庚申塔の資料数にばらつきも多く，区部単位での比較は必ずしも有益とはいえない。そのため今回は，歴史的な有効性を加味した地域区分をもとに検討を図る意味で，旧五街道に着目し，江戸四宿（品川，内藤新宿，板橋，千住）の助郷村の分布を基に便宜的に都区部を五つの領域に分け，資料の集積を行うこととした[18]。

　具体的には，都心部（千代田区／港区／文京区／新宿区／台東区／墨田区／江東区），東京南部（渋谷区／目黒区／品川区／大田区），東京西部（中野区／杉並区／世田谷区），東京北部（北区／豊島区／練馬区／板橋区），東京東部（荒川区／足立区／江戸川区／葛飾区），の５地域である。なお本書での，考古学的分析作業においては行政単位名を用い，都区部全てを総称する際には「東京都区部」と表記する。ただし歴史的課題を議論する際には東京都区部の総体は「江戸（江戸近郊地域）」と呼称し，特に細分を要する場合は，さらに「江戸御府内」，と「江戸近郊村落（地域）」に区分し議論したい。ここでの「江戸御府内」の範囲は，あくまでも厳密な区分を意図するものではなく，本稿の分析における便宜的な区分であり，都市江戸の研究で多用される文政元（1818）年８月の目付牧助右衛門による「御府内外境筋之儀」と題する質疑に対する，同年12月の「書面伺之趣，別紙絵図朱引ノ内ヲ御府内ト相心得候様」とした老中阿部正精よりの回答（東は中川限り，

第2章 石塔形態に対する型式学的分析

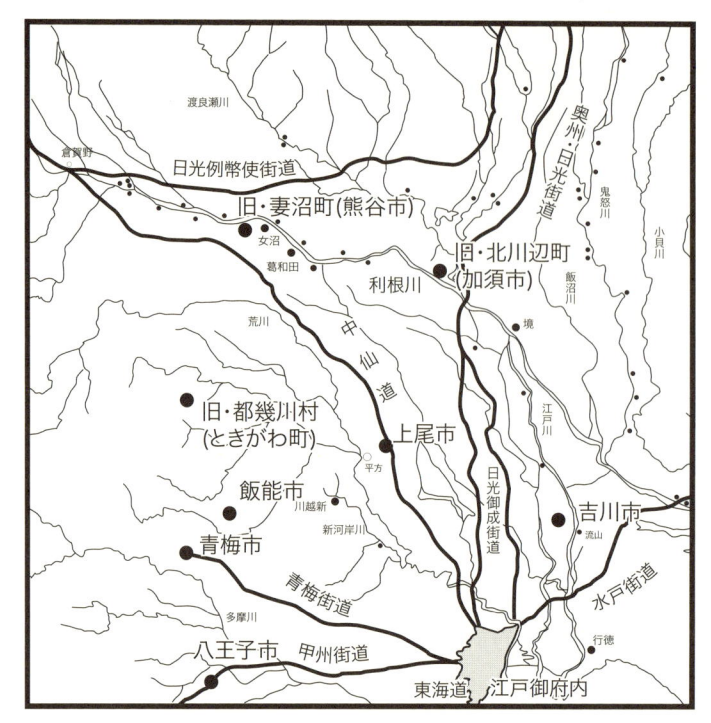

図2−1 分析対象市町村並びに近世の代表的河岸
出典：地方史研究協議会編『日本産史大系 第4 関東地方篇』，東京大学出版会，1959，「松村原図」を基に作図。

西は神田上水限り，南は南品川町を含む目黒川辺，北は荒川・石神井川下流限り）の「朱引図」を参考に，「都心部」を「江戸御府内」に，その他の地域を「江戸近郊村落」に比定するものとした[19]。

次に江戸周辺地域であるが，今回は江戸周辺地域の関東内陸部を対象に，とくに定量的分析に適する資料数を有する地域を前提として，旧武蔵国の範囲に該当する現在の市町村8つを選定した。対象地域は図2−1に示したが，具体的には，利根川，荒川，江戸川などの河川に近く，水運の利便性の高い平野部として吉川市，上尾市，北川辺町，妻沼町を選定した。また水運に適する河川がなく，陸運が主体であった内陸部として，青梅市，飯能市，八王子市，都幾川村を取り上げた。このように多様な地理的環境を背景とした地域を選択することで，その地域的特質の顕在化が果たせるものと期待される。

(3) 近世庚申塔の型式設定

石造遺物の形態を型式学的に分類する作業は，1930年代より行われるようになったが，その関心は墓標にあり，「石仏」を対象とした分類作業はあまり行われていない。小山真夫は初めて石造遺物に対して型式学的分析を施したが[20]，それ以後十分な研究を見ることはできない。墓標形態については沼田頼輔[21]や，森潤三郎[22]らが東京周辺の資料を対象として分類試案を示し，既に指摘したように1939年に発表された坪井良平[23]による山城国木津惣墓の近世墓標の研究は，墓標の考古学的研究の嚆矢として知られるところである。こうした墓標の型式学的分析を踏まえ，

庚申塔の形態分類は検討が加えられてきたといえよう。

　清水長輝は庚申塔の分析に当たって墓標研究を踏まえつつ，型式分類の定義を示した。その分類は，板碑型，特殊型，光背型，板状駒型，笠付型，柱状型，自然石型の7種類に分類するもので[24]，庚申塔の分類基準を示した業績は大きい。この分類も墓標の型式を参考にしたものであったが，庚申塔の形態に流行性や地域性などが存在することを初めて指摘した意義は大きいものと言える。近年刊行されている各自治体の報告書では，この清水による分類を踏襲しつつ，型式分類をおこなったものが多い。しかし，その名称には報告書によって相違が認められ，杉並区では清水の分類と同じ「駒型塔」と呼ぶのに対して[25]，葛飾区では「圭形」と呼ぶなど[26]，いわば同じ形態の塔に異なる固有名詞を冠し，分類を試みる事例が存在している。こうした分類項目の多様性や曖昧さは，今日まで庚申塔の型式学的分析を妨げてきた要因の一つと指摘することができる。

　型式学的分類とは鈴木公雄[27]が土器型式について指摘したように「主観的な価値判断」をもとに認定されたものであり，そうした研究者の思考過程を経て生み出されたものである。従って，分類に様々なヴァリエーションが生じることは避けられない。しかしながら，そうした主観的側面を持つとしても，個々の事実に基づいた結果である以上，合理的かつ一般的特質を見出すための具体的概念化の結果でもある[28]。こうした一般的特質を捉えるためには，共通の基準から分類作業を行うことが不可欠であり，今回は多様な分類基準による各自治体の報告書を使用するに当たって，それらを適切に分析するために型式分類の試案を提示し，それをもとにデータベース化及び分析を行うことにした。

　図2-2は清水[29]や石川博司[30]らによって構築された従来の形態分類をもとに，筆者が独自に設定した型式分類の概念図である。本分類作成に当たっては，形態的な類似性が高い石造墓標の分類を参照し[31]，その相互関係が把握しやすいように配慮した。また固有名詞による呼称のた

大分類	小分類	形態	従来呼称	分類詳細	大分類	小分類	形態	従来呼称	分類詳細
A類	A-1類		五輪塔	5つの部分より構成されている層塔	E類	E-1b類		尖頭丸柱型	頭部が円錐を呈し、断面は円柱形態をなすもの
	A-2類		宝篋印塔	相輪のついた笠屋根に塔身・基礎・台座からなる層塔		E-2類		香箱型	頭部が台状に造りだされ、断面四角形、正面形態は長方形を呈するもの
	A-3類		層塔	幾層かの塔身と屋根からなる層塔		E-3a類		平頂角柱型	頭部が平滑で、断面は四角形、正面形態は長方形を呈するもの
B類	B-1a類		板碑型	背面が粗彫で舟底状を呈し、正面頭部にアーチ状の窪みを形成するもの		E-3b類		平頂丸柱型	頭部が平滑で、断面は円柱形態を呈するもの
	B-1b類		板状駒型	背面が粗彫で舟底状を呈し、正面頭部が山状を呈するもの	F類 (笠付型)	F-1a類		笠付角柱型	入母屋形の屋根をのせ、胴部は角柱を呈するもの
	B-2類		駒型	背面平滑で、断面形態が長方形を呈し、正面頭部が山状を呈するもの		F-1b類		笠付丸柱型	入母屋形の屋根をのせ、胴部は円柱を呈するもの
C類			舟型	背面が粗彫で舟底状を呈し、正面は光背形を呈するもの		F-2a類		唐破風付角柱型	唐破風形の屋根をのせ、胴部は角柱を呈するもの
D類 (隅丸方形型)	D-1類		箱型あるいは櫛型	背面が粗彫で舟底状を呈し、正面は隅丸長方形を呈するもの		F-2b類		唐破風付丸柱型	唐破風形の屋根をのせ、胴柱は円柱を呈するもの
	D-2類			背面平滑で、断面形態が長方形を呈し、正面は隅丸長方形を呈するもの	G類			自然石型	自然石を用いたもの
E類 (柱状型)	E-1a類		尖頭角柱型	頭部が四角錘を呈し、断面は四角形、正面形態は長方形を呈するもの	その他				丸彫像容や石祠などその他の形態

図2-2　近世庚申塔の類型概念図

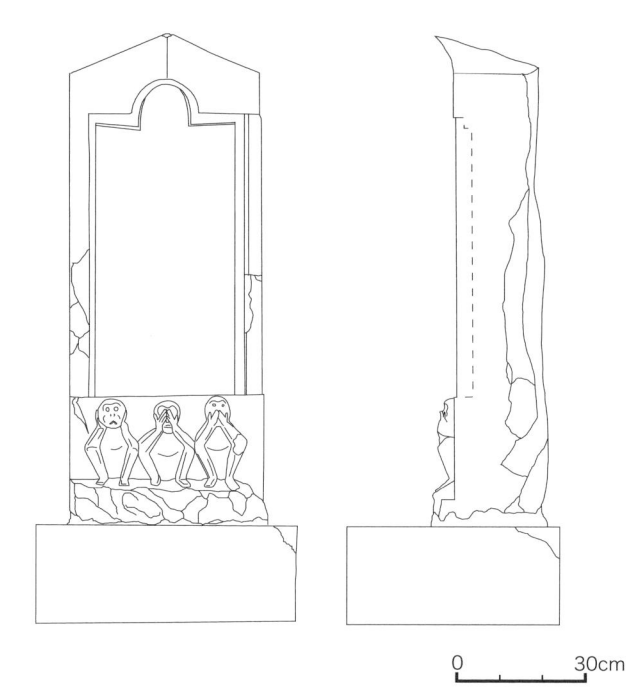

第2章　石塔形態に対する型式学的分析

図2－3－a　B－1a類実測図
板橋区赤塚6－40　宝永3年（1706）塔

図2－3－b　B－1b類実測図
板橋区赤塚4－22　明和4年（1767）

め類型の混同があった過去の状況を鑑みて，便宜的にアルファベットによる類型を行った。以下，庚申塔の各型式の分類基準について述べていきたい。また図2－3－a～gに，板橋区におけるB－1a，B－1b，B－2，C，D，F，G類の典型的事例について実測図を掲げて，形態的な特徴の詳細を示した。

A類

　この塔形を呈する形態は墓標の分類としては存在しているものの，庚申塔の形態にはあまり見受けられない。都内ではA－1およびA－3類が杉並区[32]に，A－2類は新宿区と目黒区，文京区，板橋区に各1例の存在が確認されている[33]。数量的には少ないが，今後の調査による類例の増加を考慮して項目として導入した。各項目の分類基準は，A－1：五つの部分より構成されている層塔，A－2：相輪の付いた笠屋根に塔身・基礎・台座から成る層塔，A－3：幾層かの塔身および屋根を重ねた層塔，の3類型である。A－1類は一般には「五輪塔」と呼ばれる。A－2類は，一般に宝篋印塔と呼ばれる形態で，事例としては，口絵写真に掲げた新宿区月見岡八幡神社の正保4（1647）年銘の庚申塔があげられる。正面等身部の銘文に「奉造立庚申待　大願成就　搆之結衆」とあり，庚申信仰に伴う石造物であることが知られる。これらの形態は中国伝来の石塔であり，中世以降墓塔として使用されてきた形態である[34]。

B類

　正面形態として頭部が三角形を呈するもので，近世墓標においても一般的に見られる形態である。細分類としては，B－1：側面，背面が荒彫りになり舟底状のものと，B－2：側面，背面が基本的に平滑で，横断面が長方形，つまり将棋の駒形のものを設定した。特にB－1は，a：正面上部にアーチ状の窪み，あるいは区画を有するものと，b：アーチを持たないタイプに分類した。B－1a類は，かつて中世の板碑との類似性が指摘され，従来は板碑型と呼称されている。これらの初期墓標との関わりについては，後述したい。なお，いわゆる「双式板碑」とよばれる正面上部にアーチを2つ抉る形態も存在するが，分類の複雑さを回避するため，本論ではB－1a類として評価する。B－1bは従来，板状駒型と呼ばれているが，「板状」と称したため，B－2の形態との差異が用語上で不明確となり，各自治体の報告書において混同されることが多くあった。

C類

　正面形態として舟形の光背の形態をもち，像を半肉彫りにしたものである。地蔵菩薩や阿弥陀如来など仏像の像容に対して，多く用いられる型式である。一般に正面形態として仏像光背の形状を呈し，側面形態として舟型状のタイプをこれに当てている。B－1b類との違いは，とくに上部形態にあり，直線的な尖りをもち，山状を呈するものはB－1b類であり，上部が曲線でを呈するものをC類としている。側面形態的には，B－1a，B－1b類と大きな差異は認められない。

図2－3－c　B－2類実測図
板橋区赤塚5－26　安永8年（1779）

図2－3－d　C類実測図
板橋区赤塚6－40　元禄5年（1692）

第 2 章　石塔形態に対する型式学的分析

図 2 − 3 − e　E 類実測図
板橋区赤塚 4 − 22　寛政12年（1800）

図 2 − 3 − f　F 類実測図
板橋区東新町 2 − 30　無紀年銘

D 類

正面形態としては，方形で頭端部を丸くし，かまぼこ状を呈するものを指す。特に，D－1：断面が舟底形のものとD－2：側面および背面が基本的に平滑で，断面が方柱形であるものとに細分類した。この形態は，墓標の形態として一般的に見られるものである。

E 類

塔身が柱状のものを指し，E－1：頭部が錐を呈するものと，E－2：頭部が台状に造り出されたもの，E－3頭部が平坦なものとに分類し，各類ともa胴部が四角形のものとb胴部丸形のものに細別した。特に方柱形になる形態は墓標型式として一般的なものといえる。

図2－3－g　G類実測図
板橋区赤塚4－22　万延元年（1860）

F 類

上部に屋根を乗せる形態を指し，F－1：入母屋形の屋根をもった形態と，F－2：唐破風の付属した形態とに分け，各類ともに，a：胴部が四角形のものとb：胴部丸形のものに細別した。

G 類

自然石を未加工あるいは一部加工したもので，碑面には文字が刻まれる。今回，文字が刻まれない自然石については庚申塔の型式として認識しない。

その他

A～G類までに当てはまらない形態をもつもの，例えば石祠や燈籠，丸彫りの地蔵菩薩といった形態については，「その他」の型式として一括するものとした。例えば石祠は北区神谷の享保3年（1718）銘[35]のものや足立区綾瀬の元禄13年（1700）銘[36]のものなど少数であり，数量的には少ない。

(4)　分析項目の設定と分析の前提

以上の定義を基に集成した庚申塔のデータは，パーソナルコンピュータの表計算ソフトに入力

表2-1 東京都区部の型式比率

類型	塔数（基）	比率
B-1a類（板碑型）	180	11.0%
B-1b類（板駒型）	380	23.1%
B-2類（駒型）	297	18.1%
C類（舟型）	281	17.1%
E類（柱状型）	141	8.6%
F類（笠付型）	284	17.3%
G類（自然石）	23	1.4%
その他	57	3.5%
総計	1643	100%

し，データベースの作成を行った。東京都区部および多摩地区の庚申塔については，石川博司[37]による優れたデータベースが存在し，各自治体による石造遺物の調査報告書も刊行されている。従って，今回はそれらの資料を基に資料集成を行うことにし，都区部[38]，都下市部[39]および地方都市[40]にわけ資料の集成を行った。加えて，型式分類に関しては，報告書によって先に挙げた類型基準に，必ずしも合致しない分類を用いている地域も存在するため，先に掲げた類型基準を元に，各報告書に記載される分類を，今回設定した分類に読み替える作業を行った[41]。また幾つかの地域ではフィールドワークによる補正を行い，新たなデータベース化の作業を行っている[42]。その詳細なデータについては，今後web上での公開を前提に整理しているが，基本的には各自治体が発行している石造物関連の報告書に依拠しており，それらを含めて参照願いたい。以下の議論は全て筆者作成のデータベースに依拠している。

表2-1は，東京23区内の庚申塔に認められる上位7位類型および「その他」の比率を示したものである。なおここで使用した資料は，紀年銘を有し，型式比定の可能な1643基を対象としている。

内容から読み取れることは，最下位のG類の占める割合は約1.4%であり，その他の様々な類型の数を合算した「その他」も約3.5%と低い値である。つまり，上位7つの型式を用いて近世庚申塔の流行変遷を解釈していく作業は，全庚申塔資料の約96%を網羅しており，細別化したその他の型式を用いずとも十分蓋然性を有する議論が行えるものと指摘できる。

図2-4は東京都区部における庚申塔の造立数の年次変化を示したものである。その造立時期を見ると1670年代に大きなピークがあり，次いで1690年代，1710年代にピークがあることが分かる。このうち十干十二支の庚申の年にあたるのは，1670年代の延宝8年（1680）のみで，他の時期は庚申年との関わりはない。いずれにせよ東京都区部では特に17世紀前半において庚申塔の盛行期があり，近世を通じても特異な傾向を示す時期であったことが窺える。そこで本論ではこの1670年代のピークを第1次造立盛期に，1690年代を第2次造立盛期に位置づけ，この造立増の背景に如何なる歴史的，社会的背景が存在しているかを捉えていきたいと考えている。

図2-5は同じく東京都区部における庚申塔の型式別の造立数を折れ線グラフで表したものである。17世紀前半における状況を観察すると，1670年代までは庚申塔の主要な型式としてC類やB-1a類が見られるのに対して，1690年代にはB-1b類が増加していることが特筆される。また18世紀以降はB-2類やE類が主流となっており，そうした時期別の主要な型式変遷が存在することが確認できる。こうした全体的な傾向を通して，近世庚申塔の基本的な様相を把握したうえで，東京都区部や東京周辺地域における型式比率の特徴を明らかにしたい。

なお具体的な庚申塔の型式学的分析を行うにあたって，3点ほど留意すべき点を述べておきたい。その一つは，現存遺物に限定した分析の妥当性である。考古資料の性質として遺物の在，不在の原因が，天変地異のほか，人為的な移動や破壊，現状での調査の粗密など様々な背景を考慮

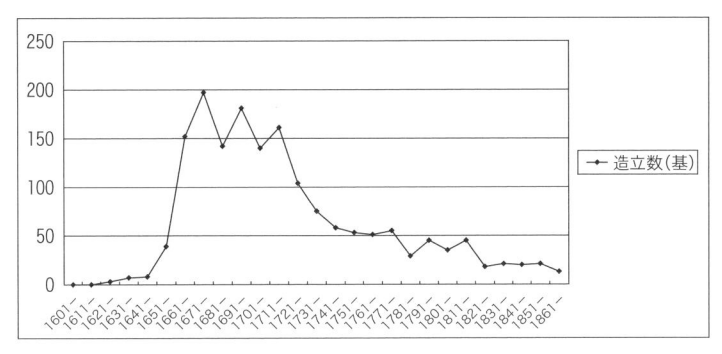

図2-4　近世庚申塔の年次別造立数の変遷　　n＝1643

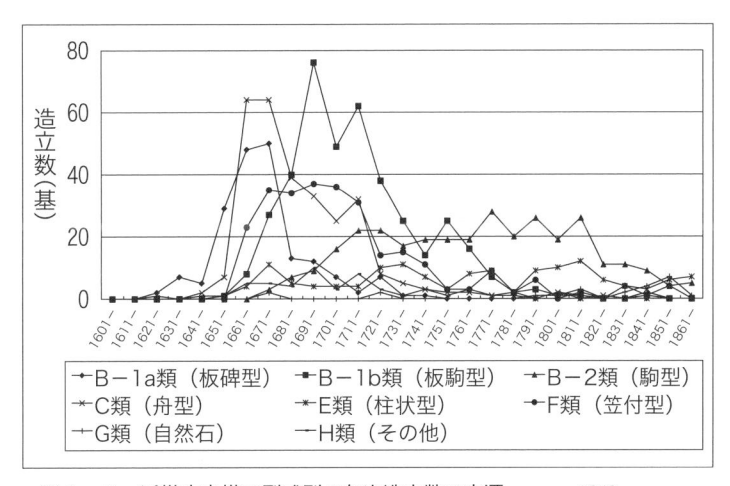

図2-5　近世庚申塔の型式別の年次造立数の変遷　　n＝1643

する必要があり，造立当時の様相を現状が全く反映していない可能性も考えられる。一般的に石塔の移動や消滅理由は，道路拡張や土地開発などによることが多いが，大抵の場合は近隣の寺社などに石塔は移設されている。つまり第二の問題点とも関わるが，行政単位を基礎として大量の資料を集成し，広域的に型式変遷の過程を捉える本稿の作業においては，現存する資料でも十分に造立当時の地域的な状況を反映しうるものと考えられる。

　二つ目は分析対象を現行の市区町村の範囲とすることの可否である。第一の問題とも関連するが，広域かつ大量の資料を必要とする本稿の分析において，その対象地域の範囲を設定する上で旧近世村は範囲が狭く，定量的な分析を行うための適切な資料数を確保することができない。また資料数の少ない近世村において有効な出現頻度の差異が示される可能性も低いものと考えられる。他方，第6章において大田区馬込村における庚申塔の傾向を分析しているが，後述するように本章において捉えられた全体としての傾向と少なからず一致している。従って現行の地区町村を利用して資料集成を行うことは，十分に有効な分析であると考えられる。

　三つ目は紀年銘資料に限定する意味である。その理由は，諸型式の時間的変遷を把握する上で時間軸を必要とするからに他ならないが，その際に紀年銘資料が実際に立てられた時期を的確に

第2章　石塔形態に対する型式学的分析

示しているかどうかについては，考慮する必要があるだろう。横山は造立時期に幅のある可能性を持つ墓標において，ほぼ10年の時差を加味しておけばよいことを指摘しているが[43]，既述のように庚申塔の造立契機が仮に行の成就であったとすれば，庚申待行事の日を大幅に超えて造立される可能性は低く，単位期間としている10年という期間内で，十分誤差を吸収し得るものと考えられる。

　以上の行論から，三つの問題点は，本稿における広域的かつ大量の資料を扱う分析においては，基本的には大きな障害とはならないものと考えられる。むろん，これらの問題がまったく捨象しうるわけではなく，今後の庚申塔研究に当たって，より実証性を高めるうえで考慮すべき問題であることに変わりないことを指摘しておきたい。

3　東京都区部における型式学的分析

(1)　東京都区部の庚申塔に対するセリエーション分析

　前節における型式分類と領域設定の前提を踏まえて，石塔形態の具体的変遷を把握するため，地区ごとにセリエーショングラフを作成する。以下，各地域ごとの傾向を捉えるため，煩雑ではあるが個別にグラフ化を試みた。図2－6－a～eは，地域別の型式変遷セリエーショングラフである。まず各地域の特徴を顕在化するため，個々に変遷過程の様相と庚申塔の初出年代や期間について述べていきたい。

都心部地域（図2－6－a）

　今回，都心部とした地域は，先述のように資料分析上の地域設定であり，朱引線など厳密な支配領域による線引きを行っていない。ただし基本的には江戸御府内と認識されていた範囲と考えてよいだろう。現存する個体数は他の地域に比べて少なく，一部に資料の空白期や一時期あたりの塔数が10基に満たないなどの百分比による把握を試みる上では，やや資料的に少なく，一定の傾向を捉えるにとどめたい。庚申塔の初出は1630年代で，寛永9年（1632）に文京区根津の根津神社境内にあるB－1a類である。文京区，新宿区には1930年代や40年代の庚申塔が確認でき，古くから庚申塔の造立が行われていたことが確認できる。以後，1650年代には各区で造立が進み，型式としてはB－1a類以外にC類，E類なども共存し，1660年代にはB－1b類，F類が出現する。そして1670年代にはB－2類が出現し，その後19世紀前半にはG類も認められる。1670年代を中心とした庚申塔の造立数が増加する時期に，型式のヴァリエーションが多様化する傾向を示しており，造塔数の増加と石塔形態との関わりを示唆する傾向として注目に値しよう。一方，主要な型式の変遷については，18世紀以降の造立が数基程度で，時期別の比率から流行型式の変遷過程に言及することは控えたい。

東京都南部（図2－6－b）

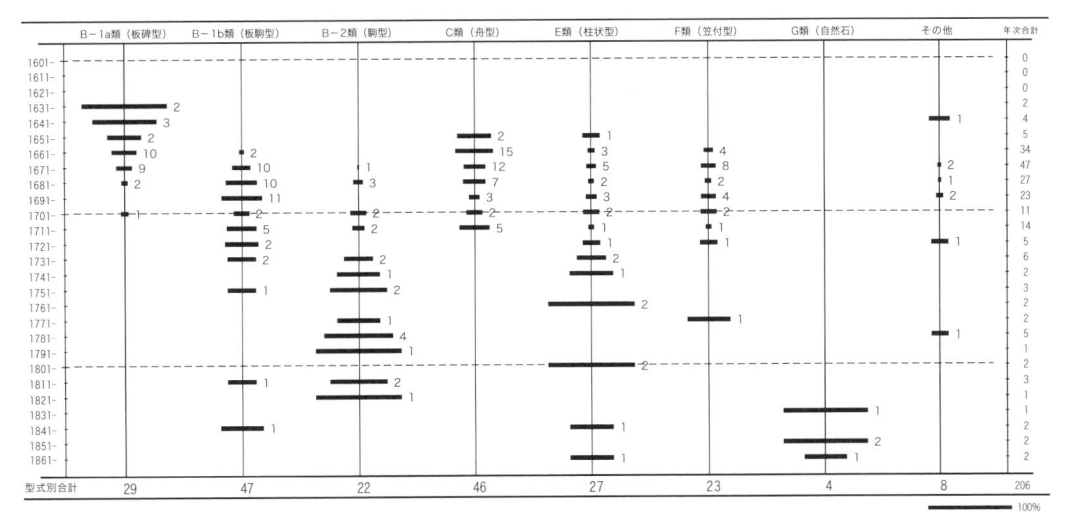

図2-6-a 近世庚申塔型式のセリエーショングラフ（都心部）

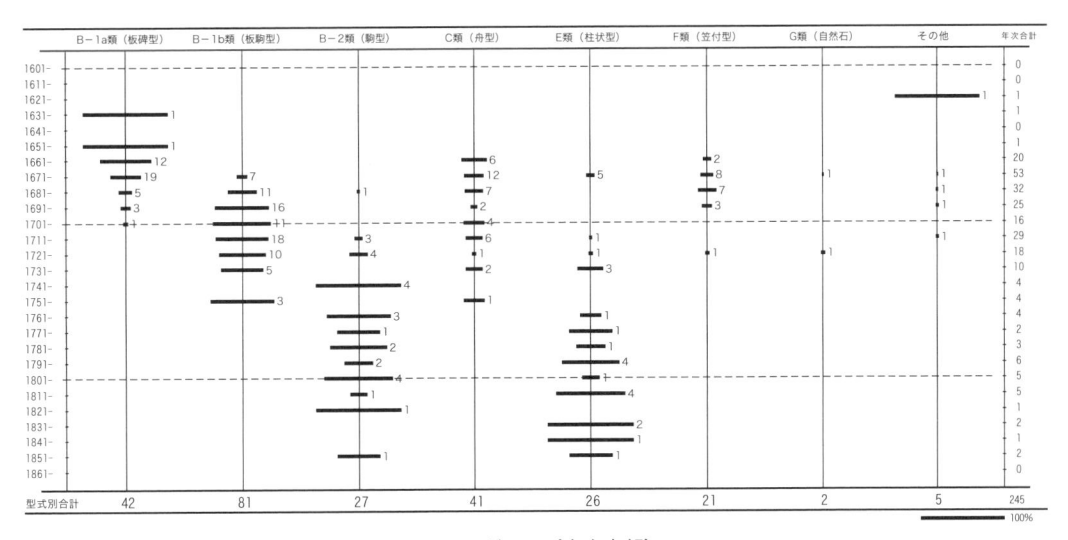

図2-6-b 近世庚申塔型式のセリエーショングラフ（東京南部）

　東京都区部の南部にあたる当該地域は，東海道が縦貫する品川区と大田区を含み，基本的には江戸湾臨海部を中心とした地域と言うことができる。近世を通じた庚申塔数は245基で比較的造立数は多い。庚申塔の初出年次は1620年代で，寛永3年（1626）に造立された目黒区中目黒のA－2類が初見となる。寛永12年（1635）品川区五反田の徳蔵寺でB－1a類が初出して以降造立数も増え，C，F類などが1660年代には出現する。B－1b類は目黒区，品川区で延宝5（1671）年塔が確認でき，1670年代には造立が認められ，1680年代にはB－2類が，1710年代にはE類が現れる。流行型式の変遷を見ると，B－1a類は1690年代以降に消滅し，1730年代にはC類，1750年代にはB－1b類も見られなくなる。E類は1810年代以降には確認できず，G類は御府内同様に19世紀代での出現が認められる。E類は出現が御府内地域より遅く，残存は長くなってい

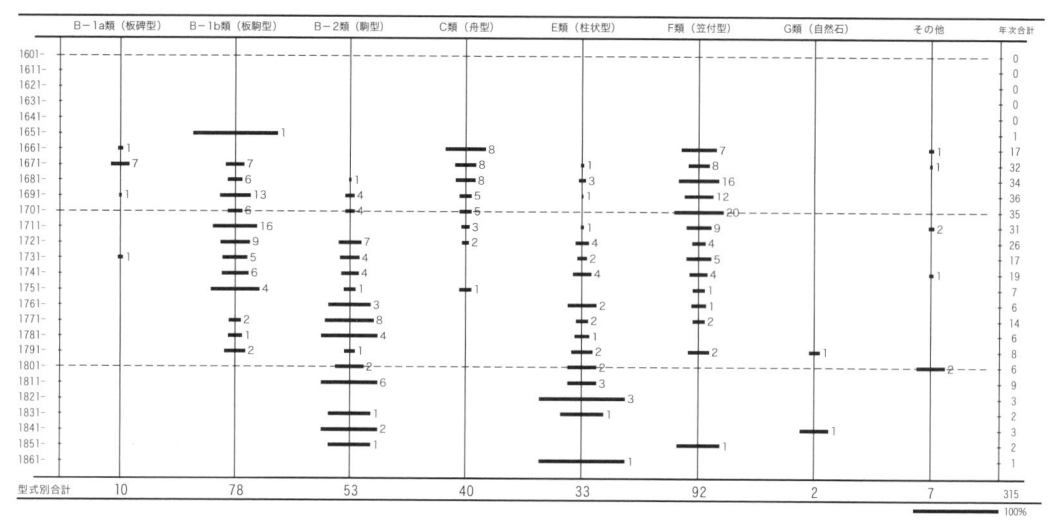

図2-6-c　近世庚申塔型式のセリエーショングラフ（東京西部）

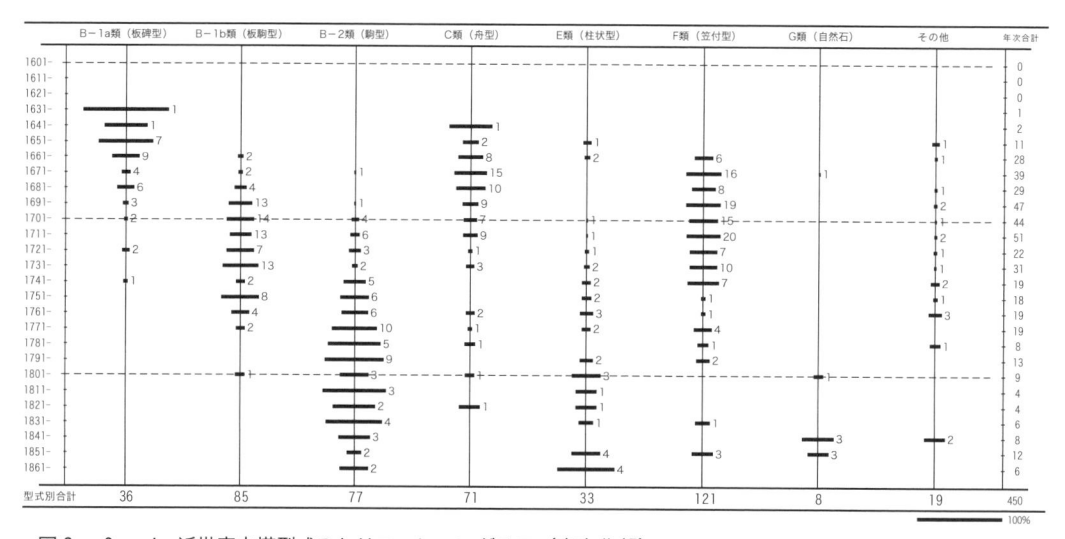

図2-6-d　近世庚申塔型式のセリエーショングラフ（東京北部）

る。傾向として出現から盛期，消滅への量的変化のパターンを示す典型的なBattleship Pattern（軍艦型パターン）を各型式において確認できるのが特徴といえる。また型式の多様性が現れる時期は，都心部と同様に17世紀後半である。

東京西部地域（図2-6-c）

　東京西部は甲州街道が縦貫する地域である。総数は315基で，この地域は他地域に比べ庚申塔の出現時期は遅く，1650年代となる。現存する初出資料は1658年に世田谷区上馬のB-1b類で，B-1b類の東京都区部での初出でもある。1660年代以降は，B-1a類，C類，F類，H類などの4類型が確認できる。興味深いのは，B-1b類の出現が他の地域に比べ早いことで，東京都

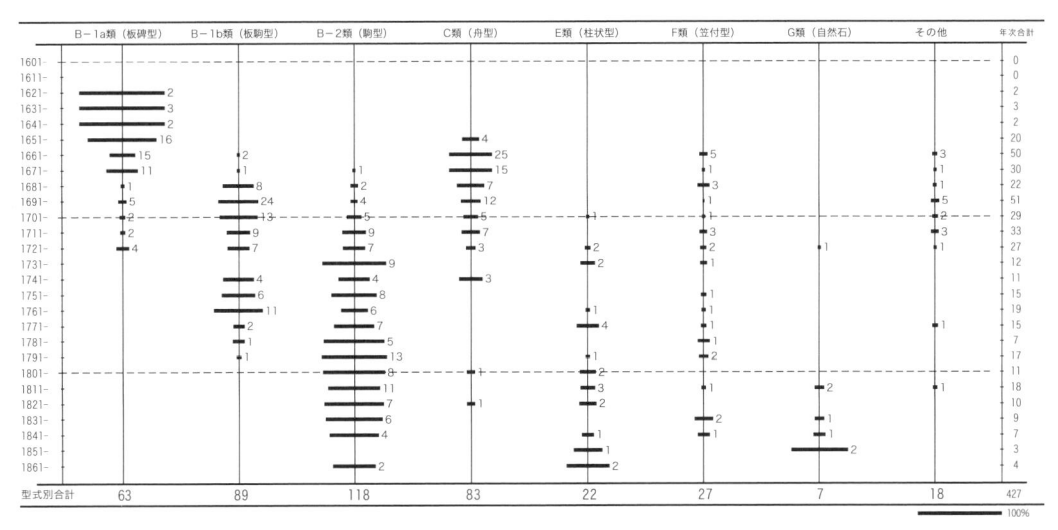

図2−6−e 近世庚申塔型式のセリエーショングラフ（東京東部）

区部では初出資料といえる。特徴としては他の地区に比べると庚申塔の造立開始時期が遅れること で，またF類の造立が多数確認される。そのF類の多い傾向は，東京北部地域でも同様の状況が看取される。他方，B−1a類の数量は他地域に比べ少なく，その存続期間も短いといった特徴を示している。

東京北部地域（図2−6−d）

東京区部の北西側にあたる北部地域は，総数450基で都心部地域や南部などに見られた傾向と同様に，寛永16年（1639）に北区赤羽のB−1a類が初期型式として出現している。その年代は1630年代で南部地域と一致する。その後，1640年代にはC類，1650年代にはE類が出現し，1660年代にはB−1b類，F類が出現する。主要型式としてはB−1b類が18世紀前半の主流をなすが，1670年代に出現したB−2類に，18世紀後半には移行している。しかしB−2類も19世紀後半には消滅へ向かい，G類の比率が高まっていることが認められる。主要型式の変遷過程は他の地区とやはり類似した傾向が示されている。また，B−1a類が他の地区に比べ存続期間が長く，特徴的な傾向と言うことができよう。

東京東部地域（図2−6−e）

東京の北東部を差し，かつては「東郊」と称されたこの地域では，総数427基で，1620年代が庚申塔の初出年次である。足立区花畑の元和9年（1623）B−1a類は東部地域の初出資料であると共に，東京都区部および関東地方においても初出の型式として捉えることができる。この初現時期は南部地域より早く，北部同様に型式の存続期間も長い。1650年代にC類，F類が出現し，B−1b類が現れるのは1660年代である。B−2類は1670年代に出現し，以後長い存続期間を示している。18世紀後半以降はB−2類からE類へと変遷していく様子が示されている。また特徴的な傾向としては，南部，西武，北部の各地域ではF類が一定量認められたのに対し，

この地域では量的に見て少ない。出現は1650年代で19世紀前半まで存続していることは他の地域と大きな差異は認められないが，F類のあり方を考える上で示唆的な事象といえるだろう。

(2) 東京都区部のセリエーション分析の要約

地域ごとのセリエーショングラフから最も明瞭に把握できることは，主要型式の変遷過程に見られる斉一的傾向である。B－1aを初現の型式としてC類やF類が現れ，その後B－1b類が主要な型式となるが，18世紀中葉以降にはB－2類あるいはE類へ移行する過程が，各地域に示されている。また各型式が出揃い，ヴァリエーションが増加する時期は1670年代前後で一致している。即ち，各類型の比率的に高い時期に着目して整理するなら，B－1a類（17世紀前葉～後葉）→C類（17世紀中葉～18世紀前葉）→B－1b類（17世紀後葉～18世紀中葉）・F類（17世紀後葉～18世紀後葉）→B－2類（18世紀前葉～19世紀中葉）・E類（18世紀中葉～19世紀中葉）→G類（19世紀前葉～中葉）となる。

加えて，B－1a類に見られように，出現時期が東部→南部・北部→都心部→西部という流れを示し，B－1b類では，西部→都心部・北部・東部→南部と出現時期が移行するなど，型式によって出現時期に地域差が認められる。こうした差異を，当時の地域的特徴を反映したものと捉えるか，現存する資料数に制約を受けた結果とするかは即断できないが，F類では少なくとも都心部や東京南部・東京東部に比べて，東京西部・東京北部での占有比率が高く，存続期間も長いことが指摘できる。こうした差異の意味を捉えるためには，さらに広範な地域を対象として形態変遷の分析を図ることが必要と言える。そこで次章では東京近郊の都市を対象とした分析を試み，より地域的な差異の比較，検討を行いたい。

4　東京周辺地域の庚申塔に対する型式学的分析

(1) 対象地域の選定と庚申塔の類型設定

本項における分析対象地域は東京都区部周辺に位置する市町村である。その具代的な分析に入る前に，東京都区部の周辺地域の動向を概観する意味で，東京都下の市域部，いわゆる多摩地域における庚申塔の傾向について整理してみたい。図2－7は東京都内の庚申塔数を濃淡で示した地図である。すでに石川博司が『青梅市の石仏』において，庚申塔造立数の地域比較を行う際に作製しているが[44]，本章でも多摩地域と江戸御府内周辺域との対比の観点から改めて作製した。興味深い点としては，甲州街道沿いの地域でやや造立数が多く認められる一方で，北多摩地域においては20基前後と庚申塔造立が比較的低調な地域もまとまって認められる傾向が看取される。その背景には，庚申信仰自体の低調さや街道整備や新田開発といった近世における地域開発の動向と無縁ではないと考えられるが，興味深い現象として評価できる。

次に多摩地域の庚申塔の実数を型式別にまとめたものが表2－2である。太字は最も比率の高い型式を示している。大きな傾向として，F類（笠付型）の比率の高い地域が比較的多く認めら

れる点は特筆されよう。またＢ－１ａ類（板碑型）はほとんど認められないほか，都区部で最も高い比率を示すＢ－１ｂ類（板駒型）も限定的な存在となっている。すなわち東京周辺地域の傾向として，主要型式には地域によって特色があることが理解される。こうした地域差を顕在化し，意味を捉えていくことが，庚申塔型式の普及を捉える上で重要な課題となるものといえようが，こうした傾向は，近世を通じた石塔造立の累積によって生じたものであるため，その要因を捉えるためには，個々の地域における造立盛期や流行型式の変遷過程を捉えたうえで議論することが必要となる。そこで有用な分析方法がセリエーション分析である。

　セリエーション分析にあたっては，議論の煩雑化を避けるため，東京周辺の関東内陸部を対象に，とくに定量的分析に適する資料数を有する地域に限定して，旧武蔵国の範囲に該当する八つの現市町村を抽出した。対象地域は図２－１に示したが，流行型式の普及過程を捉えるうえでは，先の東京都区部での分析でも明らかなように街道別での地域差が認められる事例があることから，個々の地域的な特徴や変化を適切に捉える意味で，平野部と山間部，河川の存在有無などの地理的環境や江戸との距離，物資の主たる運輸形態の違いなど多様な要素を視野に入れ選定した。なお型式学的分析において扱う８都市を総称する場合には「東京周辺地域」と呼称するが，近世当時の関係性を述べる場合には「江戸周辺地域」と呼び，東京都区部については「江戸近郊地域」と表記する。

　なお資料の集成に際しては，東京都区部同様に各自治体による石造遺物調査報告書をもとに作成した。また集成にあたってはパーソナルコンピュータの表計算ソフトを使用し，データベースの作成を行った。ただし型式分類において，報告書によって先に挙げた類型基準に，必ずしも合致しない分類を用いている地域も存在するため，とくにＢ－１ｂ類については，フィールドワークによる補正を行うなど，東京都区部同様に各報告書に記載される分類を，今回設定した分類に読み替える作業を行っている。これらの詳細なデータについては，東京都区部同様に，将来的な公開を目指したい。

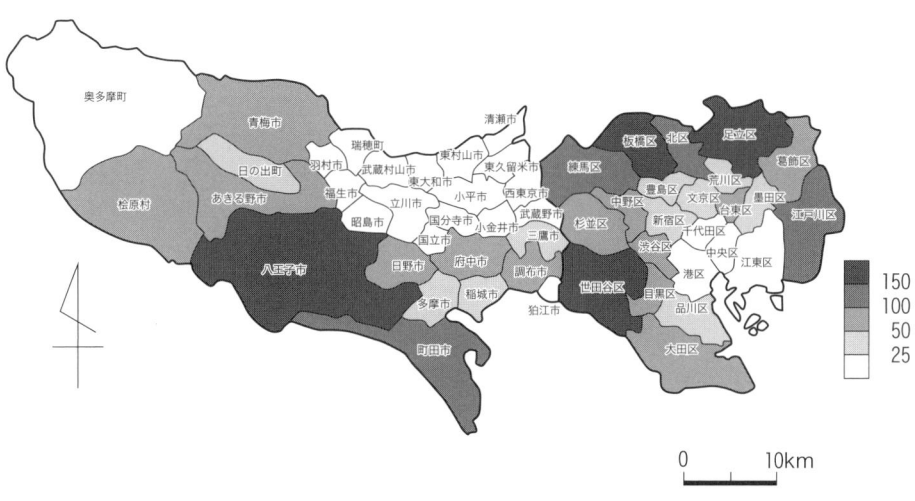

図２－７　東京都内における近世庚申塔の密度　　n＝2699

第2章 石塔形態に対する型式学的分析

表2-2 対象市区町村における庚申塔の型式比率

年代＼型式		B-1a類 板碑型	B-1b類 板駒型	B-2類 駒型	C類 舟型	E類 柱状型	F類 笠付型	G類 自然石型	その他	合計	
東京都区部	都心部	千代田区	0	0	*2*	0	0	0	0	0	2	東京区部小計 1643
		港区	1	2	1	2	1	*5*	2	0	14	
		文京区	6	4	10	*11*	9	6	0	3	49	
		新宿区	3	4	1	*12*	3	6	0	2	31	
		台東区	14	*15*	4	12	6	1	1	2	55	
		墨田区	2	*11*	1	7	4	4	1	0	30	
		江東区	3	*11*	3	2	4	1	0	1	25	
		小計	29	47	22	46	27	23	4	8	206	
	東京東部	荒川区	*19*	5	5	9	2	2	1	5	48	
		足立区	31	45	*51*	34	11	11	2	13	198	
		江戸川区	3	21	*45*	23	6	9	3	0	110	
		葛飾区	10	*18*	17	17	2	5	1	1	71	
		小計	63	89	118	83	21	27	7	19	427	
	東京西部	中野区	2	7	*4*	8	2	30	0	0	53	
		杉並区	1	23	6	10	5	*38*	2	2	87	
		世田谷区	7	48	43	22	26	*24*	0	5	175	
		小計	10	78	53	40	33	92	2	7	315	
	東京南部	渋谷区	9	12	7	*15*	7	1	0	1	52	
		目黒区	17	*18*	7	7	6	5	0	1	61	
		品川区	*11*	7	4	3	4	*11*	1	1	42	
		大田区	5	*44*	9	16	9	4	1	2	90	
		小計	42	81	27	41	26	21	2	5	245	
	東京北部	北区	14	17	22	*31*	2	7	4	10	107	
		豊島区	4	2	4	5	3	*19*	1	0	38	
		練馬区	3	35	16	10	9	*44*	0	3	120	
		板橋区	15	31	35	25	19	*51*	3	6	185	
		小計	36	85	77	71	33	121	8	19	450	
東京都多摩地域	北多摩地域	立川市			1	2	3	*5*			11	北多摩地域 334基
		武蔵野市	1	1	3	2	3	*4*			14	
		三鷹市		3	5	6	3	*10*			27	
		府中市	1	3	8	7	12	*16*	4		51	
		昭島市			2	*6*	4				12	
		調布市		*17*	14	12	9	4	2		58	
		小金井市		*6*	3	2	1	6			18	
		小平市		2	*3*		*3*	*3*	1		12	
		東村山市		1	1		3	*15*			20	
		国分寺市		1			2	*5*			8	
		国立市						*4*			4	
		西東京市	2	1			2	*17*	1	1	24	
		狛江市		*6*	6	1	*6*		1		20	
		東大和市		1	1			*8*		1	11	
		清瀬市		*2*	1	1	1	*2*			7	
		東久留米市				4	2	*10*			16	
		武蔵村山市		2	4	1	6	5	3		21	
	南多摩地域	八王子市	0	10	4	1	61	*100*	14	7	197	南多摩地域 453基
		町田市	2	5	3	18	*35*	32	1	5	101	
		日野市		10	4	5	26	*34*	3	3	85	
		多摩市	0	9	1	10	*11*	7	0	2	38	
		稲城市		8	2	6	2	*12*			32	
	西多摩地域	青梅市	1	5	4	8	13	11	*22*	2	66	西多摩地域 269基
		福生市				2	*6*	3	1		12	
		羽村市					*3*	1	1		5	
		あきる野市		1		5	11	*31*	20		68	
		瑞穂町			2	1	*10*		4		17	
		日の出町				2	4	*15*	10		31	
		檜原村		6		6	6	6	*23*	3	50	
		奥多摩町		2	1	9	2		*5*	1	20	
		合計	7	102	76	114	250	366	116	25	1056	

※都心部（千代田区／港区／文京区／新宿区／台東区／墨田区／江東区），東京南部（渋谷区／目黒区／品川区／大田区），東京西部（中野区／杉並区／世田谷区），東京北部（北区／豊島区／練馬区／板橋区），東京東部（荒川区／足立区／江戸川区／葛飾区）
※地域ごと市町村コード順
※斜字体は最頻出の類型を示す。

(2) 東京周辺地域の庚申塔に対するセリエーション分析

本節の分析において対象とするのは，吉川市250基，上尾市133基，八王子市200基，飯能市58基，青梅市65基，旧北川辺町39基，旧都幾川村40基，旧妻沼町96基で，すべて紀年銘の確認および型式の比定が行える庚申塔で，総資料数は881基である。表2－2に見られるように，地域ごとでの主要型式の出現頻度は異なっていることがわかる。図2－8－a～hは各地域ごとに集成したデータベースをもとに，石塔形態の分類および集計を行い，10年の単位期間ごとに出現頻度をセリエーショングラフに図化したものである。このセリエーショングラフの検討を行う際，特に注目したいのは次の3点である。①流行型式の出現類型数，②流行型式の変遷順序，③流行型式の出現比率にみる上位類型で，以上3点を各地域ごとに検討することにより，石塔形態にみられる流行の経年的変化の把握と流行型式の出現比率における地域的差異の顕在化を図ることができるものと考える。なお各地域の江戸からの里程数は，便宜上定めたもので，後に掲げた表2－3に示す文献の記載をもとに設定した。

吉川市（図2－8－a）・上尾市（図2－8－b）

吉川市（6里）および上尾市（10里）は，江戸から10里以内に位置する地域である。吉川市における最古の庚申塔は寛永6年（1629）文字塔で[45]，東京23区と造立時期は近接している。上尾市では最古の庚申塔は万治2年（1659）文字塔であるが[46]，江戸や吉川市に比べると30年ほど下った時期に初期の造立がなされている。吉川市での初出型式はB－1a類で，その後C類→F類→B－1b類→B－2類→E類→G類と出現し，流行型式の類型数では東京23区と変わらない。また，流行型式の変遷過程も東京23区と比較して類似した傾向を示している。E類の比率が高く，B－2類の比率が少ない点が，東京23区とは異なる傾向といえる。

上尾市での初出型式はB－1b類で，B－1a類→C類→F類→E類→B－2類→G類が認められ，吉川市と同様に流行型式の類型数や変遷過程ともに東京23区と近似する。資料数の違いから出現頻度に粗密はあるが，吉川市，上尾市の流行型式の出現頻度パターンは，東京23区の傾向と類似した傾向を示しているものと指摘できる。両地域の地理的な特徴としては，吉川市は江戸川，中川などの河川とそれに伴う河岸が存在し，上尾市では入間川と荒川の合流地点に平方河岸が位置していることから，物資輸送において，河川水運が大きな役割を果たした地域といえる。また上尾市は中山道が縦貫し，交通の利便性は陸上，河川ともに良好な地域であった。こうした物資輸送の利便性や江戸との距離が近いことなどが，流行型式の変遷過程にみられる東京都区部との類似性にも影響を与えている可能性が指摘できよう。

八王子市（図2－8－c）・飯能市（図2－8－d）・青梅市（図2－8－e）

八王子市（11里半）・飯能市（13里）・青梅市（13里半）はいずれも江戸から15里以内に位置する地域である。八王子市の現存する最古の庚申塔は，延宝9年（1681）の青面金剛像塔でC類である[47]。八王子市には寛永5年（1628）銘で，「為庚申待供養奉待十二人者也」と刻まれた定印弥

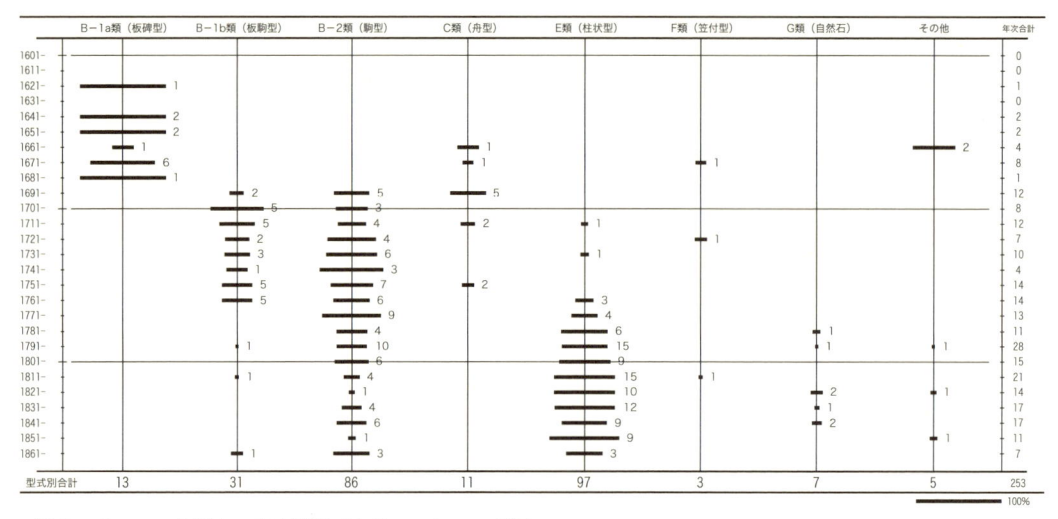

第 2 章 石塔形態に対する型式学的分析

図 2 − 8 − a　吉川市の庚申塔型式セリエーショングラフ

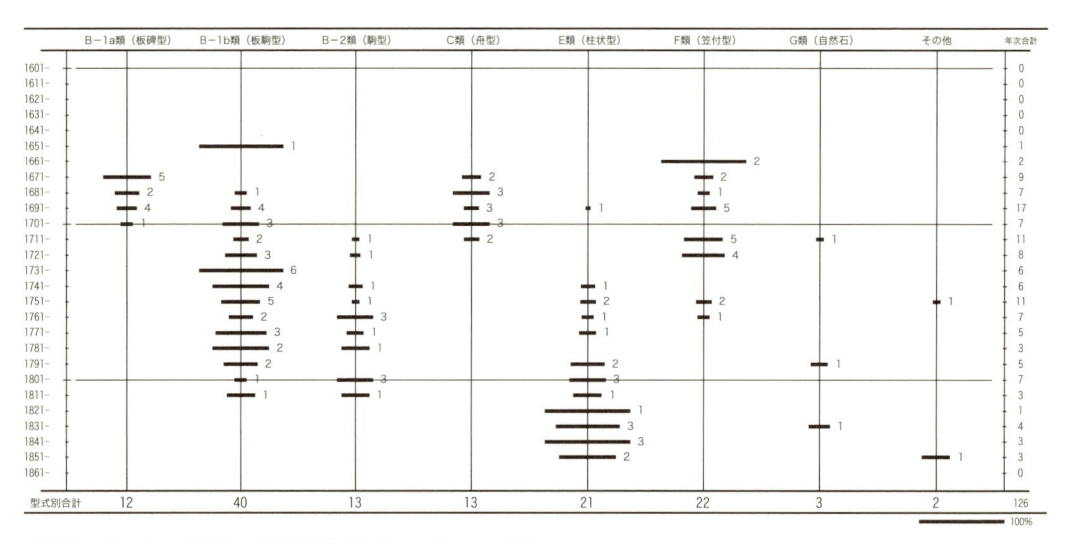

図 2 − 8 − b　上尾市の庚申塔型式セリエーショングラフ

陀座像の懸仏が存在し[48]，また庚申待の文言が銘文として刻まれた万治 3 年（1660）の梵鐘も存在している[49]。これらの資料の存在から，八王子市の庚申信仰は早い時期から展開していたものと考えられるが，庚申塔の造立時期は江戸に比べ約60年の開きがあり，庚申塔の造立開始が遅れる地域的な要因が存在した可能性が考えられる。

　飯能市では現存する最古の庚申塔は寛文 8 年（1668）の聖観音像塔で B − 1 b 類であり[50]，青梅市の最古の庚申塔は寛文10年（1670）の文字塔で B − 1 b 類である[51]。いずれも八王子市に比べ造立年次は早く，初出型式は B − 1 b 類となっている。流行型式の出現傾向は八王子市では C 類→ F 類→ B − 1 b 類・ E 類→ G 類→ B − 2 類であるのに対し，飯能市は C 類→ B − 1 a 類・B − 1 b 類→ F 類→ B − 2 類→ E 類→ G 類で C 類，B − 1 a 類などの順序が異なるものの，東京都区

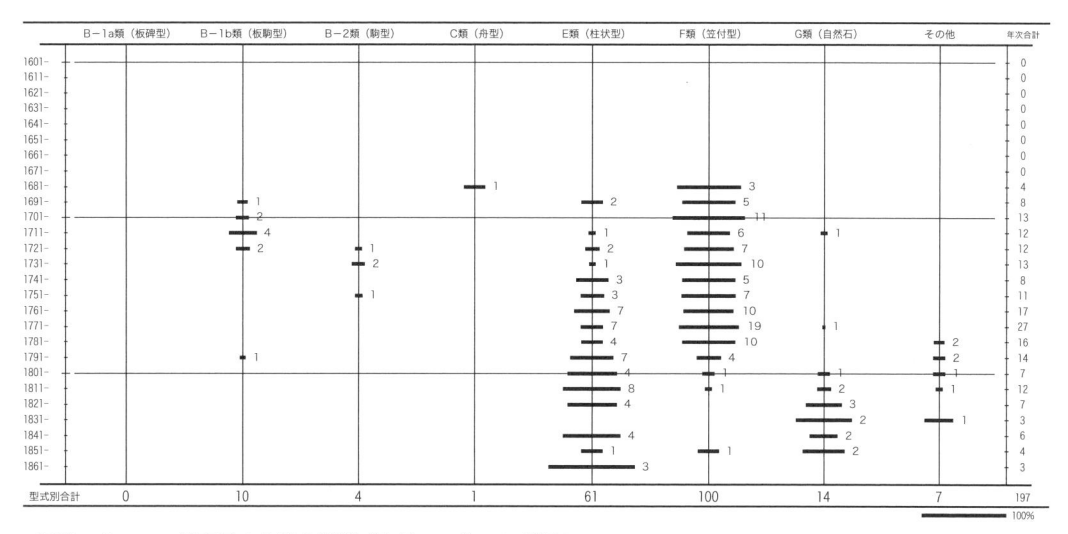

図2-8-c　八王子市の庚申塔型式セリエーショングラフ

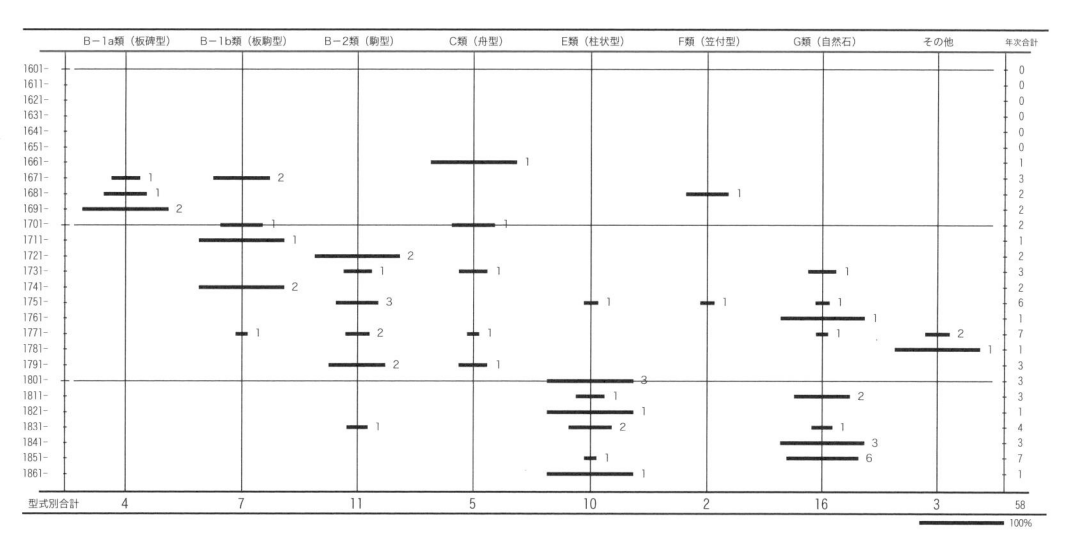

図2-8-d　飯能市の庚申塔型式セリエーショングラフ

部とほぼ類似した変遷順序を示している。

　また青梅市もB-1a類→B-1b類→C類→F類→E類→B-2類→G類で，東京都区部とは各型式の出現順序は類似している。八王子市における型式の類型数は6種類で他の2市の7種類に比べ少ない。また，B-1a類が見られないほか，E類とF類の出現期間が長く，特徴的な傾向を示している。近世を通じて八王子市の庚申塔は，E類とF類の2つの型式でほぼ占められているが，特にF類の出現頻度は青梅市の12基や飯能市の2基と比べ多い傾向にある。しかし，18世紀後半以降の傾向では八王子市でもE類が増加し，飯能市，青梅市の傾向および東京23区の傾向は一致するようになる。つまり18世紀前半までと18世紀後半では，八王子市における庚申塔の造立行為に何らかの性格的な違いが存在する可能性が推測される。

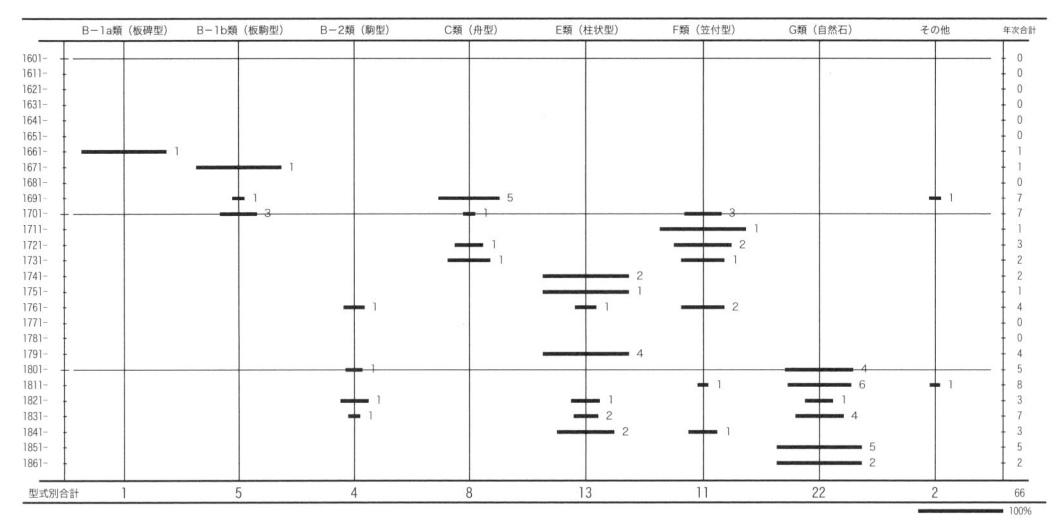

第 2 章　石塔形態に対する型式学的分析

図 2 − 8 − e　青梅市の庚申塔型式セリエーショングラフ

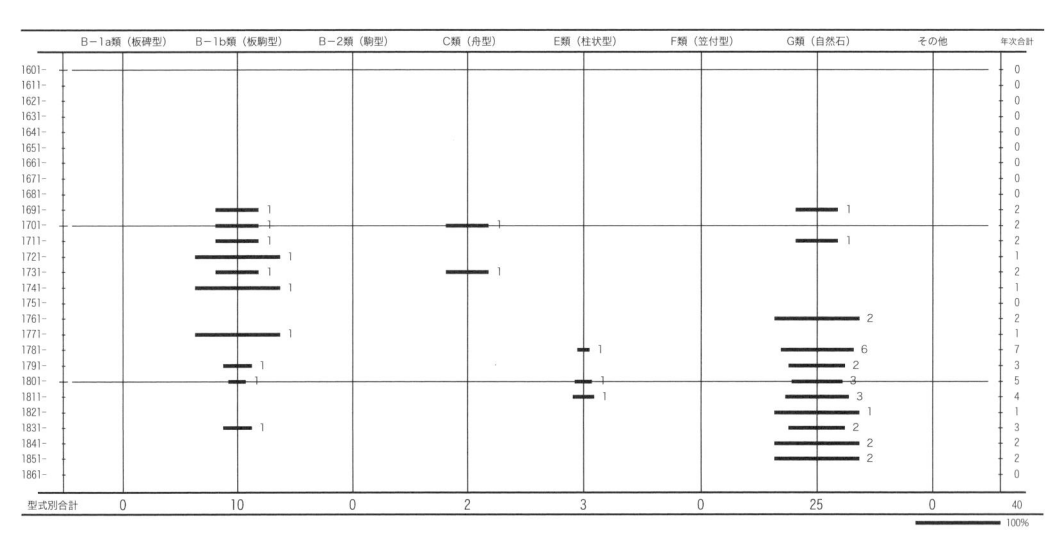

図 2 − 8 − f　旧都幾川村の庚申塔型式セリエーショングラフ

　3 市はいずれも地理的には水運に適した河川に遠く，駄馬などによる陸上輸送が主体の地域であった。ただし八王子市は甲州街道が横断し，青梅市も青梅街道の終着であったことをから陸上運輸が発達した地域といえ，加えて青梅市は新河岸川経由での江戸との交流も認められる[52]。このような運輸形態の特性が，流行型式の出現頻度に影響を与えていた可能性を示唆しているといえよう。

旧北川辺町（図 2 − 8 − f）・旧都幾川村（図 2 − 8 − g）・旧妻沼町（図 2 − 8 − h）

　旧北川辺町と旧都幾川村はいずれも江戸から 17 里に位置し，旧妻沼町は 19 里に位置する。3 町村ともに，江戸からの距離は 20 里以内の地域に位置している。現存する最古の庚申塔は旧北川辺

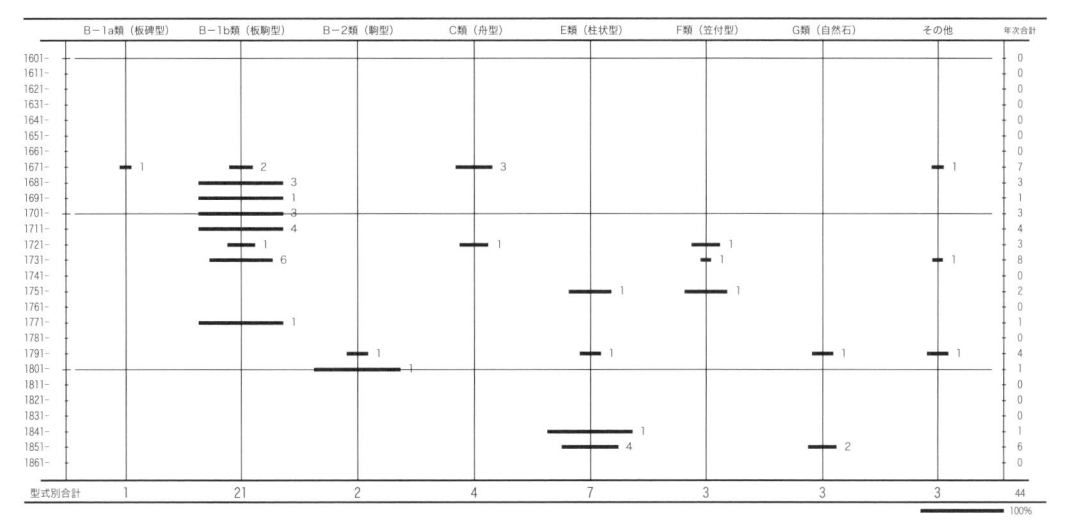

図2−8−g　旧北川辺町の庚申塔型式セリエーショングラフ

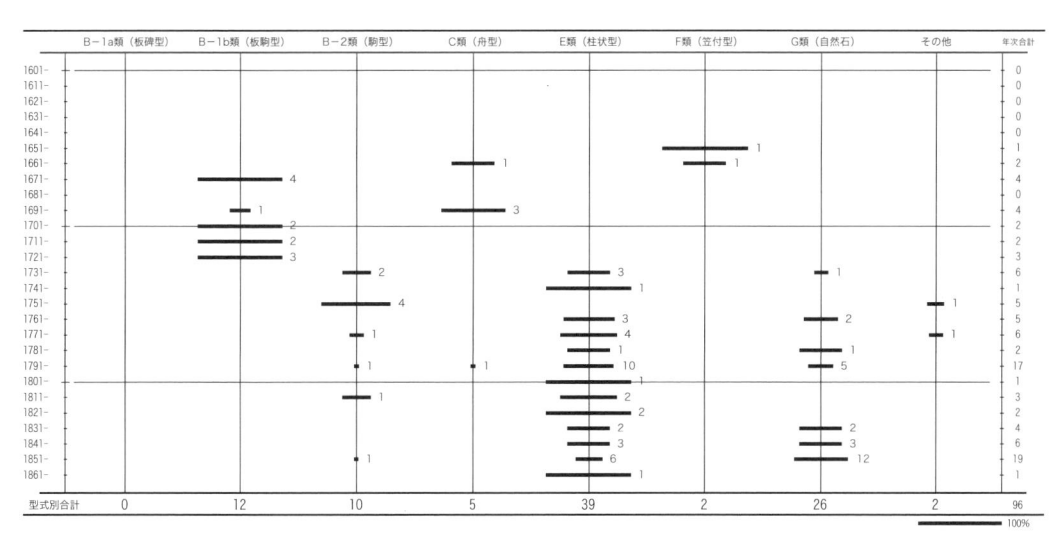

図2−8−h　旧妻沼村の庚申塔型式セリエーショングラフ

町では寛文12年（1672）文字塔でB−1a類である[53]。旧都幾川村は元禄7年（1694）の青面金剛像塔でB−1b類[54]，そして妻沼町は万治3年（1660）に造立された文字塔でF類である[55]。流行型式の出現過程は北川辺町ではB−1a類・B−1b類・C類→E類→F類→B−2類・G類で，その他の類型も少数認められる。都幾川村では，B−1b類・G類→C類→E類で，B−1a類やその他の類型は確認されていない。そして妻沼町ではC類・F類→B−1b類→B−2類→E類→G類で，その他の類型は少数確認されているが，B−1a類はみられない。

　3町村における流行型式の出現頻度パターンを比較すると，旧北川辺町と旧妻沼町では東京23区で示された傾向と類似した点を確認することができる。特に17世紀後半から18世紀前半の東京23区ではB−1b類・C類が主体となっているが，旧北川辺町では18世紀前半においてB−1b

類の占める比率が高く，19世紀前半でもE類の占める割合が高いなど，東京23区の傾向に近似している。ただし出現頻度パターンはB－1b類やE類に偏重する傾向が指摘できる。また妻沼町ではB－1a類は存在しないものの，B－1b類やC類，F類などが認められ，出現頻度のパターンも東京23区と類似している。

　一方，旧北川辺，妻沼両町に比べ，旧都幾川村での流行型式は，類型数が4種類と少ない。また主要な流行型式は，18世紀を通じてB－1b類が大半を占め，その後19世紀前半にはG類となるなど，流行型式はほぼ2種類に集約されていると指摘できる。旧北川辺町，旧妻沼町はいずれも利根川流域に位置する町であり，旧北川辺町は渡良瀬川と利根川との分岐点にも近く交通の要衝である。また旧妻沼町には近世当時，上州新田街道の渡船場があり，河岸と共に繁栄したという[56]。これに対して旧都幾川村は山間部に位置し，水運に適する河川は存在していない。こうした3町村の地理的傾向を考慮すると，江戸から20里前後離れた地域では，運輸形態の差異によって地域差が一層顕著に認められることが指摘できる。

(3) 庚申塔の流行型式にみる地域差

　今回のセリエーション分析では，庚申塔の主要な流行型式として7種類の類型を取り上げた。東京23区内の資料についてみると，7種類の型式の変遷はいずれも出現から盛行，消滅のパターンを示し，とくにB－1a，B－1b，B－2，C，G類などは，消長の期間が短く流行性の高い類型であるのに対して，E，F類は消長期間の長い持続的な傾向を示す類型として捉えることができる。各地域における流行型式の類型数を検討すると，八王子市，旧都幾川村，旧妻沼町を除いた市町村では東京23区と同数の類型が確認され，7種類の庚申塔の類型が，東京都区部のみならず旧武蔵国にあたる埼玉県内の各地にも展開していたことが指摘できる。また類型が7種類に達しなかった地域でも，7類型以外のその他の型式の比率は低く，基本的に7類型の範囲内に収束している。つまり庚申塔の型式は，東京23区での類型数の7類型以上に多様化することはなく，型式のヴァリエーションは斉一的傾向を持っていたことが指摘できる。

　次に流行型式の出現頻度パターンを通して型式の交替過程について検討すると，吉川市や上尾市のセリエーショングラフにおいては，B－1a類からB－1b類やC類へ移行し，B－2類あるいはE類へと交替していく過程が認められる。さらに分析対象地域の中で最も遠隔地に位置する妻沼町でも同様の傾向が示され，B－1a類が存在しないことを除いて，基本的な変遷パターンは東京23区と一致している。ただしG類の出現時期や比率が東京都区部と異なるが，G類については図2－6－a～hの各地の傾向から認められるように，江戸から遠隔の地域で出現比率が高く，江戸との距離差に関係した地域的特徴と考えられる。一方，特定の型式に偏重するなど，他型式への交替が頻繁には行われない地域も存在し，飯能市ではB－1a類が他の分析対象地域より長く残存するほか，北川辺町や都幾川村でも，B－1b類が長期にわたり出現している。また八王子市でもF類が，いずれの分析対象地域よりも高い比率を示しており，それは東京西部地域と傾向が類似している。

　以上の検討から流行型式の出現頻度パターンをもとに各地域を区分すると，①吉川市や上尾市，

4 東京周辺地域の庚申塔に対する型式学的分析

表2-3 分析対象地域の初出庚申塔型式と江戸への里程

分析対象市町村名	陸路(日本橋迄)	初出型式	造立年(和暦)	造立年(西暦)	史料掲出近世村名	津出河岸(河岸迄の距離)	主要河川	川路(浅草御蔵迄)	史料	掲載頁※1	備考
吉川市	6里	B-1a類	寛永6年	1629	中曽根村	居村河岸	中川	8里半	嘉永五年葛飾郡中曽根村村差出明細書上帳	488-492	
上尾市	10里	B-1b類	万治2年	1659	上尾宿	平方河岸（1里）	荒川	23里	元文二年足立郡上尾宿御書上	104-110	
八王子市	11里半	C類	延宝9年	1681	横山宿	なし	—	—	弘化二年正月甲州道中横山宿		※2
飯能市	13里	B-1b類	延宝4年	1676	真能寺村	新河岸（5里）	新河岸川	20里	明和四年高麗郡真能寺村村明細帳	126-128	
青梅市	13里半	B-1b類	寛文10年	1670	西分村	なし	—	—	明和五年村鑑書上帳 子三月 多摩郡西分村		※3
北川辺町	17里	B-1a類	寛文11年	1772	麦倉村	当村河岸	利根川・江戸川	32里	明治四年埼玉県麦倉村村鑑明細帳	385-389	
都幾川村	17里	B-1b類	元禄7年	1694	瀬戸村	新河岸（7里）	新河岸川	20里	明和元年比企郡瀬戸村村明細帳	185-188	
妻沼町	19里	F類	万治3年	1660	妻沼村	村内に有	利根川・江戸川	35里	『新編武蔵風土記稿』「幡羅郡之四 妻沼村」		※4

※1 小野文雄編『武蔵國村明細帳集成』1977，武蔵國村明細帳集成刊行会。
　　川路の補足として，埼玉県編・発行『新編 埼玉県史 資料編15 近世6 交通』，1984，155～158頁を参照。
※2 八王子市市史編さん委員会編『八王子市史 附編』，八王子市，1980（初版1963），331～341頁。
※3 青梅市郷土博物館編『青梅市市史史料集』26，青梅市教育委員会，1980，13～14頁。
※4 新編武蔵風土記稿刊行会『大日本地誌大系 新編武蔵風土記稿 第11巻』，雄山閣，1967，208～213頁。

妻沼町のように東京都区部に類似した流行型式の交替が行われる地域と，②八王子市や旧北川辺町，旧都幾川村といった特定の型式が持続し，型式の交替が頻繁に行われなかった地域，そして③青梅市や飯能市など，東京23区の流行型式の出現が認められるが，出現頻度パターンの差異に特徴を持つ①と②の中間的傾向を持つグループ，の3つのグループに分類できる。このうち①と②の区分にまとめられた地域の江戸との位置関係を整理すると，①のグループには吉川市，上尾市など江戸からの里程が10里以内に位置する地域のほか，江戸からの距離が15里を超える19里の旧妻沼町が含まれるが，②のグループには江戸との距離が11里半で上尾市と大差ない八王子市や15里の旧北川辺町と旧都幾川村などが含まれ，単純な江戸と各地域との同心円的な距離だけによって，グループ化の要因を説明することはできないことが分かる。

表2-3は今回分析対象とした市町村内に位置し，年貢米の搬送に用いた河岸の存在を記した文書史料が確認できる近世村落を対象として，表にまとめたものである。なお津出河岸の項は表記に異同があるため適宜，表現を改めた箇所がある。表2-3の記述より，各地域の物資の運輸形態に着目して各グループについて検討すると，①のグループは，主に荒川や利根川，江戸川などに近接し，河川輸送が発達していた地域であることが指摘でき，一方，②のグループは，八王子市や旧都幾川村など水運に適した河川がなく，主に陸上輸送が利用されていた地域であったことが考えられる。ただし旧北川辺町は利根川に近接しており，その他の地域とは性格を異にしているが，この点については第7章において議論したい。そして③のグループは近接する河川はないが，新河岸川を経由した津出しが行われるなど，物資輸送では水運と陸運が併用されていた地域であると考えられる。つまり基本的には各グループの差異は運輸形態の違いに基づいているものと言え，流行型式の出現頻度パターンに認められる地域差の要因として，物資輸送の運輸形態が関係しているものと指摘できる。

第 2 章　石塔形態に対する型式学的分析

5　石塔形態に対する考古学的分析の要約

　今回，東京都区部および関東地方の10市町村における近世庚申塔の型式類型と変遷過程を網羅的かつ地域的に把握した。近世庚申塔の型式学的分析が，本稿のように広域にわたって行われたことは従来にはなく，その結果には様々な興味深い傾向を読み解くことができる。その主要な結果をまとめると，以下の3点に要約できる。①主要な流行型式の変遷過程に認められる関東地方での斉一的傾向，②特定地域に偏った型式の存在，③型式普及に際しての物資輸送路の重要性である。

　まず①については，庚申塔の形態には流行性の高い形態と，息の長い存続を示す形態の二者が存在し，基本的に東京都区部と日本橋から30km程度（約10里）を範囲とする圏内に位置する地域では，主要な型式の変遷過程は斉一的傾向を示していることが分かった。即ち，B－1a類（17世紀前葉～後葉）→C類（17世紀中葉～18世紀前葉）→B－1b類（17世紀後葉～18世紀中葉）・F類（17世紀後葉～18世紀後葉）→B－2類（18世紀前葉～19世紀中葉）・E類（18世紀中葉～19世紀中葉）→G類（19世紀前葉～中葉）の出現順序を示していることが指摘できる。この傾向はおおよそ関東の諸地域にも当てはまるが，②にも関連する傾向として，江戸から10里前後（約30km）の吉川市，上尾市をはじめとする東京23区と類似性が高い地域と，内陸部に位置する八王子市のF類や都幾川村のB－1b類，G類に偏重する傾向が存在するなど，流行型式の出現頻度に特徴的な傾向を示す地域が存在する。

　②の型式に見られる地域的偏りについては，すでにF類の傾向から街道を基軸とした普及の可能性について言及したが，特に東京西部地域と八王子市，青梅市などで傾向の類似が顕著に見られた。また型式変遷過程や比率に地域的な差異が認められたことは，庚申塔の普及展開の様相を交通路の視点から検討することの必要性を示すものと言えよう。ただし形態の嗜好性に関しては，庚申塔の形態を選択するのは造立主体の施主であるのか，製作者の石工であるのかは解明しにくい課題であり，実証的な検討が難しい。その克服の一つとして，本稿では石塔形態と像容との関連性に焦点を絞り，特に主要な流行型式の変化の意味を検討し，かたちの嗜好性にアプローチするための試みとしたいと考えている。

　③については，特に庚申塔の造立開始時期が，東京都区部に対して周辺地域が一様に遅れる傾向にある点は興味深い。かつて中村たかをは，自治体史に掲載された調査資料をもとに，「累積曲線」を用いて庚申塔の造立数が区部にくらべ多摩地方で造立時期が遅れる点や，他の石造物などとも比較して盛行期に差異があることなどを指摘し[57]，石川も庚申塔や他の石造物を含めて，石造物造立習俗の普及について言及している[58]。今回の分析でも，そうした造立習俗の普及時期が，東京都区部での出現から長い時間を要しない地域と，都幾川村のように約70年経た後に開始された地域が存在する一方で，遠隔地の妻沼町のように早い時期での造立も認められる。故に江戸とこれらの地域との距離だけが，造立習俗や型式普及の遅れを引き起こしたものとは必ずしも言えないだろう。それは型式普及の上で，街道及び河川が重要な役割を占めている可能性が想定

され，普及時期の遅速が生じる一因としてこうした交通手段の差が背景にあるものと考えられる。

　近世墓標の研究において，谷川章雄[59]は佐渡の墓標型式の普及に関して航路や交通路の重要性を指摘しているが，庚申塔のみならず石造遺物の型式学的把握が，近世当時の物資流通のあり方や地域的繋がりを捉える上で重要な視角となりうることを窺わせるものといえよう。池上悟によれば熊谷市妙音寺の墓標調査において，板碑型と従来呼ばれる「尖頭舟形墓標」の出現を寛文元（1661）年としているほか，熊谷氏明通寺墓地には，明暦3（1657）年の墓標が存在しているという。こうしたことから，本稿でのB－1a類が熊谷市域に達していたのは明暦から寛文期であるということができ，庚申塔型式の普及を考える意味でも興味深い[60]。ただしこうした議論は，製品としての石塔の流通を前提としている側面があり，石工の移動やその他の要因（庚申塔の造立習俗を普及させた宗教的教導者の影響や経典である儀軌の流布）を考慮する必要があるのは言をまたない。これらの複合的な背景を検討することが，関東地方における庚申塔型式の普及展開に関する立体的な解明につながるものと考えられる。その詳しい検討は第7章において行いたい。

［注］
1) 坪井良平「山城木津惣墓墓標の研究」『考古学』10－6，1939，310～346頁。
2) 日本各地の石造墓標の展開については，谷川章雄「近世墓標の類型」『考古学ジャーナル』289，1988，26～30頁に詳しい。
3) Deetz, James J. F., and Edwin S. Dethlefsen., "The Doppler Effect and Archaeology: A Consideration of Spatial Aspect of Seriation", *Southwestern Journal of Anthropology* 21-3, 1965, pp. 196-206. および Deetz, James, and Dethlefsen, Edwin S. "Death's Head, Cherub, Urm and Willow", *Natural History* 76 (3), 1967, pp. 29-37.
4) 中川正『ルイジアナの墓地―死の景観地理学―』，古今書院，1997。
5) 前掲注1）345頁。
6) 例えば，位野木寿一は四国金比羅参詣の参道に設置された灯籠を対象に，街道沿いでの分布状況や寄進者の多様な国名を検討し，参詣に使用された街道の盛衰や全国に広がる人的交流を復原した。位野木寿一「金比羅灯籠の交通地理的意義」『人文地理』11－3，1959，1～20頁。
7) 高森良昌「利根川下流域の常夜灯」（利根川文化研究会編『利根川・荒川流域の生活と文化』，国書刊行会，1995），47～93頁。
8) 石山秀和・實形裕介・外山徹「石に刻まれた文化交流―石造物の寄進名から―」『袖ヶ浦市史研究』5，1997，81～108頁。
9) 筆者は既に，庚申塔の銘文史料を用いて村落社会の変容を捉える試みを行い，その研究可能性について指摘した。拙稿「近世庚申塔にみる施主名称の史的変遷―江戸近郊農村における近世前期の一様相―」『日本宗教文化史学』4－1，2000，124～152頁。本書第4章参照。
10) 北村和寛「江戸から青梅街道への物資搬送―鋳物と石造物を例に―」『交通史研究』47，2001，41～52頁。
11) 内訳は88基中，四ッ谷32基，神田7基，中野13基，柳沢（現，西東京市）31基，不明5基。前掲注10）46頁。
12) 「江戸地廻り経済（圏）」形成に関する研究史の概要については，伊藤好一「江戸地廻り経済の形成と関東農村」（村上直編『関東近世史の研究』，名著出版，1984），220～232頁を参照。
13) 利根川流域における社会・文化的交流については，①川名登『河岸に生きる人々　利根川水運の社会史』，平凡社，1982，②川名登『河川水運の文化史　江戸と利根川文化圏』，雄山閣出版，1993，③前掲注7）を参照。
14) 横山浩一「型式論」『1研究の方法』（岩波講座日本考古学），岩波書店，1985，44～78頁。
15) Rouse, Irving, "Seriation in Archaeology", *American historical anthropology: Essays in honor of Leslie Spier*, L.Riley and Walter W.Taylor, eds., Southern Illinois University Press, 1967, pp. 153-195。

第 2 章 石塔形態に対する型式学的分析

16) ①前掲注3）

17) 前掲注4）177～217頁。

18) 四宿周辺に位置する各自治体史の記述から，助郷村の分布範囲を把握し，大凡の範囲を捉えた。①足立区役所編・発行『足立区史』，1955，②品川区編・発行『品川区史　資料編』，1971，③荒川区編・発行『荒川区史』，1989，④板橋区史編纂委員会編『板橋区史』，板橋区，1964，⑤大田区史編さん委員会編『大田区史』，大田区，1993，⑥葛飾区編・発行『増補　葛飾区史』，1985，⑦澁谷区役所編・発行『澁谷区史』上巻，1947，⑧杉並区役所編・発行『新修　杉並区史』中巻，1982。

19) 朱引線とは，江戸の範囲を幕府評定所において，文政元年（1818）に設定した絵図に由来するもので，町奉行支配地を示したものとされるが，何ら説明が示されず根拠のないものであるとの指摘がある（師橋辰夫「江戸・東京朱引考」『文化財の保護』第22号，東京都教育委員会，1990，13～15頁）。

20) ①小山真夫「信濃国小縣郡武石村金石文（一）」『考古学』25－6，東京考古学会，1935，14～33頁。②小山真夫「信濃国小縣郡武石村金石文（二）」『考古学』25－7，東京考古学会，1935，28～40頁。

21) 沼田頼輔「墓碑の形式」『掃苔』第2巻第10号，東京名墓顕彰会，1933，206～214頁。

22) 森潤三郎「江戸時代の墳墓概観」『歴史公論』第3巻第11号，雄山閣，1934，109～115頁。

23) 前掲注1）310～346頁。

24) 清水長輝『庚申塔の研究』，名著出版，1988（大日洞，初版1959），18～24頁。

25) 前掲注18）⑧。

26) 前掲注18）⑥。

27) 鈴木公雄「土器型式の認定方法としてのセット論の意義」『考古学手帖』21，1964，1～5頁。

28) 前掲注26）1～5頁。

29) 前掲注24）20～24頁。

30) 石川博司「庚申塔の範囲基準」『庚申』43，1967，18～25頁を参照。

31) 谷川章雄による近世墓標の分類を基にした。前掲注2）26～27頁。

32) 杉並区教育委員会編・発行『文化財シリーズ36　杉並の石仏と石塔』，1991。

33) 新宿区は前掲注24）172～174頁。①目黒区教育委員会編・発行『文化財その1　目黒区の庚申塔』，1976，②文京区教育委員会編・発行『文京区の石造文化財―庚申信仰関係石造物調査報告書―』，2011，および榎本直樹『文京区の石仏』私家版，1980，③板橋区教育委員会編・発行『いたばしの石造文化財（その一）庚申塔改訂版』（文化財シリーズ　第78集），1995。

34) 日本石造物辞典編集委員会編『日本石造物辞典』吉川弘文館，2012。

35) 北区教育委員会編・発行『東京都北区庚申信仰関係石造物調査報告書』，1996。

36) 足立区教育委員会編『足立区文化財調査報告書　庚申塔編』，足立区社会教育課，1986。

37) ①石川博司『東京区部庚申塔DB』，ともしび会，1995。②石川博司『東京多摩庚申塔DB』，ともしび会，1995。

38) ①前掲注36）。②荒川区教育委員会編・発行『荒川の庚申塔』，1993。③大田区教育委員会編・発行『大田区の民間信仰（庚申信仰編）』，1969。④前掲注33）③。⑤葛飾区教育委員会編・発行『葛飾区石仏調査報告』，1982。⑥前掲注35）。⑦品川区教育委員会編・発行『品川区史料(2)―庚申塔・念仏供養塔・回国供養塔・馬頭観世音供養塔・地蔵供養塔・道標―』，1983。⑧澁谷郷土研究会『渋谷区の文化財　石仏・金石文編』，渋谷区教育委員会，1977。⑨前掲注32），⑩墨田区教育委員会編・発行『墨田区文化財調査報告書Ⅲ―庚申塔・水鉢・狛犬―』，1982。⑪世田谷区教育委員会編・発行『世田谷区石造遺物調査報告Ⅱ　世田谷の庚申塔』，1984。⑫台東区教育委員会編・発行『台東区の庚申塔〈台東区文化財調査報告書第39集〉』，2008。⑬豊島区教育委員会編・発行『豊島あちらこちら第六集　豊島の石造文化財　その一』，1980。⑭中野区教育委員会編・発行『中野区の文化財№1　路傍の石仏をたずねて』，1976。⑮練馬区郷土資料室『練馬の庚申塔』，練馬区教育委員会，1986。⑯前掲注33）①，⑰前掲注33）②，データ補足として⑱特別区庚申塔共同調査チーム「Ⅰ特集　東京都東部庚申データ集成」『文化財の保護』第43号，東京都教育委員会，2011。

39) 前掲注37）②。

40) ①吉川市教育委員会編・発行『吉川市の石塔』（史料調査報告書第1集），1998。②上尾市教育委員会編・発行『上尾市の庚申塔』，1996。③飯能市教育委員会編・発行『飯能の石仏』，1989。④北川辺町史編さん委員会

[注]

編・発行『北川辺町の石仏』，1977。⑤都幾川村史編さん委員会編・発行『都幾川村史料集6(1) 文化財編 石造物I』，1993。⑥奈良原春作『妻沼町の庚申塔』，妻沼町文化財保護委員会，1975。及び⑦前掲注37) ②。

41) 図2－2に示したように従来分類と今回の類型を対比しつつ，再度分類を行ったが，前掲注40) ①の吉川市の場合，「舟型光背」として分類している資料の中には，「B－1b類」と「C類」に正面形態から区別できる資料が含まれており，そうした報告書の記載については，写真や実測図をもとに型式を比定し，分類を行った。

42) 型式の記載がなく，実測図や写真により型式認定が困難であった北川辺町，妻沼町などを中心に石塔形態に関して調査を行った。ただし現存しない塔も多数あり，前掲注40) の報告書に示される塔数とは異なる場合がある。

43) 前掲注14) 59頁。

44) 石川博司「市内の庚申塔」(青梅市教育委員会編・発行『青梅市の石仏』，1974)，38～76頁。

45) 前掲注40) ①253頁。

46) 前掲注40) ②21頁。

47) 前掲注37) ②21頁。

48) 縣敏夫『図説庚申塔』，揺籃社，1999，78～79頁。

49) 前掲注37) ②21頁。

50) 前掲注40) ③163頁。

51) 前掲注44)，72頁。ただし，寛文2年 (1662) 銘の石祠が存在したとされるが，現在は室部が欠損し年代が確認できないという。

52) 青梅市史編さん委員会『青梅市史上巻』，青梅市，1995，437～443頁。

53) 前掲注40) ④25頁。

54) 前掲注40) ⑤105頁。なお都幾川村大付の日枝神社には永正4年 (1507) の銘のある庚申信仰と関わりの深い「山王懸仏」が現存しており，中世より庚申信仰がこの地域に存在した可能性は否定できない。②山下立「山王信仰の懸仏」『滋賀県立琵琶湖文化館紀要』10，95～124頁。

55) ①前掲注40) ⑥3頁。

56) 角川日本地名大辞典編纂委員会『角川日本地名大辞典11埼玉県』，角川書店，1975，1218～1222頁。

57) 中村たかを「近世考古学の一課題」，『物質文化』16，1970。

58) 前掲注44)。

59) 谷川章雄「近世墓標の普及の様相―新潟県佐渡郡両津市鷲崎，観音寺墓地の調査―」『ヒューマンサイエンス』14－1，早稲田大学人間科学総合センター，2001，22～31頁。

60) 池上悟『立正大学仏教考古学基金 平成23年度助成研究報告 東日本における近世墓石の調査』，2012，3～14頁。

第3章　近世庚申塔の主尊に対する考古学的分析

1　問題の所在

　石造遺物に刻まれる像容には多様な類型がある。例えば庚申懇話会編『日本石仏辞典』[1]の分類を見るならば，実に117項目に上る像容が掲げられている。庚申塔の場合には清水長輝は仏教的な要素を持つ像容や神道的背景をもつ像容の事例などを抽出しているが，その数はおよそ16種類ほどになる[2]。こうした多様な像容が刻まれた背景を理解するためには，庚申信仰自体の歴史的経緯を押さえる必要がある。窪徳忠[3]は道教の三尸説が日本へ伝来し，それが普及していく過程を詳細に検討しているが，特に注目されるのは，庚申信仰において本尊が定まった時期を近世以降のこととしている点である。庚申信仰の本尊は，青面金剛と呼ばれるいわゆる天部に属する護法神であると一般には捉えられている[4]。それが近世初期にあっては本尊ではなく，不確定な状態が存在したとする指摘は興味深い。

　庚申信仰の本尊が確定しなかったことを，窪はいわゆる三尸説に基づく守庚申が当初の庚申信仰の形態である根拠としている。すなわち先に述べたように，徹宵と管絃詩歌を行うような宮中での「庚申御遊」と道教的な「守庚申」とが融合し，次第に仏教的な勤行を伴う「庚申待」の形態へと変質した経緯があり，そうした信仰の形成過程を経るが故に，本尊が定まる時期が遅れ，近世以降に青面金剛が本尊として確立したと述べている。しかし青面金剛がいつ本尊化したかは不明としており，明確な時期を特定していない[5]。小花波平六[6]も庚申待の礼拝対象について検討しているが，現在の民俗調査では青面金剛や帝釈天，猿田彦大神などが殆どで，諸仏を対象としたものはないとしている。その上で庚申塔の主尊（石塔の礼拝対象）として刻まれる対象を検討すると，諸仏が主尊として刻まれるのは東京都，神奈川県，埼玉県などに認められ，その時期は寛永年間（1624～1648）以降，寛文（1661～1673）・延宝期（1673～1680）が多いと指摘している。

　こうした庚申信仰の本尊の確定や庚申塔の主尊の成立時期は，未だに明確な解答が提示されておらず，課題として残されたテーマの一つとなっている。加えて，庚申塔の造立盛期から衰退期まで近世を通じた像容の変遷過程についても，いまだ十分な把握はなされていない。そこで本章では，第1章の型式学的分析と同様に，東京都区部の資料を対象として，庚申塔の主尊に関して定量的な把握を試み，その歴史的変遷と地域的特徴の有無を整理することを試みたい。

第3章　近世庚申塔の主尊に対する考古学的分析

2　庚申塔の像容に対する定量的分析

　庚申塔の主尊には大きく「文字」と「像容」の二つのパターンがあり，それぞれにヴァリエーションを持っている。まずそうした多様な項目を定量的分析に適した類型に整理することにしたい。表3－1は文字のヴァリエーションである。偈や願文と呼ばれる宗教性の高い内容が含まれる文言や「庚申塔」や「庚申」といった，簡略化された内容を記す事例まで多様である。また像容においても，いわゆる庚申信仰の主尊として今日認識されている青面金剛や地蔵菩薩，阿弥陀如来，または不動明王など多くヴァリエーションを認めることができる。こうした各項目を分析属性として取り上げることは，解釈を複雑化するだけであり，その整理を行う必要がある。

　そこで文字に関しては宗教的性格を持つ「偈・願文」系と「青面金剛」系，そして簡略化された文字のみの「庚申塔」系に集約することにした。像容については数量比として多い類型を抽出するものとし，青面金剛像，地蔵菩薩像，阿弥陀如来像を項目として設定した。また他の像容については「その他」として一括し，これらの類型を用いて具体的な比較を試みることにした。なお「猿田彦大神」については庚申信仰の礼拝対象ともなる一方で，いわゆる道祖神としても信仰対象として意識されていたとされるが[7]，今回は「その他」に分類した。図3－1－a～eは，地域別の主尊の百分率グラフである。形態変遷と同様に各地域の特徴を顕在化するため，個々に変遷過程の様相と像容の初出年代（区と初出年次を記す）や期間について整理していきたい。

都心部地域（図3－1－a）

　「偈・願文」系の文字塔が1630年代（文京区・1632年・B－1a類）に出現して以降，1650年代には地蔵菩薩像（墨田区・1659年・C類），大日如来（台東区・1654年・C類）なども現れる。そして1660年代以降は，阿弥陀如来（墨田区・1666年・C類）や青面金剛像（江東区・1663年・C類）が出現し，像容のヴァリエーションが多様化するが，1670年代以降は青面金剛像が全体の8割近くを

表3－1　庚申塔における主尊の種類と文字銘

千代田区	港区	文京区	新宿区	江東区	台東区	墨田区	江戸川区	葛飾区	荒川区	足立区	北区
青面金剛像	偈・願文系「青面金剛」	偈・願文系「庚申」	偈・願文系「庚申塔」	偈・願文系「南無阿弥陀仏」	偈・願文系「南無妙法蓮華経」	偈・願文系「奉納庚申塔」	偈・願文系「庚申」	偈・願文系「青面金剛」	偈・願文系「奉造立石仏庚申」	偈・願文系「庚申塔」青面金剛像地蔵菩薩像	偈・願文系「山王二十一」「庚申」
	「庚申塔」	「奉造立庚申」観音菩薩像	地蔵菩薩像	「奉造立庚申供養」	「南無阿弥陀仏」	「庚申塔」	「庚申塔」	「奉庚申供養」	「天下太平庚申塔」「百体庚申塔」	「庚申塔」「猿田彦大神」
	地蔵菩薩像	「猿田彦大神」	阿弥陀如来像	青面金剛像	「妙法　三守庚申三戸伏　七守庚申三戸滅」	「奉待庚申」	青面金剛像		「庚申」	「奉供養庚申」
	青面金剛像	阿弥陀如来像	青面金剛像	青面金剛像	「奉納庚申供養」	阿弥陀如来像	青面金剛像		「西国秩父板東念願成就」	青面金剛像
		地蔵菩薩像		聖観音菩薩像	阿弥陀如来像	地蔵菩薩像	阿弥陀如来像		秩父33ヵ所観音	阿弥陀如来像
		観音菩薩像		大日如来像	地蔵菩薩像		地蔵菩薩像		地蔵菩薩像	地蔵菩薩像
				地蔵菩薩像	不動明王像観音菩薩像		聖観音		青面金剛像弁財天像（三猿付属）	地蔵菩薩像閻魔大王像
									阿弥陀如来観音菩薩像釈迦如来像仁王像	如意輪観音観音菩薩像大霊権現像

占め，その傾向は18世紀代まで続いている。18世紀以降は「庚申塔」系が増加するが，その比率は5割に満たない。1670年代の第1次盛期には「偈・願文」系の文字塔が多く，青面金剛像は多くはない。しかし第2次盛期以降の庚申塔の造立数が安定する時期には，青面金剛像が主流を占めていることが確認できよう。ただし18世紀以降の造立が数基程度で，時期別の比率から主尊の変遷過程に言及することは控えたい。

東京南部地域（図3－1－b）

形態変遷では都心部との関係性が高かった地域であるが，やはりその傾向は類似している。総数は245基で比較的造立数は多い。1620年代にA－1類の「偈・願文」系の文字塔（目黒区・1626年）が出現して以降，1660年代には地蔵菩薩像（大田区・1661年・C類）や阿弥陀如来像（大田区・1662年・C類）なども現れるほか，各地で青面金剛像（目黒区・1866年・C類）が出現し，像容のヴァリエーションが多様化する。「その他」に一括した像容の中には聖観音像（大田区・1685年・C類）や釈迦如来（大田区・1673年・C類），特殊な像容では，御幣猿像（渋谷区・1680年・B－1 b類）なども造立が確認されている。そして1690年代以降は青面金剛像が全体の8割近くを占め，その傾向は18世紀代を通じて続いている。19世紀以降は「庚申塔」系が増加するが，その比率は5割に満たない。1670年代の第1次盛期には「偈・願文」系の文字塔が多く，青面金剛像は多くはない。しかし第2次盛期以降の庚申塔の造立数が安定する時期には，青面金剛像が主流を占めていることが確認できよう。

東京西部地域（図3－1－c）

この地域では庚申塔の出現時期は遅いが，1640年代にA－1類の「偈・願文」系の文字塔（新宿・1647年）が出現し，1660年代以降は阿弥陀如来像（中野区・1663年・C類），地蔵菩薩像（新宿区・1664年・C類），観音菩薩像（新宿区・1667年・C類）が若干認められるが，他の地域ほど多様な像容が認められない。また青面金剛像（杉並区・1663年・C類）は1670年代以降に増加する傾

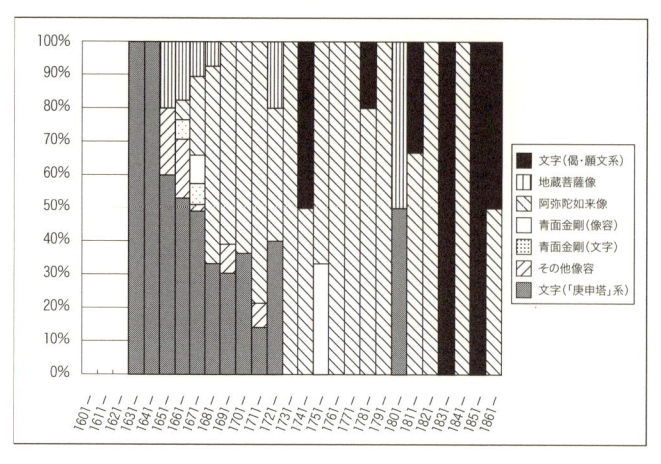

第3章　近世庚申塔の主尊に対する考古学的分析

図3－1－a　庚申塔の主尊にみる像容比の変遷（都心部）　n＝206

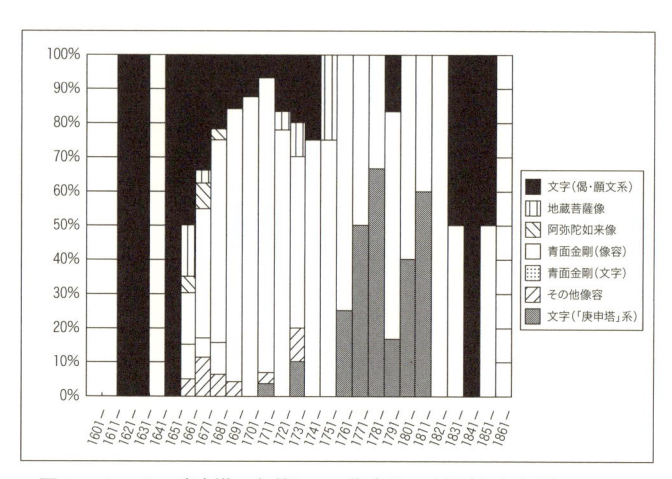

図3－1－b　庚申塔の主尊にみる像容比の変遷（東京南部）　n＝245

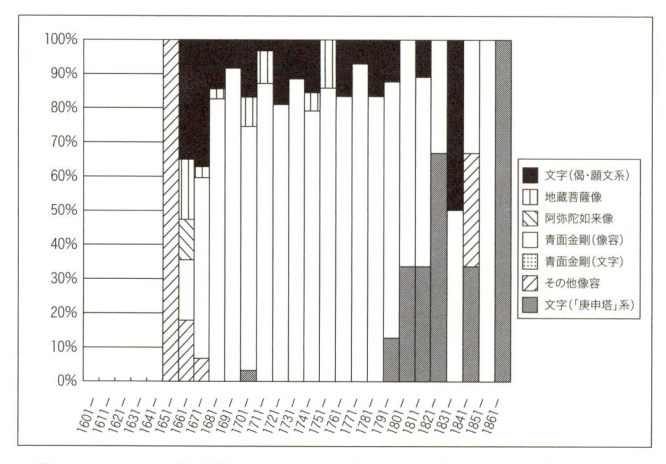

図3－1－c　庚申塔の主尊にみる像容比の変遷（東京西部）　n＝315

向を示し，比率を見る限りは変遷過程の傾向は他地域と共通した様相が示されている。また，「庚申塔」系の文字塔は19世紀以降増加していくが，存続年代の幅や出現頻度などが共に少ない傾向にある。また特徴的な像容としては聖徳太子像（世田谷区・1850年・B－2類）や東京南部地域でも認められた御幣猿像（世田谷区・1680年・C類）も存在が確認されている。

東京北部地域（図3－1－d）

　北部地域では，阿弥陀如来像（北区・1639年・B－1a類）が出現し，1640年代には「偈・願文」系の文字塔（豊島区・1642年・B－1a類），薬師如来像（板橋区・1647年・C類）が出現する。地蔵菩薩像（板橋区・1653年・H類［丸彫］）は他の像容に比べて出現は遅いが，他地域との比較でいえば，像容のヴァリエーションが出揃う時期は1650年代と，時期的に早いことが特徴的である。また文言の内容を見ると阿弥陀如来像には「山王二十一社」の文字が認められ，中世に造立された庚申待板碑に見られる山王二十一社の梵字との関係性を強く示唆している。小花波も近世庚申塔の造立の起源を明らかにするものとして重要視している[8]。

　また青面金剛像（板橋区・1661年・F類）の出現は都区部では最も早い時期にあたる。像容の多様

化する時期は都心部地域や南部などに見られた傾向と同様で，17世紀後半にあたるが，比較的「その他」の像容の比率が高く，閻魔大王（北区・1685年・H類［丸彫］）といった特殊な像容が見られる。18世紀前葉には青面金剛が増加し，ほぼ1世紀以上にわたって主尊として高い比率を示す。「庚申塔」系の文字塔は19世紀に入り増加している。

図3－1－d　庚申塔の主尊にみる像容比の変遷（東京北部）　n＝450

東京東部（図3－1－e）

東部地域は，1620年代に阿弥陀如来像の線刻が施された庚申塔（足立区・1623年・B－1a類）が出現するが，この塔が東京都区部および関東地方での庚申塔の初見となる。以後「偈・願文」系の庚申塔（足立区・1629年・B－1a類）[9] が認められる。地蔵菩薩（足立区・1660年・C類／江戸川区・1660年・C類）や阿弥陀如来坐像（足立区・1664年・F－1a類）は，17

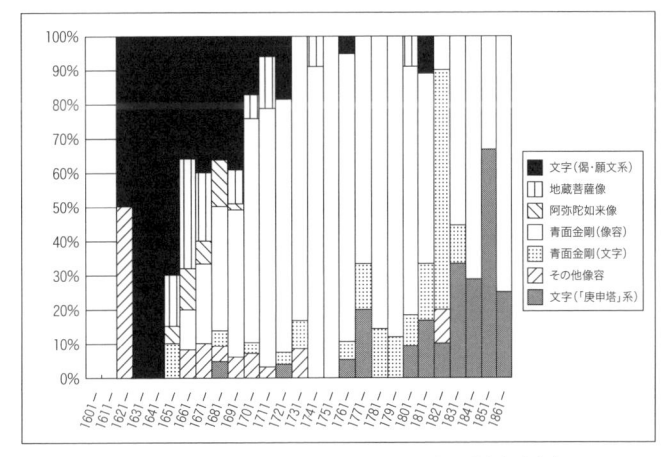

図3－1－e　庚申塔の主尊にみる像容比の変遷（東京東部）　n＝427

世紀後半以降に他地域同様に増加傾向を示す。特に地蔵菩薩像については他地域に比べ高い比率を示しており，特に東京西部地域と比較した場合，顕著な差が認められる。実数的にも地蔵菩薩像の数値は高く，地域的特徴として地蔵菩薩像を主尊とする傾向が高かったことが推測される。

青面金剛は，青面金剛文字塔（足立区・1652年・B－1a類）が1650年代に出現する。刻像塔での初出は板橋区の1661年塔であるが，銘文による青面金剛を主尊としたものでは，東京都区部での初出となる。1660年代は地蔵菩薩や阿弥陀如来や文字塔などと比較して，それぞれ拮抗した比率を呈しており，像容の多様化期にあったことが窺える。しかし，18世紀前葉には青面金剛像が大半を占め，「庚申塔」系の文字塔が出現するのは18世紀後半以降となる。また「青面金剛」銘や「猿田彦大神」銘の庚申塔も散見され，簡略化された文字塔においても，近世前半同様に多様化傾向が認められる。

第3章　近世庚申塔の主尊に対する考古学的分析

3　像容に対する定量的分析の要約

　ここで東京都区部における近世庚申塔の主尊に関する定量的分析をまとめると，以下の諸点に要約できる。①主尊の変遷過程に認められる斉一的傾向，②17世紀代の「偈・願文」系文字塔への偏重，③1660年代以降の像容の多様化，④18世紀以降の青面金剛（文字・像容）の増加，④18世紀末以降の「庚申塔」系文字塔の増加，⑤東京東部地域で地蔵菩薩がやや高比率を示すこと，などである。

　①の斉一的傾向については，石塔形態でも同様の傾向が認められているが，その変遷を各主尊の比率的に高い時期に着目して整理するなら，「偈・願文」系文字塔・阿弥陀如来刻造塔・地蔵菩薩刻造塔（17世紀前葉〜17世紀末）→「青面金剛」文字塔（17世紀中葉〜後葉／18世紀中葉〜19世紀前葉）→青面金剛刻像塔（17世紀後葉〜18世紀後葉）→「庚申塔」系文字塔（18世紀末〜19世紀中葉）となる。こうした変遷のうちで，特に②の像容の多様化期が，1660年代に現れているのは，庚申塔の造立数が増加傾向にある時期と重なるものとして注目される。即ち，庚申塔の主尊の多様化とは，庚申信仰の本尊が未だ未確定の時期であることを象徴するとともに，庚申信仰の普及が特定の教導者や教義の影響ではなく，個別発生的に広まった可能性があることが考えられる。そして庚申塔造立の際には，庚申塔の主尊を選択するにあたって，個々の施主の意向が反映されている可能性が高く，そうした時期に，庚申塔が増加する傾向を示すことは，庚申信仰の普及要因が不特定の要素の複合形態をとっていた可能性のあることを示している。

　窪や小花波は庚申縁起類の記載される青面金剛以外の諸仏が礼拝の対象となっている文言に着目している。例えば窪[10]は釈迦，阿弥陀，十一面観音，地蔵，不動，摩利支天といった諸仏を祀ることが，当時流布した様々な縁起集より読み取ることができ，庚申塔の主尊に多様な像容が刻まれるのは，こうした縁起の所説に基づいたものである可能性を指摘している。加えて小花波[11]は，旧利根川流域（江戸川と荒川とが挟んだ地域）を中心として夜念仏や月待板碑，山王二十一社および山王二十一仏といった山王系の板碑が分布することから，そうした月待講や念仏講で礼拝されていた阿弥陀，観音，勢至，地蔵といった諸尊が庚申待に継承されたものと推断している。

　特に山王系の諸尊は，二十一仏という名の通り21の諸尊からなり，阿弥陀如来や地蔵菩薩といった近世庚申塔においても認められる主尊が含まれている[12]。先述のように北区では「山王二十一社」銘をもつ近世庚申塔が認められていることほか，足立区でも1638年には「待庚一六夜成就」の銘や1663年には「山王廿一社本地仏種子」の銘のある庚申塔が存在している[13]。こうした山王信仰あるいは月待信仰を示す近世庚申塔の存在が足立区や北区など旧利根川流域周辺で認められることは，小花波の指摘する中世の信仰形態を引き継ぐ形で，近世の庚申塔が造立された可能性を示唆するものといえる。加えて小花波は，山王七社を崇拝する天台系の教導者の影響を指摘し，それらの人々による布教の可能性にも言及している[14]。

　こうした庚申信仰や庚申塔の造立習俗の淵源を探る試みは，近世庚申塔研究においても重要な

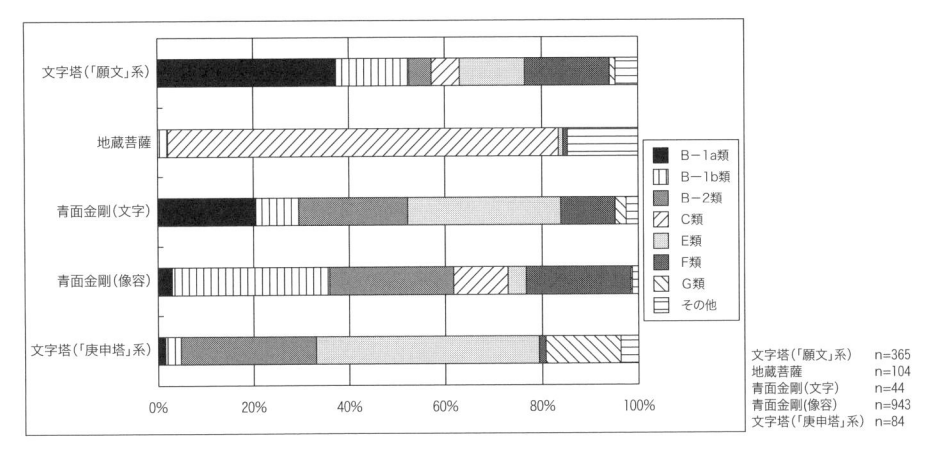

図3－2　像容別の型式出現比率

課題であるが，石造遺物の移動や消失などを考慮するなら分布域のみを証拠とするのは難しいだろう。今回の分析は東京都区部に限定したものであって周辺地域との関係性は検討していない。今後小花波のいう旧利根川流域での適切な悉皆調査と詳細な検討が行われることによって，その淵源を探る鍵を見出すことができるものと思われる。ただし，留意すべき点は，近世における庚申塔は関東地方のみならず，西日本においても認められ，奈良県では元和元年（1615）の「青面金剛」銘の庚申塔が確認されている[15]。こうした全国的な規模での庚申塔の造立様相を捉えることが，中世から近世に至る庚申塔の系譜を明らかにするためには必要であると思われる。

いずれにせよ，像容の多様化は庚申信仰の普及過程を反映したものであり，その解明には信仰面からの検討が不可欠といえよう。そこで注目すべきなのが，①「偈・願文」系の庚申塔が当初高率の割合を示すのに対して，17世紀後半には急激な青面金剛の主尊化が認められること，②19世紀以降「庚申塔」系の銘を持つ庚申塔の増加である。この両者ともに主尊の大幅な転換期であり，信仰そのものの変化を明確に反映しているものと考えられる。庚申信仰の変化と像容との関わりについては後章に議論を譲るが，考古学的立場から興味深い点は，こうした像容と石塔との関係性である。図3－2は庚申塔の主尊として認められる「偈・願文」系，地蔵菩薩，阿弥陀如来，青面金剛などの項目について，石塔として使用される型式比率を整理したものである。この図からは青面金剛が他の像容に比べ，特定の型式に偏っている傾向が顕著に認められる。また清水はＢ－１ｂ類を「とくに青面金剛のためにつくられた形」と述べているが[16]，そうした青面金剛と特定型式との関係性を示す傾向として指摘できる。そこで像容と石塔形態について若干の整理を試み，石塔の変化が像容の変化と如何なる対応関係にあるか検討してみたい。

4　像容と石塔型式の関係性

(1)　主尊および石塔型式の組み合わせとその変遷

主尊と石塔形態の組み合わせは，今回類型化した主尊5通りと石塔形態20通りで，少なくとも

第3章　近世庚申塔の主尊に対する考古学的分析

表3－2　近世庚申塔の型式と主尊の組み合わせとその構成比

	主尊＋型式	基数	比率
1	青面金剛・B－1b類	312	19.0%
2	青面金剛・B-2類	245	14.9%
3	青面金剛・F類	207	12.6%
4	文字「偈・願文」系・B-1a類	137	8.3%
5	青面金剛・C類	107	6.5%
6	地蔵菩薩・C類	85	5.2%
7	文字・F類	64	3.9%
8	文字「偈・願文」系・B－1b類	56	3.4%
9	「偈・願文」系・E類	49	3.0%
10	その他・C類	42	2.6%
11	「庚申塔」系・E類	39	2.4%
12	青面金剛・E類	34	2.1%
13	青面金剛・B-1a類	27	1.6%
14	阿弥陀如来・C類	26	1.6%
15	「庚申塔」系・B-2類	24	1.5%
16	その他	189	11.5%

100通りの組み合わせが存在することになるが、実際には主要な石塔形態が7類型＋その他であるので、40通りの組み合わせとなる。これらすべての時期別の変遷過程を追うことは極めて煩雑であり、比較、検討することが困難となる。そこで今回は近世を通じた総計で上位15位以内までの組み合わせを取り上げ、残りは「その他」に一括したものが表3－2である。一位は「青面金剛像・B－1b類」の組み合わせで全体の19.0％を占め、東京都区部の庚申塔で最も一般的に認知された形態と言い換えることもできる。また「青面金剛像・B－2類」は14.9％を占め、「青面金剛像・B－1b類」同様に高い比率を占めている。「青面金剛像・F類」が12.6％であるので、この三者だけで46.5％と半数近くを占めており、他の組み合わせが如何に少ないかを物語っている。

　この15種類の組み合わせについて、できる限り明瞭にその変化を追跡できるよう、折れ線グラフを用いて表現したのが図3－3である。グラフ化に際してはこれまでの分析同様に10年単位での資料集成を行い、その実数をもとにグラフ上に布置している。図3－3を見ると、主尊と型式の組み合わせのうちで、特に大きな変化を示している組み合わせが存在していることを読み取れる。その一つは「偈・願文」系のB－1a類で、17世紀前半から特に1670年代に盛期を迎える時期まで、右肩上がりの増加を示している。今ひとつは青面金剛像のB－1b類で、1650年代以降次第に増加傾向を示すが、1690年代の盛期には飛び抜けた数量を呈し、その後18世紀全般にわたって高い数値を維持していることが分かる。

　他の組み合わせを見るとC類やF類といった類型でも、「偈・願文」系や青面金剛像を刻む事例を多数確認できる。ただし、グラフ上では緩やかな増減を示す程度で、先の2類型のような急激な変化は示していない。一方で18世紀以降では顕著な変化を示す組み合わせはなく、「庚申塔」系のE類の微増が認められる程度で、組み合わせごとの差があまりみられなくなる傾向にある。つまり17世紀から18世紀前半での「偈・願文」系文字塔から青面金剛刻像塔への変化が、近世を通じて最も顕著な変化であるということができる。

(2) 主尊と像容の史的変遷の要約

　以上の結果を整理すると庚申塔の石塔形態には、①大半が文字塔に使用される形態（B－1a類、E類、G類）、②像容と文字の双方に使用される形態（F類）、③大半が像容のみ（刻像塔）に使用される形態（B－1b類、B－2類、C類）の3種類の使用形態が存在していることが認められる。また3類型のうち、②F類は第1章での分析で示したように、型式の存続期間が長く、近世を通じた息の長い流行を呈している。それに対して①や②の類型は、B－1b類やG類を例に出すまでもなく、特定の時期に限定された流行性を示す形態であると指摘できる。つまり文字塔ある

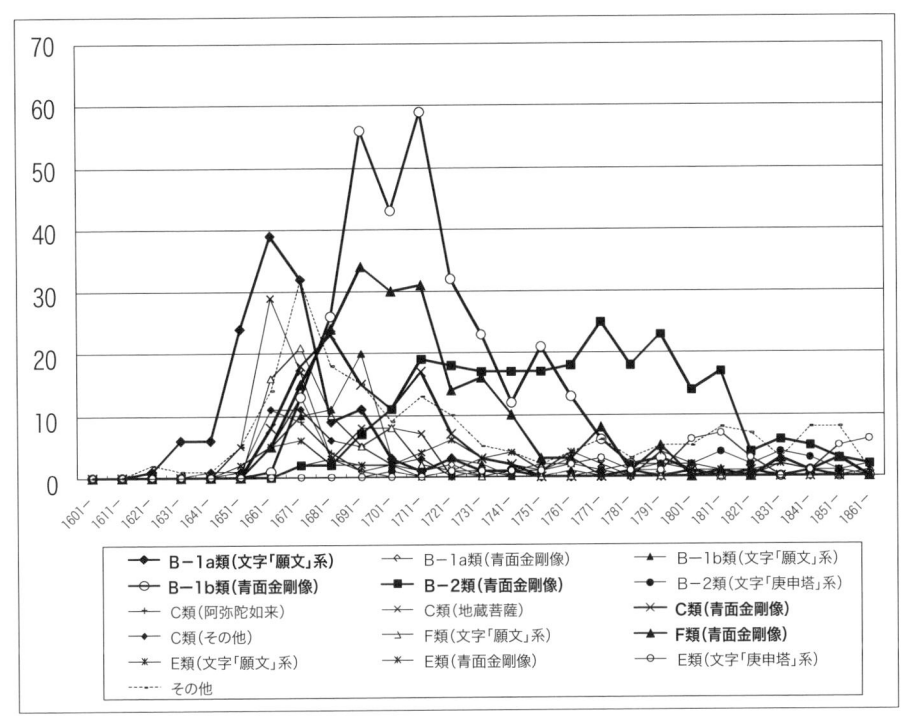

図3-3 「型式＋像容」の組み合わせにみる年次変遷　　n＝1643
※太字は上位5位までの組み合わせを示す。

いは刻像塔という特定の主尊との関わりの強い石塔形態ほど，流行の変遷が著しく，いずれの主尊にも対応可能であった形態は流行に左右されないことが明らかとなった。

　つまり，碑面に刻まれる主尊の内容が石塔形態の選択にあたって重要な要素であったと考えられ，その結果が像容の転換期と石塔の変化期との対応として現れているものと解釈できるだろう。第1章で指摘したように第1次盛期では，B－1a類が過半数を占めるのに対して，第2次盛期ではB－1a類は減少し，B－1b類が急増する傾向を示す。ここには背景として，「偈・願文」系と青面金剛像の主尊における変化があったといえるが，窪が指摘するように，庚申縁起や大津絵の普及時期から寛文年間には青面金剛の本尊化が確立したとしており，その時期は重なっている[17]。つまりそうした主尊の変化は信仰自体の変化である可能性が高く，それが石塔形態の変化を促しているものと理解することができるだろう。

　またそれは19世紀以降の「庚申塔」系の文字塔が増加することからも理解できる。こうした信仰的像容が減少する19世紀代は，庚申信仰が簡素化し，信仰面での変化が認められる時期である[18]。石塔形態の変化要因は造立意義や石材，加工技術など複数の要因が関与する可能性を含んでおり，そのなかで主たる要因を特定することは困難な点も多い。しかしながら，こうした石塔と像容の関係性は従来経験的な見地から指摘されることはあっても，その実態を定量的に把握する試みはなかった。その具体的変遷と特徴を適切に把握できたことは，定量的分析の意義を明示しているものと考えられる。

5　結語

本章の結果をまとめると以下の諸点に要約できる。

①近世庚申塔の主尊には流行性があり，その変遷過程は「偈・願文」系文字塔・阿弥陀如来刻造塔・地蔵菩薩刻造塔（17世紀前葉～17世紀末）→「青面金剛」文字塔（17世紀中葉～後葉／18世紀中葉～19世紀前葉）→青面金剛刻像塔（17世紀後葉～18世紀後葉）→「庚申塔」系文字塔（18世紀末～19世紀中葉）となり，地域的な偏りがなく斉一的傾向を示している。

②17世紀代の主尊の多様化は，施主が個別に主尊を選択した結果であり，庚申信仰の本尊の未確定を反映したものと捉えられる。

③庚申塔の石塔形態と主尊との関係を整理すると，Ⅰ．大半が文字塔に使用される形態（B－1a類，E類，G類），Ⅱ．像容と文字の双方に使用される形態（F類），Ⅲ．大半が像容のみ（刻像塔）に使用される形態（B－1b類，B－2類，C類）があり，こうした主尊の選択が石塔形態の流行性を左右していた可能性が考えられる。

④17世紀後半のB－1a類からB－1b類「偈・願文」系と青面金剛像の主尊における変化は，青面金剛の本尊化に対応したものと考えられ，庚申信仰の変化が石塔形態の変化を促していたものと考えられる。

⑤19世紀以降，庚申塔の主尊は像容から，「庚申塔」系の文字塔に変化し，信仰的要素の減退傾向が読み取れる。

このように主尊の変遷および像容と石塔との関係性は，庚申塔の造立習俗の普及展開を捉え，石塔形態の変化要因を探る素材として有効に作用するものと考えられる。信仰面での変化は従来の研究においても指摘されてきたところであり，その意義を述べるまでもないが，石塔形態と主尊との密接な関わりは，今後の近世庚申塔研究においても新たな課題を提示するものと考えられる。特に青面金剛の増加とB－1b類の増加期は，庚申塔そのものの造立盛期である，第2次盛期（1690年代）に一致しており，庚申信仰自体の普及を考える上でも重要な課題に位置づけられるものと考えられる。無論，こうした主尊変化と石塔形態の変化が対応していることを，全くの偶然として捉えるか，必然として捉えるかは意見の分かれるところであろうが，少なくともその関係性が今回の分析によって明示されたものと考えている。

加えて，「庚申塔」系の銘文をもつ庚申塔は，E類，あるいはG類が多いが，これらの類型が増加する19世紀当時の墓標形態は，柱状型，即ちE類が多数を占めており[19]，そうした，他の石造遺物の流行との関係性も考慮する必要がある。またB－1a類は墓標形態で主流を占めた型式である一方で，B－1b類は，墓標形態としては殆ど認められておらず，庚申塔や馬頭観音などいわゆる「石仏」の石塔形態としてのみ用いられている。そうした傾向を石塔の商品化として捉える見解もあるが[20]，その是非はともかく，石造遺物のなかでは近世初期より造立がなされていた庚申塔を対象に，石塔形態の歴史的変化や主尊との関係を検討することが，石造遺物全体の流行型式の変化の意味を捉えるためにも重要であることを示している。今回の分析では，東京都区

[注]

部での傾向を捉えるにとどまったが，さらに近接する周辺地域での検討を行うことにより，その様相はさらに明らかになるものと期待されよう。

[注]
1) 庚申懇話会編『日本石仏辞典　第2版』，雄山閣出版，1995。
2) 目次から抽出するなら，山王権現，阿弥陀如来，大日如来，薬師如来，地蔵菩薩，観世音菩薩，不動明王，釈迦如来，法華題目，帝釈天，その他（閻魔大王・金剛力士），青面金剛，猿田彦大神，道祖神，庚申神などである。清水長輝『庚申塔の研究』，名著出版，1988（大日洞，初版1959），4～8頁。
3) 窪徳忠『新訂　庚申信仰の研究　下巻』（窪徳忠著作集2），第一書房，1996，129～167頁。
4) 前掲注1）89～92頁。
5) 前掲注3）133頁。
6) 小花波平六「庚申信仰礼拝対象の変遷」小花波平六編『庚申信仰』（民衆宗教史叢書17），雄山閣出版，1988，141～171頁。
7) 前掲注6）141～171頁。
8) 小花波平六「旧利根川流域の庚申信仰」八潮市立資料館協議会編『八潮市史研究』13，八潮市立資料館，1993，42～76頁。
9) 足立区栗原の寛永6年（1629）庚申塔には「待庚申十六夜成就」の銘文があり，庚申待と月待信仰の一つである一六夜待との関係性を示すものとも考えられる。小花波は中世の庚申待が月待と守庚申との習合によって形成されたものと捉えている。前掲注8）42～76頁。
10) 窪徳忠『新訂　庚申信仰の研究　下巻』（窪徳忠著作集2），第一書房，1996，63～204頁。
11) 前掲注8）42～76頁。
12) 山王二十一仏とは，日枝神社の本地仏，つまり本地垂迹説に基づく神と仏の対応関係を示したもので，上七社（釈迦・薬師・弥陀・千手・十一面・地蔵・普賢），中七社（虚空蔵・文殊・不動・毘沙門・如意輪・吉祥天・大威徳），下七社（胎大日・摩利支天・龍樹・聖観音・弁財天・愛染・金大日）を指し，その種子（梵字）を板碑に刻んでいるものを山王二十一仏板碑と称している。星野昌治「神道の板碑」（坂詰秀一編『板碑の総合研究　1　総論編』，柏書房，1983），267～303頁。本書で「偈・願文」系とした庚申塔に，こうした諸仏の種子（梵字）が刻まれるものが多数ある。今回の分析では議論の煩雑さを避けるため「偈・願文」系に一括したが，この点は今後の課題としたい。
13) 1638年塔は足立区栗原のB－1a類であり，1663年塔は足立区本木南町のB－1a類である。足立区教育委員会文化財調査金石文調査団編『足立区文化財調査報告書　庚申塔編』，足立区教育委員会，1986。
14) 前掲注8）42～76頁。
15) 奈良県奈良市高畑の新薬師寺に現存する庚申塔で，「青面金剛　奉供養庚申待為二世安楽」の銘がある。①仲芳人「奈良県の近世庚申塔年表」史跡美術同攷会編『史跡と美術』59－8，史跡美術同攷会，1989，333，357～364頁。②縣敏夫『図説　庚申塔』，揺籃社，1999，64～65頁。
16) 前掲注2）103頁。
17) 窪徳忠「庚申の本尊について」『朝鮮学報』49，朝鮮学会，1968，113～124頁。
18) 窪は，酒宴自体は平安以来のものとしているが，その事例として文化3年（1806）の伴蒿蹊の「閑田次筆」巻二「今世庚申待，日待，月まちなど，男女会集し，酒宴淫楽をこととし，果は淫奔に及ぶも尠からず」の一文を引いている。「今世」という言葉には，かつてと異なりという意味があるものと解釈でき，少なくとも看経礼拝といった行為が認められないことからも，19世紀代の庚申待のいわゆる「世俗化」を示すものといえる。前掲注17）113～124頁。
19) 谷川章雄「近世墓標の類型」『考古学ジャーナル』288，ニューサイエンス社，1988，26～30頁。
20) 芦田正次郎は，いわゆる板碑型（B－1a類）の石塔が店先に並べられている様子が『江戸図』などに描かれていることから，既製品として予め石塔が造られており，そこに銘文を刻んで墓標や供養塔など多様な用途に転用したことを推測している。芦田正次郎「江戸初期の石塔類の販売」『庚申』69，庚申懇話会，1974，14～16頁。

第4章　近世庚申塔にみる施主名称の史的変遷

1　問題の所在

　私たちの身近に点在する石造遺物のなかで、庚申塔は数量的にも多く、これまで郷土史研究や石造美術史的側面から多くの関心を集めてきた。近年では行政機関や民間団体などによる石造物の調査が活発に行われるようになり、庚申塔に関する資料は以前に比べ格段に充実しつつある。しかしその一方で、庚申塔を素材とした歴史研究の試みは必ずしも盛んとはいえない。庚申塔とは民間信仰の一つである庚申待の習俗を背景とするものである。そうした資料的性格から庚申塔の研究は、小地域内の民間信仰のあり方を明らかにする側面や、像容や石塔の形態変遷を通じた石工の動向など、過去の物質文化的側面を把握する資料として位置づけられてきた。しかしながら、庚申塔が内包している歴史資料としての有効性はそれのみにとどまるものではない。既に研究史で示した如く、庚申塔が持つ資料性には、①物質文化的側面と②史料的側面の二つの側面がある。

　先ず①の物質文化的側面での具体的な研究手法については、前章までの間に実践的作業を行ってきたように、石造遺物の形態や主尊として刻まれる像容などに注目した研究が挙げられる。この領域は従来、石造美術史の分野において盛んに行われ、像容の地域的な分布や変遷、石工の動向など、さまざまな検討がなされてきた[1]。しかし第1章で述べたように、墓標と同様に紀年銘を持った考古遺物であるにもかかわらず、庚申塔の石塔形態に対する型式学的分析は未だ十分とは言い難い。石造物の形態変化を歴史的、地域的に探求することは、モノの形態がいかなる要因で変化し、その伝播がどのようなプロセスを経て進行していったかという物質文化の交流（流通）の一断面を明らかにする作業として重要な視角である[2]。そうした意味からも第2章で行ったような、こうした歴史地理学的なアプローチは重要であるといえる[3]。しかしながら、資料の集成や整備の方法において、型式の統一化やデータの統一性など克服しなければならない課題も多く、今後適切な方法論の確立が求められている領域である。

　②の史料的側面とは、庚申塔に刻まれる銘文など文字史料の領域である。庚申塔には造立の趣旨を刻むほか、造立を企図した人々の名前や集団の名称、造立年月日などが刻まれる。これらの銘文項目は従来あまり注目されることはなかったが、こうした断片的な文字史料にも、村落内の集団の様相を解き明かす要素が少なからず含まれている。特に庚申塔は後に述べるように、江戸周辺に限れば近世前半期に造立が盛んであったと推測される。つまり江戸周辺における庚申塔は、文書史料の乏しい近世前半期の村落内における人々の繋がりや集団の社会的役割などを推測する上で、貴重な資料であるということができる。

第4章　近世庚申塔にみる施主名称の史的変遷

こうした二つの側面のうち，筆者は主に庚申塔の物質文化的側面に関心を抱いているが，その多様な内容のより豊かな理解を進めるためには，銘文資料に対する分析を等閑視することは出来ない。なぜなら庚申塔の形態など物質的側面のみでは，造立者の意識や集団としてのあり方を理解することは不可能であり，塔の造立という行為の意味を解明するうえで銘文資料の分析は欠かすことが出来ないものと考えられるからである。加えて他の学問分野と資料を共有し，新たな歴史復元の方法を探る試みは，歴史考古学において重要な方向性の一つであり，学際性をもった研究は重要な意味をもつ。そこで本章では，庚申塔を建てた人々や集団を表す「施主名称」を分析対象とすることで，こうした信仰集団の名称を歴史的に位置づけ，造立当時の村落における庚申塔造立者の性格や社会的機能について解明を図るための基礎的な作業にできればと考えている。

2　庚申塔の施主分析の研究史

(1)　竹内利美による施主分析

庚申塔に刻まれた銘文に対する分析は必ずしも多くはない。そのなかでも戦前，社会学の竹内利美が長野県東筑摩郡において行った庚申講の調査報告は数少ない事例の一つである[4]。その内容は後に詳述したいが，調査当時（昭和初期）に残存する庚申講のみならず，近世庚申塔の銘文にも着目し，その施主の人数や「造立者」の名称について分析を試みたことは注目に値する。また先ごろ石川治夫は，沼津市の石造遺物を対象として庚申塔や馬頭観音などの形態とその変遷を論じ，そのなかで「造立者」の内容についても分析をおこなっている[5]。そのなかで石川は，石塔に刻まれた個人名や集団などの員数を比較し，庚申塔や巡拝塔が集団による祭祀であるのに対して，馬頭観音は個人的祭祀であった可能性を指摘した。近年，行政機関などにより全国各地で石造物の悉皆調査が行われ，その資料的蓄積は一層進んでいる。しかしながら，銘文に着目し村落内の集団関係を分析した研究は少なく，全般的には造立基数や像容の内容を把握することに主眼がおかれていた。歴史研究における庚申塔の資料的重要性を考慮するならば，その価値を活かすための適切な分析方法の確立が急務といえる。そこでその手がかりとして，竹内利美による施主名称に対する分析に注目してみたい。

竹内は長野県東筑摩郡を対象に庚申講及び念仏講を調査し，当時存続していた講集団と併行して各村落に残存する庚申塔に刻まれた講集団に関わる銘文を分析した。その報告として刊行されたものが『東筑摩郡誌別篇第二　農村信仰誌　庚申念仏篇』[6]で，他に『民族学研究』にも論文を発表している。その調査内容において，特に庚申塔を研究素材として取り上げたことは画期的であり，とくに分析対象として，銘文に刻まれた施主の名称と施主の人数に着目したことは極めて意義深い。また若干ではあるが石塔の形態についても分析を試みている。

以下に竹内による一連の分析結果の概要を述べておきたい。まず施主の人数については，分析というよりむしろ参考程度に取り上げられたにすぎないが，庚申塔に記銘されている員数を施主の人数と比定して集計している。その結果，全般的には10名前後の集団が多いように見受けられ

るが[7]，論考中では特に具体的解釈は加えられていない。他方，調査当時に存続した庚申講の集団についても人数の集計をしているが，その結果としては「十戸を中心とした六戸乃至十五戸迄のものが現在最も一般的である」と述べている[8]。一方，施主の名称については造立者の名や人数に先だって刻まれる，「同行」などの名称を集計し，時間的な変化を追うことを試みている。なお時間軸の設定は和年号を基準としている。その分析の結果，竹内は「『同行』又は単に『連記』（個人名の刻まれたもの，筆者注）のものから元文五庚申年頃を堺（ママ，筆者注）として『講中』への変遷，更に寛政十二庚申年頃から漸次『講中』の建立を凌ぐ『村中』又は『耕地中』等地域的集団による建立の増加」を指摘し，その意味を「恐らくこれは『同志の結衆』が『庚申講仲間』として固定して行く過程と，更に庚申日毎の庚申塔建立供養との主体が分離していった跡とを示すものと言へるであろう」と述べている[9]。

竹内は一連の「造立者」の記銘に対する分析を通して，講の発生年代という点について言及した。「庚申塔の建立と講の結成は勿論別個の事象であるが，同一の信仰に発する相関した現象である」として，「近世初期の末頃から漸次庚申信仰を枢軸として一つの集団が結成され，それが庚申塔建立の主体となり，又一方講組織による定例の庚申祭祀も行はれた。同じ道に志す者が何等かの信仰的欲求に基いて集団を結成しそれが庚申講の原初的のものとなつた」と指摘している[10]。むろんこれは推測にすぎないものであって，庚申信仰が一般化した時期や，原因については明確にはし得ないことを付け加えているが，示唆的な内容を含んだ結果であることは疑いない。

(2) 近世庚申塔と村落史研究

一連の竹内による分析をみるに，庚申塔の銘文を基礎として，近世を通じた各村落内の信仰的集団の規模や性格の変遷を把握することが可能であると指摘できる。こうした村落内における信仰的集団について，これまでは「講集団」という名称により研究が進められてきた。この講集団の研究について西海賢二[11]は，「我が国の村落社会の中で重要な役割を果たしてきた講集団に関した研究史を回顧するとき，講の性格が多様であることにより，歴史ならば歴史という一つの学問領域内で研究されるものではない」とし，その学際的な研究の必要を指摘している。そして歴史学，民俗学，社会学的な方法論に立脚し，講集団の歴史的変遷と機能を究明した桜井徳太郎[12]の研究を評価している。本章で試みようとすることは，竹内の分析で認められた有効な手法である庚申塔造立者という信仰的集団の名称を歴史的に把握することによって，組織としての意識やその成立発展の過程を歴史的に跡づけることを目的とするものである。つまり民俗学，考古学の資料として認識されている石造遺物をもとに，まさに学際的な研究の接点を見いだし，庚申塔を建てた人々が地域社会の中でどのような位置にあったかを推測する素材を提供することにある。

村落内の集団関係とは，血縁を中心とした本家分家関係や五人組といった近隣関係などとともに，寺檀関係や小字，民間信仰といった，様々な要素を紐帯とした重層的な集団関係が近世村落には存在していたものと考えられる。そうした「近隣組織」[13]に着目し，系統的に論じたのは竹内利美であったと塩野雅代[14]は述べている。こうした村落内の「近隣組織」の位置を明確にし，

第4章　近世庚申塔にみる施主名称の史的変遷

村落の発展過程との関係を跡づける作業を行うことが，総体としての近世村落を明らかにすることにつながるのではないだろうか。こうした小地域集団については，村落地理学や農村社会学などによって多くの研究があるが[15]，信仰的集団を五人組帳や宗門人別改帳といった文書史料からではなく，石造遺物を基に把握し，村落内の社会構造を明らかにする試みはこれまで非常に少なかった。

そこで本章では，竹内の方法に立脚して「施主名称」の分析を試みることで，庚申塔を研究素材として活用するうえでの問題点の整理を行い，近世村落史研究において新たな展開を導き出す学際的研究方法の創出を目指した基礎作業としたい。なお今回，一般的に庚申塔の造立者集団について呼称する際，「講」という名称は使用しない。なぜなら竹内の研究にも示されていたように，「講」という名称は，当初一般的な用語としては使用されていなかった可能性が考えられ[16]，こうした信仰集団の組織的名称の成立を歴史的に究明するにあたって，混乱を避けるためである。

3　近世庚申塔の施主名称の概要と集成

(1)　施主名称の定義

本章で分析対象とするのは，近世において江戸周辺約5里四方にあたる東京都区部に現存する庚申塔である。当然，数量的にも多いこうした資料群において，施主の記銘形態は多様な様相を呈することが想定される。そこで先ず資料の集成にあたって「施主名称」の定義を明確にしておくことにしたい。

施主名称とは，個人名以外の造立主体となった集団を示す名称として記銘されたものを示し，基本的には造立者の名前もしくは員数に先立って刻まれる名称を指す。例えば，「同行十人」のような場合は，「同行」を施主名称として認識する。以上の定義はあくまでも今回の分析に当たっての試案であり，今後さらに検討する余地のあるというまでもない。この定義に従って後節では，東京都区部の庚申塔のうち，石造遺物の調査報告書が刊行され，かつ施主などの銘文情報が記載されている近世の紀年銘のある庚申塔資料を抽出し，施主名称の全体像を把握することから試みたい。

(2)　施主名称の種類と分析における問題点

庚申塔を含めた石造遺物の調査報告書等が行政機関によって刊行されている区は，現在のところ16区である[17]。これらの区の資料と筆者自身の調査データ（新宿区）をもとに17区の地域についてパーソナルコンピュータの表計算ソフトに独自のデータベースを作成し，分析を行うことにした[18]。なお個々のデータについては本来ならすべて掲載すべきところだが，紙幅の都合残念ながら省略せざるえなかった。また対象となる資料は近世の紀年銘を有し，内容の判読可能な造立者に関する良好な銘文を持つものに限定し，資料個体数にして1,260基を分析に際して抽出することにした[19]。まず抽出した資料群から純粋に造立者に関する文言を概観すると，表4－1に掲

げたように「同行」,「結衆」,「講衆」といった中世からの継続性が認められる名称や,「施主」,「講中」など今日でも見慣れた名称を含め多様な名称を確認することが出来る。また「同修」(板橋区),「同輩」(北区)など各区に特有な名称を見ることもでき,加えて「世話人」あるいは「法主」,「導師」など庚申信仰の教導者や造立の主体を示す名称なども認められ,多種多彩であることが解る。また施主名称を刻む事例ばかりではなく,造立者の名前が併せて連記される例も多いことが判明した。そして「講衆」と「同行」,「施主」と「講中」など,単一でも施主の名称として認識できる要素が,同一の石塔に刻まれている事例も数多く,雑多で多様なこうした事例をどのように取り扱うかは,結果を左右する重要な問題ということができる。こうした点を踏まえ,本稿で対象とする「施主名称」を集計するに当たっては,次の二点に留意することが重要と考えられる。

① 施主名称の内容には多様なヴァリエーションが存在することから,数量的分析に際してある程度の類型化を行う必要がある。
② 施主の表記方法には,造塔者集団の施主名称を記銘する事例ばかりではなく,個人名のみ,あるいは個々人の名前を連記した上で施主名称を刻む事例が存在するため,個人と組織(集団)という要素を考慮する必要がある。

　まず②については,竹内の分析においても示されていたように,施主の表記方法とはすなわち,庚申塔を建てた人々のまとまりとしての意識やその機能,性格を示す可能性が考えられる。従って,村落内でそうした集団がどのような歴史的,社会的変化を遂げたかを知るためには,個人と集団という要素から歴史的経緯を詳細に押さえていくことが不可欠と言える。つまりそれによって,庚申塔の建立が個々人を主体とするものであったか,集団を主体とするものであったかという点を究明する手がかりが得られるものと期待される。よって,今回では,個人名を連記する形態である「連名」の要素についても分析項目に加え検討を試みることにしたい。

　一方,①の施主名称の多様性の問題であるが,複数の要素すべてを分析項目として取り上げた場合,分析要素が多くなりすぎるため,全体像が的確に把握できない可能性が想定される。本章の目的は,あくまでも総体的な庚申塔の造立者の様相を把握することであり,広範囲でしかも頻繁に使用される主な名称を抽出し分析することによってはじめて,十分な成果を導くことが可能であると考えられる。よって,次節において各区における施主名称の出現頻度について若干の検討を加えることで,その割合から主要項目とすべき施主名称を決定することにしたい。

(3) 資料の集成方法とその数量的分析の妥当性

　これまで述べてきたように庚申塔に刻まれた名称は多様であり,いくつかの要素が混在するものや,制作時における銘の誤記など特殊な事例も多く,それらをいかに分類するかということは,集計にあたって重要な問題である。そこでまず集計に際して,若干の前提を述べておきたい。まず「講中」,「同行」といった二つの要素が混在して明記される資料の扱いについては,基本的に「施主」のような一般的に使用される「施行主」を表す名称ではなく,近世を通じて,集団を表す名称と考えるほうが妥当と推測される名称が二つ刻まれる場合は,類別不可能と判断し,「そ

第4章　近世庚申塔にみる施主名称の史的変遷

表4－1　東京都15区における庚申塔造立者を示す名称一覧

足立区	荒川区	板橋区	大田区	葛飾区	北区	渋谷区	品川区	新宿区	杉並区
願主	本願	願主	願主	願主	願主	構中	講	構中	構中
供養者	結衆	結衆	講中	結衆	結衆	願主	施主	講結衆	願主
結衆	講中	結願衆	講衆	結集	行人	講結衆	世話人		講中
講中	講衆	講親衆	施主	講中	講中元	講中	当願衆		施主
郷中	施主	講衆	同行	講衆	施主	施主	連中		惣村講中
施主	同行	庚申講	本願主	惣村中	世話役				中
世話人	本願人	講中		同行	地主				惣村
世話役		自在講		同行衆	同女				同行
大願主		施主		念仏講之衆	同行				本願
同行		絶中講中			導師				道行
中		世話人			同輩				
本願		世話役			本願				
		惣村講中							
		同行							
		同修							
		同修行者							
		念仏講衆							
		万人講中							
		発起人							
		本願							
		本願衆							

※資料対象は近世紀年銘のある個体で，各区報告書より作成したデータベースをもとにしている。

表4－2　「施主名称」の種類とその割合

施主名称	資料数(基)	比率(%)
連名	496	42.3%
講中／講中・連名	324	27.6%
施主／施主・連名	104	8.9%
同行／同行・連名	87	7.4%
願主／願主・連名	82	7.0%
結衆／結衆・連名	48	4.1%
道行／道行・連名	10	0.9%
講衆／講衆・連名	13	1.1%
惣村講中	13	1.1%
その他	83	7.1%
計	1260	100%

の他」に分類する。また「世話人」といった，中心人物を示す事例も多く認められるが，集団名称として使用された可能性が薄い名称についても，今回は「その他」に一括して集計することにした。他方，「構中」，「結集」といった誤記の事例については，「講中」，「結衆」など読みが同一である資料を指しているものと解釈できるため，それぞれ概括される項目に，集計することにした。

以上の前提を踏まえ，まず施主名称の種類を概観するために，東京都区内の資料について集計を試みた。その結果，上位種と下位種では数量的に大きな差異が生じることが判明した。なお「施主名称」と「連名」が共に銘記される資料についても同一の「施主名称」の中に統合した。表4－2に示されているように全資料数1,260基のうち，「連名」は496基，約42.3％と最も多く，次いで「講中」324基，27.6％，「施主」104基，8.9％，「同行」87基，7.4％の順にならび，表に示されるように，施主名称のヴァリエーションは上位9位内の名称で，全体の約93％を占めることが判明した。上位9種類において全施主名称のうちの大半をカバーするという事実は，近世庚申塔における施主名称のヴァリエーションは実のところそれほど多くはなく，多種多彩に見えた名称のほとんどは，わずか7.1％の「その他」に含まれるものであることが判明した。つまり江戸近郊の地域における施主名称の全体的な様相は，「その他」に含まれる各種の名称を分析項目として取り上げなくとも，上位9種までの主要名称に対する数量的な分析を行うことによって把握可能であると指摘できる。

以上の検討より本稿では，以下の名称を取り上げ，分析を試みることにした。集計項目は「同行」，「結衆」，「道行」，「講衆」，「講中」，「願主」，「施主」，および「惣村講中」，「その他」である。また，個々人の名前のみが銘記される「連名」のほか，施主名称とともに名前が連記される

…田区	世田谷区	台東区	豊島区	中野区	練馬区	文京区	目黒区
衆中主	上町中 願主 結衆 講中 講衆 施主 同行 日待講 道居 道行 向中 村列衆	願主 講中 当町講中 施主	講中	願主 講中 講衆 同行 同衆 本願講衆 道行	願主 結衆 講中 講衆 同行	願主 講中 講衆 施主 大願主	組 結衆 施主 世話人 同行 本願主

ものも，「同行・連名」，「結衆・連名」などのように別に項目をたてた。なお今回は，対象となる都区部の資料を統合したうえで数量的分析をおこなうため，分析に先立ち，こうした全体的な資料統合を試みる意義についても少し述べておきたい。本来，庚申塔は「字」などの集落単位あるいは小規模な信仰集団を単位として建立されたものがほとんどであり，個々の地域において固有の事象を詳細に検討する必要があることは言うまでもない。特に石塔の造立においては念仏講が主体となったり，女性のみの集団が主体となるなど結集要因が多様であるため，統一的で均質な集団的性質を持ち得ないという考え方も成り立ちうる。しかしそうした多様な結集のあり方があったにせよ，いかに小地域的信仰形態であっても，庚申待という民間信仰を基層構造とする共通認識や性格的特徴，機能が全くなかったと言うことはできない。

表4－3は，分析対象となる各区において，それぞれの施主名称が出現する年代を示したものである。むろん現存する資料からの結果であるため，実際の出現時期を示すものとは必ずしも言えないが，「結衆」は荒川区，葛飾区と近隣区に出現し，「道行」は北区，「講衆」は中野区であるなど，初出時における特定の地域との関係性は否定できない。しかし一方で，表に示されるように各名称の分布は時期的な差異こそあれ，東京都の東西南北に位置する複数区において見られる。例えば「同行」の初現年代である1660年代の出現地域は葛飾区，中野区，足立区と広域にわたっており，いずれかの区を発祥地として比定することは困難である。即ち本稿が取り扱う施主名称の分布地域は，特定の現行区に限られたものではなく，ほぼ近世当時の江戸近郊地域において，広域的に存在していた名称であると解釈することができる。

以上の検討から明らかなように，江戸近郊における庚申塔の造立者集団の名称を総体的に把握することは，名称の広域にわたる分布傾向の意味を検討するためにも重要な意味をもつものと指摘できる。岩鼻通明[20]が指摘するようにマクロな視点からの信仰集団のあり方を探ることは不可欠であり，また個々の地域的特質を把握するうえでも，都区部全体の資料を一括したうえで施主名称の分析を試みることは重要な意義をもつものといえる。こうした分析を前提とすることで

第4章　近世庚申塔にみる施主名称の史的変遷

表4－3　「施主名称」の初出年代

施主名称／年代	1621-	1631-	1641-	1651-	1661-	1671-	1681-	1691-	1701-	1711-	1721-	1731-	1741-
同行					葛飾区(63) 中野区(63) 足立区(64)	大田区(71) 練馬区(73) 杉並区(80) 世田谷区(80)	板橋区(85)		荒川区(05) 目黒区(04)				
結衆			板橋区(47)	荒川区(52) 葛飾区(55)	北区(62) 渋谷区(63) 足立区(64) 練馬区(69)	新宿区(72) 世田谷区(73)		目黒区(92) 墨田区(97)					
道行				北区(54)	世田谷区(69)		杉並区(83) 中野区(87)						
講衆					中野区(69)	大田区(72) 荒川区(74)	葛飾区(81) 板橋区(83) 文京区(89)	世田谷区(96)					練馬区(46)
講中※2					台東区(63) 杉並区(64) 荒川区(69) 中野区(69)	練馬区(74)		足立区(91) 板橋区(91) 目黒区(96) 大田区(98)	台東区(01) 北区(05)	葛飾区(12) 文京区(16) 世田谷区(16) 渋谷区(16)	墨田区(24)		
願主			台東区(49)	板橋区(60)	足立区(61) 北区(63) 文京区(66)		大田区(82)	葛飾区(91) 中野区(92)	杉並区(63)	練馬区(12)	渋谷区(24) 世田谷区(25)		
施主	足立区(23) 目黒区(26)		北区(50)		墨田区(63) 文京区(65) 大田区(65) 品川区(68)	葛飾区(72) 荒川区(74) 台東区(77)	杉並区(90)	渋谷区(91) 板橋区(91)		世田谷区(15)			
惣村講中							板橋区(84)						杉並区(45) 葛飾区(50)

※1　区名のあとの（　）内の数字は西暦年代の下二桁
※2　「講」の刻銘
※3　「講結衆」の刻銘

はじめて，総体的な庚申塔造立者の性格と機能を歴史的に跡づける作業につながるものと考えている。

4　施主名称の定量的分析

(1)　施主名称の定量的分析

前章において検討した前提と分類基準にしたがって，現行区部の資料について分類，集計を加えていくことにしたい。集計方法1601年を端緒として10年単位で各項目別に数量を集計した。分析項目は17とし，並びは順不同である。近世全体の集計した結果は表4－4である。この表をもとに，単位年代ごとで各名称がどの程度の割合を占めているかについて百分率グラフとしてあらわしたものが図4－1である。

図4－1の示す傾向として明確に認められることは，①17世紀代における「連名」の占める高い割合，②施主名称の多様さ，③18世紀以降における「講中」と称する集団の増加である。詳細な検討を行うと，庚申塔の資料個体数が増加する1660年代以降に，「施主」，「願主」などが10％前後の割合を示す一方で，「同行」，「結衆」，「道行」などは3％前後の割合で存在し，造塔数が

4 施主名称の定量的分析

表4-4 「施主名称」の年次別個体数集計表

	同行	同行・連名	結衆	結衆・連名	講衆	講衆・連名	道行	道行・連名	講中	講中・連名	村講中	施主	願主	施主・連名	願主・連名	連名	その他	合計
1601-	0	0	0	0	0	0	0	0	0	0	0	0	0	0	0	0	0	0
1611-	0	0	0	0	0	0	0	0	0	0	0	0	0	0	0	0	0	0
1621-	0	0	0	0	0	0	0	0	0	0	0	0	0	0	0	1	1	2
1631-	0	0	0	0	0	0	0	0	0	0	0	0	0	0	0	3	2	5
1641-	0	0	1	0	0	0	0	0	0	0	0	0	0	0	1	4	0	6
1651-	0	0	0	3	0	0	1	0	0	0	0	0	1	2	0	14	4	27
1661-	2	0	4	4	0	0	0	0	0	5	0	3	0	12	5	69	11	115
1671-	9	1	5	2	1	3	1	1	0	2	1	9	3	16	2	97	14	167
1681-	10	5	3	2	2	1	1	1	2	3	1	4	0	8	6	56	6	111
1691-	16	4	11	4	1	1	1	0	6	9	0	3	4	8	3	62	5	138
1701-	10	1	6	1	1	0	2	0	5	10	0	4	2	12	1	53	8	116
1711-	12	1	0	2	1	2	1	0	23	15	0	3	2	5	3	51	5	126
1721-	6	4	0	0	0	0	1	0	21	7	0	0	1	5	3	22	4	74
1731-	2	1	0	0	0	0	0	0	30	5	2	1	2	2	3	11	5	64
1741-	1	0	0	0	0	0	0	0	24	2	2	0	1	2	1	10	3	46
1751-	0	0	0	0	0	0	0	0	21	4	0	0	1	0	0	5	0	31
1761-	0	0	0	0	0	0	0	0	24	3	1	1	1	0	3	1	3	37
1771-	0	0	0	0	0	0	0	0	21	5	1	0	2	0	6	8	0	43
1781-	0	0	0	0	0	0	0	0	7	4	2	0	0	0	3	3	0	21
1791-	0	0	0	0	0	0	0	0	15	2	0	1	1	2	2	7	1	31
1801-	0	0	0	0	0	0	0	0	10	2	1	0	2	0	2	2	1	20
1811-	0	0	0	0	0	0	0	0	7	3	0	1	0	0	2	7	3	24
1821-	0	0	0	0	0	0	0	0	5	1	0	0	0	0	0	1	1	8
1831-	1	0	0	0	0	0	0	0	5	1	0	0	1	0	0	1	2	11
1841-	0	0	0	0	0	0	0	0	4	3	1	0	0	0	2	1	2	13
1851-	0	0	0	0	0	0	0	0	5	0	0	1	3	0	2	2	1	14
1861-	0	0	0	0	0	0	0	0	3	0	0	0	0	0	1	4	1	9
	69	18	30	18	6	7	8	2	238	86	13	30	30	74	52	496	83	1260

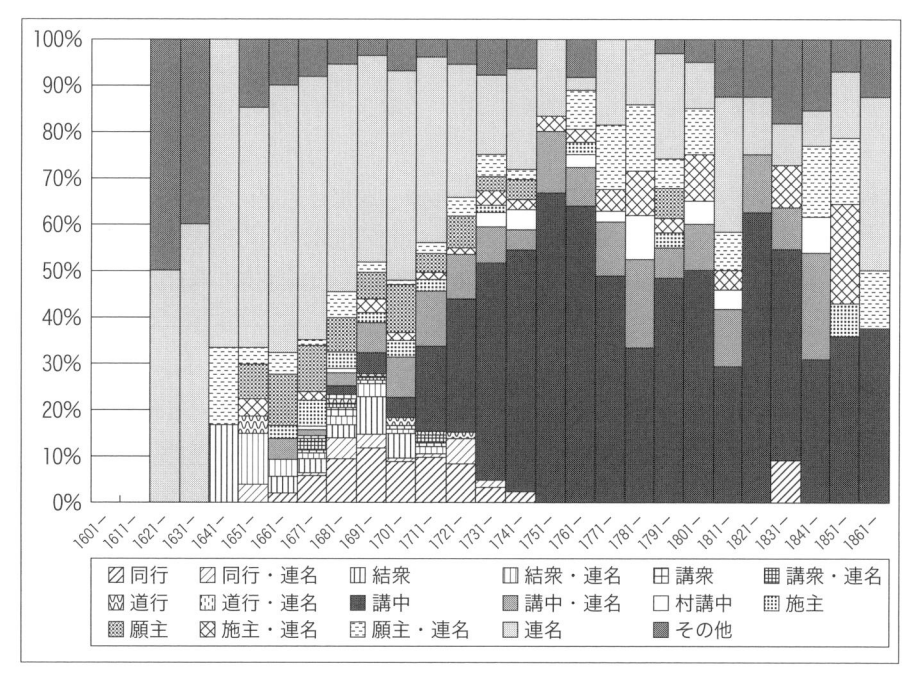

図4-1 「施主名称」の年次別出現頻度グラフ   n=1260

第4章 近世庚申塔にみる施主名称の史的変遷

増加していく過程において様々な施主名称も混在する状態にあったことが推定される。特に「結衆」や「同行」などは「連名」が併記される資料も含めれば，1690年代にはそれぞれ15基（11.1％），20基（14.5％）と10％以上を占める様相を呈している。また「結衆」といった中世の交名板碑にも刻まれた名称が存在することは，こうした造立者と中世の信仰集団との継続性を考える上で示唆的な結果といえる。また全般的には，17世紀代には個人の名を連記する「連名」が50％前後と大半を占めており，施主名称を冠する造立者がそれほど多くはなかったことが指摘できる。

しかし18世紀以降状況は一変し，17世紀では5％前後とごくわずかであった「講中」の名称が急速に増加に転ずる。そして集団的な名称を刻まない「連名」は各年次とも三割程度を占めるに止まり，減少傾向を示すことが明らかとなった。他方，「結衆」や「同行」といった17世紀後半において10％程度を占めていた名称は，ほとんど見られなくなり，1740年代を境として出現が認められなくなる。こうした状況および各年次ともに50％前後を常に占めることから推測して，造立者の集団名称は，18世紀中頃にはほぼ「講中」に統一化されたものといえる。むろん造立の発願者を示す施主名称である「願主」や一般的な「施主」といった名称はみられるが，数量的には希であり，それ以外の名称もほとんど出現しないことが明らかとなった。そしてこれ以後，明治時代を迎えるまでこうした傾向が継続していくことも判明した。

(2) 施主分析の結果の要約

施主名称に関する数量的分析の結果について，以下のように要約することができる。

①近世を通じて個人名の連記を主とする施主集団が多数存在し，とくに17世紀から18世紀初頭にかけて50％前後の高い割合を示す。
②17世紀後半においては造立者の集団として「結衆」，「同行」をはじめ多様な名称を使用する施主の形態が存在していた。
③18世紀以降の特に「講中」を庚申塔造立者の集団表象として使用する施主の形態が広汎な発展を遂げる。

以上の結果のうち，③については竹内がかつて指摘した，貞享年間（1683～88）から享保年間（1716～36）という約60年間の間に「講」組織へと移行するとした指摘が，地域を超えて一定の蓋然性を有するものであることを示唆している[21]。こうした施主名称の歴史的変遷は，集団としての性格が時を経て変化していることをも表しているものと捉えることができ，つまりは庚申塔を建てる人々の集団としての意識が変化した結果を反映しているものと考えることができる。むろん以上の結果は，東京都区内の資料対象の限定された庚申塔銘文から提示されたものであり，この結果をそのまま庚申塔を造立した集団の様相として考えるのは早計であることはいうまでもない。しかしながら，かつて竹内利美が試みた結果とも類似する「連名（連記）」から「講中」への変化がみられることは，何らかの集団の性格的変化を把握する素材として検討する余地があることを示唆している。そこで次節では，こうした変化の意味を検討するため，分析の冒頭において指摘した「集団」と「個人」という視点に着目し，近世庚申塔の造立者の性格と機能について類型化を試みることにしたい。

⑶ 庚申塔造立者の分類と時期区分

図4－1では庚申塔に刻まれた施主名称の数量的構成について時間的に概観した。そこに示された状況について検討するために，以下のような庚申塔の施主，つまり庚申塔造立者の集団について，仮定的な類型化を提示することで，その意味を推測する手がかりとしてみたい。

（a）「結縁者」的個人主体の施主
（b）「個人」主体の講による施主
（c）「集団」主体の講による施主

まず（a）「結縁者」的個人主体の施主とは，庚申塔の造立者が組織的な名称を持たず個人名を連記する形態をとる集団である。たとえば東京都内現存最古の庚申塔である足立区正覚院の元和9年（1623）塔には，「本願　寳泉坊　三右　新蔵　□□助　兵庫　□兵右十右門　十兵右　藤吉」とあるのみで，組織的な背景を示す銘文は見られない。また荒川区内最古の東尾久に存在する寛永15年（1638）塔も「本願永乗　当惣左門　□兵衛　市右門　浅右門　伊右門」とあり，いわば造立の中心として「本願永乗」といった宗教者の存在はあるものの，庚申塔を建てた構成員が所属する組織を示す文言は現れてこない。先述のように庚申塔とは庚申待供養の成就を記念して建てられたと考えられている[22]。従って庚申塔とは，庚申待の行を共にする，いわば縁を結んだ人々が，個々の行の成就に重きをおいて造立したものと推定できる。こうした「連名」による庚申塔は近世を通じて相当の割合を示していることは図4－1において見たとおりであり，一つの主流を成した施主形態であったことが考えられる。

（b）「個人」主体の講による施主は，庚申塔の造立者で構成される集まりを組織として意識し，庚申待集団としての名称，つまり施主名称を持つ集団である。ただし庚申塔には施主名称と共に，個々人の名も連記する形態をとる事例も多く，「個人」が集団の中に埋没していたというわけではない。例えば，荒川区三峯神社の慶安5年（1653）庚申塔には「結衆…清水三郎兵衛　同弥三右衛門　同長四郎　同市重郎　同市兵衛　同庄右衛門　同喜左衛門　同彦右衛門」とある。また北区中十条の承應3年（1654）庚申塔では「武州豊嶋郡十条村道行七人」と個人名は連記されないタイプも存在している。こうした組織名称を持つ形態の施主は，分析個体数の増加と比例する形で増加傾向を示すが，個人としての行の成就以外に，庚申塔造立者の集団の村落内組織としての役割が次第に形成されていったことを，こうした名称の出現は示していると考えられないだろうか。ただしこうした変化は空間的に一様であったわけではなく，例えば世田谷区の円泉寺寛文13年（1673）庚申塔には，「結衆…堀江与左衛門　同名庄左良　荻原八左衛門　同名勘九良　滑ヶ谷権九良　同名三四良　上原六左衛門　清三良　高橋助蔵」とあり，それ以前の庚申塔は「連名」か，無銘のものであった。つまり北区と世田谷区では約20年ほどの差があることになる。むろん資料が存在しないことが組織の不在を意味しないのは当然だが，施主名称の出現時期に差異がさほどなかったのに比べ，集団としての性格の変化は，地域的に時間幅のあるものであった可能性が考えられる。また世田谷区船橋の元禄16年（1703）の庚申塔では「講衆同行十四人　徳兵衛　儀右衛門　吉右衛門　三郎右衛門　伊左衛門　長右衛門　五郎兵衛　七郎兵衛　次郎右衛門

甚兵衛　市右衛門　文四□　伝十□　（不明）」とあって「講衆」と「同行」が併記される事例力ヵが存在している。今回の集計では，こうした資料を「その他」に分類しているが，ここから推測できることとして，庚申塔造立者の名称は初めから規定的されていたわけではなく，宗派や旧来の信仰形態をなど各地域よって異なる何らかの雛形をもとに次第に確立されていったことが考えられる。

　（c）の「集団」主体の講による施主とは，庚申待の集まりが次第に個人を包摂し，組織として機能する集団を意味している。この形態の施主は，世田谷区給田の宝永5年（1708）塔の「武州世田谷領内給田村　同行三拾人」や，同じく世田谷区給田の享保4年（1719）庚申塔の「世田谷領給田村庚申講中」など，個人名を明記せず「何人」という文言さえ刻まれていないタイプのものである。これは庚申塔が個人的「修行」の成就の意味から完全に離れ，集団としての行事にその造立が変化したことが推定される。とくに18世紀以降，（a）や（b）の施主形態は次第に減少し，特に「連名」の割合が高まる傾向が顕著となる。

　こうした傾向とは逆に施主名称を刻む事例は増加し，また村単位による造立を示す事例も見られるようになることは，個人から集団へという傾向を反映した結果と捉えることができる。一連の変化の中で特に「講」という名称に注目するなら，図4－1で明らかなように18世紀後半には「講中」と呼ばれる組織名称への統一化が確定したものと考えられる。他方，同じ地域でも施主名称が混在する事例も存在し，今取り上げた世田谷区，旧給田村の宝永5年（1708）庚申塔は，同一の10月24日の銘を持つものが2基あり，うち1基は「武州世田谷領内給田村　同行三拾人」とあるのに対し，もう一基は「武州世田谷領内給田村　道行三拾人」と，同一年月日を持ち，ほぼ同一の場所にたてられたと考えられる庚申塔でも，施主の名称に違いがあったことが解る。こうした点から，bの項でも触れたように，施主名称には当初，統一性がなかったことが明らかといえる。

　以上の集団的性格の変遷過程に時間軸を設定するためには，未だ詳細な検討が必要であると考えられるが，（a），（b），（c）の各類型は，概ね時間的な変化を示していると考えて良いものと推測される。つまりくわえて図4－1に認められるように，個体数が増加する17世紀後半には庚申塔の造立は「連名」の割合が高く，個人主体の施主の形態が主流であったのに対し，18世紀前半には施主名称が林立し始め，次第に集団主体の造立へと変化した可能性が考えられる。こうした集団化への変化を見るに当たってもう一つ図を示しておきたい。図4－2（表4－5）は，表4－4で集計した各要素を純粋に組織的名称のみの施主と，個人名が刻まれる（施主名称との併記を含む）施主とで類型化し直し，集計したものである。

　その結果，個人の名が刻まれる形態は17世紀が中心であり，18世紀前半には集団的名称をもつ集団が大半を占めることが明らかとなった。つまり当初個人の「行」の成就に主体があったものが，何らかの理由で次第に庚申待を構成する組織としての立場が意識され，庚申塔の造立においても集団としての名称が使用されるようになった，ということをこの図は示しているといえるのではないだろうか。むろん全体的な傾向と個々の地域的様相との間で差異が生じるのは当然のことであり，還元主義的にすべてを個から集団へという図式に収斂させて考えるのは早計ではある。

4 施主名称の定量的分析

表4−5 「施主名称」と「個人名連記」の資料数集計表

	施主名称	個人名連記
1601−	0	0
1611−	0	0
1621−	0	1
1631−	0	3
1641−	1	6
1651−	2	21
1661−	9	95
1671−	29	124
1681−	23	82
1691−	42	91
1701−	30	78
1711−	42	79
1721−	29	41
1731−	37	22
1741−	28	15
1751−	22	9
1761−	27	7
1771−	24	19
1781−	11	10
1791−	17	13
1801−	13	6
1811−	9	12
1821−	5	2
1831−	7	2
1841−	5	6
1851−	9	4
1861−	3	5
	424	753

※「施主名称のみ」は個人名などの記銘が併存しない資料を指し、「個人名連記」は個人名の連名資料だけではなく、「施主名称」と個人銘が併存する形態の資料を指す。

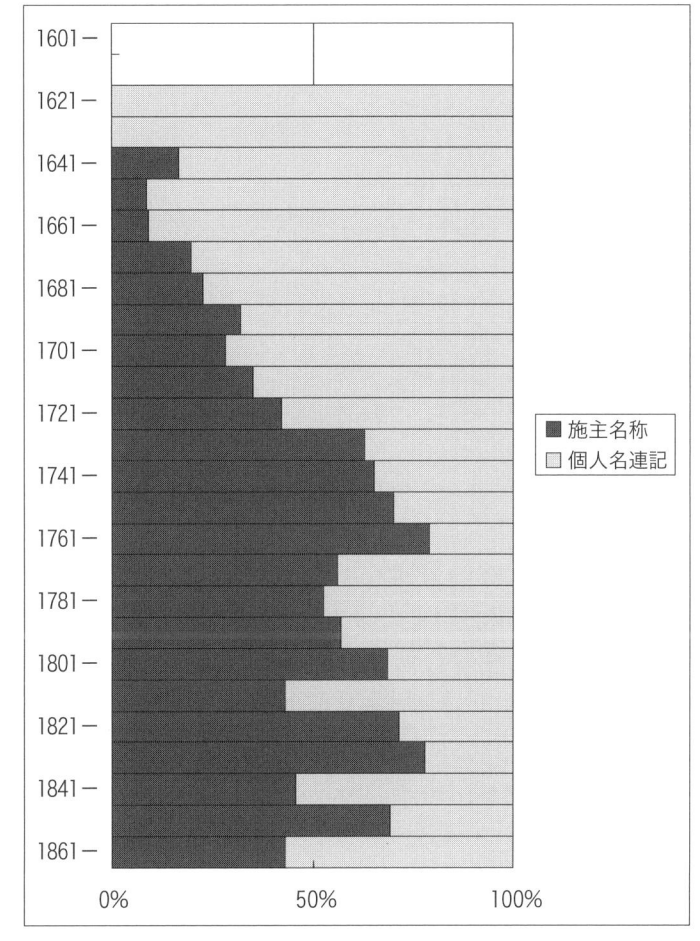

図4−2 集団名称と個人名連記の出現頻度　n=1177

また，今回の類型化はあくまでも「施主名称」から推測した庚申塔の施主の性格であって，実際の集団の性格や機能と直接には対応しない可能性のあることは言うまでもない。

しかしながら，庚申塔を造立する集団が個人と集団のどちらに重きを置くようになったかという視点は，今回明らかになった状況を解釈するうえで重要である。加えて個体数にして千基を越す資料群によって示された様相とは，当時の状況を全く反映しないものであると断定することはできない。よって今回の分析により見いだされた庚申塔施主から仮定できる庚申待集団の歴史的変遷のプロセスは，一定の評価を与えておく必要がある。そこで次章では，以上の分析および施主の分類をもとに，庚申塔造立集団の歴史的変化の要因を検討しつつ，近世村落史研究との接点を探ってみたい。

5　庚申塔研究による近世村落史への接近

(1)　施主名称にみる「集団」と「個人」の関係

　施主名称に対する数量的な検討の結果，大きく捉えるなら庚申塔の造立者は個人名を連記する集団から組織名称を刻む集団へと変化していることが明らかとなった。つまり庚申塔の造立者の性格や集団の機能が，近世初頭とそれ以降では大きく変化した可能性を指摘することができる。この点についてもう少し詳細に検討するため，本章で指摘した分析結果を導く要因として考えられる二つの仮定的見解をまず提示したい。

　仮定①
　当初，個々人を主体とした修行的色彩の濃いものであった庚申待の集団は，次第に社会的機能（多くは娯楽性，後には共同作業での相互扶助など）を帯びた結果，組織としての意識が強まり，そうした集団組織として確立された。その結果，集団名称ができ，施主として刻まれるようになり，個人名の連記が減少した。

　仮定②
　庚申信仰の主体は当初から組織化された集団であったが（旧来の信仰形態を継承したもの），適切な名称が存在しなかったため各地域で多様な名称が存在することになったが，18世紀以降，「講中」の名称が他の組織（念仏講など宗教的講）などで一般化し，集団名称が確立されたからで，庚申待集団の性格的，機能的変化を反映したものとはいえない。

　まず庚申塔の造立者とはつまり庚申待を共に行った人々と考えるのが自然である。つまり庚申待という個人を主体とした修行の達成を軸として，当初は集団が結集されていたと考えられる。それは，図4－2及び表4－5において示されているように，庚申塔造立が盛んであった17世紀後半において，施主名称には「連名」の割合が高く，施主名称が彫り込まれていても個人名も共に彫り込まれている事例が多いことなどから考えて明らかである。くわえて，個人の名前が消えてゆき，組織的名称が使用されていくプロセスはまさに，個人の主体性が失われ，組織としての意識が強まったものと解釈することは不自然な展開とは言えない。しかしながら，その反証として庚申塔に銘文を刻むおり，本来は個人名を出したいがコストがかかるため[23]，施主名称で代替した，つまり集団の変化を示しているわけではなく，単に庚申塔製作上の問題を表しているに過ぎない，と考えることもできる。そして組織的名称は「同行」，「結衆」など18世紀の「講中」の増加を見るまでもなく存在しており，組織化の動向とは無関係なものであると仮定することも可能である。そこで，こうした組織名称に多様性が見られた17世紀後半の状況について検討し，さらに個人と集団の関係について考えてみたい。

(2)　近世前期の施主名称の多様性

　第4節の庚申塔の施主名称に対する分析結果から明らかなように，特に17世紀後半には多様な

組織的名称が存在していたものと推定される。こうした多様性は集団の性格を考える上で重要な要素を秘めているものと考えられる。そこでこうした施主名称の多様性の背景として想定される要因についていくつか検討してみたい。

　まず組織名称が一様でなかった背景には，各造立者の集団としての個別性が強く，信仰の母体である宗派や集団の結集要因などが異なることが考えられる。「妙法」の銘が刻まれる例や[24]，「同行」といった浄土真宗の門徒を示す名称[25]が造立主体となる例も散見されることは，その反映であるとも推測される。また一方で，多様な名称のうちでも「結衆」のような中世の交名板碑に存在する名称が確認されることは，庚申待の習俗が旧来の信仰集団形態を継承している可能性があり，そうした中世的信仰形態の継続が背景にあると捉えることも可能である。とくに結衆は，縣敏夫による「武蔵板碑における結衆の変遷および分類」[26]に詳しいが，そのなかで縣は，結衆を五つの分類と時間区分で示し，以前までの血縁や信仰集団としての結衆からとくに「庚申待結衆こそ典型的な村落的結衆」であると指摘している。しかしその歴史的継続性が実証されない現状においては[27]，塔造立の母胎である庚申待の習俗は，広範囲にわたって画一的に伝播されていったのではなく，地域ごとに個別的な発展を遂げた可能性が推測できると述べるにとどめたい。

　個人と集団の関係に話を戻すなら，先に述べたように17世紀後半において施主名称を持つ集団は三割程度であった。従って庚申塔造立者の主流は「個人」主体であって，集団が全面に出ることは希であったと考えることができる。こうした点を考慮するなら，多様な施主名称が出現した背景には，村落内での近隣組織の構築とその表象としての集団名称を必要とする志向が17世紀後半以降に生まれ，その施策として各地域の宗教的，信仰的集団の形態を踏襲したという可能性を考えることもできる。むろん庚申塔の造塔者をそのまま村落内の集団として比定することや，庚申塔施主の類型化のみから即断することも出来ないが，集団組織への志向性という流れのなかで，集団の名称を必要とする素地がうまれ，それに各地域の人々が独自な対応をとった結果が，こうした庚申塔の施主名称の多様性を生んだものと考えられる。

(3) 庚申塔による集団関係復元への見通し

　桜井徳太郎は庚申講など民間信仰における講組織の歴史的推移に関連して次のように述べている。「わが民間の信仰結社のなかには，案外『講』という名称がつけられていなかった場合が多かったのではないかと思われる」として，講という名称が誕生した背景に「古くは僧尼」，「中世以来は，御師・山伏」の活躍にあると述べ，「社寺の信仰に基づく宗教結社を『講』と呼ぶ段階があり，それらの信仰が広く伝道され伝播することで，その風潮が在来の信仰結社に『講』と呼ぶ名称を付ける習慣を作り上げていったものと思われる」と推測する[28]。そして西川如見の『町人嚢』[29]における記述に注目している。「古の講といふは，一郷一村毎月に日を定て寄合て相親み，学問有人などを招きて三社の託宣又は公儀よりの御壁書等を読ませて謹で聴聞し，或は出家を請じて経文の一句をも講説せしめ，(略)相たがひに信心の志をかたりて本心の誠をうしなふ事なからん事をねがふ。是を講とはいへり。(略)近代の講は酒を呑，世のとり沙汰さまざまにて，誠をたつるのたすけある事はなくて，結句口論放逸の媒となるべき事多し」とする西川の意見に

対し，桜井は「幾分儒教的道学的臭味のある」ことを指摘しつつも，「中世と近世との講の性格を率直にのべているもの」評価している。そして近世の講とは「宗教的意義はしだいに失われ，本来の精神を逸脱して宴食や行楽を主としたものに堕落し」たのは事実であったと結論づけている[30]。娯楽性という点を信仰的集団の組織化の要因とすることは出来ないが，講の性格変化を如実に示した事例として注目される。

　庚申塔の造塔は既に述べたように「行」の完成を示すものである。庚申塔の造立趣旨はそれを如実に示すものといえ，当初庚申塔の施主に「連名」が多かったことは「個人」が庚申待の軸としてあったことを示している。一方で庚申塔を建てるためには資金を集める必要があり，集団化し組織化するのは自然の流れであったと考えられる。しかし，組織としての役割は当初期待されていなかったため，集団を表象する名称は統一的なものとはならず，多様性を帯びたのであろう。しかし，その後何らかの要因から集団としての役割が重要視されるようになり，組織化の必要性が高まった結果，こうした信仰集団の一般的名称への欲求が高まり，桜井が示唆するように念仏講，題目講といった仏教宗派による「講」が定着していく過程で，庚申待の組織的集団も「講中」という名称を使用するようになったのではないだろうか。ではこうした組織化を促した要因とは何であったのだろうか。

　ここで「講」の組織的性格や社会的機能について述べるには紙幅に余裕はないが，竹内利美は「講」の機能として，「共済互助的な機能」のあることを指摘している[31]。即ち「講」という集団組織とは社会的な機能を担うものであり，近世村落内においてもそうした性格を持っていたものと仮定するならば，庚申待集団が組織名称を持つようになる過程は，単なる信仰集団から社会的機能や娯楽性を有する集団への移行を示すものと捉えることもできるのではないだろうか。それはいわゆる近世村落の成立過程を反映したものであり，桜井が指摘するように中世から近世への変化を暗示しているとも考えられるのである。このように庚申塔の施主名称の史的変遷をたどることによって，村落内における集団の性格，つまりは信仰的，社会的役割の変容を捉えることが可能であることが明らかとなった。本章はあくまでもこうした可能性を検討する基礎的な作業であり，今後さらにこうした石造遺物の施主について詳細に検討していくことによって，村落内の集団的，共同体的組織の性格と社会的機能の歴史的展開を明らかにすることが可能になるものと考える。

　最後に今後の課題について触れておきたい。まず庚申塔の銘文については，より詳細かつ多様な検討を加える必要がある。例えば芦田正次郎[32]は造立趣旨として刻まれる「二世安楽」と「庚申」とのみ刻まれる銘文を比較し，その変化が「仏教的影響の強弱」を反映し，儒教的思想の展開といった社会的な情勢との関わりを論じている。こうした造立趣旨銘は，像容である青面金剛の出現などを含め再検討することで，施主名称に見られた集団としての性格とも接点が生まれるものと考えられ，庚申待集団をより複眼視的に捉える上で重要な視点であると考えられる。また馬頭観音，題目塔など他の石造物の銘文を含めた検討や，旧村単位あるいは字といった小地域における集団のあり方を検討し，今回現れた全体的傾向と，どのような差異あるいは同一性を見ることが出来るかといった総合的な把握を試みることも必要であるといえよう。また庚申塔に刻ま

［注］

れた施主銘を基として五人組帳，宗門人別帳など文書史料との対照を進めることにより，多角的でより深化した近世村落の社会関係の解明が期待できるものと考えられる。この点については本書第6章において検討してみたい。

［注］
1) 小花波平六は「庚申塔を石造美術の視点から石仏として調査する方法の問題として，石質のこと，石工のこと，彫刻手法や技術伝播のこと，石造美術の系譜の問題，石の産地や輸送のこと，石工の交流や分布移動の問題，石仏から推定される信仰圏や信仰伝播の問題」といった課題を指摘しており，こうした研究のあり方が主流であって，塔形態の型式学的分析はあまり関心を持たれなかった。小花波平六「庚申信仰研究の課題の若干」『庚申』第50号（『庚申　民間信仰の研究』，庚申懇話会，1978（『庚申』50号初出）），9～13頁。
2) 例えば江戸周辺における地域史研究の一つとして，河川流域と街道筋における物資流通の様相解明を庚申塔型式の変遷を通して行うこと，つまり村落の立地や水運，陸運といった交通システムの差異など複数の要素を考慮して，各地域の庚申塔型式の分析を行うことで，物質文化の伝播を単に同心円的理解ではなく，各村落の地域的特質に基づいた多様性ある江戸と周辺地域との結びつきを明らかにすることも可能である。この点について，筆者は既に予察的な試みを行い，江戸から同一里程に位置する村落でも，川筋と内陸では型式の伝播に時間的なずれが生じることを指摘した。石神裕之「近世庚申塔にみる流行型式の普及」『歴史地理学』44－4，2002，1～21頁。本書第2章参照。
3) 東京都23区内の区部について，石造物報告書などより型式変遷の集成を行い分析を試みたところ，主要型式の変遷過程は各区ともにほぼ斉一的で，「B－1a類（板碑型）」，「B－1b類（板駒型）」，「B－2類（駒型）」，「E類（方柱型）」の順で移行することが明らかとなった。本論第2章参照。
4) ①竹内利美『東筑摩郡誌別篇第二　農村信仰誌　庚申念佛篇』，慶友社，1975。②竹内利美「講集団の組織形態―松本平の庚申講について―」『民族学研究』8－3，日本民族学会，1943，34～84頁。
5) 石川治夫「石仏・石神・石塔の形態と変遷―沼津市域における近世～近代の石造物について―」『沼津市史研究』7，沼津市教育委員会，1998，121～148頁。
6) 前掲注4) 参照。
7) 前掲注4) ①99頁。61例のうち，3人以下　ナシ，4人～6人　9例，7～9人　11例，10～12人　18例，13～15人　7例，16～20人　8例，21～25人　1例，26～40人　7例という結果を掲載している。
8) 前掲注4) ①101頁。
9) 前掲注4) ①66頁。なお元文5年は1740年，寛政12年は1800年である。
10) 前掲注4) ①97頁。
11) 西海賢二「民衆宗教と講」（村上直・白川部達夫・大石学・岩田浩太郎編『日本近世史研究事典』，東京堂出版，1989），186～187頁。
12) 桜井徳太郎『講集団成立過程の研究』，吉川弘文館，1962（『講集団の研究』（桜井徳太郎著作集　第3巻），所収）。桜井は講集団を三つに分類し，「信仰的機能をもつ講」，「社会的機能をもつ講」，「経済的機能をもつ講」とに分けている。
13) 竹内は村の内部構造解明の過程で，「同族団（本家分家の仲間）」といった親族による結合関係は解明が進んでいるのに対し，「講」や「組」などの集団関係については解明が進んでいないとして「組」と「講」に着目した。竹内利美「組と講」（西岡虎之助等監修『郷土研究講座　第2巻　村落』，角川書店，1957，235～256頁）。そのなかで「通例基本的な村落集団は，単一な近隣関係だけで存在することはまれで，内部にいくつかの近隣関係をふくみ，それらの交錯・統合の上に成り立っている」として，近隣集団を(1)基本村落内を小分した特定地域に定住される家の一律的・平等的結合と，(2)おもに村落内部の生活協同の要求による結合（外的な制度によるものではない）ものの二つに分類している（239頁）。
14) 塩野は従来の村落史研究における「近隣研究」は，血縁に基づく同族団が中心であって，「講」や「組」に見られるような「近隣関係」を論じた研究が少ないことを指摘している。そうした状況は今日においてもあまり変わらない。塩野雅代「近隣組織の村落研究における位置―研究会の活動を通して―」『社会伝承研究Ⅳ

第4章　近世庚申塔にみる施主名称の史的変遷

　　　近隣組織の構成と展開』，社会伝承研究会，1975，2〜11頁。
15) 岩鼻通明「講の機能と村落社会」戸川安章編『仏教民俗学大系　7　寺と地域社会』，名著出版，143〜159頁。
16) 桜井も同様の指摘をしており，「初めから，『講』という名称が附せられていたかどうかはすこぶる疑問であって，こうした信仰上の諸集団に講という名称が附せられたのは，時間的にはむしろかえって遅く，つぎの代参講などが出現してから後のことではなかったかと思われる」と述べている（桜井徳太郎『日本民間信仰論　増訂版』，弘文堂，1970，168〜169頁）。
17) 庚申塔の資料集成に当たっては，左記に記す各区教育委員会などにより編集された石造遺物関係の調査報告書を用いる。以下，庚申塔の個別引用資料についても，特に明記しない限りこれらの資料を用いている。①足立区教育委員会編『足立区文化財調査報告書　庚申塔』，足立区社会教育課，1986。②『荒川区教育委員会編・発行『荒川の庚申塔』，1993。③大田区教育委員会編・発行『大田区の民間信仰（庚申信仰編）』，1969。④板橋区教育委員会編・発行『いたばしの石造文化財（その一）庚申塔　改定版』（文化財シリーズ　第78集），1995。⑤葛飾区教育委員会編・発行『葛飾区石仏調査報告』，1982。⑥北区教育委員会編・発行『東京都北区庚申信仰関係石造物調査報告書』，1996。⑦品川区教育委員会編・発行『品川区史料⑵—庚申塔・念仏供養塔・回国供養塔・馬頭観世音供養塔・地蔵供養塔・道標—』，1983。⑧澁谷郷土研究会『渋谷区の文化財　石仏・金石文編』，渋谷区教育委員会，1977。⑨墨田区教育委員会編・発行『墨田区文化財調査報告書Ⅲ—庚申塔・水鉢・狛犬—』，1982。⑩世田谷区教育委員会編・発行『世田谷区石造遺物調査報告Ⅱ　世田谷の庚申塔』，1984。⑪台東区教育委員会編・発行『台東区の庚申塔　台東区文化財調査報告書第39集』，2008。⑫豊島区教育委員会編・発行『豊島あちらこちら第六集　豊島の石造文化財　その一』，1980。⑬中野区教育委員会編・発行『中野区の文化財№1　路傍の石仏をたずねて』，1976。⑭練馬区郷土資料室編『練馬の庚申塔』，練馬区教育委員会，1986。⑮文京区教育委員会編・発行『文京区の石造文化財—庚申信仰関係石造物調査報告書—』，2011。⑯目黒区教育委員会編・発行『文化財その1　目黒の庚申塔』，1976。
18) microsoft Excel を使用し，前掲の各区の報告書のほか，石川博司編『東京区部庚申塔DB』（ともしび会，1995）の資料の資料を参考として集計した。
19) 各区の抽出資料個体数は次の通り。（抽出数／近世銘資料数）足立区（132／202）。荒川区（43／48）。板橋区（170／187）。大田区（75／98）。葛飾区（53／68）。北区（94／111）。品川区（35／42）。渋谷区（33／55）。杉並区（80／88）。新宿区（24／31）。墨田区（24／32）。世田谷区（161／178）。台東区（49／55）。豊島区（26／48）。文京区（44／54）。中野区（44／53）。練馬区（119／124）。目黒区（54／61）。
20) 前掲注15）143〜159頁。
21) 前掲注4）①96〜97頁。
22) 東京都内最古の庚申塔である足立区正覚院の元和9年（1623）の塔には，「現世安穏　奉待庚申供養成就所　後世善生」とあり，荒川区東尾久の寛永15年（1638）の庚申塔には「奉供養庚申待三ヶ年成就所」，荒川区満光寺の承応3年（1654）の塔には「奉待庚申三箇年二世安楽処」などと刻まれ，庚申待の「行」を成就した記念であることは明らかである。
23) 「享保一五年武蔵国荏原郡久ヶ原村御法度御仕置五人組帳」の前書には「一，新地之寺社建立之儀堅停止，惣してほこら・念佛題目之石塔・供養塔・申塚・石地蔵之類新規一切建間鋪候（以下略）」（野村兼太郎『五人組帳の研究』，有斐閣，1943，48〜60頁）とあって，庚申塔の新規造塔が禁じられている。その意図として，いわゆる奢侈を禁じる意味目的があったものと推定され，石塔の造立が高価なものであったことが窺える。個々人の名を記銘することが，どれほどのコスト高を生じるかについては，有効な史料が存在しないこともあって不明だが，こうした要素を無視することもできないだろう。
24) 大田区では池上本門寺周辺の旧池上村や雪ヶ谷村において「南無妙法蓮華経」の文字を刻む庚申塔が見られる。こうした地域では，「日蓮宗檀徒によって題目講が組織され，真言・曹洞・浄土など日蓮宗以外の宗派の檀徒によって念仏講が組織されていた」という。平野栄次「⑵題目講」『大田区史　資料編　民俗』，太田区史編纂委員会，1984，309頁。
25) 『総合仏教大辞典』「同行」の項（総合日本仏教大辞典編集委員会編，法蔵館，1987，1042頁）参照。
26) 縣敏夫「武蔵板碑における結衆の変遷および分類」（地方史研究協議会編『「開発」と地域民衆—その歴史像を求めて—』，雄山閣，1991），93〜114頁。
27) 例えば，東京都区内に残存する資料としては最古とされる元和9年（1623）庚申塔（足立区正覚院）の施主

[注]

名称は「本願　寶泉坊　三右　新蔵　□□助　兵庫　□兵右十右門　十兵右　藤吉」とあって「結衆」といった中世的名称は見られない。仮に中世的な信仰集団の継続が実証されても，それが庚申塔の造立の初現的形態であるとは必ずしもいえない。

28) 「講」の形成と展開について桜井は，仏教における仏典講義の集会が基となって，遠忌法要などの世俗性を帯び，中世以降の新興仏教の救済志向に押され，「村落自治の基盤的な組織単位にまで発展するに至った」と述べる。前掲注16) 193〜196頁。
29) 『町人嚢』は享保4年（1719）に刊行されている。
30) 前掲注16) 196〜197頁。
31) 前掲注13) 251頁。
32) 芦田正次郎「庚申塔から見た庚申信仰の変容―荒川下流域　特に北区を中心として―」『文化財研究紀要』第3集，北区教育委員会，1989，16〜50頁。

第5章　近世庚申塔にみる造立期日銘の検討

1　問題の所在

　石造遺物には，基本的に紀年銘と呼ばれる造立期日を示す銘文が刻まれており，願文，施主銘と並んで貴重な歴史資料のひとつということができる[1]。とくに庚申塔における造立期日は干支の庚申日に当たる場合もある一方で，月のみが記され，日にちについては「吉日」といったかたちで省略されることも多い。これまで庚申塔の造立期日に認められる特徴については，庚申日や農事暦との関係性が指摘されているが，以前筆者が行った施主名称と同様に，定量的な把握を通した具体的検討は十分に行われていない。そこで本章では東京都区部の庚申塔を対象に期日銘に対する整理を行い，その特徴と地域的差異の有無を検討してみたい。それによって庚申塔が造立される背景や当時の民間信仰と村落生活との関わりを明らかにするための基礎にできればと考えている。

　これまでの研究動向を振り返ると，近世庚申塔の造立期日について言及した論考は多くはない。例えば，庚申信仰研究の泰斗，窪徳忠は，現在の庚申講の開催期日に関して丹念な民俗調査を行い，干支の庚申日との対応や，年間の講の開催回数などを明らかにしているが，庚申塔の造立期日については触れていない[2]。また庚申塔研究の先駆者の一人である清水長輝[3]も庚申塔の願文，施主銘については言及しているものの，造立期日については，具体的な検討を試みてはいない。しかし近年では，冨永文昭が江東区の近世庚申塔の分析に際して，練馬区，足立区，板橋区などとの対照を行い，その地域差の存在を指摘したほか[4]，嘉津山清は「アタリ日」と呼ばれる干支の庚申の日に当たる期日と，中世，近世庚申塔の造立日との対応関係について，当時普及していた暦の記載との関わりを通して詳細に検討している[5]。

　こうした研究動向を踏まえ，庚申日との関係はもとより，農事暦との関わりや暦の記載の影響などについて，地域的な差異を捉え明らかにすべく，その前提としてより多くの資料数を対象にした定量的な把握と整理を図ることにした。分析に当たっては，期日銘のうち，「造立月」と「造立日」に分けて整理し，とくに庚申日にあたる「アタリ日」については別途分析を行うこととした。対象地域には庚申塔の資料数が多く，調査事例の豊富な東京都区内を対象として，期日銘の翻刻が石造遺物等の報告書に記載されている20区（文京区，新宿区，台東区，江東区，品川区，大田区，目黒区，渋谷区，世田谷区，杉並区，中野区，練馬区，板橋区，豊島区，北区，足立区，荒川区，墨田区，葛飾区，江戸川区［順不同］）および筆者が実地調査を行った新宿区の庚申塔をもとに分析資料の抽出を行った[6]。分析項目により，実際の有効資料数は変動するが，基礎資料となる期日銘を含む資料総数は1,494基である[7]。個別の具体的な分析手法については各項において提示する。

なお具体的議論に入る前に，近世当時の暦のあり方について整理しておきたい。現在と異なり近世は太陰太陽暦であり，暦の区切り方には様々な種類が存在した。いわゆる「二十四節気」とよばれる春夏秋冬の季節の区切りを示す期日や，一ヶ月の日数が30日（大）と29日（小）となる月といった具体的日数に関わるもの，加えて吉凶を示す期日など多様な暦注が付けられており，具注暦とも呼ばれた[8]。特に季節分けについては，旧暦の季節体系は1〜3月を春とし，4〜6月が夏，7〜9月が秋，10月〜12月が冬であった。季節性を論じる際には，こうしたズレを踏まえて議論する必要があり，例えば2月造立の庚申塔の場合，現在の暦では3月後半頃に当たり，季節の感覚は現在と異なる[9]。

加えて，嘉津山は吉凶に関する暦注が，庚申塔の造立期日に大きな影響を与えていたとしているが[10]，暦日と石塔造立の関係を検討するには，こうした多様な背景を押さえる必要もあるものといえる。今回はそのすべてに配慮することはできないが，東京都区部における傾向を定量的に捉えることは，具体的な地域的特徴を明らかにする上で貢献できるものと考えている。また現在の行政区分を用いることには，当時の様相を理解する上では必ずしも十分とは言えないが，今日の行政区画の多くは近世当時から近接する地域としてのまとまりを有していた地域であり，当時の状況を少なからず反映しているものと考えている。加えて，個々の村落内における残存資料が少ない現状において，広域的な傾向を捉え，地域間での比較を行う前提となる定量的分析を行うためには，今日の行政区分を基に資料集成を行い検討を図る作業は，一定の蓋然性を有するものと考えている。

2　東京都区部の造立月銘の計量的分析

まずは造立月銘について検討を試みたい。具体的な分析の前に，資料の集計方法について少し触れておきたい。石造遺物に刻まれる月名称は，数字を使用した表記以外にも，現在でも一般的に用いる月の異名（「睦月」，「如月」など）が刻まれる場合がある。今回はこうした異名については，その語彙が意味する月が明確であるものについては，その対応月に含めて集計するものとした。また初冬，仲夏といった季節表記とも月表記とも受け取ることができる表現や特殊な表記については，具体的造立月を断定することを避け，基本的には造立月の分析対象からは除外した。また閏月に関しては季節性を捉える上でやはりズレが生じる資料であることや，資料数にして14基で全体の1％程度にも満たないことから，今回の目的である造立月の傾向を把握する点で，大きな影響は与えないものと評価し，除外した。今回抽出した資料は，先に示した17区において期日銘の確認されている資料，総数1,556基であるが，そのうち具体的期日の判明した1,494基を分析対象とした。

図5－1（表5－1）は区部別に各月の割合を示したものである。全体の傾向としては9月，10月，11月の占める割合が高く，秋以降の造立が顕著であったことを示している。一方でそうした全体的傾向に反して板橋区，豊島区といった地域では，10月，11月の割合はさほど高くはなく，特に板橋区では2月の占める割合が32.2％とやや高い比率を示している点が特徴的である。また

2 東京都区部の造立月銘の計量的分析

表 5 – 1　造立月別の庚申塔資料数

	1月	2月	3月	4月	5月	6月	7月	8月	9月	10月	11月	12月
文京区	4	5	3	3	8	4	1	3	8	3	5	2
新宿区	0	5	3	1	1	1	2	3	3	2	6	2
台東区	2	4	5	6	5	2	4	4	13	1	3	4
江東区	0	1	0	1	1	1	1	8	1	2	3	0
品川区	1	2	5	0	0	0	0	2	3	12	12	3
大田区	6	9	7	2	0	1	3	2	6	8	29	13
目黒区	2	4	1	2	0	1	1	2	4	14	23	5
渋谷区	1	0	0	2	2	0	1	2	8	9	11	1
世田谷区	2	10	5	4	4	2	1	9	10	33	70	10
杉並区	1	3	3	4	1	0	1	2	7	22	30	6
中野区	0	2	1	1	2	1	0	0	5	20	18	2
練馬区	2	10	3	3	1	2	3	9	9	23	42	5
板橋区	9	55	11	6	5	0	1	9	8	10	41	16
豊島区	2	4	5	4	3	0	0	2	3	5	3	0
北区	2	12	1	2	0	3	2	5	15	18	31	10
足立区	10	17	10	3	2	1	6	14	40	28	40	12
葛飾区	4	7	2	2	1	3	3	4	12	7	18	3
荒川区	0	3	2		2	4		3	6	8	14	2
墨田区	2	2	2	0	2	0	3	2	7	2	7	1
江戸川区	4	6	3	2	1	5	10	7	20	14	14	6
	54	161	72	48	41	31	43	92	188	241	420	103

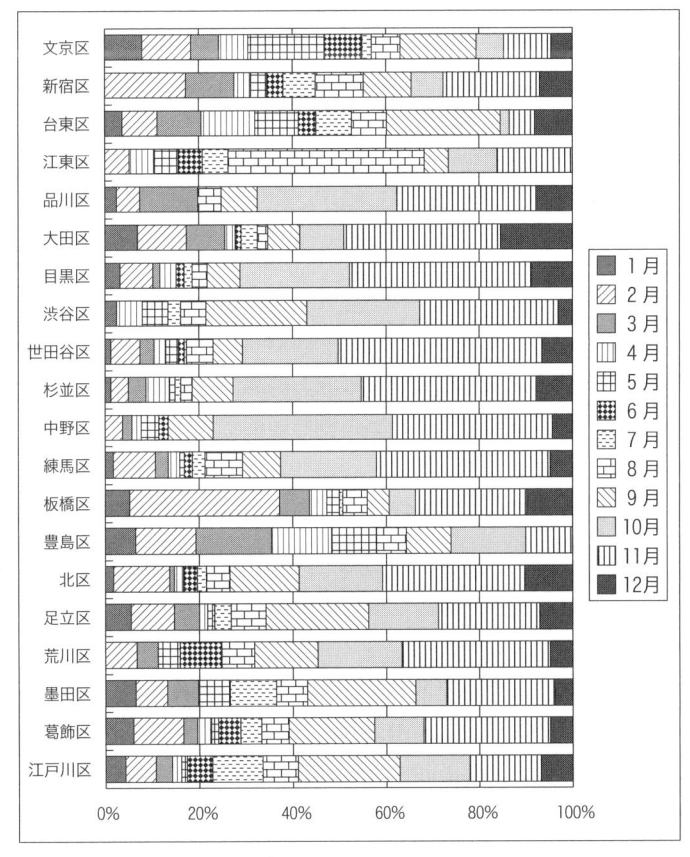

図 5 – 1　区部別造立月出現比　　　　　　　n＝1494

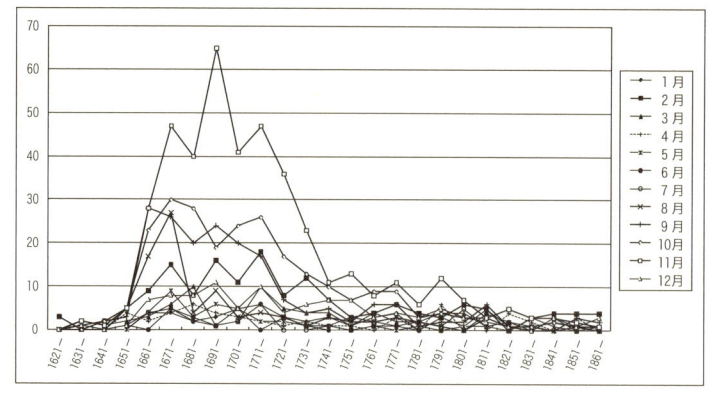

第5章　近世庚申塔にみる造立期日銘の検討

図5－2　造立月の年次別変遷　　　　　　　　　n＝1494

　他の区部でも秋以降の造立月を詳細に見ると，11月が最も造立数が高いことは共通しているが，北区，足立区，葛飾区，墨田区では九月の占める割合が二割程度で10月の占める割合は高くないのに対して，品川区，渋谷区，世田谷区，杉並区，中野区，練馬区では10月の割合が9月よりも高く，細かな差異が認められる。くわえて興味深いのは，文京区，新宿区，台東区，江東区といった，いわゆる「江戸御府内」に含まれる地域では，造立月にばらつきが認められ，他の地域とは異なる様相を示している。
　こうした差異をもとに造立月の傾向を整理すれば，庚申塔の造立は季節的に見ると，大きく「春」あるいは「秋以降冬」にかけての季節に行われていたと指摘できる。そのなかでも11月が数量的には最も多かったものの，9月や10月を造立月とする地域も多く，その選択には地域差が存在していることを指摘できる。特に注目すべき点としては，近郊村落地域では板橋区，豊島区がやや特殊な傾向を示していることであり，これらの領域をいわば中間地帯として，北区や足立区などの9月造立が認められる東京北部，東部地域と練馬区，世田谷区，品川区など10月造立の多い東京西部，南部地域といった地域的な差異が認められることは興味深い。
　こうした地域別に認められる差異が，実際に地域的特徴として見出しうるか検討するため，さらに近世を通じた年次別の変化を追うことにより，地域的特徴であるのか資料数や時代背景の影響を受けたものであるかを検証しておきたい。図5－2は各造立月の資料数を10年単位で集計し，その実数の変化を折れ線グラフとして示したものである。庚申塔の造立盛期である17世紀後半を見ると，やはり11月が圧倒的に多く，10月，9月が拮抗した数値を示している。また2月造立も当初から認められ，その後庚申塔の造立数が減少する18世紀以降も，17世紀代の傾向を維持したまま幕末を迎えている。こうした点から，造立月に認められる傾向は時代差や資料数による影響は認められず，地域的特徴を示している可能性が高いということが指摘できる。
　ここで庚申塔造立の契機である庚申待の習俗について検討すると，窪徳忠はその開催日が「江戸時代以前には，庚申日以外に守庚申を行った記録はほとんどない」と断言している。窪による民俗調査の成果をみると，概ね庚申日の開催が指摘されており[11]，具体的な開催回数は1回から13回まで幅広く，庚申日のみを対象とした年5～6回の開催事例は意外と少ない。基本的には7

〜8回，あるいは年3回以下が多いものと評価できる。また年2回のみ庚申講を開催する地域では，「初庚申」と「終庚申」を期日とする事例があるようで，2月や11月はこうした期日にあたりやすい。つまり庚申塔の造立期日がこの月に多いのは，「初庚申」と「終庚申」を造立期日とする意識が存在したことを示唆するものとも考えられよう。また窪によれば秋の収穫後とする民俗事例もあり[12]，冨永も指摘するように生業体系の違いが造立月の差を生み出している可能性も考えられる[13]。

確かに文京，新宿，台東，江東区などの江戸御府内の地域では，季節性は認められず，「農事暦」によらない町場での庚申塔造立の傾向を示していると評価することもできよう。対して東京北部の北区から葛飾区や墨田区などの東部地域は，沖積低地が広がる地帯であり，その主要な生業はいずれの地域も基本的には水田稲作であった。一方で東京西部地域は武蔵野台地上にあって水田は河川流域や谷戸田に限られ，その多くは畑作を主体としていたものと思われる[14]。窪が指摘しているように現在の庚申講ではいわゆる農繁期から講行事を避ける事例が多く認められており[15]，こうした点を考慮すれば生業形態が庚申塔の造立月に与える影響は考慮すべきであると思われる。しかしながら，いわゆる大根，牛蒡といった根菜類の栽培が基本で，生業形態に大きな差異が認められない板橋区と練馬区のいわゆる武蔵野台地周辺でこうした違いが生じることは興味深い[16]。

例えば中世の板碑の場合，比留間博が整理した事例によれば[17]，板碑造立の盛期であった貞治年間（1362〜1368年）では，2月に造立のピークがあり，次いで8月，11月が造立数の多い月であるとしている。比留間は2月あるいは3月と8月は春秋の彼岸にあたり，仏事を積極的に営む時期といった背景があると推測している[18]。加えて6月や10月，10月の造立数も多いことから，農事暦との関わりや月待供養板碑の造立が11月であることなどを考慮に入れると，やはり仏事を行う時期にあたっていたことが背景としてあるものと指摘している。他方，東京都区部と多摩地域に区分けし分析を試みているが，大きな差異はないものの，8月の造立数が区部では多いが多摩地域では少なく，地域的な造立月の規範が存在した可能性も窺わせる。こうした中世の板碑の傾向を踏まえるならば，板橋区における2月造立のピークは，中世来の石塔造立のあり方を踏襲したものということもできよう。いずれにせよ，こうした造立月の地域的差異は石造遺物の造立背景を捉える上で重要な要素といえ，今後の課題としておきたい。

3　造立日の計量的分析と庚申日との関係

つぎに造立日について検討してみたい。庚申塔の造立日時を規定するものに「庚申日」と呼ばれる干支に基づいた「アタリ日」が存在する。それは古来より庚申待の期日として意識されてきた日であるとともに，近世以降今日まで講の開催日とされてきた[19]。こうした期日の存在は，庚申信仰が「日待」信仰としての側面を持つ証左として注目されてきたし，実際に庚申日を庚申塔の造立期日とすることは現在でも行われている[20]。しかしながら，造立年の分析でも指摘したように，庚申年に必ずしも庚申塔の造立がなされていたわけではなく，実際の銘文表現にも「吉

第5章　近世庚申塔にみる造立期日銘の検討

表5-2　主な期日用語の種類

文京区	朔庚申日	初午		
台東区	庚申日			
足立区	初申日	上旬	上旬日	
葛飾区	今日	初庚申日		
北区	初申之日			
豊島区	彼岸中日			
板橋区	庚申日	穀日	初日	彼岸日
	申日	正日	鐘穀日	彼岸中日
大田区	庚申日	上旬日		

日」や「吉祥日」といった期日を特定しない庚申塔が多いことに気づく。こうした点を考慮するならば、近世における庚申塔の造立日については、必ずしも期日を意識していたかどうか疑わしい。そこで実際の様相を把握するために、造立月の分析に加えて、造立日に関する分析を試み、庚申塔造立に対する信仰面の反映度を明らかにしてみたい。

　分析に際して個々の期日を検討することは煩雑となるため、全体の傾向を把握するため、まず期日を特定したものと、それ以外のものに大別し、整理することにした。分類項目としては具体的な日にちが刻まれているものを「造立日」、吉日や吉祥日といった吉例に因む表記をしているものを「吉日系」、それ以外の「庚申日」やその他特異な表記は「その他」、そうした期日の表記がないものを「なし」とし、それ以外に月日の表記がある資料で、欠損で日にちが確認できなかった資料は「不明」に区分し、整理を試みた。対象とした資料は造立月分析で用いた資料と同じものである。

　表5-2に造立日銘として認められる特殊な語句に関し、主なものを提示した。造立月に比べると、そのヴァリエーションは少ないが、「彼岸日」といったものや「鐘穀日」といったものもある。「彼岸日」については、嘉津山が中世石造遺物の銘文として認められることを指摘しているが[21]、季節的な意味を込めた造立日銘ということができよう。また「初申日」などは「初庚申」を意味するものとすれば、先述の窪の指摘にあったように、造立月を初庚申に当てるといった意図が示されているものと考えられよう。

　そこでまず1,501基すべてを対象に、各項目別での割合を示したものが図5-3である。この結果から読み取れることとしては、期日を特定したものと吉日系の表記を行った資料がほぼ拮抗する割合を示し、なおかつ両者で全体の九割近くを占めていることがわかる。この傾向は区ごとでの把握においても大きな差異はなく、地域的な差異は認められない。従って、都区部の近世庚申塔に見られる造立日の傾向として理解してよいものと考えられる。そこでさらに、この両者間での差異を明らかにするため、まず年次変化を把握すべく、10年単位での整理を行い、各項目の実数を比較することにした。

　図5-4には、各項目の実数の年次変化を折れ線グラフとして示した。図に見られるように、17世紀後半から18世紀初頭には、期日を刻んだ資料がやや吉日系の資料を上回っているのに対し、18世紀半ば以降は吉日系が他の項目を圧して、全体の主流をなしていたことが理解できる。17世紀後半から18世紀初頭は近世において最も庚申塔が造立された時期であり、18世紀半ば以降は減少期に当たる[22]。こうした造立日の記載方法において時期差が認められ、それが造立数の盛衰の傾向とも何らかの関わりを持っていたとすれば、庚申塔の造立意識自体の変化が生じていた可能性を示唆するものと考えられる。

　もともと庚申塔の造立は庚申待の行を成し遂げ、三尸と自らの逆修供養を図る目的があったとされている。加えて冒頭で述べたように庚申待の開催日は基本的には庚申日に規定されており、

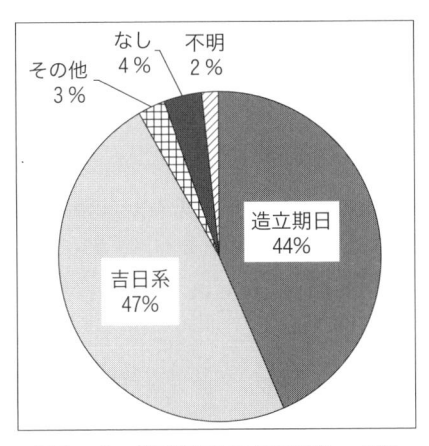

図5-3　期日語句にみる出現率　n=1491

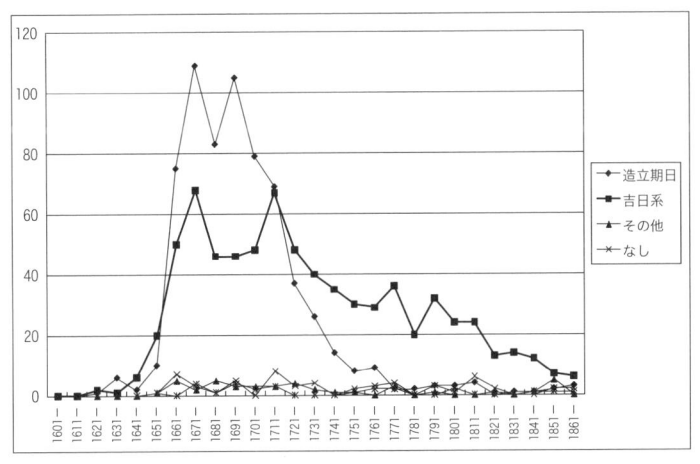

図5-4　各期日銘の年次別変遷　n=1491

翻って行の成就が果たされる日は庚申日であったといえる。つまり、庚申塔とは庚申日に建てられるのが、本来の信仰からは必然であったと考えられる。そこで庚申日との関係をより詳細に確認するため、刻まれた具体的な期日が実際の庚申日と重なっているか否かを確認するため、各区部における庚申塔のうち、特定の期日が刻まれた657基について暦日との対照を試みたところ意外な結果を得た[23]。

　全般的な傾向としては、やはり江戸御府内地域の傾向にやや特徴が認められ、「庚申日」および「庚申近接日」に造立していたものが、111基中63基と約56.8％を占める。それに対して江戸近郊の村落地域では、庚申日とは異なる期日に造立する事例が656基中387基で約59.0％と半数以上を占めている。ここで事例数の多い区部をもとに地域別に見てみると、例えば板橋区では造立日を刻む資料、総数165基のうち、「造立日」を刻んだものは55基あり、そのうち庚申日に当たっているのは11基で20.7％、庚申日が含まれている月に合致しているものは13基で24.5％（一基は閏月の表記はないが月のみはあっている）となっている。一方、「吉日系」＋「その他」の造立日

銘は合わせて110基あり，そのうち47基（42％）が庚申日が含まれる月にあたっている。庚申日はともかくとして，庚申日の含まれる月と対応する資料数は「造立日」と「吉日系」，「その他」を合わせて71基で総資料数の（40.1％）であり，基本的には庚申日を意識した傾向は示しているといえよう。

また足立区では178基のうち，「造立日」を刻んだものは66基あり，そのうち17基（26.6％）が庚申日にあたっている（1基は庚申日より一日遅れの期日となっている）。加えて庚申日の含まれる月のみが合致するものは19基（29.7％）となっている。一方，「吉日系」は98基あり，うち庚申日の月に当たっているのは50基で48.1％となっている。庚申日の含まれる月と対応する資料数は「造立日」と「吉日系」，「その他」を合わせて86基で総資料数の（48.3％）であり，板橋区同様に，基本的には庚申日への意識が窺える。

世田谷区では169基のうち，「造立日」を刻んだ資料は77基あり，そのうち31基（40.3％）が庚申日にあたっている。そして庚申日を含む月のみが合致したのは25基（23.5％）であった。「吉日系」は86基のうち，47基（55.8％）が庚申日の月にあたっている。庚申日の含まれる月と対応する資料数は「造立日」と「吉日系」，「その他」を合わせて103基で総資料数の（60.9％）を占める。また「造立日」でも庚申日と対応する資料は31基と総資料数の18.3％を占めていることから，板橋区，足立両区に比べると庚申日に対する高い意識が窺える。

以上の分析を踏まえると，実際の庚申日との合致を含む，造立月が庚申日の存在する月と一致をみる資料は，期日銘の半数前後に上るものの，厳密な庚申日の期日を厳格に記す事例はさほど多くはないことが明らかとなった。嘉津山は日付が吉日や吉祥日などの表記をとることに関して，日付よりも吉日とした方が，よりその日を盛り上げるのには縁起が良いためとの見解を示している[24]。加えて，暦注の悪日と重なる日付は石塔造立日として相応しくないとして，意図的に避けた事例も多いと指摘している。確かに，先述のように庚申塔の造立は，庚申待の行の完成に重きをおいており，吉凶の日柄を意識した可能性は高いだろう。

しかし，今回の図5－4で示した期日銘の年次別変遷で見る限り，17世紀代では期日を刻む事例の方が上回っており，それが次第に「吉日系」へと主流が変化している様子が確かめられた。図5－5は庚申日と一般期日銘の年次別変遷を示したものであるが，ここからは期日銘が記されていた17世紀代において両者の比率は拮抗しているほか，18世紀に入り1710年代の第3造立盛期において庚申日の資料数がやや減少するものの，それ以降は両者の比率はほとんど変わらず，期日銘自体の減少傾向を示していく。こうした様相からは，時期によらず庚申日や一般期日のいずれの場合も存在し，嘉津山が指摘するような吉凶の日柄による期日選定を含めて，それぞれの造立経緯を背景として，期日銘を刻んでいたことが想定される。他方，こうした庚申塔の期日を刻まずに，「吉日系」の銘へと変化する点に関しては，別に意図が存在するものと考えられる。「吉日系」銘が主流となるのは18世紀前半以降であり，それは第4章，施主名称の分析の際に指摘したように，施主名称の主流が「講中」銘となっていく時期と重なっている[25]。施主名称の変化の背景には，講の社会組織化や娯楽化といった信仰的要素の減退も要因の一つとしてあるものと筆者は考えており，「吉日系」が多くなる背景もまた，そうした庚申信仰自体の性質的変化があっ

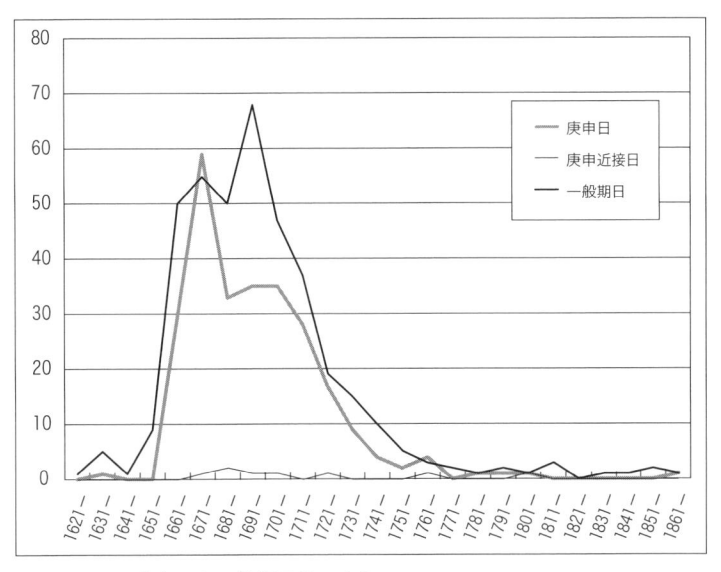

図5-5　庚申日と一般期日銘の変化　　　　　　　　n＝656

たものと推測される。つまり庚申日を重視しない意識が，庚申待の集団の中で生じ始めていたことを示すものと考えられる。

4　結語

本稿での分析結果をまとめると次のようになる。
①近世庚申塔の造立は，数量的には11月が造立月として最も多いものの，9月や10月を造立月とする地域も多く，その選択には地域差が存在している。
②板橋区はやや特殊な傾向を示しており，これらの領域を中間地帯として，北区や足立区などの9月造立が認められる東京北部，東部地域と練馬区，世田谷区，品川区など10月造立の多い東京西部・南部地域といった地域的差異が認められる。
③造立日は庚申日（アタリ日）とするものが江戸御府内地域に多く，近郊村落地域でやや少ない傾向にある。ただし，庚申日の存在する月にあたる事例を加えると5割以上を超えることから，庚申日への意識自体は造立時に存在したものといえる。
④期日銘は17世紀〜18世紀初頭では具体的期日を刻んでいるが，18世紀以降は「吉日」と刻む事例が増加することが指摘できる。

これらの分析結果を受けて，現状で想定される解釈をまとめると次のようになる。
①基本的に造立月に認められる地域的な傾向は，農事暦が石塔造立に影響を与えていたとすれば，生業形態の差異といった背景が想定される。しかし，板橋区のような特異な傾向は生業形態ではなく，中世来の信仰意識など別の理由を想定する必要がある。
②期日銘に具体的日次を刻まず，「吉日」，「吉祥日」といった文言を刻む背景には，庚申日を重要視しない信仰面での変化が，庚申待を行う人々のなかで生じていた可能性が考えられる。

従来の議論では，庚申塔は庚申日に建てられることが当然のこととして理解され，期日銘については十分な関心が払われてこなかった。しかし，分析結果を見るならば，庚申日はもちろんであるが，それ以外の特定の期日をあてる事例も少なからず存在していたことが明らかとなり，造立契機である庚申信仰の影響の強弱を示唆する可能性があることも明らかとなった。庚申待の習俗が信仰としての教義や規範を確立したのは，庚申縁起の流布による青面金剛のいわゆる「主尊化」が図られた18世紀以降のことであり[26]，それ以前は宮廷祭事の一部として民間に流布した形態を採っていたものとされている[27]。そうした17世紀代に概ね庚申日に庚申塔が造立され，その期日を正確に刻んでいたものが，次第に「吉日」や「吉祥日」といった不特定の期日を示す語句に変化していった背景には，庚申待の習俗が持つ信仰面での影響力が低下し，庚申日を重要視する意識が薄らいでいったことを示す例証の一つとして捉えることができるだろう。

今後さらに個別の庚申塔の造立経緯を検討することで，庚申日と「造立日」とのズレが吉凶の日柄に理由があるものか否かを明らかにすることも可能であろうし，また地域的差異の意味を具体的に明らかにすることができるものと思われる。しかし現状では庚申塔の造立に関わる史料が少なく，個々の造立経緯についての解明は難しい。また銘文の資料化は未だ十分ではなく，そうした資料整備の面でも課題は多いものと言える。しかし，本稿で行った大量の資料をもとに定量的分析を加える試みは，一定の成果を上げたものと考えている。少なくとも地域ごとに，特定月での庚申塔造立を行う意識が存在していた可能性があり，その地域差が生業形態に関わる可能性もあるものと思われる。ただし，その理由を個々の地域の生業形態による制約のみに帰するのは短絡的であり，土地固有の信仰意識や庚申塔造立の教導者の影響なども考慮に入れる必要があるものと思われる。

これまでの庚申塔の造立契機の議論では，庚申日の造立を当然視していたきらいがあり，十分な議論が尽くされてはこなかった。銘文が刻まれた庚申塔は東京都区部を含め，関東地方各地では数多くの資料が確認されており，今後はより詳細に造立日に関する検討を行っていくことが，庚申信仰の歴史的な変容過程や庚申塔造立の意識を明らかにする上で，有益な知見を提示できるものと考えている。

［注］
1) 石神裕之「近世庚申塔にみる施主名称の史的変遷―江戸近郊農村における近世前期の一様相」『日本宗教文化史研究』，日本宗教文化史学会，2000，124～152頁。
2) 窪徳忠『新訂　庚申信仰の研究　上巻』（窪徳忠著作集一，第一書房，1996），208～240頁。
3) 清水長輝『庚申塔の研究』，名著出版，1988年（大日洞，初版，1956）。
4) 冨永文昭「庚申塔についての考察―江東区を中心として―」江東区教育委員会編・発行『江東ふるさと歴史研究一』，1997，25～34頁。
5) 嘉津山清「庚申の当たり日について―暦から見た庚申塔造立のお日柄―」『歴史考古学』50，2000，62～75頁。
6) 資料抽出に際して使用した石造遺物報告書は以下の通りである（五十音順）。①『足立区文化財調査報告書　庚申塔編』，足立教育委員会，1986，②『荒川の庚申塔』，荒川区教育委員会，1993，③『大田区の民間信仰（庚申信仰編）』，大田区教育委員会，1969，④『いたばしの石造文化財（その一）庚申塔　改定版』文化財シリーズ　第78集，板橋区教育委員会，1995年，⑤『葛飾区石仏調査報告』，葛飾区教育委員会，1982年，⑥

[注]

『東京都北区庚申信仰関係石造物調査報告書』，北区教育委員会，1996，⑦『品川区史料（二）―庚申塔・念仏供養塔・回国供養塔・馬頭観世音供養塔・地蔵供養塔・道標―』，品川区教育委員会，1983，⑧澁谷郷土研究会『渋谷区の文化財　石仏・金石文編』，渋谷区教育委員会，1977，⑨『文化財シリーズ36　杉並の石仏と石塔』，杉並区教育委員会，1991，⑩『墨田区文化財調査報告書Ⅲ―庚申塔・水鉢・狛犬―』，墨田区教育委員会，1982，⑪『世田谷区石造遺物調査報告Ⅱ　世田谷の庚申塔』，世田谷区教育委員会，1984，⑫『豊島あちらこちら第六集　豊島の石造文化財　その一』，豊島区教育委員会，1980，⑬『中野区の文化財№1　路傍の石仏をたずねて』，中野区教育委員会，1976，⑭練馬区郷土資料室『練馬の庚申塔』，練馬区教育委員会，1986，⑮『文化財その一　目黒区の庚申塔』，目黒区教育委員会，1976，加えて⑯文京区教育委員会『文京の石造文化財―庚申信仰関係石造物調査報告書―』，2011，⑰特別区庚申塔共同調査チーム「Ⅰ特集　東京都東部庚申塔データ集成」『文化財の保護』第43号，東京都教育委員会，2011，⑱台東区教育委員会編・発行『台東区の庚申塔〈台東区文化財調査報告書第39集〉』，2008。および前掲注4）。

7) 近世庚申塔のうち紀年銘（月あるいは日次のいずれかの記載を有する）資料について抽出した。分析項目により記載事項の有無から有効資料数は異なる。各区の総資料数は以下の通りである。文京区・49基，新宿区・29基，品川区・40基，台東区・53基，江東区・19基，大田区・86基，目黒区・59基，渋谷区・37基，世田谷区・160基，杉並区・80基，中野区・52基，練馬区・112基，板橋区・171基，豊島区・31基，北区・101基，足立区・183基，荒川区・44基，墨田区・30基，葛飾区・66基［順不同］。

8) 渡邊敏夫『暦入門』，雄山閣出版，1994。岡田芳朗『日本の暦』新人物往来社，1996などに詳しい。

9) 先述のように現在の西暦と当時の太陽太陰暦とは一ヶ月ほどのズレがあるため，造立期日が和暦で12月の場合，西暦に置き換えた際には翌年に位置付けられる事例も存在している。こうした年の変わり目付近における資料の造立年については，基本的に和暦（元号）を基軸とし，太陽暦では年が変わっていても，和暦12月の資料は，前年の資料に含むものとする。

10) 前掲注5），62～75頁。

11) 前掲注2），208～240頁。

12) 前掲注2），208～240頁。

13) 前掲注4），25～34頁。

14) 高島緑雄によれば，荏原郡では摘田（つみた）と呼ばれる谷戸田が水田として用いられていたとされる。摘田は植田に比べて播籾の時期が5月上旬前後と早いため，6月前後となる植田では雑穀・蔬菜類の植え付け時期と重なることもあって，植田にかえて摘田を選択していたとする見解もあるが，高島は地形的要因と制度的な要因による水利の不便さが摘田を選択させていたとしている。実際には多様な要因が背景にはあるものと思われるが，いずれにせよそうした栽培方法の違いによる植え付け時期の差異は，農事暦を考える上で興味深い。①高島緑雄「荏原郡の水利と摘田(1)―谷田地帯における中世水田へのアプローチ―」『駿台史学』55，1982，87～109頁。②高島緑雄「荏原郡の水利と摘田(2)―谷田地帯における中世水田へのアプローチ―」『駿台史学』56，1982，205～231頁。

15) 前掲注2），208～240頁。

16) 渡辺善治郎は江戸近郊農村における生業形態の差異について，村明細帳や『新編武蔵風土記稿』などの記載から整理している。江戸東郊に位置する沖積低地の水田稲作及び葉菜類の生産と西郊の武蔵野台地の根菜類の生産という図式は明瞭であったようで，『練馬区史』に記載された古老の話を紹介している。長雨が続くと葛西は不作だが，練馬は大豊作，といった意識が存在したことを紹介している。板橋区，練馬区の範囲では大根，芋，牛蒡などが盛んに生産されており，豊島郡内での生産物の差異は殆ど認められない。そうした点を踏まえると，板橋区での造立月に認められる傾向は，生業形態の影響以外の要因が存在した可能性を示唆する。渡辺善治郎『都市と農村の間―都市近郊農業史論―』論創社，1983，180～205頁。

17) 比留間博「東京都」坂詰秀一編『板碑の総合研究2　地域編』柏書房，1983，126～143頁。

18) 板橋区同様に2月造立が認められる豊島区の寛文2年（1662）の庚申塔には期日銘として「彼岸中日」との文言があり，春秋彼岸の要素が重要であることを示唆している。前掲注16)　⑫。

19) 前掲注2），208～240頁。

20) 石川博司「東京都の庚申年造塔―中沢　厚氏に答える―」日本石仏協会編『日本の石仏』17，木耳社，1981，20～30頁。

111

第5章　近世庚申塔にみる造立期日銘の検討

21) 前掲注5 ），62〜75頁。
22) 近世庚申塔の造立時期には盛衰があり，東京都区内では足立区花畑正覚院の元和9年（1623）弥陀三尊来迎図刻像塔を初出として，1670年代に第1回目の盛期が認められ，以後1690年代，1710年代に大規模な庚申塔造立数の盛期が存在している。石神裕之「近世庚申塔にみる流行型式の普及─江戸周辺における物質文化交流の復原への試み─」『歴史地理学44－4，歴史地理学会，2002，1〜21頁。
23) 小花波平六により作成された資料を使用した。小花波平六「庚申の日一覧表」『石仏研究ハンドブック』（庚申懇話会，小花波平六・縣敏夫・芦田正次郎・石川博司，雄山閣，1985），330〜339頁。また資料抽出の際には，期日銘の有無の他，造立年の確実な資料のみを対象とした。
24) 前掲注5 ）62〜75頁。
25) 17世紀〜18世紀初頭においては個人名の連記や結衆，同行など多様な施主名称が見られるのに対し，18世紀前半以降では「講中」銘の庚申塔が大半を占めるようになり，庚申待集団の組織化の傾向が認められる。前掲注1 ）。
26) 清水は経験的知見として，いわゆる青面金剛を主尊とした庚申塔の造立が17世紀末以降盛んとなることを指摘している。前掲注3 ），9頁。筆者も東京都区部の資料を基に，計量的分析を試みたところ，17世紀代では，願文を刻む文字塔の造立数が多いのに対して，18世紀以降は青面金剛を主尊とする庚申塔が増加する傾向にあることが明らかになった。この点については別稿を期したいが，像容と施主名称，期日銘の記載に認められる一連の変化は，個々の要因から生じたものというより，庚申信仰の確立や変容をもたらす共通の背景を持つものと理解できる。こうした民間信仰の成立や変化の要因を，具体的に検討する上で，これらの素材に目を向ける必要のあることを示唆しているものといえよう。
27) 窪徳忠『新訂　庚申信仰の研究　下巻』（窪徳忠著作集2），第一書房，1996，63〜204頁。

第6章　武蔵国荏原郡馬込村の庚申塔施主

1　問題の所在

　庚申信仰をめぐる研究において，その担い手である庚申講[1]に対する関心は高く，これまでも各地の民俗調査などを通じて，現状の講組織に関する事例研究を数多く認めることができる[2]。しかし一方で，過去の庚申講に関する結集要因や組織化の経緯，あるいは多様な社会関係の紡ぎ方といった課題に対しては，未だ十分な議論が尽くされておらず，特に近世村落内での庚申信仰や庚申講の位置づけについては，未だ研究途上といえよう[3]。こうした社会集団としての講組織（宗教的集団）対する関心は，仏教的信徒・檀徒組織としての講の機能や氏神の奉斎組織としての宮座の特質を捉える試みをはじめ，社会機能的側面から検討が加えられてきた。その経緯は桜井徳太郎をはじめとして，諸先学の論究に詳しいが[4]，こうした議論の多くは講の組織化の背景を血縁や地縁といった特定の要素に還元するものであり，村落内の重層的な社会関係をはじめ，その形成過程の歴史性に配慮した研究は必ずしも多いとはいえない。

　従来，村落内の社会関係については，農村社会学の領域を中心に，村落構造の解明を目的として研究が進められてきた。有賀喜左衛門が提唱した家連合に代表されるように，やはり本家分家関係や同族団などの血縁関係がそうした議論の中心に位置づけられている[5]。こうした研究関心のなかで，講組織は，家のもつ社会的機能の一つとして捉えられてきたものの，個人や家の多様な社会関係に着目し，集団の占める位置を捉える視点はあまり示されてこなかった。くわえて民俗学においても，系譜関係や家制度を重視した議論のなかで，村落内の宗教的集団は捉えられてきた。例えば竹田聴州は，宮座や講の近世組織内での整理を試みるなかで，村落の講や宮座の成立として，小農自立による家の成立を掲げ，そうした意味で宮座と講はすぐれて近世的な所産であるとの見解を明らかにしている[6]。

　しかし近年では，そうした動向にも変化が見られ，森本一彦が近世の伊勢講の組織化とその背景について，講帳だけではなく宗門人別帳や田畑名寄帳など複数の文書史料を基に検討を行い，組織成立の経緯を明らかにしている[7]。具体的には，伊勢講の組織化の背景として村落内の階層差や土地所有関係のあり方など，生産関連の要素が講組織の成立経緯に影響を与えていた可能性に言及している。他方，歴史地理学の分野では，三木一彦は武蔵国秩父郡大野村（埼玉県都幾川村）の民俗調査と石造遺物の存在を通して，18世紀中葉以降の多様な講集団の形成過程を検討している[8]。主要生産物である炭の流通状況などをもとに，商品経済の発展が多様な講の設立や村の組織変化の背景にはあるとして，民間信仰の発展と経済的な側面との関連を指摘している。また小野寺淳は兵庫県明石市の近世後期から現在までの伊勢講の組織形成と変化の経緯を講文書や

民族調査を駆使して検討している[9]。

　同族団や家制度にこだわらず，多様な社会的，経済的側面をもとに講組織の形成過程を論じ，その変容にも関心を示すこれらの研究は評価できるが，代参講のような村落外との大掛かりな関係性をもつ信仰組織ではなく，村落内に存在する小規模の庚申講のような組織については，その形成過程や機能に関して充分な議論が深まっていない。こうした既往の研究を概観したとき，講組織の歴史性を看過せず過去の社会関係へも関心を払っていた研究者の一人として，竹内利美を挙げることができる。

　竹内は戦前に信州松本平の庚申信仰を調査する一環として現存する講組織の他に，近世以来の庚申塔の銘文に対する調査を行い，施主銘の記述内容から組織規模や施主名称の多様性と変遷を整理し，庚申塔の造立者の視点から，近世における社会集団の様相を明らかにしようと試みた[10]。惜しむらくは，竹内は五人組帳や宗門人別帳といった近世史料との対照を行ってはおらず，施主個人の社会的立場や集団の結要要因，組織形成の過程などには言及していない点である。しかしながら，庚申塔の施主銘から，当時の庚申待集団の歴史的展開を明らかにする試みは先駆的といえる。

　くわえて竹内は「組と講」と題する論考において，村落内の社会関係について言及している[11]。そのなかで講の捉え方についても言及し，「主に機能の面に即した集団のとらえ方であり，講独自の組織形態というものはない」と指摘している[12]。たしかに社会関係の結び方として構造論的にいえば，講は多様な結合形態を示し明確な基準を持たない。しかし生活互助的な機能を持つ「村組」的な講の存在を踏まえれば，機能面であってもその区分が困難になるおそれがある。従来の捉え方では，講は宗教的，経済的，社交的機能を持つ組織として捉えられてきたが，そうした機能面のみで講を捉えてしまうと，その構造的な面が十分に把握できなくなるおそれもある。

　近年福田アジオは現代民俗と近世史料を駆使して，近世村落内のいわゆる「講組」的な生活互助組織としての小集団の形成過程を復元する試みを行っているが[13]，こうした宗教的な講組織に関する村落内の構造的理解には踏み込んでいない。いわゆる村組とよばれる生活互助組織の形成が，さらに二次的分化によって，如何なる組織として再編成されたかを十分に検討を図ることが，講組織の形成過程を歴史的に復元する上で重要であると考えられる。

　また，こうした村落内組織の研究を概観すると，本来中核となるべき歴史学からの関心があまり認められないことを指摘できる。木村礎はいわゆる村落史研究の手法として，歴史学と民俗学，社会学の違いに言及している[14]。即ち歴史学は法制史や経済史といった制度史に関心があり，土地所有関係や権力構造の形成といったいわゆる「社会構成史学」が主流をなしていると指摘する。一方，民俗学は家族関係や親族論といった日常生活における個別の社会関係や生活様相に関心を持つが，支配権力との関係性には関心が薄いとする。そして社会学は社会関係の構造に関心を持ち，集団や組織の形成過程を政治的側面からも切り取ろうとしている点を評価している。

　こうした整理を踏まえ木村は，「村落生活史」の構築を提唱し，その定義を衣食住などの日常性に関心を持ち，民俗学的な手法を援用しつつも，その牧歌性を排除し，社会関係の権力的側面にも目配りを図っていく研究領域として位置づけている。考古学においても，こうした近世村落

(生活) 史に対する関心は十分とは言えなかった。近年では近世墓標に対する分析をもとに, 地域史的視野から新たな知見が生み出されつつあるが[15], 依然として歴史復元の試みとは離れた位置に存在している。そこで本章では, 近世庚申塔を素材として, 村落の生活世界の歴史的復元を図ろうとするものである。村落構造の解明にせよ, 家の成立時期や形成過程の解明にせよ, ややもすると巨視的で制度的な側面に関心が向き, 日常の生活における村落内の個人や集団の社会関係は見落とされがちであった。特に民間信仰組織は, そうした村落内の社会関係の復元の作業において十分な研究対象として位置づけられなかった。だが一方で, 庚申講をはじめ多くの民間信仰組織が村落内に形成され, 社会的な機能を有していた可能性があることは, 従来の講組織の検討から指摘されている。むろん, 森本が指摘するように過去の講組織を検討する作業は史料的制約が少なからず存在しているが, 竹内の行った庚申塔の施主銘に対する検討作業は, そうした制約を克服する上で大きな意味を持つものと考えられる。

つまり庚申塔の施主銘とは第4章で検討した如く, 個人名や施主名称が刻まれていることが大半である。そうした個人名を他の文書史料から丁寧に対照していくことによって, 集団を形成した人々の村落内の位置や社会組織としての意味を明らかにできるものと期待される。また近年では地理学的立場から, 近世村落を地域および家の単位の両面から切り取り, そうした重層的スケールから形成される村空間を捉える試みも出てきている[16]。そこで本章では, 竹内や森本による講組織の分析や福田の近世史料と民俗史料を駆使した先駆的作業に立脚して, 庚申塔を素材に施主個人の村落内の位置を明らかにすることを通して, 庚申塔を造立した組織の結集形態やその契機, そして村落内での社会的機能について検討を加えてみたい。日常生活のなかで民間信仰の集団により形成された社会関係が村落内で如何なる位置を占めたかを明らかにすることは, 近世庚申塔の資料性を整理し, 村落生活史研究における新たな研究可能性を提示できるものと考えている。

2　馬込村の支配関係と地理的環境

(1)　馬込村の支配関係

本章は庚申塔施主の社会関係を通して, 村落内の社会組織のあり方を捉えようと試みるものである。具体的対象として取り上げるのは, 東京都大田区旧馬込村地域に残存する庚申塔で, 近世所産の資料は16基ある。これらの石塔に刻まれた施主銘を軸に本章では議論を展開していきたい。幸いなことに馬込村木原家知行所の名主であった加藤家には19世紀代を中心として数多くの史料が残存しており, その翻刻された資料集の刊行もなされている。そこで今回は加藤家文書の翻刻史料を基に, 特に宗門人別帳並びに五人組帳, 検地帳などを素材として, 庚申塔施主の村落内における社会関係を整理し, 組織結成の背景や社会的機能などを解明するための基礎的な作業としたい。具体的な庚申塔施主の議論に移る前に, まず馬込村の当時の支配関係を整理し, 加えて地理的環境, 産物, 人口構成など, 村の概況について簡単に述べておくことにしたい。

最初に木原氏について『大田区史』の記述より説明を加えておきたい[17]。近世前期では大工頭を務めた家柄で、幕初期に新井宿村と馬込村を襲封し、最終的には1,350石を領した。陣屋は馬込村の隣村、新井宿村におかれ、高名な「義民六人衆」の一連の騒動はこの村で起きたものである[18]。さて馬込村の支配関係について詳しく述べると、木原領の他に、幕府代官支配の「御領」と増上寺支配の「御霊屋領」に分割されていたことが知られる。その村高は大田区史より抽出すると[19]、約179石が御領、約388石が御霊屋領、約253石が木原知行所の村高であった。御霊屋領とは、いわゆる徳川将軍墓の管理費用として増上寺に寄進されたもので、各将軍に対して宛がわれていた。馬込村の場合には「台徳院（2代将軍秀忠）」および夫人の「崇源院」の御霊屋領であった[20]。

村の人口は寛政11年（1779）の木原領馬込村の「村方明細書上帳控」（以下「寛政村方明細帳」）によると、三つの領地の人口構成に関して記述がある。「御料（幕府領）」は「家数六拾壱軒」、「男百三拾九人、女百五人」、「私領（木原知行所）」は「家数八拾六軒」、「男百九拾五人、女百八拾四人」、「御霊屋料（増上寺領）」が「家数百六拾軒」、「男四百十七人、女三百四拾一人」と記載されている[21]。天保14年9月作成の木原領馬込村の「村差出明細帳」をみると[22]、村内の家数は「八十五軒」で、人口は「男二三七人、女二一一人」とあり、寛政年間の数値と家数に関しては差がほとんど認められない。従って、他の領地でも概ね同様の傾向を保っていたものと推測することができ、馬込村全体では19世紀代では概ね1,400人程度の人口が存在したものと推測することができる。

このように馬込村は支配形態から見ると複雑な村落形態であった。『大田区史』で指摘されるように、武蔵国荏原領の村落のうちでも三給村であったのは2ヶ村で、大田区内の村としては馬込村一ヶ村のみであったことを考慮すれば[23]、周囲の村落に比べると特異な地域であったということができよう。図6−1に掲げたのは各支配地域を示した村絵図である[24]。御領を「伊奈摂津守様御支配領」と記述することから、寛政4年以前に作成された地図と考えられるが[25]、当時の馬込村の内部は複雑に分割されていたことが理解できる。また加藤家が木原領の名主であったことからも理解できるように、村役人もそれぞれの支配地に置かれていた。知行割は後に述べるように、基本的には小名単位でなされていたようであるが、実際の耕作地や居住地は入り組んだ帰属形態を呈していたことが、土地や支配関係の史料からは読み取れる。

(2) 馬込村の地理的環境

次に馬込村の地理的環境について言及しておきたい。図6−2は明治14年に作成された迅速図をもとに、等高線や道路などをトレースしたものである。台地部を明瞭にするため標高20mの等高線により低地と区分し、台地には網掛けを施した。また馬込村の範囲（点線）は迅速図の記述および、『大田区史』より推測したもので[26]、当時の厳密な境界線を示したものではない。馬込村付近の標高は台地部で概ね25m〜30m前後を呈し、低地では10〜15m程度を測る。村の中央部には台地を抉るように支谷が入り込み、その他にも数多くの谷筋が台地を刻み込んで形成されていることがわかる。とくに台地部は地質学的には武蔵野台地の荏原台に属しており、貝塚爽平

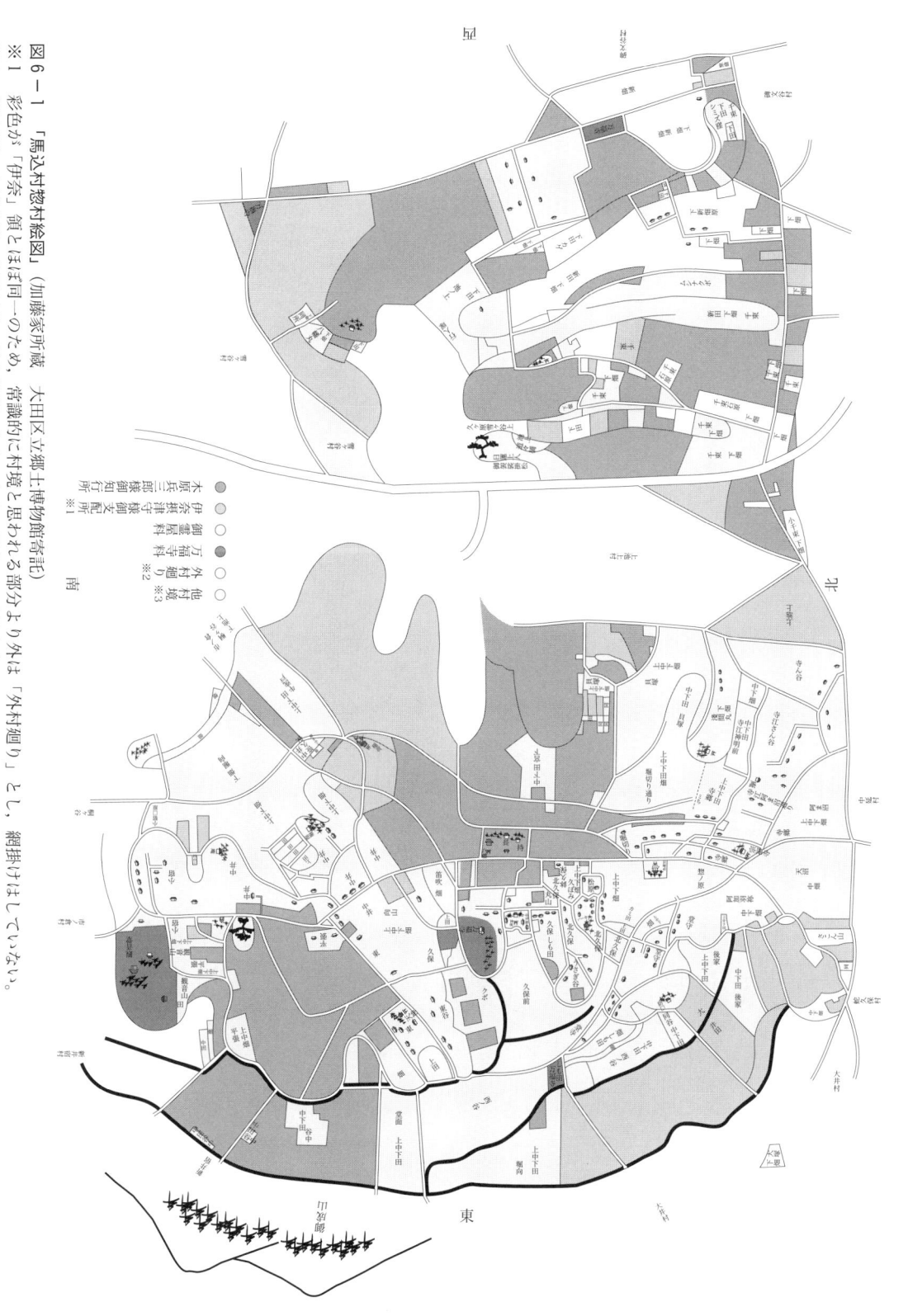

2 馬込村の支配関係と地理的環境

図6-1 「馬込村惣村絵図」(加藤家所蔵 大田区立郷土博物館寄託)
※1 彩色が「伊奈」領とほぼ同一のため、常識的に村境と思われる部分より外は「外村廻り」とし、網掛けはしていない。
※2 「他村境」を示す線の色彩が他の線と識別できないため、図上では省略した。

凡例
● 木原領
○ 伊奈領
● 万福寺
○ 霊仙寺
● 長遠寺
○ 兵庫屋
● 三郡守墓
○ 即慶庵
● 藤襟庵 ※2
○ 御料 ※3
○ 代官支配
● 他村境
○ 外村廻り ※1

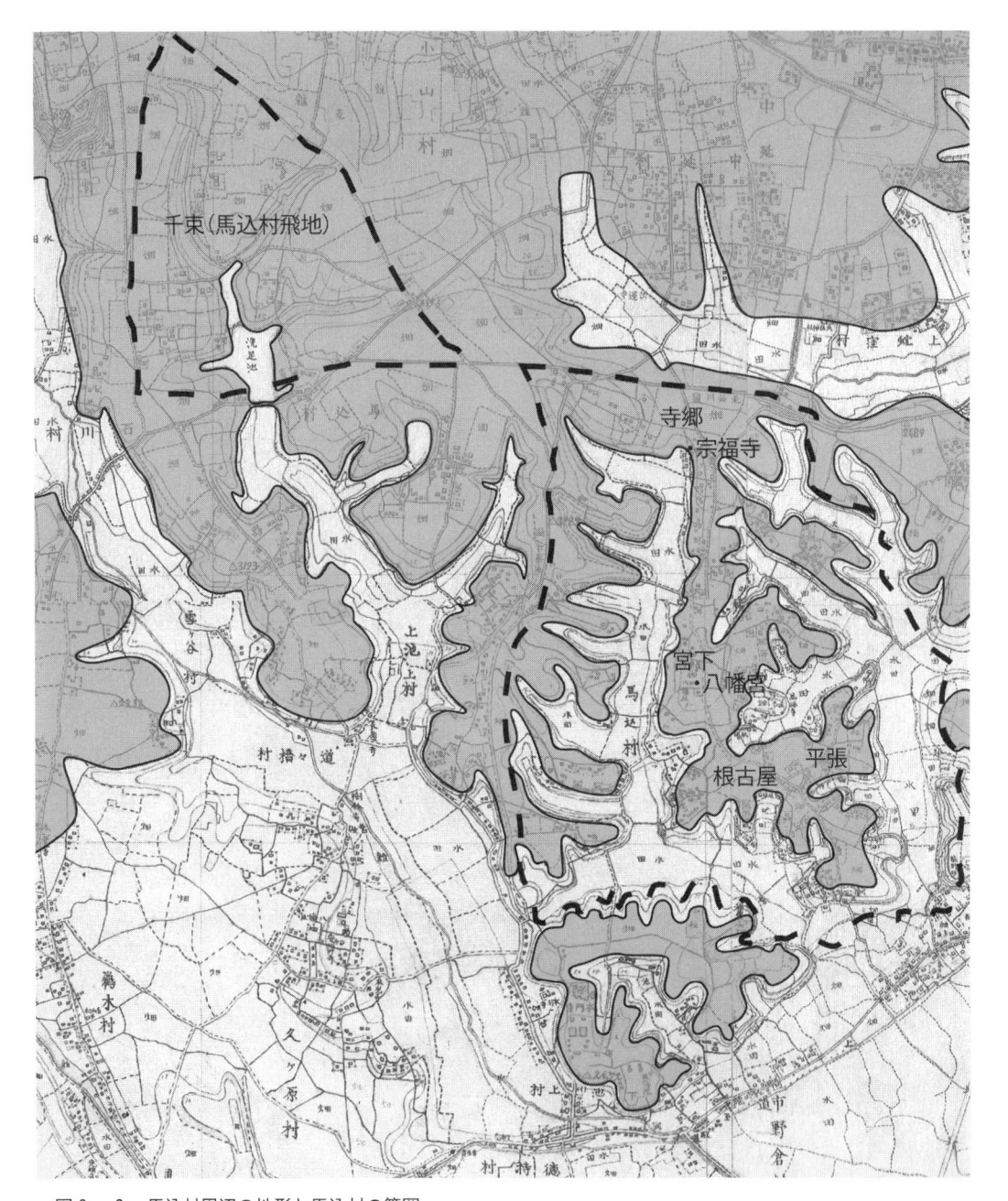

第6章　武蔵国荏原郡馬込村の庚申塔施主

図6−2　馬込村周辺の地形と馬込村の範囲
※ベースマップには(財)日本地図センター発行「明治前期測量2万分の1フランス彩色地図」の「大田区・品川区周辺」49〜52の一部を使用した。

が指摘したように典型的な下末吉面の地形を示しているといえよう[27]。「寛政村方明細帳」には「一躰村内片下り之場所多く御座候ニ付　畑居屋敷入込有之　打開キ候広場一向無御座候」とあるが[28]，台地上では広場もなく，起伏に富んだ土地を苦心して利用していた様子が窺える。おそらく集落間の移動や社会的関係においても，その土地の起伏は影響を与えていたに違いない。

こうした土地を利用して馬込村では次のような生業が営まれていた。「寛政村方明細帳」の石高記載を見ると，田高258石7升7合，畑高172石8斗4合とあり，石高では稲作の比重はやや高い。しかし面積では水田47町5反9畝15歩に対して，畑112町7反6畝8歩で，村の総面積に占める割合では畑作中心の村であったということができる[29]。明治3年10月の「米穀産物類書上帳」から馬込村の産物について概観してみると，米，大麦，小麦，大豆，小豆，粟，稗，黍，胡麻，菜種，蕎麦などともに，いわゆる前栽物と呼ばれる蔬菜類として，菜や大根，三ツ葉に茄子，唐茄子，瓜，芋，人参などが記載されている[30]。「天保村明細帳」でも雑駁ながら同様の記述が見られ，「菜大根茄子之類江戸表江荷商之稼ニ仕」とあることから，江戸府内へも行商に出ていたことを窺わせる[31]。年貢の津出河岸は不入斗村の鈴森河岸で，河岸までは一里，河岸から浅草御蔵までは三里であった[32]。では他方，東海道品川宿へは1里10町ほどの距離に当たることから，助郷として人馬の提供を行っていたことも知られる[33]。

このように多彩な農作物を作っていたとはいえ，その土地の地味の悪さを指摘する記述が「村明細帳」には認められる。「天保村明細帳」では，「村内谷合多　平地少ク田方ハ谷田ニ而　土性至而悪敷深田極鹿田ニ御座候　畑方之儀者段々下り畑多台畑者赤土勝ニ而黒野土少ク麁畑之場所ニ而肥之情ニ而諸作実法申候」とあり[34]，水田は土壌の悪い谷戸田であり，台地の畑も段々畑や赤土の多い土壌で肥を用いることで，作物を漸く育てているといった様が記されている。肥料は畑作では主に下肥を利用していたようで，蔬菜類を行商に入っていたことからも江戸日本橋へ3里，品川宿へ3里程度という土地柄[35]，いわゆる江戸地廻り圏に位置する村として，江戸府内との関係が密接な地域であったことが窺える。

さて荏原台に位置する馬込村では水田面積は少なく，その場所は概ね谷筋に広がっていた。馬込村周辺では解析谷である谷戸に形成された水田に，「摘み田」と称される直播き農法による稲作が行われていたという[36]。この農法は東京のみならず神奈川，埼玉などの台地に刻まれた谷に位置した水田で広く行われていたとされ，特に馬込村一帯は先述の如く谷が入り組んだ土地であったことから，ほとんどが摘み田であったとされる[37]。ここで簡単に『大田区史　民俗編』の記述をもとに摘み田について説明を加えたい。民俗調査によって知られるところでは，「播種（はしゅ）」と呼ばれる直播きの手法は5月中旬から下旬にかけて行われ，桶や樽などで5〜6日種籾を水に浸し，播く前日に水切りをした上で，水の落とされた田に，1株7〜10粒を目安に草木灰と混ぜて播いたという[38]。

谷戸田は先の「明細帳」の記述にあるように「深田」が多く，腰まで水につかる泥質の水田も多かった。水源は崖線からの湧水に頼っていたため，灌水や落水の管理が困難で，水温もやや低かった。寛政の「村明細帳」には，「米者中稲晩稲を作」とあるのは，そうした自然要因に寄るところが大きいと思われる。播種は田が少ない場合は男が「ドウズリ」と呼ばれる道具で目印を引き，女が播き，田が大きい場合には5〜6軒がまとまって男が播いたという。馬込ではこうした「モヤイ」の他「ヒヨトリ（日雇）」も頼んだとされる。摘み田を終えると「摘み田上がり」「摘み田正月」と呼ばれる農休みが出て，「摘み田日待ち」と呼ばれる行事が行われたようである[39]。この「摘み田日待ち」は小字ごとの小集落単位，即ち「ヤト」で行われたようで，こうし

た協働農作業のあり方は村落内の社会関係にも大きな影響を与えていたものと考えられる。しかしながら、これらの水田も大正10年（1921）以降の耕地整理によりほぼ消滅したといい、この「摘み田」の手法は現在では見ることはできない[40]。

『武蔵国風土記稿』の馬込村の項をみると「小名」として13の地名が確認できる。「千束村」、「根小谷」、「宮の下谷」、「中丸谷」、「塚越谷」、「上臺」、「中井谷」、「東谷」、「窪」、「堂寺谷」、「松原谷」、「北窪」、「寺郷」の小字が認められ、「千束村」については「村の飛地」としている[41]。民俗調査ではこうした「ヤト（谷戸）」が、近世以降、集落単位での社会的なまとまりを形成していたとされるが[42]、「一三谷」と称されたように谷の多い地形を反映して、集落名称としても「谷」も用いていることは興味深い。また先述のように摘み田による稲作の共同作業のまとまりとしても「ヤト」が大きな役割を果たしていたとも指摘されているが、第4節で詳しく述べるように、村人のなかには水田を保有しない家も認められ、居住する「谷戸」と耕作する土地が異なる事例も見受けられる。

こうした複雑な土地所有のあり方は、基本的には馬込村特有の地理的要因による耕作地の狭隘さを背景として生じたものと考えられるが、一方で相給村という支配関係に見る複雑さといった権力的要素も背景として関わりを持っているものと思われる。そうした馬込村における社会関係を適切に捉えるためには、居住地のみならず耕作地や支配関係など多様な要素を整理して捉える必要がある。大田区内の民俗調査は、庚申講はヤト単位で形成されていたとされ、馬込地区でも塚越、根小屋における庚申講をはじめとして、念仏講や日待講などは「ヤト」単位で形成されていたという[43]。また「ヤトヅキアイ」といった集落内の関係が密接であったことが指摘されている。しかし支配関係の複雑な馬込村において、単純な谷戸単位という組織形態が機能し得たかについては疑問が残る。そこで馬込地区に遺存する庚申塔の施主を分析対象として、どのような社会関係が構築されていたか検討し、結集要因や村落内での役割についても明らかとしたい。

3　馬込村の庚申塔

(1) 馬込村の庚申塔の概要

現在の大田区馬込地区は、千束村を除いた馬込村本村の範囲に概ね対応している。既述のように馬込村のうち、史料が十分に基遺されているのは木原領馬込村で、その中心は馬込本村にあたることから、今回は馬込地区に絞って分析を行いたい。馬込地区には13基の庚申塔が現存しているが、その概要を示したものが表6－1－a・b、表6－2である。資料数が少ないため明確な傾向を示すものではないが、基本的に第2章で示した東京南部の型式変遷のセリエーショングラフや第4章の施主名称の変遷と近似した傾向を示している。特に型式変遷に関してはB－1a類とC類、G類は存在していないが、F類・B－1B類→B－2類・E類への流れは見られ、B－1B類が多い点は江戸近郊地域の特徴として理解できる。また像容は、青面金剛が全体の8割以上で、青面金剛と阿弥陀如来の複数主尊の庚申塔が1基存在するため、主尊の出現種類は「地蔵

表6－1－a　馬込村における庚申塔の型式変遷

年代(西暦)	B－1a類	B－1b類	B－2類	C類	E類	F類	G類	その他	総計
1671					1			1	2
1681		1							1
1701		1							1
1711		2						1	3
1721		2				1			3
1741									0
1751		1							1
1761			1						1
1831					1				1
総計	0	7	1	0	2	1	0	2	13

表6－1－b　馬込村庚申塔の主尊の変遷

年代(西暦)	文字塔	地蔵菩薩像	阿弥陀如来像	青面金剛(文字)	青面金剛(像容)	その他像容	後期文字塔	計
1671					1	1		2
1681					1			1
1701					1			1
1711					3			3
1721		1			2			3
1741								0
1751					1			1
1761					1			1
1831					1			1
総計	0	1	0	0	11	1	0	13

※1771年代の「その他像容」は，「青面金剛像・阿弥陀如来像」の複数主尊。

表6－2　馬込村における施主名称の変遷

年代(西暦)	願主・同行	施主・連名	同行・連名	願主・連名	講中・連名	世話人・連名	施主・同行・連名	願主・同行・連名	連名	総計
1671									2	2
1681						1				1
1701	1									1
1711			1		1				1	3
1721			1					1	1	3
1741										0
1751										0
1761					1					1
1831							1			1
総計	1	0	2	0	2	1	1	1	4	12

※1751年代に施主名称なしが1基がある。

菩薩」，「阿弥陀如来」，「青面金剛」の3種類となる。

　庚申塔の初出時期は延宝5年（1677）で，馬込村の総鎮守であった八幡宮の別当真言宗長遠寺（南馬込5－2）に現在安置されており，当時から大幅な移動はないものと思われる。またE類の青面金剛刻像塔は[44]，特徴的な点として阿弥陀如来像を背中合わせに刻んでいることで，施主銘から造立主体として念仏講が参加していることにも由来すると思われるが，庚申塔の主尊が依然

表6－3　馬込村の庚申塔と小名の対応関係

武蔵国風土記稿に認められる小名	庚申塔に刻まれた小名	塔数（基）	造立年（西暦）	造立年（和暦）
千束村				
根小谷	根子屋谷	1	1762	宝暦12年
宮の下				
中丸谷	中丸	1	1721	享保6年
	中丸谷	①	1721	享保6年
塚越谷	塚越谷	①	1721	享保6年
上臺				
中井谷	中井	1	1720	享保5年
東窪谷				
堂寺谷				
松原谷				
北窪				
寺郷	寺郷谷	1	1840	天保11年
	平張谷	1	1720	享保5年
	天神谷	1	1724	享保9年
	東谷中	1	1757	宝暦7年
	南谷	①	1721	享保6年

※①は同一個体

として不明瞭であった時期の事例と評価できよう。この塔以後は地蔵菩薩像が1基あるものの，主尊は概ね青面金剛像で江戸近郊地域での典型的な庚申塔の形態を踏襲している。

　施主名称は表6－2に示したように多様性はあるものの，「同行」の名称を冠する集団が多いことに気づく。そして施主の多くは名のみではなく苗字を併記しており，その内容からは同苗ばかりではなく，複数姓の人々が入り交じった集団であったことが理解できる。その詳細は後述するが，庚申塔施主の結集要素を検討する上で興味深い点と言えよう。また「栄音」や「慧空」など僧侶名が認められることから，馬込村での庚申信仰の普及に際して，こうした仏教的な教導者の存在が大きかったことを窺わせる[45]。先に念仏講銘が存在することを指摘したが，民俗調査では馬込地区での念仏講が庚申講と並んで盛んであったことに言及しており，こうした状況も仏教の主導的役割を支持するものと言えよう[46]。

　先の議論でも触れたように，銘文として他に注目されるのは「小名」（「小字」地名）の存在である。馬込地区では庚申塔に小名が刻まれるものは8基あり，これらの資料について『武蔵国風土記稿』に記載された小名との対応関係を整理したものが表6－3である[47]。実際の庚申塔では『風土記稿』に挙げられていた小名以外にも，いくつかの地名が用いられていたことが理解できる。ただし『風土記稿』に現れない小名も，後に示すように近世史料では確認することができ，そうした地名の使用は疑いないものといえる。基本的に庚申塔の造立に際して小字名を刻むのは，施主が土地との関係性を重視していたことを示している。即ち施主の集団をまとめる紐帯として，「小名」，つまりは集落単位での地域的な社会関係が強く意識されていたことを窺わせる。その点をさらに検討するため，施主の土地所有関係を通して若干の考察を試みたい。

(2)　庚申塔施主の人物特定の前提

　分析に先立って，幾つかの作業を前提として行っておきたい。先述したように馬込村の村民の動向を把握する史料は，加藤家文書に依るところが大きい。従って庚申塔施主について検討する際にも，分析対象として抽出できるのは木原領馬込村に属した人々に限定される。また庚申塔の施主を検討する上で重要な問題の一つは，施主が加入していた庚申待集団（庚申講）に，個人的な立場で属したのか，家を代表した形式で属したかという点である。竹内利美は信州松本平の昭

和前期の庚申講の形態として，庚申講は平均して10戸前後の集団規模を示し，家を単位とした講組織が多く，一戸から戸主あるいは，代理の男子が一人代表して講に出るとされている[48]。こうした竹内の分析や民俗調査による馬込地区の庚申講の結成形態を踏まえるならば，基本的には戸主を構成員とした庚申待集団（庚申講）の形成という理解は，前提としてよいものと思われる。

　つぎに村人の居住地や耕作地が特定可能かどうかという点であるが，耕作地に関しては「検地帳」や「名寄帳」といった土地関係史料が存在するため問題はないが，居住地に関しては史料が少ない。そこで今回は当時の馬込三給村の総鎮守であった八幡宮の氏子の連名帳帳」（以下「八幡宮寄進帳」）並びに，嘉永2年（1849）の「八幡宮氏子之内我儘之仕方ニ付議定連印帳」（以下「八幡宮連印帳」）には，相給村ごとに小名が明瞭に記されていることから（表6-4）当時の馬込村の集落名（民俗調査での「ヤト」）を知ることができる[49]。八幡宮への寄付は氏子である世帯

表6-4　嘉永2年（1849）5月「八幡宮氏子之内我儘之仕方ニ付議定連印帳」にみる各所領の小名

御霊屋料	御料所	私領所
北窪	塚越	平張
堂寺	中丸	根古谷
寺郷	上台	
中井		
小宿		
東		
久保		

※この連印帳は「宮ノ下谷」と他の谷戸との争議に際して作成されたもののためか，「宮下」の名が見られない。
嘉永2年（1849）5月「八幡宮氏子之内我儘之仕方ニ付議定連印帳」大田区史編さん委員会『大田区史（資料編）加藤家文書4』，1987，290〜291頁より作成。

単位でなされていたと考えられるが[50]，「八幡宮寄進帳」の記載にも，例えば宮下の欄の最後には「廿九軒　〆金八両ト銀七拾五匁」とあり，家単位での集金の様子が認められる。この「八幡宮寄進帳」に記載された人物名は210名に及ぶが，これは「寛政村明細帳」に記載されている家数，「御料　家数六拾壱軒」，「私領　家数八拾六軒」，「御霊屋領　家数百六拾軒」の合計家数307軒の約68%を占める数値であり，千束村は別の氏子組織が現在形成されていることを考慮すれば，馬込本村の家数を概ね網羅していることになるだろう[51]。

　この「八幡宮寄進帳」の記載を基に，木原領馬込村の公的組織である「五人組」として記された名前とを対照し，木原領馬込村に居住した人々の集落名を比定することを試みた。「八幡宮連印帳」では木原領の小名は「根古屋」と「平張」とされているが，『武蔵風土記稿』の記載を考慮すれば，おそらくさらに「宮下」も加わっていたものと思われる。そこで，これらの集落について「八幡宮寄進帳」をもとに，天保14年の五人組帳と対応した結果，合計44名の名が「八幡宮寄進帳」の「根古屋」，「宮下」および「集落名記載のないまとまり」の項に確認できた。「集落名記載のないまとまり」については，代参講の一つであった「高尾山太々講」の明治8年（1875）「御嶽山太々講連中掛金覚帳」[52]をもとにさらに検討を試みたところ，「平張」に居住していたことが特定できた。なおこの史料は近代のものではあるが，木原領の五人組帳や宗門改帳に記載される名は勿論，木原領以外の所領における馬込村在住の人名が多数認められ[53]，当時の馬込村の人物を特定する上で貴重な史料である[54]。

　つぎに木原領馬込村の五人組の人物をより詳細に検討するため，苗字と名前の関係性を捉えることにした。明治3年（1870）の「戸籍」は近世の「宗門人別改帳」と同様に戸主とその家族，檀那寺や耕作地及び地名，面積など多岐にわたる情報が盛り込まれた史料である[55]。明治期に入り宗門改めの必要がなくなったことで，家族構成や土地所有の実情を租税との関わりを軸に整理

表6−5 木原領馬込村における同族比率

家名	戸数	比率
A家	27	28.7%
B家	23	24.5%
C家	10	10.6%
D家	6	6.4%
E家	5	5.3%
F家	5	5.3%
G家	4	4.3%
H家	3	3.2%
I家	2	2.1%
J家	2	2.1%
その他	7	7.4%
	94	100%

その他は各苗字1戸

する必要があったものと思われる。加えて同時代史料である明治5年(1872)の「武蔵国荏原郡上知馬込村田畑名寄帳」(一部欠失)[56]と明治6年(1873)の「武蔵国荏原郡馬込村御水帳之表書分」[57]は一人一人の名と所有する田畑の等級,面積が記され,とくに「武蔵国荏原郡上知馬込村田畑名寄帳」にはより詳細な字名や持高が記載されている。これらの史料の記載について,明治2年(1869)「持高書上帳」[58]とも対照し,持高や保有土地面積の符合を確認しつつ,人物の特定を図った。

その結果,明治3年の「戸籍」に記載された戸主全員について苗字を特定することができた。近代の史料のため,近世期に存在しない家も認められるが,それらは新規の苗字で「その他」に分別されるため,基本的には近世期の家の状況を捉えられるものと考えられる。これをもとに各耕作人の苗字を集計し,整理したものが表6−5である(プライベートな情報であるため,今回は便宜的に上位の苗字よりA〜Jまでの区分を表示するにとどめた)。上位3家で全体の63.8%を占め,特にA家は94軒中27軒と最大の規模を示している。村役人の大半はこれら3家から輩出されているが,全くの独占状態にはなく,下位の家からも村役人となった事例が認められる[59]。ただし今回は同姓という基準で集計を試みているが,過去帳や他の系譜関係が把握できる史料による検証を行い得ていないため,その同族関係の詳細な検証は後日を期したい。

つぎに宗門人別帳を用いて,家の継続状況について検討を試みることにした[60]。木原領馬込村における宗門人別帳は,天保5年(1834)から断続的に都合28年分,明治2年(1869)まで残存し,明治3年(1870)「戸籍」をあわせると29年分となる。いわゆる歴史人口学的検討は後述するとして,まずこれらの史料を基に各人物についての対照を試みところ,木原領馬込村については,ほぼ全員の名を天保14年段階でも確認することができた。また五人組を構成するまとまりについても整理したところ,9割近くが対応しており,名の世襲による家の存続の傾向が強固であることを裏付けている(表6−6)。つまり姓名の一致は家の一致と考えてよく,また同一名の人物が確認されないことから,馬込村での庚申塔施主を検討する上では,史料と銘文の名が一致する人物については,時期に関わりなく同一家系に連なる人物と理解して差し支えないものと判断したい。

(3) 享保5年庚申塔の施主

上述の前提作業を踏まえ,庚申塔施主の具体的検討に移りたい。馬込村の庚申塔のうち木原領内の集落名が確認できたのは,根古屋と平張である。そこでまず試みとして,享保5年(1720)の平張谷の庚申塔(以下「享保5年塔」)を対象として検討を加えてみたい(口絵写真3・15参照)。表6−7は「平張谷」の庚申塔施主9名とその土地所有や社会関係についてまとめたものである。まず人物同定の作業について述べておきたい。「享保5年塔」の施主名をもとに,天保14年(1843)「五人組帳」の名前と対応し,人物を特定した。そのうち天保14年の五人組帳と対応する名前は「金子傳右衛門」,「加藤権兵衛」,「金子平三良(郎)」,「山崎市右衛門」の4名である。

3 馬込村の庚申塔

表6-6 五人組帳にみる各組の構成

No.	明治2年(1869)	肩書	No.	明治元年(1868)	組頭	No.	天保14年(1843)	肩書
1	善十郎	五人組	1	善十郎	組頭	1	友右衛門	肩書
2	友右衛門		2	伝兵衛		2	権右衛門	
3	武兵衛		3	太左衛門		3	庄右衛門	
4	太左衛門		4	武兵衛		4	半右衛門	
5	伝右衛門		5	友右衛門		5	重次郎	
6	市右衛門	五人組	6	市右衛門	組頭	6	縫左衛門	五人組頭
7	徳兵衛		7	彦左衛門		7	武兵衛	
8	平三郎		8	七郎右衛門		8	伝右衛門	
9	七郎右衛門		9	平三郎		9	権十郎	
10	彦左衛門		10	徳兵衛		10	権四郎	組合頭
11	権右衛門	五人組	11	権兵衛	組頭	11	徳兵衛	
12	七右衛門		12	庄左衛門		12	平三郎	
13	縫右衛門		13	半左衛門		13	彦左衛門	
14	重次郎		14	重次郎		14	七郎左衛門	
15	半右衛門		15	縫右衛門		15	平次郎	
16	庄左衛門		16	七右衛門		16	七右衛門	組合頭
17	善四郎	五人組	17	善四郎	組頭	17	甚五兵衛	
18	権十郎		18	権四郎		18	金右衛門	
19	権右衛門		19	藤右衛門		19	金蔵	
20	藤右衛門		20	権右衛門		20	久五郎	
21	権四郎		21	権十郎		21	太郎右衛門	組合頭
22	太七郎	五人組	22	太七郎	組頭	22	助三郎	
23	又兵衛		23	金兵衛		23	新右衛門	
24	弥三右衛門		24	四郎兵衛		24	嘉兵衛	
25	四郎兵衛		25	弥三左衛門		25	縫之助	
26	金兵衛		26	甚兵衛		26	縫左衛門	組合頭
27	伊右衛門	五人組	27	伊右衛門	組頭	27	佐兵衛	
28	惣右衛門		28	惣右衛門		28	倉之助	
29	五兵衛		29	五兵衛		29	茂吉	
30	文右衛門		30	五兵衛		30	安之助	
31	佐吉		31	惣右衛門		31	藤左衛門	組合頭
32	源次郎	五人組	32	源次郎	組頭	32	茂兵衛	
33	市郎右衛門		33	甚右衛門		33	新兵衛	
34	善左衛門		34	六右衛門		34	銀五郎	
35	六右衛門		35	善左衛門		35	金蔵	
36	甚右衛門		36	市郎右衛門		36	治右衛門	組合頭
37	杢右衛門	五人組	37	杢右衛門	組頭	37	角右衛門	
38	九右衛門		38	安左衛門		38	長左衛門	
39	甚兵衛		39	政五郎		39	源左衛門	
40	庄左衛門		40	九右衛門		40	喜兵衛	
41	安左衛門		41	九右衛門		41	甚右衛門	組合頭
42	平左衛門	五人組	42	平左衛門	組頭	42	政左衛門	
43	太次右衛門		43	与兵衛		43	弥兵衛	
44	弥次兵衛		44	弥兵衛		44	与兵衛	
45	岡右衛門		45	弥兵衛		45	岡右衛門	
46	与兵衛		46	太次右衛門		46	太次右衛門	
47	太郎左衛門	五人組	47	太郎左衛門	組頭	47	安左衛門	
48	甚五郎		48	七蔵		48	半左衛門	組頭
49	金右衛門		49	久五郎		49	杢右衛門	
50	久五郎		50	金右衛門		50	治郎右衛門	
51	七蔵		51	甚五兵衛		51	治左衛門	
52	金右衛門	五人組	52	金右衛門	組頭	52	甚五兵衛	
53	弥平次		53	甚五左衛門		53	金右衛門	
54	次兵衛		54	次兵衛		54	弥平次	
55	次右衛門		55	次左衛門		55	九兵衛	組頭
56	甚五左衛門		56	弥平次		56	四郎兵衛	
57	縫之助	五人組	57	縫之助	組頭	57	金兵衛	
58	源右衛門		58	金蔵		58	又兵衛	
59	新右衛門		59	新右衛門		59	太七郎	組合頭
60	新左衛門		60	甚兵衛		60	甚兵衛	
61	金蔵		61	源左衛門		61	源次郎	
62	次右衛門	五人組	62	次右衛門	組頭	62	甚左衛門	
63	茂吉		63	藤左衛門		63	六右衛門	
64	次兵衛		64	佐吉		64	市郎右衛門	
65	佐吉		65	次兵衛		65	善右衛門	組合頭
66	藤左衛門		66	茂吉		66	文右衛門	
67	甚五右衛門	五人組	67	甚五右衛門	組頭	67	六兵衛	
68	内蔵之助		68	長左衛門		68	佐右衛門	
69	角左衛門		69	惣右衛門		69	惣右衛門	
70	嘉右衛門		70	角右衛門		70	伊右衛門	組合頭
71	長左衛門		71	内蔵之助		71	八右衛門	
72	縫左衛門	五人組	72	縫左衛門	組頭	72	六郎右衛門	
73	万右衛門		73	作兵衛		73	惣兵衛	
74	助三郎		74	茂兵衛		74	久兵衛	
75	茂兵衛		75	助三郎		75	定右衛門	
76	作兵衛		76	嘉兵衛		76	三右衛門	
77	忠兵衛	五人組	77	忠兵衛	組頭	77	喜兵衛	組合頭
78	惣兵衛		78	市兵衛		78	銀五郎	
79	茂右衛門		79	定右衛門		79	弥左衛門	
80	定右衛門		80	茂右衛門		80	市兵衛	
81	忠右衛門		81	惣兵衛		81	忠兵衛	組合頭
82	喜平次	五人組	82	喜平次	組頭	82	権右衛門	右之権四郎組
83	杢左衛門		83	八右衛門		83	長遠寺	
84	三右衛門		84	久右衛門		84	持明院	
85	六右衛門		85	権五郎		85	観行院	
86	八右衛門		86	六郎左衛門		86	明行院	
87	弥左衛門	五人組	87	弥左衛門	組頭	87	権兵衛	百姓代
88	安之助		88	金七		88	善十郎	右村役人 年寄
89	倉之助		89	銀五郎		89	九右衛門	右村役人 年寄[同]
90	銀五郎		90	倉之助		90	百之助	右村役人 年寄[同]
91	金七		91	安之助				
92	善四郎	百姓代	92	喜兵衛				
93	嘉右衛門	年寄	93	清次郎	根古谷組			
94	九兵衛	年寄[同断]	94	勝之助				
95	藤右衛門	名主	95	安兵衛				
			96	長七	越石			
			97	久三郎				
			98	重蔵				
			99	佐右衛門				
			100	長右衛門				
			101	鉄五郎				
			102	幸次郎				
			103	弥七				
			104	文左衛門				
			105	六左衛門				
			106	政五郎				
			107	伊右衛門				
			108	弥助				
			109	庄右衛門				
			110	万之助				
			111	儀右衛門				
			112	伊兵衛				

明治元年と2年は組内の員数は替わらないが順不同となっている。また天保14年については、やや明治期とは「組」が異なっている。

※「天保14年(1843)7月「馬込村五人組帳控」大田区史編さん委員会編『大田区史(資料編)加藤家文書1』、大田区、1984、14～21頁。「明治元年(1868)11月「五人組銘々名前帳」、大田区史編さん委員会編『大田区史(資料編)加藤家文書1』、大田区、1984。「明治2年(1869)3月「上知馬込村五人組帳」大田区史編さん委員会編『大田区史(資料編)加藤家文書1』、大田区、1984、21～23頁。

第6章　武蔵国荏原郡馬込村の庚申塔施主

表6-7　享保5年（1720）庚申塔の施主に関する社会関係と土地所有状況

享保5年庚申塔の施主	天保14年「五人組帳」※1	檀那寺	弘化4年（1847）「八幡宮寄進帳」にみる帰属集落名	天保11年（1840）「田方反別書留帳」及び「畑方検地帳」	天明8年（1788）「武州荏原郡馬込村御検地帳之写（畑反歩帳・田反歩帳）」※3	元禄10年（1697）「武蔵国荏原郡馬込領馬込村検知水帳」
金子傳右衛門	権四郎組	禅宗万福寺	※2	下畑2畝28歩	下畑1反7畝9歩	
					屋敷2畝12歩	
加藤源三良						
加藤文次良						
平林六右衛門						
加藤長七良						
加藤権兵衛	縫右衛門組	真言宗長遠寺	平張	上畑1反25歩	中田4畝歩	下田1反5畝6歩
					下田2反24歩	下畑5反9畝18歩
					上畑1反8畝2歩	屋敷3反3畝4歩
					下畑1畝18歩	
平林忠右衛門						
金子平三良（金子平三郎）	市右衛門組	禅宗万福寺	平張	下田2反7畝10歩＋α		
				上畑2反7畝18歩	上畑24歩	
				下畑3反1畝16歩	下畑2反4畝歩	
山崎市右衛門	市右衛門組	真言宗円乗院	北久保	上畑2反12歩	上畑2反12歩	
				下畑24歩	下畑24歩	

※1　五人組帳の記載に、5〜6人のまとまりの最後に「組合頭」の肩書があり、また偶然にも記載時に洩れた人名を「権四郎組」として後ろに付け足した記載があることから、組合頭の名を取って「@@組」と表記した。
※2　「東谷」，「堂前」に伝右衛門の名があるが，木原領ではないため別人の可能性がある。平張では名前は確認できない
※3　天明8年には「屋敷御検地帳」も存在しているが，虫損が多く「伝右衛門」のみがここでは確認できた。

そのほかの名は特定し得ないが，名の世襲が行われなかった家が存在しているか，木原領以外の支配村の村民が存在している可能性を窺わせる。

　この「享保5年塔」の施主4名の理解につながる諸情報について，檀那寺と土地所有の観点から検討したい。ただし同時代史料がほとんど現存せず分析に際しての制約が大きいため，時代はさかのぼるものの「家」としての連続性が過去に対してもあるものと仮定して議論を進めていきたい。表6-7に示したように檀那寺は「長遠寺」，「万福寺」，「円乗院」で一致は見られない。つぎに土地所有関係については，やや間接的にはなるが，まず天保14年（1843）の五人組帳と時期的に近い，天保11年（1840）の「田方反別書留帳」[61]と「畑方検地帳」[62]より土地所有の状況を整理したうえで，更に遡った天明8年（1788）「武州荏原郡馬込村御検地帳之写」[63]の「畑反歩帳」と「田反歩帳」の記載をもとに土地所有の状況について把握できるか検討を試みた。天保期の4名の土地所有面積は権兵衛が上畑1反25歩，傳右衛門下畑2畝28歩，平三郎下田2反7畝10歩超（虫損のため一部不明），上畑2反7畝18歩，下畑3反1畝16歩，市右衛門上畑2反12歩，下畑24歩であり，平三郎以外はやや小規模な経営規模となっていることが理解できる。

　次に天明8年（1788）「武州荏原郡馬込村御検地帳之写」と元禄10年（1697）「武蔵国荏原郡馬込領馬込村検知水帳」[64]を基に検討を試みた。すると天明期では権兵衛が中田4畝歩，下田2反24歩，上畑1反8畝2歩，下畑1畝18歩，平三郎は上畑24歩，下畑2反4畝歩，傳右衛門，下畑1反7畝9歩，屋敷2畝12歩にすぎない。また市右衛門は天保期と全く変わらない。さらに元禄期では権兵衛が下田1反5畝6歩，下畑5反9畝18歩などで，他3名はこの史料からは確認する

ことはできなかった。元禄期の史料は虫損が多くあり，厳密な対照を行うことができない制約はあるものの，当時の状況として権兵衛が高い土地保有率を示していることは疑いない。

これらの人物が同名の別家系の人物である可能性もあるが，天保期と天明期の保有する土地の字名に共通性が認められ，また木原領に属する人物であることからも，同一家系に比定しうるものと考えられる。木原領の家数は寛政期86軒で，天保期85軒，そして明治2年で93軒であって近世での大きな移動はない[65]。こうした点からも大きな家の増減は想定しがたく，4家の土地保有形態の変遷過程と考えて良いだろう。土地保有の規模や持高の額を単純に比較するなら，経営規模の異なる家の戸主が結集して庚申塔を建てていたことが理解できる。また本題からややはずれるが，権兵衛家の土地保有数が減少し，代わって平三郎の反別が増加することは興味深い。村落内における各家の経営状況の消長を示唆する変化といえる。

いずれにせよこの4名は姓を異にし，所属する五人組や檀那寺も異なる。また庚申塔施主の構成員には木原領では認められない姓名が多数存在しており，名の世襲が家の存続において重要な位置を占めていたとすれば，木原領以外に帰属する人々が参加していた可能性を示唆するものと言えよう。少なくともここで指摘できるのは，居住する集落が基本的な紐帯となっていることは確かであり，そうした点では集落組織的な役割を持っている。しかしながら，支配村の異なる人々が加入していたとすれば，単純な集落組織ではなく支配体系を越えた意味合いが付与されていた可能性を示唆していよう。加えて土地保有の状況から階層的に立場の異なる人々によって，施主が構成されている点も興味深く，こうした複雑な関係をさらに検討する必要がある。そこで，加藤家文書の豊富な時期である19世紀代の庚申塔に焦点を絞り，さらに庚申塔施主の実態に迫りたい。

4　寺郷谷の天保11年庚申塔にみる施主の社会関係

(1)　天保11年庚申塔の概要

馬込村の寺郷谷の名が刻まれた庚申塔は，現在大田区北馬込2-5に位置する曹洞宗宗福寺に現存する（口絵写真14参照）[66]。宗福寺は同じく大田区内に現存する曹洞宗万福寺に属する末寺で，創建年代は定かではないが，万福寺が中世起立の寺院であることからその年代は近世以前に遡る可能性が示唆される。この宗福寺境内の一角に，現在コンクリート基盤に埋め込まれる状態で庚申塔は現存している（写真6-1）（図6-3-a・b）[67]。『大田区史資料集庚申信仰編』で調査された当時と比べて，現状では実測図と背面の拓影図を示したように，銘文の欠損

写真6-1　宗福寺・寺郷谷天保11年（1840）庚申塔

第6章　武蔵国荏原郡馬込村の庚申塔施主

図6－3－a　宗福寺位置図
※ベースマップデータは，国土地理院「電子国土 Web システム」配信のデータを利用

(背面　拓本翻刻)

庚申堂供養

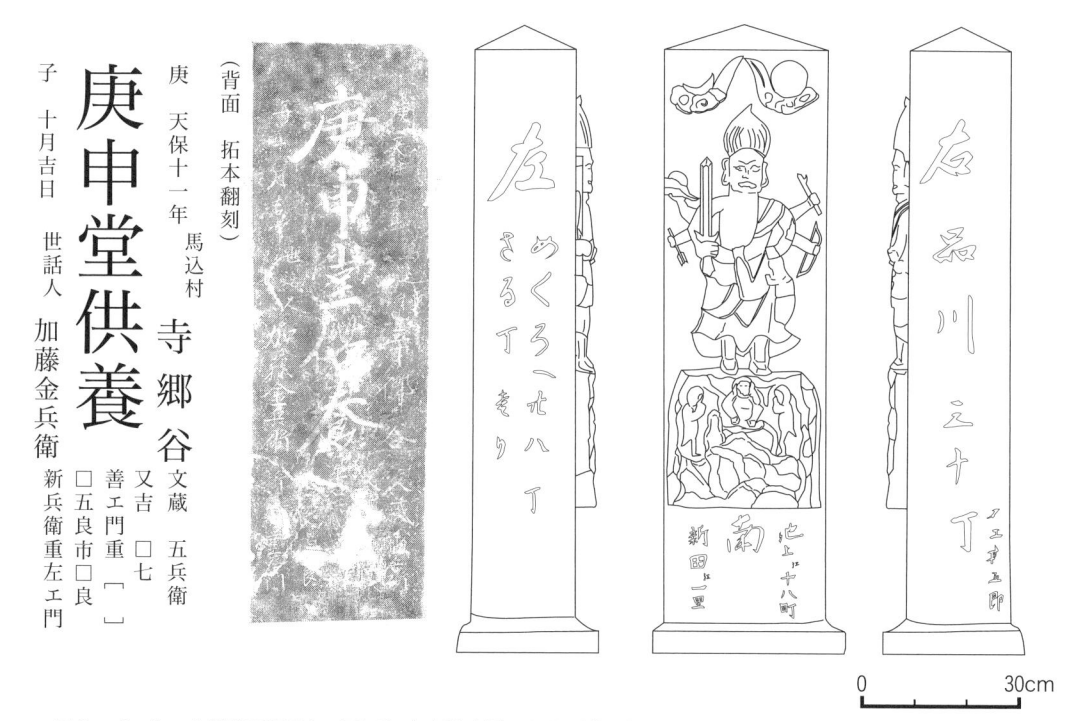

庚　天保十一年　馬込村
子　十月吉日　世話人　加藤金兵衛
　　　　　　　　　　　新兵衛重左エ門

寺郷谷　文蔵　五兵衛
　　　　又吉　□七
　　　　善エ門重　[　]
　　　　□五良市□良

左 めくろへ九八丁
　 さる丁きり

南　池上十八町
　　新田一里

左 品川え十丁

図6－3－b　寺郷谷天保11年（1840）庚申塔実測図および背面拓影図

が目立っている。天保11年（1840）造立の資料で，形態は尖頭角柱で，高さは過去の調査時で111cm，幅31.7cm，奥行き19.5cmを測る。正面には青面金剛が配され下部には「池上江十八町　南　新田江一里」と刻まれるほか，銘文の下部には三猿が彫り込まれている。

本書での考古学的分析からも明らかなように，柱状形態の庚申塔は東京都区部では18世紀後半から19世紀前半にかけて盛んに造立されており[68]，本資料も造立当時の一般的な江戸近郊地域における流行型式の潮流に合致しているものといえる。『大田区資料集』より背面に刻まれる銘文を検討すると，「庚申堂供養」のやや大きな文字を挟んで，上部の右左に，「庚　子」，「天保十一年　十月吉日」と刻まれ，右の中ほどには「馬込村　寺郷谷」，左中ほどには「世話人　加藤金兵衛」とあり，下部は施主の連記が認められる。また右側面には「右　品川江　三十丁」，「石工　甚兵衛」，左側面には「左　めぐろへ　廿八丁　さる丁へ壱リ」と刻まれている。こうした庚申塔の道標としての機能は18世紀後半以降顕著になるが，そうした宗教的石塔の機能変化については第8章で論じたい。

(2) 庚申塔施主の人物の特定

この天保11年（1840）の庚申塔（以下，「天保11年塔」）に刻まれた施主の数は11人で，そのうち一人は世話人として姓名が刻まれている。図6－3－aに示したように，「加藤金兵衛」，「文蔵」，「又吉」，「善ェ門」，「□五良」，「新兵衛」，「五兵衛」，「□七」，「重［　］」，「市□良」，「重左ェ門」となるが，このうち加藤金兵衛は苗字が記されている点で特異である。寺郷谷は御霊屋領と木原領が混在する地域であったが，その大半が御霊屋領支配であったことが図6－1の「馬込村惣絵図」からは確認できる。また先に使用した嘉永2年（1849）の「八幡宮氏子之内我儘之仕方ニ付議定連印帳」[69]には，各給村ごとでの集落名が明瞭に記してあり（表6－4），寺郷は御霊屋領となっている。そうした点を踏まえるならば，寺郷谷の名を刻む天保11年塔は御霊屋領馬込村の住人によって建てられたと考えるのが妥当である。そこでまず「寺郷」に居住した村民を抽出し，庚申塔施主名との対応を図ることにした。ただし寺郷谷は木原領支配ではないため，加藤家文書に含まれる五人組帳には名前は登場しないと考えるのが自然である。他方，御霊屋領に関しては具体的史料が現存していないため，調査対象は加藤家文書のうちで三給村の居住者を確認できる史料に限定されることになる。先述のように相給村を越えた社会関係を築いていた組織は氏子組織であり，それに連なる講組織もそうした関係性を持っている可能性がある。そこでまず弘化4年（1847）の「八幡宮寄進帳」と加藤家文書にある38点の講関係の文書を検討したところ[70]，嘉永4年（1851）「連中御名前并掛銭控帳」[71]，嘉永5年「高尾山太々講掛金手控」[72]，明治8年「御嶽山太々講連中掛金覚帳」[73]，また石造遺物史料としては，富士講関連の先達や多数の世話人の名と共に，馬込村における13の小名と145名の名が刻まれている文政7年（1824）の燈籠に寄進者銘として，寺郷の名とそこに属する人物を確認することができた。表6－8に掲げたのは，寺郷在住とされる人物の名である。27名の名前が確認できたにもかかわらず，金兵衛，五兵衛，新兵衛をはじめとして，残念ながら庚申塔施主として刻まれた名前は一人として確認できない。そこで試みに木原領の五人組帳との対応を図ってみたところ意外な結果が得られた。先の

表6－8 「寺郷谷」に居住すると推測される人物名（並びは史資料に準拠・ゴシック体は各史資料において同一名が認められた人物）

文政7年(1824)燈籠[※1]	嘉永4年(1851)[※2]	嘉永5年(1852)[※3]	明治8年(1875)[※4]	
銘文	氏名	氏名	氏名	肩書
藤四良	橋本金太郎	金太郎	橋本銀次郎	寺郷世話人
文吉	同　久五郎	久五郎	橋本清五郎	同（寺郷世話人）
市之丞	同　啓蔵	啓蔵	加藤権左衛門	
啓蔵	同　勘五郎	勘五郎	橋本由兵衛	
清五郎	加藤文五郎	文五郎	橋本安次郎	
五良兵衛	同　初五郎	初五郎	橋本助次郎	
庄左衛門	橋本清吉	清吉	橋本留五郎	
長兵衛	同　弥助	弥助	橋新之助	
彦四良				
甚五郎				
藤兵衛				
橋本久五郎				
橋本金太郎				
橋本弥助				

※1 大田区南馬込・文政七年九月吉祥日銘「東のお燈籠」／大田区史編さん委員会『大田区の民間信仰（念仏・題目・諸信仰編）』大田区教育委員会（大田区の文化財第12集），大田区教育委員会，1976，139～140頁。
※2 「嘉永四年八月吉日　高尾山太々講連中御名前并掛金控帳」／大田区史編さん委員会『大田区史（資料編）　加藤家文書4』，1987，371～172頁。
※3 「嘉永五年閏二月吉日　高尾山太々講掛金手控」／大田区史編さん委員会『大田区史（資料編）　加藤家文書4』，1987，372～373頁。
※4 「明治八年　四月より　御嶽山太々講連中掛金覚帳」大田区史編さん委員会『大田区史（資料編）　加藤家文書4』，1987，381～383頁。

　表6－6で示した天保14年（1843）「五人組帳」をみると，木原領馬込村の村民86人（百姓代・村役人・年寄4名を含む／寺院4ヶ寺は除く）の名が記される中で，「金兵衛」，「新兵衛」，「五兵衛」の名を確認することができた。また平張谷の分析で使用した弘化4年の「八幡宮寄進帳」でも上記3名のほか，「文蔵」の名を中丸の項に確認でき，関係性は不明ながら，同一名を持つ人物の存在が明らかとなった。

　特に金兵衛は宮下，塚越，堂前に複数の名を確認でき，同名者の存在を窺わせることから，さらに苗字を含めた詳細な人物同定を行う必要ある。すでに前節において天保11年の五人組帳に登場する人物については，苗字の特定や家の継続が確かめられている。そのうちまず興味深い点の一つは，木原領馬込村の「金兵衛」が「加藤」姓であるという点である。同姓同名の存在は否定できないものの，馬込村は支配制度上の三給村とはいえ同一村落であり，「名」の世襲が一般的であった当時にあって，同苗かつ同名の存在は想定しづらい。例えば先ほどの嘉永4年（1851）の「高尾山太々講連中御名前并掛銭控帳」では，同名としては「市右衛門」，「金次郎」，「文五郎」，「三五郎」，「由五郎」，「善次郎」の6組が存在する。そのうち善次郎以外はみな苗字が異なっており，別人物であることが判明する。

　既に指摘したように高尾山太々講は，明治8年の講控帳に御霊屋領の旧家と『新編武蔵風土記稿』に記された高山市右衛門も講員として認められるほか，木原領の五人組帳や宗門改帳に認められない名が多数存在し，三給各所領の村民が入り交じる組織であった可能性が推測される。即ち，馬込村のような三給村の人々が入り交じる可能性のある組織では，苗字によって個々人の区

別を行っていた可能性が基本的には高いものと考えられる。しかしここで問題となるのは、平張と塚越の善次郎である。両名はともに「加藤」姓を名乗り、苗字から2名を区別することはできない。「八幡宮寄進帳」にも、3名の金兵衛が存在しており、同一名の人物の区別を図る必要があったことは明らかである。おそらく日常においては屋号を用いるか居住する小名による区別を行っていたことも推測される[74]。

そうした点を踏まえると、逆に同じ谷戸内では同一の名前を用いることは考えられず、実際に五人組帳でも戸主には同一名は存在しない。つまり寺郷谷での金兵衛は、一般論的に言えば1人しか存在しないはずであり、谷戸単位の庚申塔ならば「寺郷の金兵衛」で通用し、「寺郷谷の加藤金兵衛」と苗字を含めて刻む必要性はないことになる。そうした点を踏まえるならば、あえて庚申塔に苗字を含めて刻んだ背景には、世話人であることを誇示する意味がある一方で、姓名を共に刻むことで人物の特定を図ろうとしたからに他ならないだろう。即ち加藤姓の金兵衛が馬込村では1人であったからこそ、姓を付属させることで他の谷戸の金兵衛と区分しやすかったものと推測される。表6－8にあるように寺郷では少なくとも「加藤」姓と「橋本」姓が存在していたが、金兵衛の名は確認できない。世話人の役割を担う人物であれば、こうした史料に全く登場しないのは不可解といえる。例えば助次郎は明治10年（1877）の「宗福寺明細書上帳」にも檀中世話人惣代の一人として名を連ねているほか[75]、橋本姓の人物は明治7年（1874）の「宗福寺什物帳」にも檀中として登場しているが、加藤金兵衛は登場しない[76]。

他方、富士講関連の石造遺物として注目される資料に、天保12年（1841）造立の手水石がある[77]。これは中馬込の浅間神社境内に現存する天保12年（1841）造立の手水石で、その銘文には「寺郷谷　氏子中　構元　縫右衛門」とあり、2人の先達と思われる名と世話人13名の連記が認められる。「寺郷谷　氏子中」の銘からは、寺郷谷の人々による手水石の寄進であることが明確に窺えるが、その銘文とともに、「東」、「久保」、「千束」、「中丸」、「小宿」、「中井」の谷戸名が刻まれていることは注目に値する。即ち、これらの谷戸は御霊屋領と木原領の集落名であり、特に文政7年の燈籠に刻まれた名前から推測するなら「構元　縫右衛門」は木原領「平張」の縫右衛門である可能性が高いものと考えられる。すなわち谷戸、相給村を超えた集団形成が一般的に行われていた事実をこの手水石は示している。

即ちこれまでの議論を総合するならば、天保11年塔に記載される加藤金兵衛は、木原領の人物である可能性が高いものと推測される。従って他の五兵衛、新兵衛に関しても、木原領の人々である可能性がやはり高いものと考えられる。一方で各史料中に名前が現れない他の庚申塔施主については、木原領以外の戸主である可能性は高い。おそらく記述のように御霊屋領に帰属する村民であった可能性が高いが、戸主以外の人物（弟や悴など）が代理として参加した可能性も考慮する必要はあるだろう。史料的制約もありこれ以上の詳細な検討は行えないが、3名の人物については、木原領に属する可能性が高いという前提に立って議論を進めていきたい。

(3) 庚申塔施主の社会関係・家族構成

宗門人別改帳を基礎とした歴史人口学的研究の有効性とその意義については、碩学たる速水融

第6章　武蔵国荏原郡馬込村の庚申塔施主

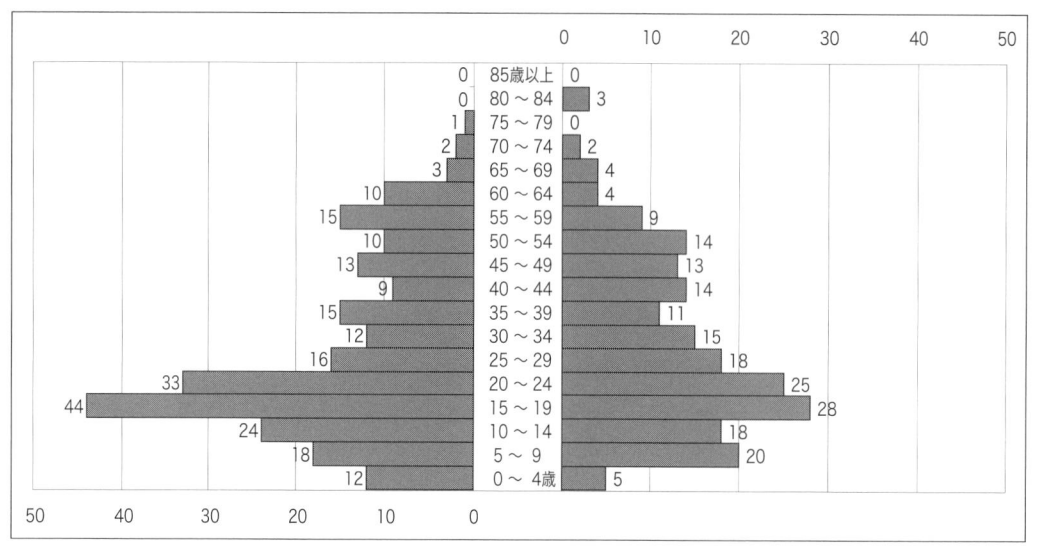

	男		年齢	女	
		0	85歳以上	0	
		0	80～84	3	
		1	75～79	0	
		2	70～74	2	
		3	65～69	4	
		10	60～64	4	
		15	55～59	9	
		10	50～54	14	
		13	45～49	13	
		9	40～44	14	
		15	35～39	11	
		12	30～34	15	
		16	25～29	18	
	33		20～24	25	
	44		15～19	28	
	24		10～14	18	
	18		5～9	20	
	12		0～4歳	5	

図6-4　木原領馬込村の年齢別人口構成

表6-9　天保11年（1840）寺郷谷庚申塔の施主にみる社会関係及び土地所有状況

名前	天保14年(1843)「五人組帳」※1	檀那寺	文久2年(1862)「文久惣石高帳」[注82]	天明8年(1788)「武州荏原郡馬込村御検地帳之写（畑反歩帳・田反歩帳）」[注63]		天保11年(1840)1月「田方反別書留帳」、「御取締触書并畑方検地帳写」[注61・62]		
				耕作地	畠	耕作地	田	畠
金兵衛	太七郎組	真言宗長遠寺	2石7斗6升6合6勺7才	前明入	上畑5畝22歩（弥三左衛門分）	千束	下田2畝17歩	下畑4畝24歩
				篠久保	下畑1畝3歩	大久保□		上畠5畝22歩
				屋敷田ふち	中畠1畝23歩（又兵衛と等量分筆）	篠久保		下畑1畝3歩
				屋敷田ふち	下畠2畝2歩（又兵衛は1畝14歩）	とふがん□		中畠1畝23歩
				屋敷井戸向	下畠8歩（又兵衛と等量分筆）	未詳		下畠8歩
				二本木	中畠3畝26歩	二本木		中畠3畝26歩
				二本木	下畠5畝10歩	二本木		下畠7畝12歩
五兵衛	伊右衛門組	禅宗万福寺	2斗3合7勺	入ノ久保	上畠1反1畝歩	久保		上畠1反1畝
				屋敷前	下畑10歩	屋敷前		下畠10歩
				屋敷内	下畑2畝12歩	屋敷田ふち		中畠1畝23歩
				屋敷	下畑3畝27歩	屋敷田ふち		下畠2畝12歩
				かぢ畠ヶ	下畑2畝6歩（惣右衛門と等量分筆）	屋敷		下畠5畝33歩
				入ノ久保	上畠3歩			上畠3歩
新兵衛	治右衛門組	真言宗長遠寺	4斗1升9合9勺7才	篠久保	中畠6畝12歩	篠久保		中畠6畝12歩
				篠久保	中畠6畝5歩	篠久保		中畠6畝5歩
				円乗院後	中畠2畝歩	円乗院後		中畠2畝

※1　天保14年（1843）7月「馬込村五人組帳控」大田区史編さん委員会編『大田区史（資料編）加藤家文書1』，大田区，1984，14～21頁．
※その他史料名は本文注参照．

表6-10　木原領石高別の世帯数と平均構成人数

	世帯数	世帯構成数平均
20石以上	1	7.00
15石以上	1	4.00
10石以上	3	5.67
5石以上	7	6.71
4石以上	4	5.75
3石以上	4	4.50
2石以上	9	5.00
1石以上	14	5.57
1石未満	36	4.83

※7家・記載無し

表6－11－a　金兵衛家・新兵衛家・五兵衛家の世帯構成の変遷①

名	金兵衛	金兵衛女房	きく	金太郎	金太郎(みつ)女房	徳次郎	せん	清吉	せい	いさ	かね	世帯規模 男	女	計
初出時続柄等	戸主	女房	娘	忰	女房(金太郎)	忰	孫	忰(金太郎改め金兵衛)	孫	孫	孫			
檀那寺	真言宗　長遠寺													
天保5年 (1834)	金兵衛 43	女房 41	娘・きく 20	忰・金太郎 18		忰・徳次郎 7						3	2	5
天保6年 (1835)～天保8年 (1837) まで史料なし														
天保9年 (1838)	↓ 47	↓ 45		↓ 22		↓ 12						3	1	4
天保10年 (1839) 史料なし														
天保11年 (1840)	↓ 49	↓ 47		↓ 24		↓ 14						3	1	4
天保12年 (1841)	↓ 50	↓ 47		↓ 25		↓ 15						3	1	4
天保13年 (1842)	↓ 51	↓ 49		↓ 26		↓ 16						3	1	4
天保14年 (1843)	↓ 52	↓ 49		↓ 27	女房※1 28	↓ 17						3	2	5
天保15年 (1844)	↓ 53	↓ 51		↓ 28	↓ 29	↓ 18						3	2	5
弘化2年 (1845)	↓ 53	↓ 52		↓ 30	↓ 31	↓ 19	孫・せん 3					3	3	6
弘化3年 (1846)	↓ 55	↓ 53		↓ 30	↓ 31	↓ 20	↓ 4					3	3	6
弘化4年 (1847)	↓ 55	↓ 53		↓ 31	↓ 32	↓ 21	↓ 5					3	3	6
嘉永元年 (1848)	↓ 56	↓ 54		↓ 32	↓ 33	↓ 22	↓ 6		孫・せい 3			3	4	7
嘉永2年 (1849) 史料なし														
嘉永3年 (1850)	↓ 59	↓ 57		↓ 34	↓ 35	↓ 24	↓ 8		↓ 5			3	4	7
嘉永4年 (1851)	↓ 59	↓ 57		↓ 34	↓ 35	↓ 24	↓ 8		↓ 5			3	4	7
嘉永5年 (1852)	↓ 63	↓ 59		↓ 36	↓ 37	↓ 26	↓ 10		↓ 7	孫・いさ 3		3	5	8
嘉永6年 (1853)	↓ 62	↓ 60		↓ 37	↓ 38	↓ 27	↓ 11		↓ 8	↓ 4		3	5	8
嘉永7年 (1854)～安政2年 (1855) まで史料なし														
安政3年 (1856)	↓ 65	↓ 63		↓ 40	↓ 41	↓ 27	↓ 14	↓ 11	↓ 7			3	5	8
安政4年 (1857)	↓ 66	↓ 64		↓ 41	↓ 42	↓ 31	↓ 15	↓ 12	↓ 8	孫・かね 3		3	6	9
安政5年 (1858)	↓ 67	↓ 65		↓ 42	↓ 43	↓ 32	↓ 16	↓ 13	↓ 9	↓ 4		3	6	9
安政6年 (1859)	↓ 68	↓ 66		↓ 43	↓ 44	↓ 37	↓ 17	↓ 14	↓ 10	↓ 5		3	6	9
万延元年 (1860) 史料なし														
文久元年 (1861)	↓ 70	記載無し		↓ 45	↓ 46	↓ 39	↓ 19	↓ 16	↓ 12	記載無し		3	4	7
文久2年 (1862)	↓ 71			↓ 46	↓ 47	↓ 40	↓ 20	↓ 17	↓ 13			3	4	7
文久3年 (1863)	↓ 72			↓ 47	↓ 48	↓ 39	↓ 21	↓ 18	↓ 14			3	4	7
文久4年 (1864)	↓ 73			↓ 48	↓ 49	↓ 40	記載無し	↓ 19	↓ 15			3	3	6
元治2年 (1865)	記載無し			金兵衛 49	↓ 50	弟・徳治郎 41			娘・せい 20	娘・いさ 16		2	3	5
慶應2年 (1866)				↓ 50	↓ 51	↓ 42			↓ 21	↓ 17		2	3	5
慶應3年 (1867)				↓ 51	↓ 52	↓ 43			↓ 22	↓ 18		2	3	5
慶應4年 (1868)				↓ 52	↓ 53	↓ 44		忰・清吉 21	女房 23	↓ 19		3	3	6
明治2年 (1869)				百姓・金兵衛 53	女房 みつ 54	弟・徳次郎 45		↓ 22	女房・せい 24	娘・いさ 20		3	3	6
明治3年 (1870)				金兵衛 54	妻・みつ 55	男子・徳次郎 46		清吉 23	清吉妻・せい 25	女子・いさ 21		3	3	6

※1　天保13年 (1842) 10月，武州荏原郡馬込村百姓源左衛門娘を娶る

第6章 武蔵国荏原郡馬込村の庚申塔施主

表6-11-b　金兵衛家・新兵衛家・五兵衛家の世帯構成の変遷②

名	五兵衛	五兵衛女房	牛五郎	牛五郎(よね)女房	喜之助	ちう	竹五郎	小四郎	あさ	いく	よし	せい	世帯規模 男	女	計
初出時続柄等	戸主	女房	悴	女房(悴)	甥	娘	悴	悴	娘	娘	孫	孫			
檀那寺	禅宗　万福寺														
天保5年(1834)	五兵衛 46	女房 44	悴・牛五郎 18		甥・喜之助 25	娘・ちう 20	悴・竹五郎 16	悴・小四郎 12	娘・あさ 9	娘・いく 7			5	4	9
天保6年(1835)～天保8年(1837)まで史料なし															
天保9年(1838)	↓ 50	↓ 48	↓ 22	女房※1 24	弟・喜之助 29 記載無し		弟・竹五郎 16	↓ 15	↓ 13	↓ 11			5	4	9
天保10年(1839)年史料なし															
天保11年(1840)	↓ 52	↓ 50	↓ 24	↓ 26	悴・喜之助 31		悴・竹五郎 22	↓ 17	↓ 14	↓ 13			5	4	9
天保12年(1841)	↓ 53	↓ 51	↓ 25	↓ 27	↓ 32		↓ 23	↓ 18	↓ 16	↓ 14			5	4	9
天保13年(1842)	↓ 54	↓ 52	↓ 26	↓ 28	↓ 33		↓ 24	↓ 19	↓ 17	↓ 15			5	4	9
天保14年(1843)	↓ 55	↓53	↓ 27	↓ 29	記載無し		↓ 25	↓ 20	↓ 18	↓ 16	孫・よし 5		4	5	9
天保15年(1844)	↓ 54	↓ 54	↓ 28	↓ 30			↓ 26	↓ 21	↓ 19	↓ 17	娘・よし 6		4	5	9
弘化2年(1845)	↓ 57	↓ 55	↓ 29	↓ 31			↓ 27	↓ 22	記載無し	↓ 18	↓ 7		4	4	8
弘化3年(1846)	↓ 58	↓ 56	↓ 30	↓ 32			↓ 28	記載無し		↓ 19	↓ 8		3	4	7
弘化4年(1847)	↓ 59	↓ 57	↓ 31	↓ 33			悴・竹次郎 29			記載無し	↓ 9		3	3	6
嘉永元年(1848)	↓ 60	↓ 58	↓ 32	↓ 34			記載無※2				↓ 10		2	3	5
嘉永2年(1849)史料なし															
嘉永3年(1850)	↓ 62	↓ 60	↓ 34	↓ 36							↓ 12		2	3	5
嘉永4年(1851)	↓ 63	↓ 61	↓ 35	↓ 30							↓ 13		2	3	5
嘉永5年(1852)	↓ 63	↓ 61	↓ 35	↓ 30							↓ 14		2	3	5
嘉永6年(1853)	↓ 65	↓ 63	↓ 37	39							孫・よし 15		2	3	5
嘉永7年(1854)～安政2年(1855)まで史料なし															
安政3年(1856)	↓ 68	↓ 66	↓ 40	↓ 42			悴・竹五郎 38				娘・よし 18		3	3	6
安政4年(1857)	↓ 69	↓ 67	↓ 41	↓ 43			↓ 39				孫・よし 19		3	3	6
安政5年(1858)	↓ 70	↓ 68	↓ 42	↓ 43			↓ 40				↓ 20		3	3	6
安政6年(1859)	↓ 71	↓ 69	↓ 43	↓ 45			↓ 41				↓ 21		3	3	6
万延元年(1860)史料なし															
文久元年(1861)	↓ 73	記載無し	悴・牛五郎 45	↓ 47			↓ 43				↓ 23		3	2	5
文久2年(1862)	↓ 74		↓ 46	↓ 48			↓ 44				↓ 24	せい(続柄なし) 13	3	3	6
文久3年(1863)	記載無し		五兵衛 47	↓ 49			弟・竹治郎 45				娘・よし 25	↓ 14	2	3	5
文久4年(1864)			↓ 48	↓ 50			↓ 46				↓ 26	娘・せい 15	2	3	5
元治2年(1865)			↓ 49	↓ 51			弟・竹次郎 46				↓ 27	↓ 16	2	3	5
慶應2年(1866)			↓ 50	↓ 52			↓ 47				↓ 28	↓ 17	2	3	5
慶應3年(1867)			↓ 51	↓ 53			↓ 48				記載無し	↓ 18	2	2	4
慶應4年(1868)			↓ 52	↓ 54			↓ 50					↓ 19	3	2	5
明治2年(1869)			百姓・五兵衛 53	女房・よね 55			記載無し					↓ 20	1	2	3
明治3年(1870)			五兵衛 54	妻・よね 55								女子・せい 21	1	2	3

※1　天保9年(1838)4月, 武州荏原郡鵜木村百姓勘右衛門娘を娶る
※2　弘化4年(1847), 行方知れずのため11月18日「人別除」願。

4 寺郷谷の天保11年庚申塔にみる施主の社会関係

表6-11-c　金兵衛家・新兵衛家・五兵衛家の世帯構成の変遷③

名	新兵衛	新兵衛女房(たつ)	新兵衛母	幸次郎	よし	亀次郎	みい	うめ	とり	万五郎	市五郎	権次郎	世帯規模 男	女	計
初出時続柄等	戸主	女房	母	弟	妹	悴	娘	娘	娘	悴	悴	悴	男	女	計
檀那寺	真言宗　長遠寺														
天保5年（1834）	新兵衛 27		母 57	弟・幸次郎 20	妹・よし 19								2	2	4
天保6年（1835）～天保8年（1837）まで史料なし															
天保9年（1838）	↓ 31		↓ 54	記載無し	↓ 23								1	2	3
天保10年（1839）史料なし															
天保11年（1840）	↓ 33		↓ 54		↓ 25								1	2	3
天保12年（1841）	↓ 34		↓ 55		↓ 26								1	2	3
天保13年（1842）	↓ 35	女房※1 22	↓ 58		↓ 27								1	3	4
天保14年（1843）	↓ 36	↓ 23	↓ 59		↓ 28								1	3	4
天保15年（1844）	↓ 37	↓ 24	↓ 59		↓ 29								1	3	4
弘化2年（1845）	↓ 38	↓ 24	↓ 60		↓ 30								1	3	4
弘化3年（1846）	↓ 39	↓ 26	↓ 62		↓ 31								1	3	4
弘化4年（1847）	↓ 40	↓ 27	記載無し		↓ 32		娘・みい 5						1	3	4
嘉永元年（1848）	↓ 41	↓ 27			↓ 33		↓ 6						1	3	4
嘉永2年（1849）史料なし															
嘉永3年（1850）	↓ 43	↓ 30			↓ 35		娘・ミつ 8	娘・うめ 6					1	4	5
嘉永4年（1851）	↓ 43	↓ 31			↓ 36		娘・みい 9	↓ 7					1	4	5
嘉永5年（1852）	↓ 45	↓ 32			↓ 37		娘・ミつ 10	↓ 8					1	4	5
嘉永6年（1853）	↓ 46	↓ 33			↓ 38		↓ 11	娘・うめ 9	娘・とり 5				1	5	6
嘉永7年（1854）～安政2年（1855）まで史料なし															
安政3年（1856）	↓ 49	↓ 36			↓ 41		娘・みつ 14	↓ 12	↓ 8				1	5	6
安政4年（1857）	↓ 50	↓ 37			↓ 42		↓ 15	↓ 13	↓ 9				1	5	6
安政5年（1858）	↓ 51	↓ 38			↓ 43		↓ 16	↓ 14	↓ 10				1	5	6
安政6年（1859）	↓ 51	↓ 39			↓ 43		↓ 16	娘・ふじ 15	↓ 10				1	5	6
万延元年（1860）史料なし															
文久元年（1861）	↓ 54	↓ 41			↓ 46		↓ 19	↓ 17	↓ 13	悴・万五郎 3			2	5	7
文久2年（1862）	↓ 55	↓ 42			↓ 47		↓ 20	↓ 18	↓ 14	↓ 4			2	5	7
文久3年（1863）	↓ 56	↓ 43			↓ 48		↓ 21	↓ 19	↓ 15	↓ 5			2	5	7
文久4年（1864）	↓ 57	↓ 44			↓ 49		↓ 22	記載無し	↓ 16	↓ 6			2	4	6
元治2年（1865）	↓ 58	↓ 45			↓※2 50	悴・亀治郎※3 27	女房 23		↓ 17	↓ 7			3	4	7
慶應2年（1866）	↓ 59	↓ 46			↓ 51	悴・亀次郎 28	↓ 24		↓ 18	↓ 8	悴・市五郎 3		4	4	8
慶應3年（1867）	↓ 60	↓ 47			↓ 52	↓ 29	↓ 25	記載無し※4	↓ 9	↓ 4		4	3	7
慶應4年（1868）	↓ 61	↓ 48			↓ 53	↓ 30	↓ 26			↓ 10	孫・市五郎 5	孫・銀次郎 3	5	3	8
明治2年（1869）	百姓・新兵衛 62	女房 たつ 49			↓ 54	↓ 31	女房・みつ 27			悴・万五郎 11	亀次郎悴・市五郎 6	亀次郎悴・権次郎 3	5	3	8
明治3年（1870）	新兵衛 63	妻・たつ 50			↓ 55	男子・亀次郎 32	亀次郎妻・みつ 28			男子・万五郎 12	孫男・市五郎 7	孫男・権次郎 4	5	3	8

※1　天保13年（1842）3月，武州荏原郡大森村百姓清兵衛娘を娶る
※2　記載順が亀次郎女房の次に移動
※3　元治元年（1864）1月（史料記載のママ・改元は2月20日のため実際は文久4年），武州荏原郡寺料所馬込村百姓長右衛門悴を養子とする
※4　慶應2年（1866）11月武州荏原郡古市場村・利左衛門へ縁付［人別送り状］

135

第 6 章　武蔵国荏原郡馬込村の庚申塔施主

表 6 − 12　金兵衛・新兵衛・五兵衛の土地所有状況

本名	耕作人	耕地名	大きさ	上畠			中畠			下畠		
				反	畝	歩	反	畝	歩	反	畝	歩
又兵衛	金兵衛	大久保□	23間7間半		5	22						
又兵衛	金兵衛	篠久保	6間5間半								1	3
又兵衛	金兵衛	とふがん□	虫損不詳					1	23			
又兵衛	金兵衛	二本木	虫損不詳								2	2
又兵衛	金兵衛	二本木	20間8間								5	10
又兵衛	金兵衛	二本木	10間8間					3	26			
又兵衛	金兵衛	虫損不詳	虫損不詳									8
六右衛門	金兵衛	千束	18間8間								4	24
	合計				5	22		5	19	1	3	17
新兵衛	新兵衛	篠久保	24間8間					6	12			
縫殿右衛門	新兵衛	円乗院後	10間6間					2				
	合計							8	12			
惣右衛門	五兵衛	久保	18間半18間	1	1							
惣右衛門	五兵衛	屋敷	9間13間								3	27
惣右衛門	五兵衛	屋敷	虫損不詳								2	6
惣右衛門	五兵衛	屋敷前	5間2間									10
又兵衛	五兵衛	屋敷田ふち	8間半12間半					1	23			
惣右衛門	五兵衛	屋敷田ふち	12間6間								2	12
惣右衛門	五兵衛	虫損不詳	36間6間半			3						
	合計			1	1	3		1	23		8	25

※「天保11年（1840）2月　御取締触書并畑方検地帳写」大田区史編さん委員会『大田区史（資料編）加藤家文書　4』大田区，1987，97−118頁より作成。

の一連の研究により広く知られるところである[78]。人口構成や出生・死亡率，婚姻年齢や通婚圏などを詳細な計量的分析によって検討し，数多くの知見を提示している。先述のように木原領馬込村における19世紀代の宗門人別改帳は多数残存しているものの，欠損資料もあり速水が行っているような歴史人口学的分析のすべてを行うには史料的制約がある。とはいえ，天保11年庚申塔が造立された当時の人口構成や造立者3名についての家族構成の変遷などを把握することは可能である。そこで不完全ではあるが，天保5年（1834）から明治3年（1870）に至る宗門人別帳をもとに，若干の歴史人口学的分析を行い，他の史料も参照しつつ庚申塔施主の村落内における位置を整理してみたい。

　天保11年当時の木原領馬込村の人口は440名で，男237人，女203名であった。図6−4に人口ピラミッドを示したが，数値は数え年であるほか馬込村の宗門人別改帳に2歳以下の幼児が記載されない事例が多く認められることなどから（翌天保12年の史料では3歳として女3名，男2名が現れる），幼年の人口構成において実態と異なる部分もあるとは思われるが，そうした点を考慮しても15歳以下の人口が比較的に少ないことが見て取れる[79]。天保期の人口減少については，美濃地方の事例として速水も指摘しているが[80]，東北地方における大飢饉に代表されるような人口抑圧的要素が，天保期の馬込村にも存在した可能性も示唆しよう。

　次に金兵衛以下庚申塔造立者3名について，当時の村落内での立場を整理するため，宗門改帳，田畑名寄帳などの記録をもとに家族構成や持高，土地保有の状況などについて整理してみたい（表6−9・6−10・6−11・6−12）[81]。一部の名前や続柄には誤記と思われる記載もあるが，記載の通り掲げた。まず表6−9より，彼ら3人の公的な社会関係をみると，五人組や檀那寺などは全て異なっている。また図6−5は明治4年（1871）の木原領馬込村に居住した村人の屋敷絵図であるが，表6−6で示した五人組の組み合わせと比較すると，五人組は大凡隣接する家同士

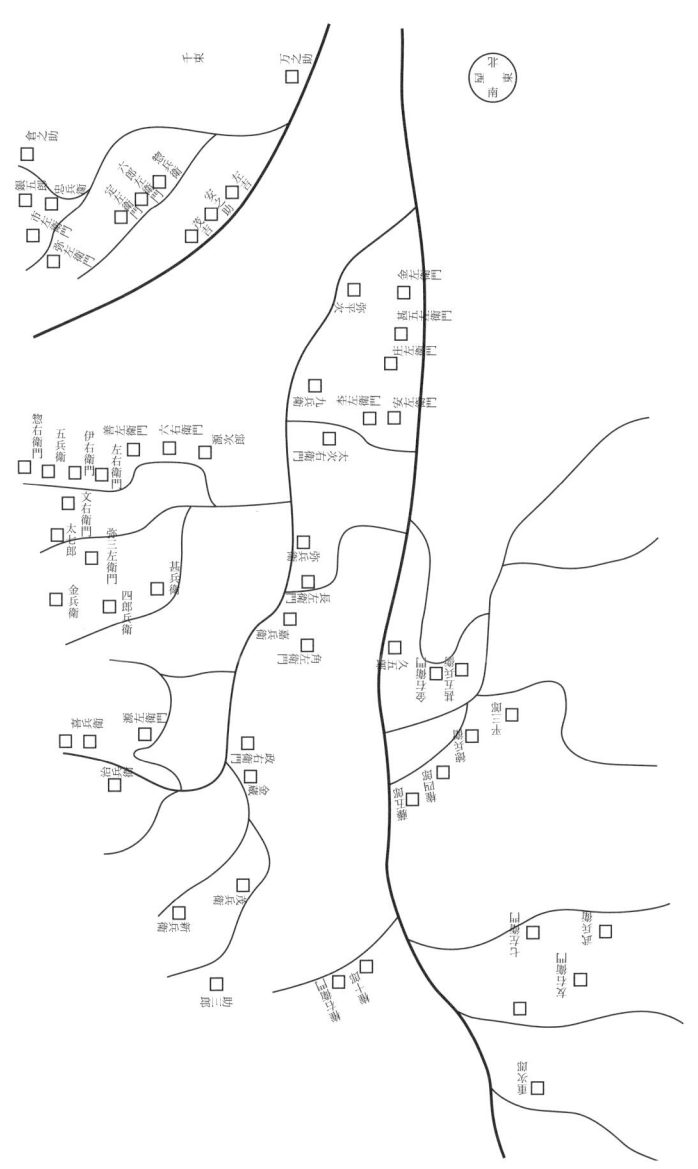

4 寺郷谷の天保11年庚申塔にみる施主の社会関係

図6－5　「明治4年（1871）7月　馬込村畑屋敷成願場所絵図」（加藤家所蔵　大田区立郷土博物館寄託）

で構成されていたことが理解できるとともに，金兵衛，新兵衛，五兵衛が異なる，離れた組に属していたことが判明する。この絵図は天保11年（1840）から約30年後の状況を示したものであり，その間に屋敷の移動がなかったとは言い切れないが，既に村内の土地所有が確定し，家屋敷が構えられて久しい当時の状況を考えるなら，この時期での屋敷の移動は考慮に入れなくとも良いだろうと思われる。

　つぎに持高について見てみたい。天保期よりもやや時代は下るが文久2年（1862）の「村方惣石高帳」より各持高を整理した[82]。金兵衛は「弐石七斗六升六合六勺七才」に対して，新兵衛は「四斗壱升九合九勺七才」，五兵衛は「弐斗三合七勺」で五兵衛家の持高は低い。

137

第6章　武蔵国荏原郡馬込村の庚申塔施主

　この文久2年における各家の石高をもとに，名前から同一の家計に位置づけられると思われる天保11年の各家の石高を推定し，石高別の世帯数の比率と各世帯の平均構成人数を算出した。表6－10をみるかぎり，1石未満が45.6％を占めており零細の小農民層が多数を占めていたことが読み取れる。また世帯数の構成を見ると石高によって世帯規模が著しく異なるということはなく，速水も指摘するように「貧乏人の子沢山」とは必ずしも言えない状況が認められる[83]。

　そこで宗門人別改帳より庚申塔施主3名の家族構成を検討してみたい。表の作成にあたっては速水による家族復元の方法を参照しつつ[84]，内容の理解しやすさを考慮して適宜改変している。表－11より家族構成を見てみると，金兵衛は寺郷の庚申塔が建てられた天保11年当時，金兵衛49歳で5人家族を形成していた。新兵衛は33歳で，母54歳と妹よし20歳の3人家族である。五兵衛は52歳，女房50歳，悴牛五郎24歳で，牛五郎の女房26歳，「甥」，「弟」，「悴」と記載が異動する喜之助31歳（おそらく甥か弟が正しいだろう），悴竹五郎22歳，悴小四郎17歳，あさ14歳，いく13歳の9人家族であった。持高を考慮すると金兵衛，新兵衛と比べ五兵衛は家族規模がやや大きいことが窺える。また新兵衛は30代にして妻がおらず，小規模な家族経営となっている。

　ここでさらに彼らの婚姻年齢や婚姻圏について検討してみると，興味深い点がみてとれる。近世村落の婚姻年齢や婚姻圏を明らかにしたケーススタディーは数多い[85]。ここでは馬込村と地域的にも近く対比しやすい，森安彦による武州荏原郡太子堂村（東京都世田谷区）の詳細なライフコース分析を紹介したい[86]。森は55人の女性について，誕生から婚姻，出産人数などを宗門人別改帳や過去帳，墓石銘などを通じて検討している。ここではまず初婚年齢をみてみたい。男子では平均27.4歳，女子では平均22.4歳とする数値を算出している。具体的な内容では出戻りや再婚の事例も少なくなく，女性の初婚年齢の最高は35歳であった。また女性一人当たりの出産人数は平均4.5人で，その後生存する子供の数は平均3.3人であるという。

　木原領馬込村における婚姻に関わる記録は，人別送り状や宗門人別改帳にも記されているが，ごく一部の記載にとどまる。しかしながら明治3年の「戸籍」には出身地及び婚姻年次が詳細に記されていることから，その記載より遡って算出した。但し初婚か再婚かを示す史料がないため，今回はそれらを一括して平均婚姻年齢と捉え，傾向として示すにとどめたい。全事例103事例のうち女性の平均婚姻年齢は22.2歳で，ほぼ太子堂村と変わらない。他方男性は，人別送り状や「戸籍」で妻の婚姻年の記載に基づき，その年の夫の年齢を婚姻年齢として算出したが，男性83例の平均は26.6歳で，やはり太子堂村との大差は認められない。

　確定的なことは言えないが，男性女性の性差を問わず婚姻年齢が太子堂村と馬込村で大差がないことを踏まえると，当時の荏原郡内での婚姻年齢はおおよそこれらの数値に落ち着くものと考えられる。興味深い点は，森は同世代の男性の初婚年齢に対して，相手の女性はやや年齢が高い傾向にあることを指摘しているが，馬込村でもそうした年齢差の婚姻形態が認められることから，女性が年上という結婚形態は一般的に存在していたことを示唆しているともいえよう。いずれにせよ新兵衛が未婚であることは，当時の平均的な傾向から見てさほど特異な事例ではないことが指摘できよう。また出生数を見ても，金兵衛家では庚申塔施主である金兵衛が3人（天保11年時点），息子である金兵衛（旧名・金太郎）が4人，五兵衛家では庚申塔施主五兵衛が6人（天保11

年（1840）時点），息子の五兵衛が2人，新兵衛家4人で，おおよその傾向は太子堂村と変わらないが，天保11年時点では五兵衛家は子供の数が若干多いといえよう。

　また婚姻圏については既に『大田区史』に既述が見られるが，馬込村諸領内からの入嫁，入婿が40％を数えるが，外村との婚姻が6割を占める点は興味深いほか，その婚姻圏は周辺10km圏内の近隣村からの者が大半であったようである[87]。また馬込村内の入嫁，入婿では，木原領以外の寺料所（御霊屋領）や御料所（天領）からの婚姻も認められ，こうした点での相給村間の交流は活発であったことが理解できる。息子金兵衛の妻みつは木原領馬込村の源左衛門より嫁ぎ，五兵衛の妻よねは鵜木村から，新兵衛の妻たつは大森村からと，平均した婚姻圏村落の傾向に合致している。太子堂村では村外婚が45％で基本的には，馬込村同様に村内からの婚姻はやや少ない。特に太子堂村は大山道筋であることから，農業ではなく農間余業を専業とする者も多く，そのいずれもが江戸からの入嫁であるという。しかし馬込村では，婿養子として江戸へ流出する事例は見られるが，入嫁では，近世において江戸からの流入はわずかに2例認められるのみである。

(4) 庚申塔施主の土地所有状況

　つぎに表6－9より天保11年段階での土地保有を詳細に検討してみたい。文久2年（1862）での持高では五兵衛は他の2人に比べてやや少なく差が認められたが，表に示したように，土地保有の側面では，必ずしも少ない面積とは言えない。そこでさらに寛政10年（1798）に所有していた土地面積を確認すると[88]，五兵衛は下田1反4畝歩，上畑1反2畝3歩，中畑12歩，下畑8畝25歩で，金兵衛の上畑5畝22歩，中畑5畝19歩，下畑8畝23歩と比べ遜色がなく，一方の新兵衛は中畑1反4畝17歩で天保期との差異は認められない。また先ほど使用した天明8年（1788）「武州荏原郡馬込村御検地帳之写」[89]の「畑反歩帳」と「田反歩帳」の記載をもとに詳細な土地保有の状況を検討すると，表6－9に示したように，金兵衛は，前明入，篠久保，屋敷田ふち，屋敷田ふち，屋敷井戸向，二本木などに土地を保有している。また五兵衛は入ノ久保，屋敷前，屋敷内，屋敷，かぢ畠ヶ，入ノ久保に，新兵衛は，篠久保，円乗院後に土地を保有しているが，それぞれの土地面積を見ると天保11年段階と大きくは変わっていない。

　注目されるのは，金兵衛は又兵衛との間で土地の等量分割を多数行っており，福田アジオが武蔵国久良岐郡永田村（神奈川県横浜市）の事例として指摘した17世紀後半における田畑の均等配分が，村落内の社会関係の形成に影響を与えた[90]とする見解はこの点理解する鍵になる。表6－12に示した天保11年2月の畑方検地帳では名請人となっている人物の他に分付主の存在がみえる。その分付の意味は地主と小作の関係あるいは，質地として譲り受けた関係など多様であるが，いずれにせよ土地所有に伴う社会関係が読み取れるが，北原進はこれらの史料においては，「新旧の耕地所持人の移動を示している」との見解を示している[91]。

　その分付主をみると，金兵衛と五兵衛は同じ又兵衛の土地を名請する関係にあり，こうした土地所有での繋がりが密接であったことを窺わせる。つまり所有する耕作地の関係性が，集落をこえた庚申講の結集の要因になっていた可能性も想定できよう。渡辺尚志が指摘したように，村落内における社会組織が共同体化する契機として，生業活動と土地所有に根ざした社会関係にある

とすれば[92]，そうした点を反映したものと考えることもできる。しかし庚申塔の施主は，集落に居住したすべての構成員ではなく，一部にすぎない。従って，こうした小規模な共同体が具体的な生業活動において如何なる意味を持ち得たか疑問は残る。

しかし先述した近代以降に馬込地区で見られたという「ヤト」単位での「摘み田正月」や「摘み田日待講」などの存在は示唆的といえる。近代では居住する「ヤト」と農地が近接していたであろうが，既に指摘したように近世では支配関係の複雑さもあり，居住地と耕作地の関係は多様であった。しかし，そうした支配関係の複雑さとは別に，摘み田や畑作といった耕作地単位で共同作業が行われていた可能性を想定するならば，耕作地単位での活動が契機となって，庚申待の集団として結集していった可能性も推測できよう。むろん，庚申塔銘が示す如く「谷戸」を範囲とした集落を基軸とするのは揺るがないが，それは大半の人々が集落と同一の範囲に耕作地を所有していたことや，庚申待を行うにあたっての「ヤド」をできる限り近隣で回す意向もあったと思われる[93]。

他の民間信仰の場合を見ると，念仏講の場合には，近世には供養塔が寛文7年（1667），延宝7年（1679），延宝5年（1677），宝暦4年（1754）の4基が造立され，特に宝暦4年塔は，近年まで継続されている宮ノ下念仏講が造立したものとされている。その造立時期は17世紀代と庚申塔に重なっている[94]。しかし施主の規模は15〜35人とやや規模が大きく，宮ノ下「ヤト」に属する鉢久保，二本木，入原の三集落の人々で構成される講では，明治29年時点での講員内訳は，波多野姓の曹洞宗万福寺の檀家と加藤姓の日蓮宗檀徒の合わせて25軒が構成する講であったという[95]。加えて，この宮ノ下念仏講の機能として，葬儀に伴う墓掘りが重要な役割であったとも指摘されているが，こうした異苗，異檀家の人々により構成された講によって，葬送に伴う互助的機能が担われ，社会的機能をもつ組織であったことは示唆的である。

このように民間信仰の組織には何らかの社会的機能が付帯しており，単純に庚申待の篤信者同士が，信仰のみを紐帯として結びつき講を継続しているとは必ずしも言えない。確かに18世紀後半以降の庚申講の娯楽化が進んでいた可能性は第4章でも指摘したが，そうした娯楽性以外にも，元来組織として形成された時期には，少なからず何らかの結集要因があったはずである。地縁，血縁，檀那寺など多様な要素があるなかで，異苗の参加や，五人組，檀那寺，居住集落にも共通性のない集団形成を図った意味は，確かに信仰的側面もあるにせよ，それ以外の要因が存在したものと考えられる[96]。そうした意味で，生活に最も密接に関わった生業活動，つまりは耕作（地）を紐帯とする集団結集の可能性は十分考慮すべきであり，その可能性を検討する必要があるだろう。

他方，東京都北区北赤羽に位置した袋村の史料として，毎回の庚申講に参加した員数を記録した文書が残存している[97]。記載内容からは各回の講員数の内訳は25名を最高に平均10名前後であったと推測される。「講帳」に記された講員数は34名であることから，これほどの規模は村人全体によって構成されている可能性が考えられるだろう。また袋村における庚申塔の造立数は少なく，一つの集団が建てる庚申塔は5基程度と多くないことが判明している[98]。こうした村単位での庚申講の存在形態は馬込村とは異なるが，袋村は近世当初，幕府天領であったが，寛文5年

(1665) には傳通院領との二給支配となったようである[99]。村高は近世前半では天領約210石(延宝3年(1675))，傳通院領約33石(寛文5年(1665))であったが，嘉永3年(1850)では天領277石，傳通院領約146石となっていた。その家数は安政2年(1855)で天領43軒，傳通院領50軒で大凡拮抗した規模であったようである。『新編武蔵風土記稿』にも小名記載はなく[100]，比較的分割のない村落であったと考えられる。

こうした袋村と馬込村の状況は，単純な事例の違いを意味するばかりではなく，やはり馬込村の場合には，村の位置する複雑な地形や支配関係が作用して，こうした社会関係を築くに至ったと理解すべきだろう。とくに相給村間での緊張関係の存在を示す史料も見られ[101]，そうした支配関係や小名集落を越えた紐帯は，谷戸地形をもつ相給村では重要な社会関係として位置づけられていたと考えられる。そうした結集の契機は，荏原郡をはじめ馬込村同様の谷戸地形を有する近世村落では，一定のモデルケースとして意味を持ちうるであろう[102]。こうした支配体制をこえて生活に根ざした社会関係をつむぐ方法の一つが庚申待の集団であり，庚申塔の造立であったと考えられる。氏子組織や代参講，頼母子講といった構成人数の大きな組織とは異なり，小規模な集団を形成する性質の信仰形態であった点も，庚申待が好まれた要因として想定できるものと思われる。

さて馬込村での人々の生活は幕末以降，大きな変化を見せている。例えば五兵衛を例にとると，明治2年(1869)の史料である「極窮之者取調書上帳」には，困窮者17名の名が記され，そのうちの1人として五兵衛の名が挙げられている[103]。その理由は「此もの義三人暮ニ而御座候処去ル寅年中より大病相煩其後引続未タ全快不仕難渋仕候」と記されているが，最も近接する寅歳は慶應2年(1866)であるので，その頃の五兵衛家には五兵衛以外に一度欠落していた弟，竹次郎がもどって唯一の男手となっていたことが，表6－10からは認められる。さらに慶應4年(1868)を境に竹次郎が再び消えることから，女性のみの農作業は困難を極めたことは想像に難くない。表6－11でも見られるように，金兵衛家では家族規模は変わらず，新兵衛家では世帯規模が拡大しており，労働力の減少は認められない。

実は五兵衛は慶應2年(1866)の困窮者による村落内の騒動にも関わりを持ち，史料に名が登場している。史料からは五兵衛を含め数人の困窮者が寄り合いを行い，木原氏への救済嘆願を行う予定であったことが窺える[104]。実際には困窮者への施しが有徳の村人によってなされ事なきを得たが，まさにこの事件は慶應2年(1866)6月の日付が見られることから，高名な武州世直し一揆[105]の起こる同じ月のことであった。このことを以って，幕末における世直し機運の拡がりを論ずることはできないが[106]，いわゆる日常性の続く村の時間を破る歴史変化が，少なからず馬込村にも訪れていたことを示していよう。

5　結語

馬込村の庚申塔施主に対する分析を通して，近世の庚申信仰組織がいかなる社会関係を背景とした人々によって担われていたかを検討した。その結果をまとめると以下の諸点に集約できる。

第 6 章　武蔵国荏原郡馬込村の庚申塔施主

馬込村では庚申塔造立に際して，①施主は，知行割によって決められた支配村ではなく，所属する小名集落を意識していた。②施主は同族のみではなく，階層や支配村の枠を越えた多様な人々によって形成されていた。③施主の結集要因は居住集落や耕作地やなど日常生活と密接に関わるまとまりを基軸としている可能性が高い。今回の分析では様々な史資料を用いて多角的な視角をもとに検討を試みたが，現状では史料的制約から施主の結集要因については，十分な解明を果たすまでには至らなかった。ただここで留意すべき点は，基本的には小名単位での庚申塔の造立がなされていた点であり，その施主集団が同族や相給村，小名集落などの枠組みを超えて近世村落内に形成されていた点であろう。

　冒頭で述べたように木村礎は従来の社会構成史的な土地所有や支配関係のみに注目した近世村落史のあり方を批判し，近世村落の小地域，つまり日常生活において，その生活環境を形成していた単位に着目した村落生活史の構築を提唱した[107]。その具体対象は幅広く，ここでその全てに言及することは難しいが，例えば茨城県周辺の「坪」と呼ばれる，近世村内の微小地域を対象として，郷，村，坪という三層構造で把握し，小名集落の集合体として近世村落が存立しているとした。その上でそうした重層的な村落生活の社会関係のあり方を歴史学的立場から明らかにする試みを行っている[108]。民俗学では，福田アジオがそうした小規模な集落の組織形態を，日常生活における紐帯としての「生活のムラ」と評価し，その社会組織としての意義を明らかにしている[109]。

　他方，社会学では先述したように農村社会学の立場から研究が進められてきたが，竹内は「組と講」によって村組や近隣組，講組など「近隣組織」に対する関心を示したが，一方で有賀喜左衛門は同族団に焦点を絞り，その形成過程を通して，それ以外の集団を逆照射しようと試みた[110]。特に竹内は「村組」といった一律的・平等的結合をなす生活協同の要求による結合形態の存在を指摘した。馬込村の氏子組織に見るような小名集落単位の結合関係を見るならば，基本的にはこうした「村組」のあり方に類似し，竹内の主張を支持する結果ということができる。福田も武蔵国久良岐郡永田村（神奈川県横浜市）の事例として，村落内の社会関係を検討し，系譜関係を持ちつつも同族団的な集団ではない講組（竹内のいう「村組」）が組織され，その下部に谷戸集落のまとまりとともに講と谷戸が生活互助組織として機能したと述べている[111]。特にそうした家格や身分秩序が希薄で，等量負担を旨とする組織形成を促した背景には，17世紀後半における田畑の均等配分があるとした点は，竹内の主張を補強する有力な説として注目に値する。

　17世紀代の幕藩体制成立に伴う近世村の形成過程については数多くの議論があり，その中でも特に，いわゆる小農自立を背景とした家の成立が重要な位置を占めることは論をまたない。福田は「小農自立の過程が小農相互間にいかなる社会関係を形成させたのか」という問いを発し，上述の実践的作業を試みたことは評価すべきだろう。塩野雅代が「近隣組織」研究を整理する中で述べたように，既往の村落研究は同族団などの系譜関係に基づく組織に関心があり，それ以外の社会関係はそうした同族団組織との対比において取り上げられたに過ぎなかった。そうした研究動向を踏まえるなら，村落組織における地縁的村組や同族団的ではない組織，即ち民間信仰に伴う集団が，如何なる背景を以って形成されたかを議論することは，既往の研究の欠落部分を補う

[注]

上で重要なテーマに位置づけられるものと考えられる。

　本章の議論はあくまで18世紀以降の近世村を対象としたものであって，近世前期の動向とは直接的な関係は結び得ない。しかしながら福田の事例にある永田村の社会関係と馬込村における庚申塔施主の集団形成のあり方との共通点（家格や系譜関係に左右されない社会関係の構築・小名単位のまとまりなど）は，近世村落の社会関係を捉える上で一定の普遍性を持つ知見として評価できるだろう。加えて福田が主張する17世紀代の小農自立に伴う社会関係の構築のあり方が，庚申塔の増加時期との重なりを通してみると示唆的である。つまり小農自立や石高制による近世村の成立を背景として，小名集落ごとに生活互助機能を担う小規模の集団が形成され，その紐帯の基盤の一つとして庚申待の習俗が活用されたと考えるならば，支配制度と日常生活の双方を円滑に進めるための組織が，17世紀後半に求められていたことを示唆していると考えることもできよう。

　従来の近世史における村落共同体の捉え方は，土地所有や支配関係の視点から村請の対象としての集団，即ちいわゆる「村請制村」そのものを構成体とするものが大半で，小名や民間信仰を主体とした村落内部の集団についての議論は少ない。貢租や生業と密接に関わる土地所有という具体的な要素が，村落内の様々な社会関係に影響を与えていたことは理解できる。しかしながら，そうした視点が公的な社会関係に限られ，信仰やその他の生活互助組織にまでは及び得なかった。特にそれは宗教的組織が，信仰や教義を信ずる有志の集まりであるという理解が強く，信仰以外の結集要因には十分な配慮がなされてこなかったことが背景にあるだろう。木村は村落景観を「人間集団の営為の結晶としての社会的な空間である」と評したが[112]，そうした人間の様々な営為が村落の生活世界を作りだしていることを再認識すべきだろう。

　福田は村落内に構成される生活互助組織の類型に関して，発展段階的な視点ではなく，地域的特質と捉えていくこと，そして民俗事象を中世末から近世にかけての村落社会の経緯を示す歴史性を含んだ資料として捉えようとしているが，こうした民俗学的知見を近世村落史への新たな視点から積極的に意味づけていこうとする姿勢は評価ができよう[113]。村落共同体という集団の捉え方は，ともすると五人組，村組といった今日に連続した組織体のあり方に重ねがちであり，族縁関係や近隣関係といった明快な規定によって区分されやすい。しかしながら，今回の分析から認められたように，近世における村落内の社会関係は複雑であり，それは支配関係にとどまらず谷戸地形や血縁関係，土地所有関係などの影響を受けている。こうした複雑かつ重層的な村落内の社会構造を把握するためには，そうした各地域における議論を踏まえ結集要因として想定される個々の要素を丁寧に抽出し，検討する作業が不可欠であり，その基礎的作業の一つとして本章が行った整理作業が一定の有効性を持つことを期待している。

[注]
1) 本論では組織形態の有無を問わず，「庚申待」習俗の篤信者により結集した未組織集団は「庚申待集団」の語を使用し，こうした集団が核となって組織に転化したものを「庚申講」と捉えたいと考えている。しかし現在の一般的な理解として庚申信仰の集団組織は，庚申講であることから，組織形態についての議論以外では，基本的に「庚申講」の語を使用する。
2) 庚申講に対する民俗事例の調査としては，牛越嘉人が長野県池田町の事例を紹介したものや町田葉子が新潟

県水沢村の事例から，庚申講の形成過程を論じたものがある。また庚申懇話会機関誌『庚申』誌上での小花波平六をはじめ会員によって紹介された事例も多く，宗教学の立場だが，窪徳忠による庚申講や庚申縁起の事例収集は特筆されよう。①牛越嘉代「中島の庚申講」『信濃』46−10，信濃史学会，1994，820〜833頁。②町田葉子「越後秋山郷における庚申講の形成過程―オオド・コド・マゴドから―」，『日本民俗学』212，日本民俗学会，125〜142頁。③庚申懇話会編『庚申―民間信仰の研究』，同朋社，1978，④窪徳忠『新訂　庚申信仰の研究　上巻』（窪徳忠著作集１），第一書房，1996，⑤窪徳忠『新訂　庚申信仰の研究　下巻』（窪徳忠著作集２），第一書房，1996。

3) 塩野雅代は近隣組織としての「組」や「講組」，「講中」といった存在を認識しながらも，社会学においてはそれらを正面から捉え，村落内での社会関係を十分整理し切れていないとしているが，今日に到ってもその状況は改善されたとは言い難い。塩野雅代「近隣組織の村落研究における位置―研究会の活動を通して―」『社会伝承研究Ⅳ　近隣組織の構成と展開』，社会伝承研究会，1975，2〜11頁。

4) 講組織に関する研究は，桜井徳太郎や竹内利美などを代表として多くの研究が認められる。講研究の経緯や課題については桜井論文に詳しい。①桜井徳太郎『講集団成立過程の研究』，吉川弘文館，1962，12〜17頁。②竹内利美「組と講」（西岡虎之助・大場磐雄・大藤時彦・木内信蔵監修『郷土研究講座　第2巻　村落』，角川書店，1957），235〜256頁。

5) 正岡寛司は社会学における家研究を，有賀や鈴木栄太郎などの議論を通して整理している。農村社会学的関心は村の構造的単位としての家の存在を明確化し，その家の持つ機能を捉えていくことよって村落内の社会関係を整理しようとした点にあったことが理解できる。正岡寛司「家研究の展開と課題」，『家族史研究』3，1981，68〜92頁。

6) 竹田聴州「近世村落の宮座と講」（家永三郎等監修『日本宗教史講座　第3巻　宗教と民衆生活』，三一書房，1959），139〜211頁。

7) 森本一彦「社会関係としての講集団の組織化―二つの岩室村の伊勢講―」『日本民俗学』212，日本民俗学会，1997，85〜104頁。

8) 三木一彦「山間村落における信仰集団存立の地域的基盤―江戸時代の秩父郡大野村を事例として―」『歴史地理学』40−2，歴史地理学会，1998，2〜21頁。

9) 小野寺淳「伊勢参宮における講組織の変容―明石市東二見を事例に―」『歴史地理学』47−1，4〜19頁。

10) ①竹内利美「講集団の組織形態―松本平の庚申講について―」『民族学研究』8−3，日本民族学会，1943，34〜84頁。②竹内利美『東筑摩郡誌別篇第二　農村信仰誌　庚申念佛篇』，慶友社，1975。

11) 前掲注4)②253頁。

12) 前掲注4)②235〜256頁。竹内と同様に，南雲寿美雄は群馬県赤城村の庚申塔の銘文資料から造立者の検討を行っているが，この後施主銘に注目した研究は数少ない。南雲寿美雄「庚申塔より見た村人の結合状態」『群馬文化』創刊号，群馬文化の會，1957，1〜8頁。

13) 福田アジオ『近世村落と現代民俗』，吉川弘文館，2002。

14) 木村礎『村の生活史』，雄山閣出版，2000。

15) 朽木量は近世墓標の石材や型式といった考古学的分析を基に，村落の地域関係の粗密について明らかにした。また墓碑銘と過去帳との対応から寺院と周辺村落の檀家との関係性などにも言及している。①朽木量「近世墓標とその地域的・社会的背景―山城国木津郷梅谷村の事例―」『史学』66−1，1996，91〜110頁。②朽木量「墓標からみた近世の寺院墓地―神奈川県平塚市大神真芳寺墓地の事例から―」『国立歴史民俗博物館研究報告』112，2004，451〜464頁。

16) 溝口常俊は，畑作地域の近世から近代にかけての村落生活を復元すべく，地理学的視点から村落の空間的解析を試みつつ，歴史的プロセスを図るべく，畑作百姓の生産や生活を明らかにしようとするもので，木村礎が批判する土地所有階層の構成分析も無視せずに考慮に入れ，歴史人口学的な視野をふまえ畑作地域の新しい地域史を構成しようと試みている。溝口常俊『日本近世・近代の畑作地域史研究』，名古屋大学出版会，2002。

17) 大田区史編さん委員会編『大田区史　中巻』，大田区，1992，108〜113頁。

18) 義民六人衆に関わる一連の騒動については，北原進の検討に詳しい。北原進「第4節　代表越訴」（大田区史編さん委員会編『大田区史　中巻』，大田区，1992），154〜184頁。

19) 前掲注17)『大田区史　中巻』，60〜66頁。

[注]

20) 前掲注17)『大田区史　中巻』，45〜58頁。
21) 前掲注17)『大田区史　中巻』，108〜113頁。
22) 寛政11年（1779）10月「村方明細書上帳控」，大田区史編さん委員会編『大田区史（資料編）加藤家文書1』，大田区，1984，1〜3頁。
23) 前掲注17)『大田区史　中巻』，60〜66頁。
24) 『加藤家文書3』に添付されたカラーの「付図」をもとにトレースを行い，筆者の責任において注記を翻刻した。北原進の指摘にある如く，色彩が淡く判別が困難な箇所もあるため，不明部分については網掛けをしていない。北原進「あとがき」（大田区史編さん委員会編『大田区史（資料編）加藤家文書3』，大田区，1986），477〜480頁。
25) 関東郡代伊奈忠尊は，寛政4年（1792）に職務不行届によって知行没収となった。前掲注17)『大田区史　中巻』，286頁。
26) 北村敏「第1章　ムラから町へ　第2節　馬込地区」（大田区史編さん委員会編『大田区史　資料編　民俗』，大田区，1983），537〜552頁。
27) 貝塚爽平「II　武蔵野台地の土地と水」『東京の自然史』，紀伊國屋書店，1979，25〜87頁。
28) 前掲注22）1〜3頁。
29) 前掲注22）1〜3頁。
30) 明治3年（1870）「米穀産物類書上帳」，大田区史編さん委員会編『大田区史（資料編）加藤家文書4』，大田区，1987，454〜455頁。
31) 明治5年（1872）の村方明細書上帳では東京への出荷があった旨の記載がある。明治5年（1872）3月「村方明細書上帳」，大田区史編さん委員会編『大田区史（資料編）加藤家文書1』，大田区，1984，7〜8頁。
32) 前掲注22）1〜3頁。
33) 前掲注22）1〜3頁。「一　東海道品川宿江隔年助郷相勤」とある。また将軍の鷹狩に際しての御用人足の拠出も担当していた。
34) 天保14年（1843）9月「村差出明細帳」，大田区史編さん委員会編『大田区史（資料編）加藤家文書1』，大田区，1984，3〜4頁。
35) 前掲注22）1〜3頁。
36) 大田区史編さん委員会編『大田区史　資料編　民俗』，大田区，1983，16〜20頁。
37) 荏原領における中世以来の摘み田農法の展開については，髙島緑雄の論考に詳しいが，民俗調査としては，小川直之が東京，神奈川，埼玉，千葉，茨城，栃木の各都県における摘田伝承を詳細に記録している。①髙島緑雄「荏原郡の水利と摘田（一）―谷田地帯における中世水田へのアプローチ―」『駿台史学』55，1982，87〜109頁。②髙島緑雄「荏原郡の水利と摘田（二）―谷田地帯における中世水田へのアプローチ―」『駿台史学』56，1982，205〜231頁。③小川直之「関東地方における摘田の伝承（上）」（平塚市博物館編・発行『自然と文化』3，1980），93〜134頁。④小川直之「関東地方における摘田の伝承（下）」，（平塚市博物館編・発行『自然と文化』4，1981），45〜126頁。
38) 前掲注36)『大田区史　資料編　民俗』，16〜20頁。
39) 摘み田正月の事例は荏原郡内でも広く認められるようである。前掲注37）①〜④。
40) 前掲注36)『大田区史　資料編　民俗』，16〜20頁。
41) 「新編武蔵風土記稿巻之四十六　荏原郡之八　馬込領　馬込村」（蘆田伊人編・校訂『大日本地誌大系　第6巻　新編武蔵風土記稿　二』，雄山閣，1957），319〜326頁。
42) 前掲注26)『大田区史　資料編　民俗』，537〜552頁。
43) 前掲注26)『大田区史　資料編　民俗』，313〜315頁・537〜539頁。
44) 前掲注26）88〜92頁。
45) 前掲注26）88〜92頁。
46) 平野栄次「第4章　第2節　2　村落内の講」（大田区史編さん委員会編『大田区史　資料編　民俗』，大田区，1983），298〜315頁。
47) 前掲注41）319〜326頁。
48) 前掲注7）①48頁。

第 6 章　武蔵国荏原郡馬込村の庚申塔施主

49) 弘化 4 年（1847）「鎮守八幡宮御本社再建ニ付寄進附名前帳」，大田区史編さん委員会編『大田区史（資料編）加藤家文書 4』，大田区，1987，283〜285 頁。
50) 岸本昌良「第 4 章　町の中の民俗　第 1 節　氏子圏と氏子組織」（大田区史編さん委員会編『大田区史　資料編　民俗』，1983），720〜739 頁。
51) 前掲注50）720〜739 頁。
52) また高尾山講は薬王院の石塔銘から享保16年（1731）以降の存在が知られる講で，やはり高尾山への登拝と太々神楽の奉納を活動内容とするものであった。①前掲注17）『大田区史　中巻』，1,133〜1,161 頁。②嘉永 4 年（1851） 8 月「高尾山太々講連中御名前并掛金控帳」，大田区史編さん委員会編『大田区史（資料編）加藤家文書 4』，大田区，371〜372 頁。
53) 『武蔵國風土記稿』で御霊屋領の旧家として名が記された高山市右衛門の名も，この史料では確認できる。前掲注41）319〜326 頁。
54) この資料には苗字が併記されていることから，より詳細な人物特定ができる。五人組帳や宗門改帳は公的な文書であることから名字は記されないため，同一名である人物の区別が困難である。こうした私的な文書には姓名が記され，同姓同名の人物の存在有無を検討するために貴重である。
55) 明治 3 年（1870） 4 月「戸籍」，大田区史編さん委員会編『大田区史（資料編）加藤家文書 1』，大田区，1984，244〜258 頁。
56) 明治 5 年（1872）「武蔵国荏原郡上知馬込村田畑名寄帳」，大田区史編さん委員会編『大田区史（資料編）加藤家文書 4』，大田区，1987，218〜238 頁。
57) 明治 6 年（1873） 9 月「武蔵国荏原郡馬込村御水帳之表書分　畑　弐冊之内　元木原上知」，大田区史編さん委員会編『大田区史（資料編）加藤家文書 4』，大田区，1987，125〜142 頁。
58) 明治 2 年（1869）「持高書上帳」，大田区史編さん委員会編『大田区史（資料編）加藤家文書 4』，大田区，1987，177〜178 頁。
59) 慶應 4 年における百姓代を F 家の善四郎が務めている。
60) 宗門改帳を用いた分析において留意すべき点としては，年齢が数え年であること，毎年定められた期日に作成されるため，場合によっては前年と次年で日付にずれが生じ，空白の期間に記されない出生や死亡事例が存在する可能性があること，また理由が記されないまま記録上から消滅する者の存在や欠損による人物の特定が困難な事例の存在などが上げられるが，いずれにせよ今回は人物比定を目的としたものであることから，ある特定の年齢を越える者や下回る者で消滅した人物を死亡と判断すると言った仮定のもとで議論が進められることが多い。斉藤修「第 1 章　比較史上における日本の直系家族世帯」（速水融編著『近代移行期の家族と歴史』，ミネルヴァ書房，2002），19〜37 頁。
61) 天保11年（1840） 1 月「田方反別書留帳」，大田区史編さん委員会編『大田区史（資料編）加藤家文書 4』，大田区，1987，155〜163 頁。
62) 天保11年（1840）「御取締触書并畑方検地帳写」，大田区史編さん委員会編『大田区史（資料編）加藤家文書 4』，大田区，1987，97〜118 頁。
63) ①天明 8 年（1788） 4 月「武州荏原郡馬込村御検地帳之写」，大田区史編さん委員会編『大田区史（資料編）加藤家文書 4』，大田区，1987，77〜81 頁。②天明 8 年（1788） 4 月「武州荏原郡馬込村御検地帳之写」，大田区史編さん委員会編『大田区史（資料編）加藤家文書 4』，大田区，1987，81〜88 頁。③天明 8 年（1788） 4 月「武州荏原郡馬込村御検地帳之写」，大田区史編さん委員会編『大田区史（資料編）加藤家文書 4』，大田区，1987，88〜92 頁。④天明 8 年（1788） 4 月「武州荏原郡馬込村御検地帳之写」，大田区史編さん委員会編『大田区史（資料編）加藤家文書 4』，大田区，1987，92〜96 頁。⑤天明 8 年（1788） 4 月「武州荏原郡馬込村御屋敷検地帳写」，大田区史編さん委員会編『大田区史（資料編）加藤家文書 4』，大田区，1987，96〜97 頁。⑤天保11年（1840）「御取締触書并畑方検地帳写」，大田区史編さん委員会編『大田区史（資料編）加藤家文書 4』，大田区，1987，97〜118 頁。
64) ①元禄10年（1697）「武蔵国荏原郡馬込領馬込村検地水帳」，大田区史編さん委員会編『大田区史（資料編）加藤家文書 4』，大田区，1987，51〜66 頁。②元禄10年（1697）「武蔵国荏原郡馬込領馬込村検地水帳」，大田区史編さん委員会編『大田区史（資料編）加藤家文書 4』，大田区，1987，66〜76 頁。
65) 前掲注22） 1 〜 3 頁。

［注］

66) 大田区教育委員会『大田区の民間信仰（庚申信仰編）』，大田区，1969，92頁。
67) 今回の調査にあたっては宗福寺関係各位にご協力を賜った。この場を借りて御礼申し上げたい。
68) 本書第2章参照
69) 嘉永2年（1849）5月「八幡宮氏子之内我儘之仕方ニ付議定連印帳」，大田区史編さん委員会編『大田区史（資料編）加藤家文書4』，1987，290〜291頁。
70) 加藤家文書には38点の講関係の文書があり，そこから馬込村の講の種類を抽出すると，御岳講，高尾山講，三山講，伊勢講，八幡講，大黒講，頼母子講が認められる。そのうち御岳講は武州御岳に登詣し，太々神楽を奉納するもので，11点の史料が遺されている。坂本要「3　講と民間信仰(1)　馬込村加藤家文書に所載の講」（大田区史編さん委員会編『大田区史　中巻』，1992），1133〜1191頁。
71) 前掲注52）②371〜372頁。
72) 嘉永5年（1852）閏2月「高尾山太々講掛金手控」，大田区史編さん委員会編『大田区史（資料編）加藤家文書4』，1987，372〜373頁。
73) 明治5年（1875）4月「御嶽山太々講連中掛金覚帳」，大田区史編さん委員会編『大田区史（資料編）加藤家文書4』，1987，381〜383頁。
74) 屋号は1血統1苗字の多い村落で，相互の呼び分けのため成立したとされ，基本的には一村落内を範囲とするものという。民俗調査ではそうした屋号の有無は取り上げられていないが，可能性はあろう。小笹芳友「屋号」（大塚民俗学会編『日本民俗事典』（縮刷版），弘文堂，1994），749〜750頁。
75) 明治10年（1877）7月「宗福寺明細書上帳」，大田区史編さん委員会編『大田区史（資料編）加藤家文書4』，1987，333〜334頁。
76) 明治7年（1874）「宗福寺什物帳」，大田区史編さん委員会編『大田区史（資料編）加藤家文書4』，1987，323頁。
77) 「（資料9）冨士講関連石造遺物銘文」，社会教育課社会教育係編『大田区の民間信仰（念仏・題目・諸信仰編）』（大田区の文化財　第12集），大田区教育委員会，1976，139〜153頁。
78) 速水融による『近世農村の歴史人口学的研究：信州諏訪地方の宗門改帳分析』を嚆矢として，多数の著作を見ることができるが，『近代移行期の人口と歴史』では自身で研究史を回顧し，今後の展望を提示している。①速水融『近世農村の歴史人口学的研究：信州諏訪地方の宗門改帳分析』，東洋経済新報社，1973。②速水融「序章　歴史人口学―課題・方法・史料」（速水融編著『近代移行期の人口と歴史』，ミネルヴァ書房，2002），1〜21頁。
79) 速水は鬼頭宏の研究より，宗門改帳に出生が記載される以前に2割から2割5分が死亡していることを考慮すべきとしている。①鬼頭宏「懐妊書上帳にみる出産と死亡」『三田経済学研究』6，1972，8〜17頁。②速水融「西濃輪中農村の歴史人口学的観察」『近世濃尾地方の人口・経済・社会』1992，創文社，181〜253頁。
80) 速水融「農村人口の変動」『近世濃尾地方の人口・経済・社会』1992，創文社，39〜69頁。
81) ①天保5年（1834）5月「宗門人別相改書上帳」，大田区史編さん委員会編『大田区史（資料編）加藤家文書1』，大田区，1984，85〜90頁。②天保9年（1838）5月「宗門人別相改書上帳」，大田区史編さん委員会編『大田区史（資料編）加藤家文書1』，大田区，1984，90〜95頁。③天保11年（1840）4月「宗門人別相改書上帳」，大田区史編さん委員会編『大田区史（資料編）加藤家文書1』，大田区，1984，95〜100頁。④天保12年（1841）「宗門人別相改書上帳（堅帳）」，大田区史編さん委員会編『大田区史（資料編）加藤家文書1』，大田区，1984，100〜105頁。⑤天保13年（1842）4月「宗門人別相改書上帳」，大田区史編さん委員会編『大田区史（資料編）加藤家文書1』，大田区，1984，105〜111頁。⑥天保14年（1843）4月「宗門人別相改書上帳」，大田区史編さん委員会編『大田区史（資料編）加藤家文書1』，大田区，1984，111〜116頁。⑦天保15年（1844）4月「宗門人別相改書上帳」，大田区史編さん委員会編『大田区史（資料編）加藤家文書1』，大田区，1984，116〜121頁。⑧天保11年（1840）1月「田方反別書留帳」，大田区史編さん委員会編『大田区史（資料編）加藤家文書4』，大田区，1987，155〜163頁。⑨天保11年（1840）「御取締触書并畑方検地帳写」，大田区史編さん委員会編『大田区史（資料編）加藤家文書4』，大田区，1987，97〜118頁。
82) 文久2年（1862）1月「村方惣石高帳」，大田区史編さん委員会編『大田区史（資料編）加藤家文書4』，大田区，1987，169〜171頁。
83) 速水融「美濃農村地域の歴史人口学的観察」『近世濃尾地方の人口・経済・社会』1992，創文社，181〜253

頁，96頁。
84) 前掲注78），79）②など参照。
85) 家族史研究は社会学，経済学，そして歴史人口学と多様な研究領域から進められてきたが，特に家族社会学の立場では家族構成や同族に着目した研究が現れた。とくに長期間にわたる継続調査を元にしたライフコース研究は，歴史人口学にも影響を与えている。森岡清美「わが国における家族社会学の発達」『成城文芸』96，1981，1〜13頁。
86) ①森安彦「幕末維新期村落女性のライフ・コースの研究（一）—江戸周辺，武州荏原郡太子堂村の事例—」（国立史料館編・発行『史料館研究紀要』16，1984），113〜225頁。②森安彦「幕末維新期村落女性のライフ・コースの研究（二）—江戸周辺，武州荏原郡太子堂村の事例—」（国立史料館編・発行『史料館研究紀要』17，1985），157〜212頁。
87) 前掲注17）458〜462頁。
88) ①寛政10年（1798）「田反歩寄帳」，大田区史編さん委員会編『大田区史（資料編）加藤家文書4』，大田区，1987，152〜153頁。②寛政10年（1798）「畑反歩寄帳」，大田区史編さん委員会編『大田区史（資料編）加藤家文書4』，大田区，1987，153〜155頁。
89) 前掲注63）①〜⑤。
90) 前掲注13）「第3編　家の成立と家連合」参照。
91) 大田区史編さん委員会編『大田区史（資料編）加藤家文書4』，大田区，1987，496頁。
92) 渡辺は村落共同体の定義を次の3点を満たす社会集団であると規定している。①生産力の発展が総体的に低位の段階において，人々が物質的生産活動を行ううえで不可避的に取り結ぶ社会関係，②その集団の成員の社会的生活過程における多様な欲求が，基本的にはその集団内部で充足されるような全体社会，③人々の自由意志によって形成するのではなく，彼らにとっては所与の前提として立ち現れるような社会集団の3点である。渡辺尚志『近世村落の特質と展開』，校倉書房，1998，24頁。
93) ヤドのあり方については窪が詳細な民俗調査により全国的な傾向について指摘している。前掲注2）④。
94) 平野栄次「五　馬込宮ノ下の念仏講」『大田区の民間信仰（念仏・題目・諸信仰編）』，大田区教育委員会，1976，12〜16頁。
95) 明治28年の表書のある「念佛講月番土人足帳」には，宮ノ下谷に属する鉢久保，二本木，入原の3集落の人々の名が記されている。現在は本家・分家関係にある波多野姓で12家である。①前掲注90）12〜16頁。②「題目講関係石造遺物銘文」『大田区の民間信仰（念仏・題目・諸信仰編）』，1976，大田区，134〜136頁。
96) 福田アジオは神奈川県横浜市永田の事例として，集落を異にする講員が参加する庚申講の存在を明らかにしているが，その結集要因は不明としている。前掲注11）157〜231頁。
97) 中野守久は史料紹介並びに現在の講に対する民俗調査を行い，近世から現在までの講の系譜を詳細に検討している。①中野守久「旧袋村庚申講の記録（一）」（北区教育委員会編・発行『文化財研究紀要』1，1987），30〜54頁。②中野守久「旧袋村庚申講の記録（二）」（北区教育委員会編・発行『文化財研究紀要』2，1983），21〜41頁。
98) 袋村（東京都北区）の位置した範囲に遺存する庚申塔を検討すると，近世には6基が確認でき，1703年，1732年，1734年，1785年，1778年，1842年，に各1基づつ建てられている。1703年の庚申塔には14名連記され，1732年は25名，1734年は5名，1785年には無記名で，1778年は講中銘が確認できる。1842年の庚申塔が講帳と同時代の庚申塔であるが，残念ながら下部が埋もれて施主銘は判別できない。①前掲注93）①30〜54頁，②北区教育委員会編『東京都北区庚申信仰関係石造物調査報告書』，1996。
99) 北区史編纂委員会『北区史　資料編　近世2』，北区，1995，591〜592頁。
100) 蘆田伊人編・校訂『新編武蔵風土記稿』1，雄山閣，1957，330頁。
101) 弘化4年（1846）の「八幡宮寄進帳」による寄進で再建された八幡宮の竣工後，その祝いに関わり大きな騒動が発生した。嘉永4年（1851）の「八幡宮遷宮出入一件返答書」および「鎮守八幡宮氏子縺合一件ニ付願書控」を見るとその顚末が理解できる。簡略して述べるなら，宮下と平張の若者による乱闘騒ぎで，その背景には木原領宮下谷戸の氏子組織内での木横的態度が，他の谷戸や相給村の人々から問題視されたことによる。こうした緊張関係は複雑な支配や集落形態とも無縁ではないだろう。①嘉永2年（1849）4月「鎮守八幡宮遷宮出入一件返答書」，大田区史編さん委員会編『大田区史（資料編）加藤家文書4』，大田区，1987，286〜287

頁。②嘉永2年（1849）4月「鎮守八幡宮遷宮氏子縺合一件ニ付願書控」，大田区史編さん委員会編『大田区史（資料編）加藤家文書4』，大田区，1987，287〜290頁。③嘉永2年（1849）5月「八幡宮氏子之内我儘之仕方ニ付議定連印帳」，「議定連印帳　年番中所持控」，大田区史編さん委員会編『大田区史（資料編）加藤家文書4』，大田区，1987，290〜291頁。

102) 前掲注37）②。高島によれば，荏原領内の摘み田の存在は，同じ下末吉台地に位置する村に共通の事情であったことが理解でき，一部で指摘されるような副業との時期的重複を避ける目的ではなく，あくまでも水利問題にあるとした。やはり地形的要因を踏まえれば，集落の分散は避けられず，小名単位での社会関係が構築されていた可能性は高いだろう。

103) 「極窮之者取調書上帳」，大田区史編さん委員会編『大田区史（資料編）加藤家文書2』，大田区，1985，243頁。

104) 「当村困窮人施し出覚帳」には，五兵衛に2両の施しが行われたことを記している。「当村困窮人施し出覚帳」，大田区史編さん委員会編『大田区史（資料編）加藤家文書2』，大田区，1985，242〜243頁。

105) 武州世直し一揆への関心は高く，例えば『歴史学研究』誌上で佐々木潤之介や近世村落史研究会などにより，「幕末の社会変動と民衆意識」と題して幕末の社会変動と民衆意識を，この武州世直し一揆の視点から検討を加えている。概略を述べると慶應2年（1866）6月13日に武州秩父郡上名栗村（埼玉県名栗村）を中心として蜂起した一揆で，南は多摩川，東は川越藩領といった関東西北部一体に騒動が広まったもので，その歴史的意義については佐々木潤之介に詳しい。①歴史学研究会編『歴史学研究』458，青木書店，1978，②佐々木潤之介『幕末社会論―「世直し状況」研究序論』，塙書房，1969。

106) いわゆる「世直し状況論」については，佐々木潤之介の著作を参照。前掲注101）②。

107) 木村礎編著『村落生活の史的研究』，八木書店，1994。

108) 「坪」とは地域的な呼称であり，庭，庭場，小名，垣戸，廓といった小字を指す用語である。特に「坪」は栃木，茨城に主に分布している。福田アジオ「坪」（大塚民俗学会編『日本民俗学事典（縮刷）』，弘文堂，1994），469頁。

109) 福田アジオ『日本村落の民俗的構造』，弘文堂，1982，18〜19頁。

110) 有賀は日本農村の社会関係を捉える意味で，同族団に注目し家の成立などを論じたが，その意図を有賀は「同族団体以外の諸団体や互助組織が如何に成立したか，またその性格はいかなるものであるかを考える基礎として同族団体を考えるの」だと述べている。有賀喜左衛門「日本農村の成立について」『同族と村落』（有賀喜左衛門著作集Ⅹ），未来社，1971，107頁。

111) 前掲注11）。

112) 木村礎「日本村落史を考える」（日本村落史講座編集委員会編『日本村落史講座1』，雄山閣，1992），21頁。

113) 木村礎は民俗学には歴史意識が希薄であるとしているが，それは研究対象と分析手法に起因するものであって，史料を駆使し，民俗資料を歴史学的視野から捉え直す福田の手法は，木村の批判を克服する試みとして評価でき，民俗学の新しい可能性を示すものといえよう。

第7章　近世庚申塔の造立習俗の展開と村落社会の変化

1　問題の所在

　庚申塔の造立とは，庚申信仰を背景とする習俗形態を反映した行為の一つである。庚申塔は，そうした民間信仰の存在を確認する素材の一つとして認識されてきたものの，庚申塔が持つ資料性（石塔形態・像容・銘文）を活かした分析は十分にはなされていない。そこで本章では庚申塔の造立数の変化を追うばかりではなく，石塔形態や像容の変化などを有機的に捉え，比較，検討することで，庚申信仰の信仰的側面の質的変化や講組織などの社会的側面の性格的変化を具体的に明らかにしたい。そして近世における庚申塔造立の実態についてのより豊かな理解を促すとともに，近世村落史研究における知見を踏まえつつ，庚申塔を基にした近世村落の社会変化を捉える試みとしたい。

　まず第2・3章において行った考古学的分析の結果を改めて整理すると，関東地方での近世前期の庚申塔造立習俗の普及と造立数の増加が特筆される。庚申塔の造立習俗については，既に指摘したように，江戸を中心として普及していった可能性が高く，その普及には河川や街道などの流通路の整備が重要な背景としてあったものと考えられる。特に荒川，江戸川，利根川の流域での庚申塔の造立数は近世を通じて多く，造立時期も早い。現在遺存する資料が当時の状況をそのまま反映したものとは必ずしも言えないが，この点は庚申塔習俗普及の基軸となった地域を捉えるうえで興味深い点と言える[1]。

　一方，近世前期の庚申塔の急激な増加はこれまでも近世村落の成立との関わりから論じられてきたものの，その理由を具体的に検討した事例は少ない。例えば寛文年間の寺壇制度の確立により，窪が指摘するように寺院の宗教活動が活性化し，その一つとして講を組織する信仰形態が見出され，多くの庚申待を人々に教導したという考え方もある[2]。しかしながら，僧侶や修験などの宗教者の活動のみで，一般の人々に徹宵勤行のみならず石塔を建立するような宗教活動が急激に普及すると考えるのは性急な議論であって，いますこし村落内の様々な要素を検討する必要があると思われる。

　そこで改めて庚申塔の造立数の変化を見てみたい。具体的対象は考古学的分析で使用した東京都23区内の資料である。図7－1は造立数の変遷をグラフとしたものであるが，1670年代を最初のピークとして3度ほど盛期があるが，おしなべて17世紀後半が庚申塔の造立が盛んな時期であったことが窺える。特に第一次盛期（1670年代）は和暦でいうと概ね延宝年間（1673〜1681年）にあたり，続いて第二次盛期（1690年代）は元禄年間（1688〜1704年）に当たる。こうした波状形態の増加傾向は，一つ一つのピークの要因が異なる可能性を考える必要がある。しかし，これま

151

第7章　近世庚申塔の造立習俗の展開と村落社会の変化

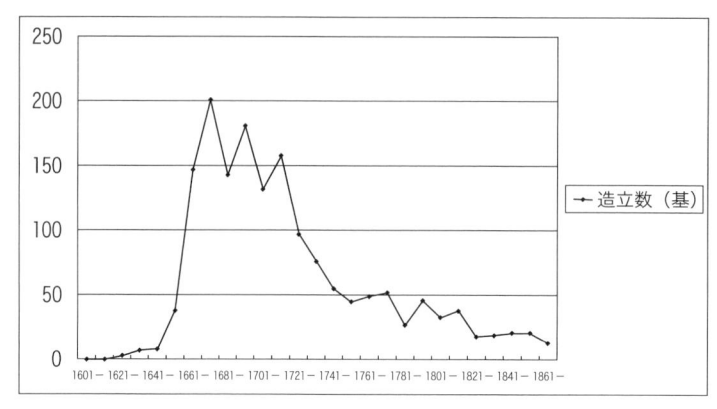

図7−1　近世庚申塔の造立数の変遷

での研究蓄積を見ても，この二つの盛期の意味を具体的に解明した研究は存在していない。

　庚申塔の造立時期の区分について，例えば清水長輝は中世を含めた庚申塔造立のおおまかな時期区分を想定している[3]。第一期は「室町―安土桃山時代」でいわゆる「板碑時代」とし，第二期は「元和―延宝年間」で「初期時代または混乱時代ともいえる，庚申塔の発達，普及の時代」，第三期は「天和から天明のころ」で「青面金剛の時代というか最盛期」とし，第四期はそれ以後の「数だけはたくさんたてられ，簡単な文字塔が中心」の時期と設定している。詳細な数値や悉皆調査に基づく区分ではなく，清水自身が収集した資料から捉えられた傾向を基に想定されたものであるので，記述的表現となっているおり，二つの盛期に関しても言及はない。

　近世史研究においては史料的制約から，庚申塔の造立や増加に関して自治体史などでも簡単な言及にとどまっている。数少ない史料のうち早い段階での庚申塔の造立に関する内容を含むものとして，播州浅野家改易後の天領化された鹽屋村（兵庫県赤穂市）における元禄14年「五人組帳御仕置帳」がある[4]。「一　新地之寺社建立之儀堅可為停止　惣而ほこら念佛題目之石塔供養塚庚申塚石地蔵之類　田畑山林又者道路端に一切立間敷候（以下略）」の一文がみえ，庚申塔の造立を禁じている。播磨国の事例とはいえ天領という性格を考慮するなら，江戸の意向の反映として捉えることは可能であり，こうした禁令の存在を裏返してみれば，全国的な元禄期の庚申塔造立行為の隆盛を示すものと解釈できる。加えて正徳3年（1713）刊の四時堂其諺の著した『滑稽雑談』には「東国にては，諸宗の僧顕密に限らず，庚申塔とて石碑或は木都婆を，一村一家によらず建立する事侍り」とあって，庚申塔が「東国」では盛んに立てられていることを明瞭に示している[5]。即ち，図7−1の庚申塔数の変遷にみる寛文期〜元禄期（17世紀後半）の庚申塔増加の様相は，当時の人々にとっても明瞭に把握されており，東国では地域差を問わない流行であったということが理解できよう。

　こうした状況を踏まえ，庚申塔の造立の背景を探るため，今回は庚申塔の造立の担い手である民衆と村落に焦点を絞り，その理由を検討していきたい。例えば近世前半の村落社会を捉える上で，小農自立は重要なキーワードである。その先鞭をつけた安良城盛昭は，太閤検地論を契機とした幕藩体制の確立に向けた動向を，小農自立を基軸として議論した[6]。その意味については，

多くの議論を呼び賛否両論のあるところだが，近世村落の成立を考える上で重要な事象であることが理解できる。特に安良城は寛文・延宝期までを中世・近世の移行期と捉えており，寛文・延宝期を最後に残った「後進地帯における小農民自立の劃期」としている[7]。庚申塔について見ても，この寛文・延宝期から元禄期ごろまでは庚申塔造立が最も盛んな時期に当たり，こうした村落内の変化と何らかの関連性を持つと考えるのが自然であろう[8]。

しかし，こうした近世史の知見と庚申塔の造立との関係をつなげるための，具体的な検討が行われてはこなかったために，十分な検証もなく庚申塔の造立には近世村落の成立が背景として存在したという理解が先行してきた感がある。福田アジオは「小農自立の過程が小農相互間に如何なる社会関係を形成させたのか」という問いを発しているが[9]，まさしくこうした具体的な事実の検討によって初めて，庚申塔造立の担い手を明瞭に立ち現すことが可能となり，造立数の増加の意味を理解することが可能になるものと考えられる。既に第4章で指摘したように庚申塔施主の名称は，17世紀末までは個人主体であり，18世紀初頭から講中が主体となっていく。こうした施主の組織化の過程には村落内の意識変化が背景として存在することは明らかであり，その意味を適切に位置づけておく必要がある。

また第6章で指摘したように18世紀以降の庚申塔施主の村落内での位置は多様であり，馬込村の事例では谷戸単位や集落単位を基本としつつも，親族関係や階層，檀那寺，居住地などを越えて，地縁的背景を持った社会関係によって組織的な集団を形成していたものと考えられる[10]。つまり既往の研究において指摘される如く，支配的なまとまりとしての五人組や寺壇制度が，必ずしも生活レヴェルでの社会関係として重要な立場になかった可能性を窺わせる。その実証的検討が未だ十分でない点を克服する意味で，本稿では村落内の社会組織としての庚申塔施主の位置に着目してきたが，それは先の小農自立の議論にふくらみを持たせ，近世前期の庚申塔増加の意味を解き明かす糸口にもなるものと考えられる。

そこで本章では，まず17世紀における庚申塔造立数の増加の背景を探るために，文献史学の成果を踏まえつつ，考古学的な分析結果を対照し，庚申塔の造立習俗の普及過程とその実態を詳細に検討したい。近世村落において造立された石塔の内でも，庚申塔は最も数量的に多く，それらを歴史資料として位置づけることは，単に民間信仰の解明に寄与するばかりでなく，近世村落史に新たな切り口を提示できる可能性を秘めるものと期待される。以下の議論では具体的検討素材として，①近世前半の運輸機構の整備，②青面金剛の主尊化と庚申待の組織化，③小農自立にみる村の形成の三点を軸に，特に近世村落の成立を考える上で重要視される寛文・延宝期の社会動向にも目を配りつつ，17世紀代の庚申塔造立習俗の展開から，生活レヴェルでの社会変容のあり方を捉えたい。

第7章　近世庚申塔の造立習俗の展開と村落社会の変化

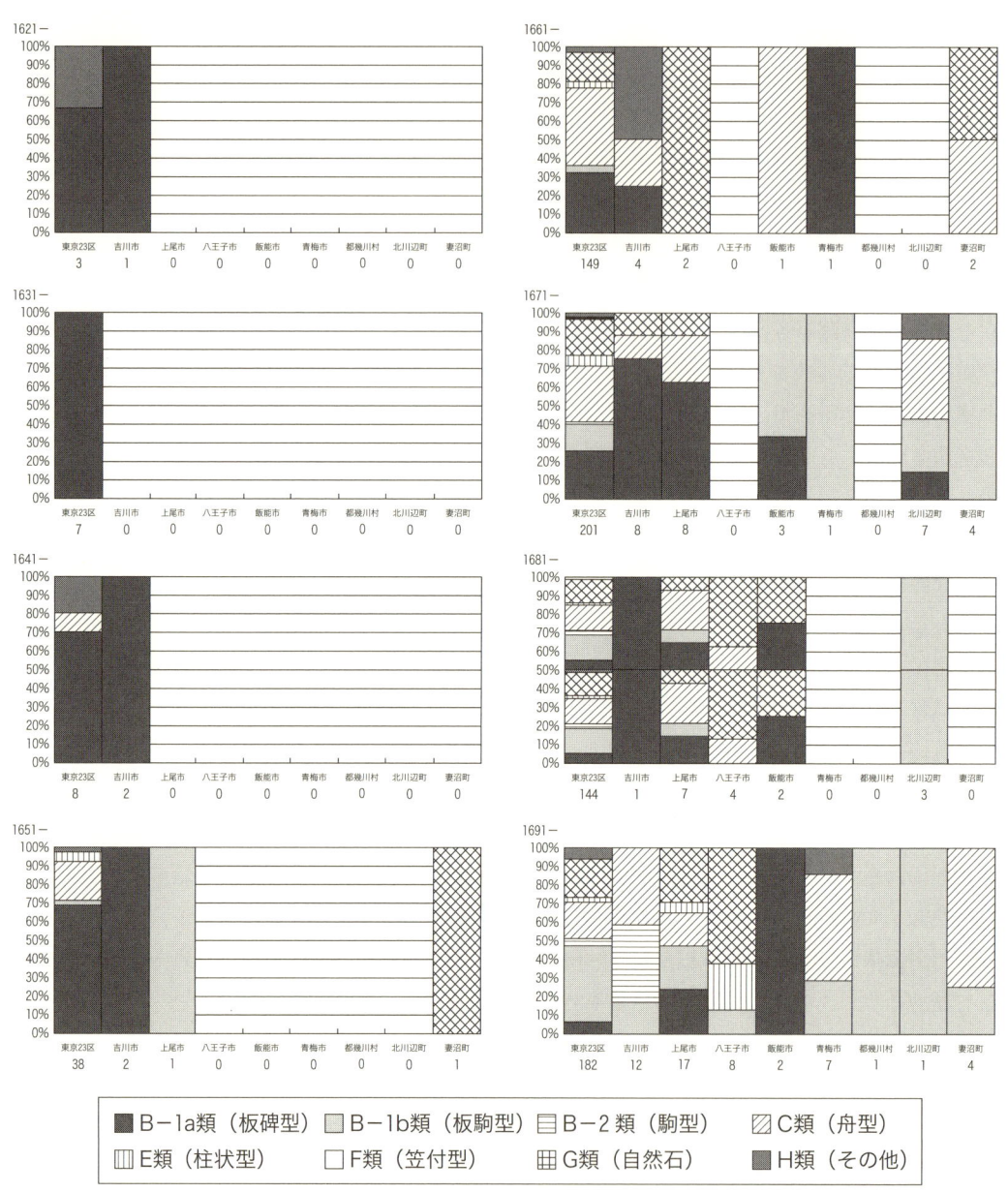

図7-2　1621～1700年における地域別の庚申塔の型式変遷
※行政地域名の下段は資料数

凡例：■B-1a類（板碑型）　□B-1b類（板駒型）　≡B-2類（駒型）　⊘C類（舟型）
　　　▥E類（柱状型）　□F類（笠付型）　⊞G類（自然石）　■H類（その他）

2　流行型式の普及と運輸機構の整備

(1)　庚申塔の普及にみる地域差と石工の動向

　図7-2は分析対象地域における1621年から1700年までの庚申塔を対象に，年次別で出現頻度

2 流行型式の普及と運輸機構の整備

を百分比の棒グラフによって示し、その結果を江戸日本橋からの里程ごとに並べ直したものである。東京23区と吉川市で庚申塔の初出資料が認められて以降、江戸との距離が近い地域から庚申塔の造立が行われていく過程が認められる。しかし江戸との距離差と造立の開始時期が単純に関係しているわけではなく、江戸から約11里半の八王子市の場合、東京都区部の初出から約50年、妻沼町とも約20年遅れており、距離的には江戸と同一距離に位置する旧北川辺町（現・加須市）と旧都幾川村（現・ときがわ町）で20年近い差が生じていることは注目される。第2章において筆者は、各地域の津出河岸の位置を参考として、流行型式の出現頻度パターンを3つにグループ化したうえで、物資輸送路の形態をもとに区分した。

その中では流行型式の変遷パターンと物資輸送路との関係に着目し整理を試みた。特徴的であったのは、東京都区部に類似した流行型式の交替が行われる地域と特定の型式が持続し、型式の交替が頻繁に行われなかった地域の分布が、物資輸送の面で水運地域と陸運地域の差異と重なることであり、また旧北川辺町のように河川に近接しながらも、陸運地域的な傾向をもつ地域があることが理解できる。こうした運輸形態の違いに基づいた地域的差異が、庚申塔の普及過程に如何なる影響を与えていたかを検討するために、まず各地に現存する最古の庚申塔の造立年及び型式を比較することで、検討を図りたい。

まず型式普及の時期を検討すると、第2章ですでに表に示したように、各地の庚申塔の型式は妻沼町でF類が万治元年（1659）に造立されている点を除き、いずれの地域も最古の型式は、江戸において既に出現した類型であることが分かる。F類については、石造墓標として既に江戸での使用事例が確認されていることから、江戸周辺地域で確認された庚申塔の石塔型式のうちで、江戸の石造物形態より先行して初出する事例は存在しないといえよう[11]。近世以降の庚申塔の初出については、今回分析を行った地域に近接する、旧大利根町（現・加須市）や東松山市、久喜市など埼玉県の市町村でも、庚申塔の初期造立の時期が東京都区部を遡る事例は存在せず、江戸の庚申塔造立習俗が周辺地域へと普及した可能性が高いことを示唆している[12]。

ここで留意すべきは、東京23区における庚申塔の初出は、既述したように足立区正覚院の資料であり江戸御府内ではなく、正確には江戸近郊農村を発祥とした可能性が推測される点である。加えて足立区の事例と同年に吉川市では「山王二十一社文字塔」が造立されている[13]。山王二十一社塔は山王信仰に由来し、猿を神使とする信仰形態から庚申信仰との関わりが指摘されている[14]。庚申塔の要素である庚申関連の偈や三猿といった要素がともに認められることから、近世期のものは庚申塔として評価されているが[15]、石仏研究者の間では経験的見地から、東京東北部から古利根川流域において、こうした山王二十一社系の石塔を含めて初期の庚申塔の増加が指摘されている[16]。こうした点を検証するためには、石造遺物以外の山王信仰に関わる天台宗教徒の動向を含め、他の史料的検討を深める必要があり、今後の課題といえよう[17]。

他方、こうした江戸を中心とした型式普及の動向を踏まえるならば、石造物の製作主体たる石工の動向についても検討する必要がある。従来、庚申塔普及の背景として江戸御府内の石工の活動が、少なからず影響していた可能性が指摘されてきた[18]。近年、金子裕之は石造墓標に関連して、伊豆の採石地での加工を経て各地に輸送されていたことを想定しているが[19]、近世の石造物

の製作の在り方をより具体的に検討していくためには，石造物が製作された場所を銘文や史料などから特定することが必要といえる。筆者は以前，型式分析の対象地域において，近世庚申塔およびその他の石造遺物に刻まれた石工銘を抽出したことがあるが，江戸在住の石工銘は上尾市や飯能市，都幾川村などで確認され，また在地の石工銘や在所の記載のない渡りあるいは在地の石工と推測される石工銘が認められた[20]。

近年，池尻篤はさらに広範囲かつ詳細に埼玉県内の石造物に刻まれた石工銘について集成を行い，分析を試みている[21]。それによれば，在江戸を示す地名を有する石工銘が認められる石造物は，荒川，利根川中流域や江戸川，青梅街道などの周辺に多く認められ，一方で利根川上流域では高遠石工の活動が主に認められたという。渡辺英男は安永9年（1780）の史料より，正徳年間ごろより赤岩，葛和田，舞木村といった利根川上流域に「曳船区間」があり，輸送できる荷物量が制約されていたことを指摘しているが[22]，池尻はこの「曳船区間」を軸として先述の二者の活動範囲が区分される可能性があるとし，ひと口に水運といっても，使用できる船の規模によって利便性が異なり，それが石造物の発注形態にも影響を与えている可能性を指摘している。

江戸で製作された石塔が各地へ搬送された可能性については，第2章でも触れたように19世紀代では青梅市の文書史料に詳しい記載があり，相当数の石塔が江戸で造られ，かつ搬送されていたことが理解できる。吉原健一郎[23]は石材の流通に関して，荷主から石問屋，そして仲買である石工見世持，そして石工へという基本的な流れを指摘しているが，石塔の完成あるいは半完成品についても，何らかの流通機構が存在していたものと考えられる[24]。しかし17世紀代では史料が少なく，例えば萱野章宏[25]は，旧上総国の望陀郡および周准郡の付近に存在する石造物の石工銘の分析を通じて，とくに寛文期から享保期においては主要港であった木更津村を中心に石工が活動し，江戸からも直接，石塔が搬送された可能性が高いことを指摘している[26]。

また石工の行動範囲については，従来の石造遺物研究のなかでも注目されており，特に渡りの石工の行動については高遠石工の活動を中心に諸先学の考究がある[27]。特に高遠の守屋貞治については，自ら記した「石仏菩薩細工」記録が残っており，その行動を追うことができる。貞治は18世紀末から19世紀にかけて336体の作品を造り，その分布範囲は，南は山口県，北は群馬県にまで拡がり，東京都新宿区太宗寺にも存在したとされるが，現存していない。こうした高遠石工に対して江戸石工の行動範囲についてはさらに解明が進んでいるとは言えない。その背景には18世紀以降の石工の動向はともかく，17世紀代の文書史料では江戸石工の活動について示すものは数少ないことが挙げられる[28]。こうした点を解明するためには，石造遺物からの検討が不可欠といえるが，主に庚申塔に認められる東京都区内の石工銘を整理したものが，表7－1である。なお作成に際して，杉並区など他の石造物で確認された石工については参考として提示した。

現状で把握できる石工名は多くないが，四谷，牛込，内藤新宿など青梅街道ともつながる地域での石工名や深川など，池尻が整理した埼玉県内で認められる石工の所在地と大きく異なる点は認められない。石工名が確認される地域は広く，新宿や杉並，あるいは文京，練馬など同一の石工と推測される銘も認められ，特定の地域に限定せず広く活動していた様子が窺える。近世後期では在村の石工の活動も無視できないが，江戸近郊においては江戸府内在住の石工による石造物

も相当数存在している可能性を示唆していよう。また興味深い点としては，既に町田聡が言及しているように小日向水道町の「安部勘助」と名乗る石工が天明から天保期の18世紀後半から19世紀前半に認められることで，町田は存命期間の長さから，世襲が行われていた可能性も想定している[29]。今後こうした世襲石工の存在も技法の継承という点で，石造美術史の観点から重要な課題の一つといえよう。

　また彼らの活動開始の時期についてみると，江戸近郊地域では寛文年間には，杉並区での江戸石工の活動が認められ，御府内のみならず近郊地域での活動が17世紀半ば以降には行われていたことを示している。ただし，こうした石工銘は残念ながら18世紀以降の石造物が大半で，池尻による埼玉県内の集成でも17世紀代は4基しか確認されていない[30]（万治2年（1659）銘鳥居「江戸金六町　石屋三重□作之」［庄和町］，貞享2年（1687）常夜燈「江戸松屋町　作者半三郎　同　佐藤勘兵衛」［春日部市］，元禄13年（1700）庚申塔「江戸深川大工町石屋　権右衛門」［杉戸町］，元禄13年（1700）庚申塔「江戸深川大工町石屋　権右門　作」［宮代町］）。本章が扱う庚申塔の普及期は寛文期前後の17世紀後半であり，この時期の石工史料が希薄である点は議論の制約を加える要因となっている。今後さらに史資料数の増加に努力していくことが，不可欠であるといえよう。

⑵　利根川の整備と庚申塔の普及

　このように石造物の流通という視点において，物資輸送に用いられた河川の存在が大きいことは疑いない。そこで利根川や江戸川の流通機構の整備過程に目を向けてみると，興味深い点が明らかとなる。利根川が現在のような銚子口への流路に確定したのは，17世紀中葉のことである[31]。利根川流域には多くの河岸が存在し，その実態については諸先学の論考に詳しいが，近世における河岸の成立要因について，川名登が次のような指摘をしている。すなわち河岸が成立する背景には，江戸への年貢米の輸送があり[32]，文禄から寛永期にかけては領主による河岸の創設が積極的になされた。こうした流通機構の必要性が，荒川および利根川，江戸川などの河川改流を促し，その後，年貢米を含め物資輸送が，寛永から慶安期には河岸問屋の手を経て行われるようになった[33]。そして寛文期（1661〜1672）までには，運輸機能を備えた河岸が各地に成立したと指摘している[34]。例えば江戸へ諸荷物を運んだ帰りに，再び「帰り荷」として関東や奥羽各地に荷持を運ぶ積荷を世話した「奥川筋船積問屋」は，寛政10年（1798）の訴状の中で，寛文3年（1663）の家綱の日光社参時に船積御用を勤めたとする記述がなされており，寛文期の成立を示唆している[35]。

　この寛文期は，妻沼町や北川辺町など利根川流域の地域で庚申塔が造立されるようになった時期と重なっており[36]，河岸の成立と庚申塔の造立には何らかのつながりがあった可能性が示唆されている。特に妻沼町は水運と陸運の結節点であり，交通の要所であった[37]。妻沼町は庚申塔の同じ河川流域である北川辺町よりも20年ほど早く，流行型式の出現頻度パターンにも違いが認められる。こうした差異の背景には，物資流通における役割の違いが存在した可能性が推測される。第2章で各地域を三つにグループ化した際にも，北川辺町は利根川に近接した地域でありながら，津出河岸がやや遠く物資流通の大きな拠点を持たない。こうした点が庚申塔の普及にも影響を与

第7章　近世庚申塔の造立習俗の展開と村落社会の変化

表7－1　東京都23区内の庚申塔にみる石工銘

区名	種別	形態	年代（和暦）	年代（西暦）	月	日	総高	現所在地	町村名	石工在所
文京区	文字	E類	貞享4年	1687	10	15	98	向丘2－38－22		
文京区	青面金剛	E類	元文5年	1740	12	吉日	125	向丘1－11－3		
文京区	青面金剛	F類	明和9年	1772	9	吉祥日	258	向丘2－38－22		
文京区	文字	その他（須弥壇型）	天明5年	1785	11	吉祥日	210	大塚5－40－1	音羽町九町目	武江小日向水道町
台東区	大日如来	C類	承応3年	1654	4	―	145.5	浅草2－3－1		
豊島区	文字	F類	元禄6年	1693	10	15	78	長崎5－11	武州豊島郡　長崎村	
板橋区	青面金剛	B－1b類	宝永7年	1710	8	10	95	双葉町43	下板橋	白山前町
板橋区	文字	その他（A－2類［宝篋印塔］）	享保17年	1732	10	吉日	290	中台3－22	武刕豊嶋郡中臺村	
板橋区	地蔵菩薩	その他	延享5年	1748	2	吉祥日	186	大谷口2－17	武州豊島郡上板橋大谷口村	江府駒込肴町
板橋区	青面金剛	B－2類	明和4年	1767	2		110	赤塚4－22	武刕豊嶋郡上赤塚村	江戸 本材木町八丁
板橋区	青面金剛	B－2類	寛政6年	1794		祥日	92	宮本町54		谷中
練馬区	青面金剛	C類	宝永4年	1707	11	吉日	114	春日町3－2		
練馬区	青面金剛	B－1b類	安永9年	1780	12	吉祥日	103	桜台5－39		江戸小日向水道町
杉並区	青面金剛	F類	寛文8年	1668	9	24	130	成田西3－3－30	武刕玉郡中野郷成宗村	市谷田町
杉並区	青面金剛	F類	寛文8年	1668	10	吉日	118	方南2－5－4	武州多麻郡保南村	四谷
杉並区	青面金剛	E類	延享2年	1745	4	8	102	今川2－6	武刕多摩郡遅野井村	
大田区	青面金剛・阿弥陀如来	その他（丸彫）	延宝5年	1677	11	吉日	104	南馬込5－2		
大田区	青面金剛	E類	天保11年	1840	10	吉日	111	北馬込2－15	馬込村寺郷谷	
品川区	青面金剛	E類	寛政11年	1799	12		122	西五反田5－6－8	谷山村	二本榎
北区	青面金剛	B－2類	元文5年	1740	12	吉日	102	滝野川1－77	武州豊嶋郡瀧野川村	江府狛込
北区	青面金剛	F類	天保9年	1838	6	吉日	116	浮間3－6	浮間村	蓮沼村
足立区	青面金剛	B－2類	天保9年	1838	11	吉日	95	六月2－4－3		草加宿
墨田区	青面金剛	B－2類	文化11年	1814	7		118	向島5－4－4	本所法恩寺前	
葛飾区	青面金剛	F類	安永6年	1777	9	不明	110	鎌倉3－13	東葛西領鎌倉新田	新宿町
葛飾区	青面金剛	B－2類	安永6年	1777	11	吉日	127	西水元3－17－7	東葛西領猿新田	新猿町
江戸川区	青面金剛	B－2類	文化元年	1804	7	朔日	176	東瑞江2－39		

〈参考〉

区名	種別	形態	年代（和暦）	年代（西暦）	月	日	総高	現所在地	町村名	石工在所
新宿区	狛犬	その他（丸彫）	安永8年	1779	9		77	赤城元町16	改代町	牛込榎町
新宿区	石虎	その他（丸彫）	嘉永元年	1848			239.5（阿形）229.5（吽形）	神楽坂5－36		原町 横寺町 駒込
新宿区	狛犬	その他（丸彫）	寛政5年		11		75	内藤町1		
新宿区	神狐	その他（丸彫）	嘉永6年	1853			163	新宿5－17－3		四谷淨雲寺横町
新宿区	神狐	その他（丸彫）	文化15年	1818				下落合2－10		小日向水道町
新宿区	狛犬	その他（丸彫）	弘化3年	1846	6		67	新宿6－21－1		牛込原町
新宿区	狛犬	その他（丸彫）	文化元年	1804	9		67	西新宿2－11－2		内藤新宿下町
中野区	馬頭観音	F類	享保20年	1735	11			沼袋4－1	沼袋村	市谷田町
杉並区	地蔵半跏像	その他（丸彫）	宝永5年	1708	8		90	高円寺南2－31－2		
杉並区	地蔵菩薩	その他（丸彫）	文化9年	1812	10		116	下井草2－33－2	武州多摩郡井草村	四谷忍町
杉並区	阿弥陀如来	E類	延享2年	1745	4	8	83	善福寺2－31	武州多摩郡遅野井村	
杉並区	地蔵菩薩	その他（丸彫）	天明8年	1788	9	吉祥日	134	善福寺4－3－6	善福寺　新町　向原　念仏講中　遅野井村　本橋小右エ門　願主　石井金十郎　近郷村々　志衆中	江戸本材木町八丁目
杉並区	釈迦如来・文殊菩薩・普賢菩薩	その他（丸彫）	天保11年	1840	正月	8	60	上高井戸1－18－11		新宿追分
杉並区	六地蔵浮彫	その他（七角柱）	天保12年	1841	4		71	下高井戸2－21－2		
杉並区	地蔵菩薩	その他（丸彫）	寛政7年	1795	10	吉日	100	成田東4－17－14	武州多摩郡田端村之内	江戸本材木町八丁目
杉並区	正観音	その他（丸彫）	寛文4年	1664	7	吉祥日	123	成田東4－17－14	武州多東郡田端村	
杉並区	文字	E類	文久4年	1864	3		74	成田西3－3－30	武州長新田通成宗村字尾崎	四谷
杉並区	馬頭観世音	その他（丸彫）	嘉永4年	1851	2	10	75	松ノ木2－36－14	武州多摩郡和田村松野木	新宿
杉並区	地蔵菩薩	その他（丸彫）	万延元年	1860	8	4	95	堀ノ内2－8－10		当邑住
杉並区	地蔵菩薩	その他（丸彫）	寛政8年	1796	10	24	79	和田2－18－3		新宿下町

2　流行型式の普及と運輸機構の整備

石工名	備考
屋［　］石屋　東［　］	施主銘とも考えられる
五兵衛	願主とあり
五郎兵衛	
安部勘助　細工人　安富與兵衛	古来願主として「延宝八稔庚申六月八日」(1680年) があり、再建塔か。
神師　齋藤七左衛門	
甚兵衛	
七兵衛	
重兵衛	
宇兵衛	
与四兵衛	
和泉屋　市郎兵衛	
茂兵衛	
勘助	
高橋長兵衛	
治郎左衛門	
五兵衛	西荻北4－37旧在
□兵衛	
甚兵衛	
長右ェ門	
宇兵衛	
清八	
州石工司子孫　神流齋　青木宗義	草加市内に文化10 (1813) 年から嘉永元 (1848) 年までの29点が残存。
辰右衛門	宝永3 (1706) 年塔の再建との銘あり
中村屋佐右衛門	
左衛門	
明石幸助	

石工名	備考
仁兵衛	寛政11 (1799) 11月再興
平田四郎右衛門	
新沼兵右衛門	
鈴木喜三郎	
弥助	
本橋吉兵衛	
勘介	台座高40cm　神狐欠損のため残存せず
平田四郎右衛門	明治14 (1881) 年に台座を補う。石工　平田榮太郎の銘あり　台座高93cm
喜三郎	
衛門	台座高81cm
屋　半右衛門	
角田屋平右衛門	明和5 (1768) 年再建銘が刻まれた台石に石工銘
本橋吉兵衛	大正4 (1915) 年再建の銘あり　台座高116cm
五兵衛	台座高17cm
上総屋治助	台座高54cm
甚蔵	石工銘は「普賢菩薩」台座　台座高55cm
清助	台座高44cm
総屋　石工治助	台座高71cm
長兵衛	台座高29cm
平吉	「石橋供養　十方村々々□□」
甚蔵	台座高95cm
井上□□	安永2 (1774) 年塔の再建との銘あり　台座高54cm
傳吉	昭和36 (1951) 年4月18日の再建銘あり　台座高213cm

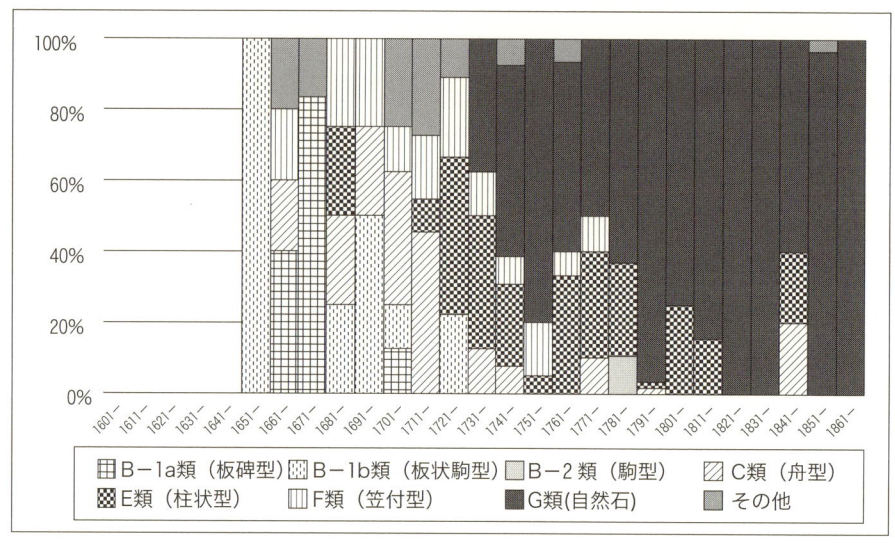

第7章　近世庚申塔の造立習俗の展開と村落社会の変化

図7−3　伊勢崎市の庚申塔型式の変遷　　　　　　　　　　　　　　　　　　n＝333

えているものと推測される。つまり利根川流域における庚申塔の普及過程を検討すると，流通拠点としての河岸の整備，発展の時期を反映しているものと指摘できるだろう。

　他方，先に掲げたように池尻は渡辺の指摘する「曳船区間」の存在により，江戸からの積載船がそのまま遡上できず，積荷を分載する必要があるといった不便さから[38]，利根川上流域における江戸石工の活動範囲について言及している。たしかに群馬県伊勢崎市の庚申塔の流行型式を整理すると[39]，図7−3に示したように自然石が大半であり，江戸で流行していたようなB−1a類やB−1b類などはほとんど認められない。しかし，宝暦12年（1762）銘の橋供養として造立された地蔵菩薩には「石工　江戸北八丁堀　和泉屋治良右衛門」の名を確認することができる。こうした事例からは，江戸石工の活動範囲に「限界」が存在していたとは，一概にはいえないようである[40]。

　飛田英世によれば，茨城県龍ヶ崎市の「山崎穣家文書」には，万延元年（1860）の「庚申塔建立加入帳」が残されており，庚申塔造立時の収支をうかがい知ることができるという[41]。収入のうちの多くは玄米によるもので，48名が玄米8.1斗を寄進し，500文を世話人4名が貸与のかたちで拠出している。そして支出では，「庚申塔石・手間代」として5,000文，「石引取・酒，菓子代」として300文等が認められたほか，興味深いのは「布川渡舟」として32文が掲げられている点である。飛田は現在の利根川町布川から，この豊田村（現・龍ヶ崎市豊田町）まで利根川から小貝川の舟運を利用して庚申塔が搬入されたとしている。近世末でもあり，江戸からの石塔輸送か否かは不明だが，こうした舟運による石造物の輸送が行われていた証左の一つといえる。ちなみに現在も龍ヶ崎市豊田町に残る万延元年銘庚申塔はE類（角柱型）で，正面に「庚申塔」，「左右側面に」9名の世話人の名，また左側面に「万延元庚申霜月」の銘が刻まれており，塔身の高さ111cm，台石の高さ25cmで，総高136cmと比較的大型のものである。

　すでに第2章でも指摘したが，石造墓標においても「尖頂舟形墓標」（本論の分類ではB−1a

類）が熊谷市域で1650年代から認められることは興味深い，すでに諸先学が指摘しているように江戸近郊地域で1610年代より墓標型式として認められ，千々和實は池上本門寺墓地に残る墓標調査によって，初出が元和5年（1619）と指摘している[42]。池上によれば現状での調査（関東各地15地点）を踏まえても，関東では最古ということができるようであり，「尖頂舟形墓標は，1610年代の元和年間に創案され，1620年代には城北地区の文京区域，下総中山および川越の地に伝播し」たとしたうえで，「1630年代には東は松戸・香取，西は相模松田・小田原，北は鴻巣に現出している」として，江戸からの普及であることを想定している[43]。

　寛文期には，江戸から熊谷へと「尖頂舟形墓標」が普及した可能性が想定されることを踏まえるなら，旧妻沼町域（現・熊谷市）で庚申塔の造立が始められた時期とも重なって，極めて示唆的といえる。現段階では推測の域を出るものではないが，江戸周辺の地域が江戸近郊の流行型式のあり方を反映していることは今回の分析からも明らかといえる。そうした意味で，関東地方における石造物の「かたち」の普及には，都市江戸との交流という要素を抜きに評価することはできないものと考えられる。

　また本稿では十分触れることができなかったが，石塔に使用した石材の動向も見逃すことはできない。秋池武は関東地方の1都6県150か所，約2万基に及ぶ墓石調査を行い，石塔形態のみならず使用石材についても検討を試みている[44]。秋池の調査によるならば，埼玉県，東京都，千葉県，神奈川県など「関東地方中央部」の17世紀代の墓石には「西湘～伊豆石材」の使用が顕著に認められるとし，いわゆる伊豆安山岩が流通しているとした。他方，「利根川流域石材」は群馬県渋川市や高崎市などに広く用いられ，18世紀以降は各地で在地系の石材を用いることが多くなると指摘している。伊豆石の利用に関しては，江戸城築城に伴う江戸の石材需要の高まりと石工活動の活発化と墓石造立の増加との関わりから秋池は議論を展開しているが，史料が十分には現存せず，現存する石造物の実態からの推測の域を出ない。今後，墓標にとどまらず，他の石造物における石材調査についても進めることによって，より実証的な議論が期待できるものといえよう。

　ここで本節での議論を整理すると以下のようになる。①東京都区部での流行型式の初出年を各分析地域の資料は遡ることがない。②東京都区部の流行型式の傾向が，東京周辺地域の初期の造立型式に影響を与えていた可能性がある。③石工銘や文書史料からは多数の江戸の石塔が江戸周辺地域へ搬送されていた可能性は極めて高い。④利根川流域では河川整備と運輸機構の成立が初期庚申塔の造立時期に重なる，といった点が指摘でき，加えて考古学的分析で明らかなように，東京都区部23区の傾向との類似度を決定しているのは，基本的には運輸形態の差異に基づく江戸との関係性の粗密にあると解釈できる。

　①～③および考古学的分析の結果をあわせて考えるなら，型式学的分析から認められた武蔵国における庚申塔の流行型式の斉一的な広がりは，基本的に江戸近郊の流行型式が普及した可能性を示すものと指摘できる。すでに指摘したように，街道を基軸とした関係性を持つ地域において，型式変遷や比率に類似性が認められている。加えて普及時期と河川の運輸整備の時期が重なることは単なる偶然の一致ではなく，やはり庚申塔の造立行為の普及において，物資流通体系の整備

第7章　近世庚申塔の造立習俗の展開と村落社会の変化

が大きく影響を与えていたことを推測させる。

　繰り返すように谷川章雄が指摘する如く，墓標の普及において交通路の重要性は無視しえず[45]，流行型式の出現頻度に認められる地域性の要因として，中核地である江戸との単純な距離差ばかりではなく運輸形態の差異や運輸体系の整備の時期，または物資流通上の地域的役割や江戸との緊密さといった，地域ごとで様々な地理的，社会経済的要因が背景として考えられることを示唆している。川名は問屋を基軸とした「河岸」という運輸システムは，近世の関東において成立したものであるとするが[46]，まさにそれは江戸という中心と諸地域を結ぶ情報システムでもあった。近世当時の物資流通のあり方のみならず，地域的繋がりや情報の普及形態を捉える上で，庚申塔をはじめ石造遺物の動態を考古学的に把握していく作業は，重要な研究視角となりうることを窺わせる。

　そのほか，庚申信仰の内容の違いや地域ごとでの社会経済的要因など，さらに検討を要する課題も多いが，近世庚申塔に対する型式学的分析の作業により，流行型式の普及とその展開過程を，セリエーショングラフの利用を通して，より明瞭に時空間的に跡づけることができた。また寛文期以降の関東地方における庚申塔造立習俗の普及の背景として，利根川流域では運輸機構の整備が影響を与えていた可能性に言及した。とくに庚申塔の普及時期が，寛文期に重なっていることは興味深いことと言えよう。そこで次節では庚申塔の増加期とその要因について検討を図りたい。

3　近世前期の庚申塔増加の背景——青面金剛と講中——

(1) 庚申塔の造立数の増加と青面金剛

　先に庚申塔の造立数を基にピークとなる時期を，第1次盛期（1670年代），第2次盛期（1690年代）としたが，この造立最盛期を軸として庚申塔の造立数が近世を通じて最も増加する理由について考えてみたい。この時期の庚申塔に関しては，物質的資料において石塔形態や像容が，銘文資料において施主名称や造立期日など，幾つかの属性において興味深い事実が明らかとなった。ここではそのうち物質的資料の側面について検討してみたい。まず石塔形態では，既に第2章で示したように第1次盛期ではB－1a類が過半を占め，C類やF類を加えるとほぼ大半を占めることが指摘できる。一方，第2次盛期ではB－1a類は減少し，B－1b類が急増する。こうした石塔の流行型式の変遷は，第2章での分析の通り，江戸周辺に限らず関東各地でも広く見られる傾向であり，関東地方における庚申塔形態の典型的変遷として見なすことができる。

　こうした石塔の変遷に対して像容にも変化が認められる。図7－4は第3章で行った庚申塔の主尊である像容を分析した結果をもとに，東京都区部全体で整理したものである。時系列的な変化を見るために実数を折れ線グラフで示した。第1次盛期（1670年代）では像容が刻まれる庚申塔は全体的に値が低く，大半は願文を刻む文字塔の形態を採っていることが分かる。それに対して第2次盛期（1690年代）では，青面金剛が主尊の中では高い値を示し，この二つの時期は大きな変化を呈する時期であることがわかる。こうした石塔形態と像容の関係性については，特に青

3 近世前期の庚申塔増加の背景—青面金剛と講中—

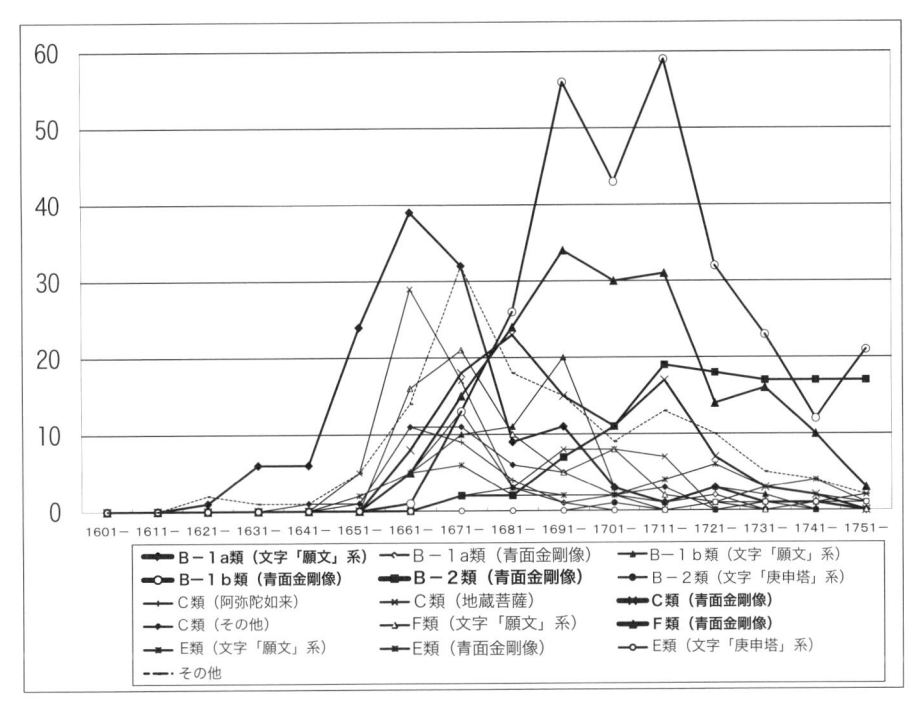

図7-4 1600年代から1750年代までの像容別型式変遷　n=1302
※太字は近世を通じた上位5類型の組み合わせを示す

面金剛の出現時期を核とした像容の多様性に焦点を絞った議論は多数存在する。

例えば青面金剛出現以前の像容の多様化という点については特定の仏教宗派によらず庚申待が行われていたことを示唆するが，井ノ内真人が庚申塔の施主の本来の宗教の影響などを指摘しているほか[47]，窪が示唆しているように庚申縁起の影響を指摘する立場もある。窪は徹宵の際，刻限によって礼拝すべき諸尊が記されており，そうした縁起によるによる影響や山王二十一社との関わりとから多様な礼拝対象が登場したことを推測している[48]。窪の指摘は蓋然性の高い議論ではあるが，こうした像容の議論とは対照的に，石塔形態との関係は十分にして検討されることはなく，定量的把握や時系列的変化を適切に把握した議論はあまり見られない。

既に第3章で指摘したように石塔形態と各像容との間にはある程度の関係性があり，例えばB－1a類と文字塔（偈・願文系），B－1b類と青面金剛像といった組み合わせが存在している。加えてそれぞれ前者が第1次盛期と，後者が第2次盛期の主要なセット関係として認められることは偶然の一致ではなく，石塔形態と像容との関係性を示すと共に，近世前期の庚申塔の増加を支えた要素の一つである可能性が考えられる。第2節の結果とも関わるが，特に第1次盛期は寛文期の直後の延宝期（1673〜1681）にあたり，庚申塔の普及において最も重要な時期であるものと考えられる。そして第4章で指摘したように，施主名称の変化に認められる変化は，第2次盛期と時期的な重なりを示す。そうした17世紀後半から18世紀初頭の庚申塔造立数の増加に伴う様々な関係性は，純粋な信仰領域の変化のみならず，当時の歴史的，社会的背景を背負ったのものである可能性があり，庚申塔造立の担い手である施主を取り巻く村落社会の変化に対応してい

163

るものと考えられる。そこで近世前期に特に大きな変化を持つ青面金剛の主尊化に焦点を絞りつつ，庚申塔の増加の理由について議論を進めていくことにしたい。

　青面金剛が庚申信仰の本尊として見なされるまでの過程は多数の議論がある。しかし，その議論の多くは可能性の示唆に留まるもので決定的な解明には至っていない[49]。例えば窪は三尸説から庚申信仰への変化を遂げるなかで，円珍系に属する天台宗園城寺の僧侶によって「老子守庚申求長生経」と称する一書を編集したことが由来と説く[50]。既述のように，窪は庚申信仰の母体は道教の三尸説にあるとしたが，そこへ伝尸（でんし）病と呼ばれる伝染病を克服する祈祷の際に，青面金剛を本尊として勤行する行為が記された「陀羅尼集経」巻九の「大青面金剛呪法」が平安時代以降伝来することで，先の「老子守庚申求長生経」に撰述される過程で青面金剛が庚申の本尊となっていったと想定している[51]。

　それに対して吉岡義豊は中国で唐代に「陀羅尼集経」が訳出されたとき既に，青面金剛が庚申の本尊として意識されていることを指摘したが[52]，窪は「陀羅尼集経」に「守庚申」や「三尸」といった文言が認められない点，また日本では「陀羅尼集経」伝来以後も守庚申に際して青面金剛を本尊とした記載がなく，15世紀末以降，庚申縁起が撰述されるなかで青面金剛が庚申の本尊として記載されていることなどから，吉岡の説を退けている[53]。いずれにせよ近世以降の青面金剛の流布は誰もが認めるところであるが，窪は公家日記などには青面金剛の記述が現れないことから，庚申塔に見られる傾向から，民間での青面金剛の本尊化を正保〜承応の頃であると推測し，逆に青面金剛を正本尊とする説が，宮中に伝わったとする見解を示している[54]。

　青面金剛の本尊化に関して，宗教学的立場から言及することは本論の作業を超える課題であり，これ以上は踏み込まない。そこで実際の石造遺物に認められる青面金剛の出現事例を検討したい。近年の調査により中世から存在していることが確かめられている。縣敏夫によれば，板碑として鹿児島県指宿市において天文14年（1545）文字塔が確認されている[55]。諸仏の一つとして銘文が刻まれたもので主尊ではないが，庚申供養の主尊としては鹿児島県西諸県郡高原町の天正19年（1591）文字塔が現在のところ初出とされている[56]。縣の解読に拠れば，銘は「青面金剛ハ　三世不退ノ益アリ　故ニ庚申供養ノ為メ　一橋ヲ造リ群生ヲ渡ス而已」と記され，庚申供養の主尊としての位置が窺える。

　近世に入ってからの石造遺物では奈良県奈良市新薬師寺に元和元年（1615）塔があり，「青面金剛　奉供養庚申待為二世安楽」の偈文を刻んだ石塔が存在する[57]。また静岡県富士宮市の寛永21年（1644）塔では「夫庚申者以青面金剛為本尊」の文言が刻まれ，庚申の本尊としての認識が窺える[58]。加えて，像容として彫り込まれた青面金剛は福井県松岡町の石祠の奥壁に浮彫された，正保4年（1647）銘の四手青面金剛像が確認されている。儀軌との相違を検討し縣は手本に拠らない創作像と評価している[59]。

　こうした西日本から東海地方にかけての青面金剛の出現に対して，関東地方では青面金剛が主尊として現れるのは1650年代に入ってからである。表7－2は近世初頭から第2次盛期の1690年代まで，東京都区部における青面金剛の出現数をまとめたものである。清水が『庚申塔の研究』を上梓した当時，青面金剛の初出とされていた荒川区の慶安5年（1652）塔をはじめとして[60]，

3 近世前期の庚申塔増加の背景―青面金剛と講中―

表7-2 地域別の青面金剛（文字・像容）の造立数と型式

西暦	和暦	都心部（御府内）	東京南部（東海道）	東京西部（甲州街道）	東京北部（中山道）	東京東部（日光・水戸道）	年次合計（基）
1652	慶安5年・承応元年					○	1
1653	承応2年						0
1654	承応3年					○	1
		資料無（1655～1660年）					
1661	寛文2年				◆		1
1662	寛文3年				●◆	■	3
1663	寛文4年	▲		▲	●	●▲	5
1664	寛文5年	▲				▲	2
1665	寛文6年					▲※1	1
1666	寛文7年	▲				◆▲	4
1667	寛文8年						0
1668	寛文9年	▽（形状不明）	●●	◆◆	▲		6
1669	寛文10年		○				1
1670	寛文11年						0
1671	寛文15年・延宝元年				◆		1
1672	延宝2年	◆	●●◇	■		▲▲▲	8
1673	延宝3年		●	●●			3
1674	延宝4年	●◆	●	◆◆	◆	▲	7
1675	延宝5年				▲		1
1676	延宝6年	▲▲	▲	●	●		5
1677	延宝7年	▲	●●●■◆▼（D類※2）	◆	■	★	11
1678	延宝8年	▽	□	▲■			4
1679	延宝9年	■		■			2
1680	延宝10年（庚申）	▲▲▲▽（E類）	○■▲▲▲▲◆◆◆▼（E類）	●■■■▲▲	◆◆	▲▲	25
1681	延宝11年・天和元年		■■▲	◆◆◆		◇	7
1682	天和2年	●●	○▲	■▲	▲		7
1683	天和3年			◆▼（E類）	◆	▲	4
1684	天和4年・貞享元年		●■■▲◇	■▼（E類）		▲	9
1685	貞享2年		■▲◆	■▲▲▲◆◆	■	■	10

凡例
● B-1a類（像容）　○ B-1a類（文字）　■ B-1b類（像容）　□ B-1b類（文字）
▲ C類（像容）　△ C類（文字）　◆ F類（像容）　◇ F類（文字）
★ B-2類（像容）　☆ B-2類（文字）　▼ その他類型（像容）　▽ その他類型（文字）
※1 像容は地蔵菩薩で文字として「青面庚申之結衆之輩」の銘（江戸川区）
※2 像容は青面金剛と阿弥陀如来（大田区）

承応年間には既に青面金剛が銘文ではあるが主尊として認められている。ただし足立区，葛飾区の資料は，「正面金剛」と誤って記されていることから，清水は未だ十分な知識の普及が無かった可能性を指摘している[61]。また像容の初出は板橋区の寛文元年（1661）塔を端緒として，1680年代以降には青面金剛像を主尊とする庚申塔が数多く造立されていくことが分かる。

清水によれば当初の青面金剛の容姿は，6本の腕のうち，輪，矛，弓，矢を持つ上下の手は共通する事例が多いものの，中央の2本は持物が安定していないという。こうした点を踏まえるならば，「青面金剛とて，身の色青く，頂上に五色の虵躯をいただき，四ひとて四つの手を顕し」[62]といった庚申縁起はあまり知られていなかったということになろう。初期の青面金剛の出現から数年を経ずして，多様な形態が現れることを踏まえるなら，何らかの理由により青面金剛の存在が次第に一般に知られ，需要が増大することで，不特定多数の石工に発注された。その際に庚申縁起をもとにした彫刻や儀軌を知らない発注者や石工による造立も増え，多様な青面金剛

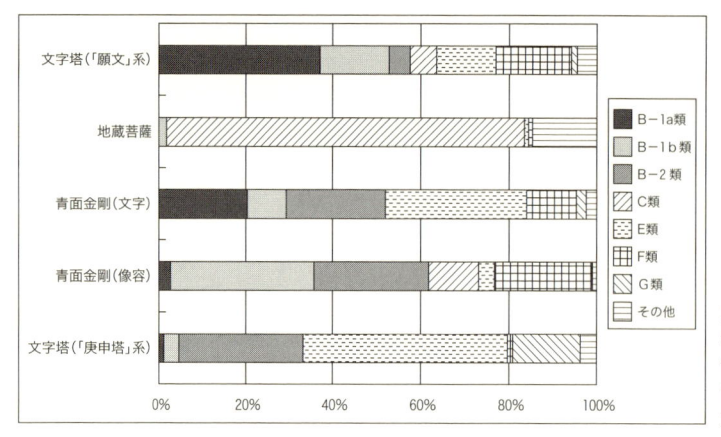

第7章　近世庚申塔の造立習俗の展開と村落社会の変化

図7－5　像容別の型式出現比率

文字塔（「願文」系）　n＝366
地蔵菩薩　　　　　　n＝103
青面金剛（文字）　　 n＝44
青面金剛（像容）　　 n＝946
文字塔（「庚申塔」系）n＝84

表7－3　庚申塔型式と寄与率

型式名	1651-1661	1661-1671	1671-1681	1681-1691	1691-1701
B－1a類	26.3%	17.8%	−55.6%	−5.9%	−5.9%
B－1b類	5.3%	26.7%	72.2%	88.2%	76.5%
B－2類	0.0%	4.4%	0.0%	14.7%	−23.5%
C類	42.1%	22.2%	27.8%	−23.5%	23.5%
F類	26.3%	22.2%	50.0%	29.4%	23.5%
その他	0.0%	6.7%	5.6%	−2.9%	5.9%

像が創出されるようになったことが推測される。

東京都区部以外の庚申塔に見られる青面金剛像の普及状況を確認すると，関東では栃木県で，万治2年（1659）の四手青面金剛像が確認されている[63]。この像は他地域への図像的な影響がなかったとされるが，東京都区部より時期的に遡ることは興味深い。また神奈川県高座郡寒川町では承応2年（1653）の四手青面金剛像が確認されており[64]，東京都区部の寛文元年（1661）塔と比較して他地域での造立が目立っている。庚申塔の造立自体は足立区正覚院の弥陀三尊来迎塔が関東では初出であることに変わりはないが，青面金剛に関しては必ずしも江戸近郊を基軸とした傾向にあるとはいえない。現状ではその淵源を確定することはできないが，例えば青面金剛の図像学的検討を詳細に試みる中で，解明への道筋が拓かれるものと思われる[65]。

いずれにせよ青面金剛の普及に際して庚申縁起やその他の儀軌が大きな影響を与えなかったとするならば，それは実態としての青面金剛像が一般に流布したことを想定せねばならない。そうした視覚的な流布を図るには，絵画あるいは彫像によってしか普及はできない。いわゆる大津絵による青面金剛像の普及については清水や窪が既に示唆しているが[66]，具体的な普及過程が明瞭でないため，その検証は困難である。しかしながら，庚申塔の主尊として刻まれていく経緯は，図7－3に示したように考古学的に明瞭に認められることから，今後は如何なる普及過程を経たかという点についても，さらなる考古学的な側面からの検討が期待される。そこで考古学的資料として石塔形態との関係性に着目し，青面金剛の主尊化の経緯を検討することにしたい。

(2) 青面金剛の主尊化

18世紀以降の庚申塔の主尊は，図7－3でも認められたように青面金剛が大きな比率を占める。

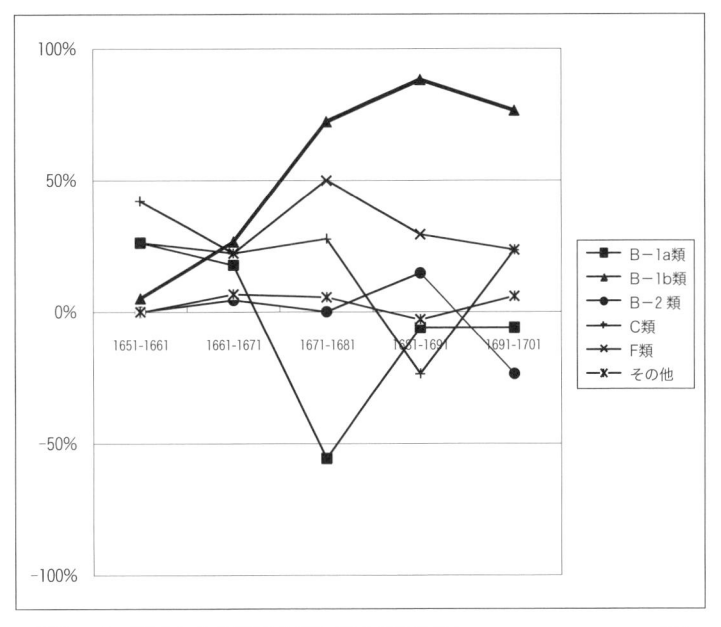

3 近世前期の庚申塔増加の背景―青面金剛と講中―

図7－6　型式ごとの青面金剛に対する寄与率　　　　　n＝387

既に指摘しているように，対応する型式は第1次盛期ではB－1a類が過半を占めているが，第2次盛期ではB－1a類は減少し，B－1b類が急増する傾向を示す。こうした石塔に見られる流行型式の変遷と青面金剛の主尊化の点についても検討を試みておきたい。表7－2では青面金剛の出現と石塔形態についてまとめたが，ここで重要な点としては，当初は様々な型式を採用しつつも，次第にB－1b類に集中していく傾向にあることであろう。図7－5は，青面金剛をはじめとして，庚申塔の主尊として認められる「偈文・願文」，地蔵菩薩，青面金剛，「庚申塔」などの項目について石塔に使用される型式別比率を示したものである。この図からも各像容に対応した，特定の型式への偏りが存在していることが窺える。B－1b類を清水は「とくに青面金剛のためにつくられたともみられる形」と述べているが[67]，そうした特定型式との関係の有無とその意味を検討してみたい。

　青面金剛像の主尊化の過程で，どの型式が重要な位置を占めたかを捉えるために，経済学において時系列的変化を捉える際に多用される「寄与率」を用いてみたい。寄与率とは，複数の内訳を含む一組の統計事象の数値において，特定の内訳の変化が，全体の変化にどの程度の寄与をしているかを示す指標として用いられている[68]。つまり青面金剛を主尊とした庚申塔の型式別の内訳数を元に分析を試みることで，青面金剛を刻む庚申塔の増加に最も貢献した型式を捉えることができる。今回は，青面金剛の銘文や像容が使用されるようになる1650年から1710年までの60年間を対象として，1年単位では資料数が少ないため，便宜的に10年単位で5つに時期区分した上で資料を整理し，各時期ごとに比較した。

　分析の結果を示したものが図7－6である。先ほども触れたように，近世庚申塔における青面金剛像・銘の数は分析対象時期には増加傾向にある。その点を踏まえて図を眺めると，1650～60

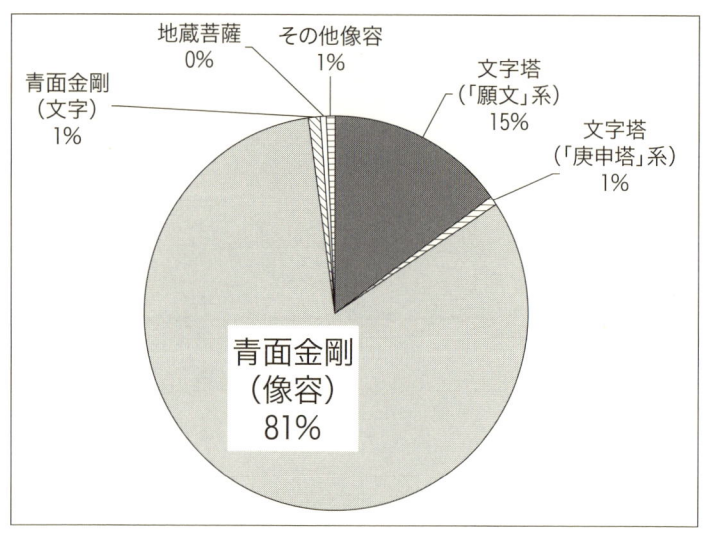

第7章　近世庚申塔の造立習俗の展開と村落社会の変化

図7－7　B－1b類における主尊の構成比　　　　　　n＝380

　年代ではB－1a類やC類，F類が30％程度の値を示しており，青面金剛の増加にこれらの類型が一定の貢献をしているものと考えられる。しかしながら，1660～70年代では先に貢献していた類型は減少傾向を示すのに対して，B－1b類の値が上昇する。そして1670年代以降は80％を超える安定した値を示し，青面金剛の増加にB－1b類が高い貢献を果たしていることが読み取れる。対してB－1a類はマイナスの数値を示し，青面金剛の増加にほとんど貢献しない類型となっていくことが理解できる。C類も比較的値が減少傾向を示しているもののプラスの値であるほか，F類ではB－1b類に次ぐ値であり，これら2つの類型も青面金剛の増加に，一定の貢献を果たしていたと解釈できよう。

　庚申塔全体に占める青面金剛の割合が50％を超えるのは1681年代からである。図7－5で該当時期をみると，1670年代から1680年代は，まさにB－1b類の比率が伸びる時期にあたる。B－1b類自体の造立数をみると，第2章のセリエーショングラフで示したように，やはり1681年代以降に急激な増加を示しており，青面金剛を主尊とする庚申塔の増加とB－1b類の増加には少なからず何らかの関係が存在するものと考えられる。B－1b類における像容の内訳を示したのが図7－7である。青面金剛像が81％を示し，まさに青面金剛のために存在している石塔形態であるということが指摘できる。しかしながら型式として初出となる資料は，世田谷区上馬・宗円寺の明暦4年（1658）銘を持つ三猿を刻んだ塔で，青面金剛像ではない。銘文はなく，宗円寺（後刻と思われる）と施主の名が連記されているものである[69]。

　むろん上記の塔以外にも，初出年次の遡る資料が今後発見される可能性もあるが，悉皆調査が進んでいる東京都区部では少なくとも最古塔として評価できるものと考えられる。宗円寺の明暦4年塔がB－1b類の初出であるとする前提に立てば，B－1b類が当初から青面金剛像と関連した型式ではなかったと解釈することができる。青面金剛像・銘を持つ庚申塔の石塔類型については第3章で整理したが，当初の型式はB－1a類であり，その他の石塔形態も含まれていた。

それは図7－6で示した寄与率からも看取できる。しかし次第にB－1b類が庚申塔の型式として主流となり，その像容には図7－7で示したように，主尊に極端に偏った状況を示す。つまり一連のデータを踏まえるならば，青面金剛の普及当初は特定の型式に結びつくものではなかったが，次第にB－1b類を青面金剛の石塔形態として高く認知されるようになり，好まれてB－1b類が青面金剛に使用されるようになったことを示している。

(3) 青面金剛の主尊化と石塔形態

ここで今少し形態に関しての議論を深めると，従来の地蔵菩薩や阿弥陀如来といった像容が彫り込まれる石塔では，C類が多用されていた。それは仏像の光背を意識して舟形の頭部形態が造形された可能性が高く，意図的にC類が選択されていたものと推測される。しかし青面金剛の場合は，先に述べた如く初出の福井県の事例は石祠であり，関東地方の初出である神奈川県の承応2年（1653）塔はF類であるほか，東京都区部の板橋区の場合もF類であるなど，初出形態としては屋根をもつ形態の石塔が認められる[70]。これは庚申縁起に「高さ三丈ニ塔ヲ立テ（庚申因縁記）」あるいは「高さ三重のたうをたて給ふ（庚申之本地）」など三層塔を想起させる文言があることから[71]，当初は笠付塔であるF類が意識されたことも考えられる。実際に図7－5で示したようにC類やF類が青面金剛に用いられる事例は少なくない。にもかかわらず，大多数の庚申塔にあえてB－1b類を使用した背景には，技術的な要因か若しくは何らかの宗教的要因が存在した可能性を検討する必要があるだろう。

従来の偈・願文を刻む形態では，B－1a類は文字を刻む碑面が確保されていれば問題はなく，当時の墓標形態を流用したことは理解できる[72]。しかしながら，像容を刻む際には，アーチ形の頭部や外縁装飾をもつ形態は碑面が装飾部分に占有され，大きな像容を彫刻することが困難となる[73]。そうした点が，B－1a類が青面金剛には不都合な形態であると評価された可能性が推測される。またC類も，①側面が丸みを帯びたC類では輸送に際して嵩が張り不便であること，②切石から加工する際に取り去るべき部分が多い，などの点を可能性として指摘できる。

他方，宗教的側面としては，B－1b類は他信仰の像容である馬頭観音や弁財天などにも多用されており，清水が言うような青面金剛のための形態とは言えない[74]。また既述のように基本的に青面金剛像自体が儀軌の記載と異なる姿で刻まれることが多く，明確な規定がないため，史料的な検討により石塔形態の選択性を解明することは困難と言える。ただ少なからず宗教的側面が仏像や石塔形態に与えた可能性は否定できず，庚申掛軸や大津絵といった絵画資料や石像遺物の図像学的検討を通じてさらに明らかになる点も多いものと思われる。他方，第2章で指摘したように，B－1類が主流となる17世紀後半において，石塔が関東各地に流通していた可能性を踏まえるならば，流通のための利便性も含めて技術的要因が大きく影響していた可能性は考慮すべきであると考えられる[75]。

いずれにせよ青面金剛の増加傾向は1680年代以降次第に高まり，庚申塔の造立数自体は一時的に減少傾向を示すものの，その後の1690年代の第2次盛期には青面金剛の占める割合は60％を超え，青面金剛の主尊としての役割が造立数の増加にも貢献しているものと指摘できる。青面金剛

の比率はこの時期以後，18世紀半ばまで8割前後を推移し，庚申塔の主尊は青面金剛である時期が長く継続することになる。それはつまりB−1b類と青面金剛が表裏一体の関係性を形成するととともに，青面金剛は庚申塔における主尊としての位置を確立したと言い換えることができるだろう。また庚申塔の第2次盛期を支える原動力になったと評価することが可能と考えられる。

　純粋な考古学的見地から上記の石塔形態と像容の議論の意義を評価するならば，それはモノの形が変化する理由の一端を明らかにし得た点にあるといえる。抑も石塔形態が変化する要因を具体的に記した文書史料は，筆者の知見の及ぶ範囲では見あたらない。一般的に考古学においてモノの形が変化する理由を説明することは困難な課題の一つである。時津裕子は墓標研究における型式学的研究の課題を整理する中で，小林達雄が指摘する，人間の「飽きる」という特性や「よりよきかたち」への指向性といった要素[76]を取り上げ，それらをモノの変化する要因の一つとして捉えている[77]。現象面での変化と意識の変化を，直接的に結びつけることはできないが，石塔と像容の関係性を具体的かつ実証的に把握を試みた今回の結果を踏まえるならば，形態への嗜好という要素は考古学的に把握しうる可能性があるものと評価できるともに，一方で加工の容易さや輸送面での利便性といった技術的，経済的側面にも関心を払う必要があることを示唆していると言えよう。

　ここで再び17世紀の庚申塔造立習俗の展開に関して議論を戻すと，庚申塔にみる青面金剛の主尊化は第2次盛期の契機として作用し，その副次的影響として庚申塔の石塔形態にも大きな変化を与えていたことが明らかとなった。一連のこうした変化が庚申塔の造立行為そのものに与えた影響は具体的に検証できない部分も多い。しかしながら信仰としての確立過程として，本尊の成立が必要であることは，宗教の象徴的側面の重要性からも明らかであり，青面金剛の本（主）尊化が庚申塔の増加に，何らかの影響を与えていたことは否定できないだろう[78]。

　加えて，第4章で指摘した個人名から講中への施主名称の変化，つまり庚申塔を造立した集団の組織化が，17世紀後半以降の青面金剛の本（主）尊化と重なることは，一連の出来事を信仰としての確立過程として捉える立場を支持するものといえよう。そこでこうした庚申塔の信仰的側面とその担い手の組織化および組織の機能的側面に着目しつつ，次節では庚申塔造立習俗の普及と近世村落の成立過程との関係性を議論してみたい。

4　庚申塔造立習俗の普及と村落社会

(1) 小農自立と村の成立

　近世前半における運輸体系の整備を背景とした庚申塔の普及や青面金剛の本尊化といった庚申塔そのものの変化を検討してきたが，近世前半の庚申塔の造立が急激に増加する要因を検討するためには，その背景としての社会的変化，つまりは庚申塔の普及の担い手である民衆と村落の変化を見逃すことはできない。特に庚申塔の普及時期に重なる中世・近世移行期村落史の課題を抽出すると，村落内の家の成立に影響を与えたとされる小農自立論に焦点を絞ることは不可欠であ

4 庚申塔造立習俗の普及と村落社会

る。近世前半の幕藩体制の形成並びに確立においても，小農自立は重要な歴史的条件であったとされる。そして小農自立が達成された過程の総括として，庚申塔の第1次盛期と重なる寛文・延宝期の意義を指摘する立場は多い。そこで小農自立を中心に家の成立やそれに伴う社会変化の動向を把握し，庚申塔の造立数増加の背景を明らかにしたい。

小農自立論は近世村落史の基軸として，これまでに多くの議論がある。そのなかでも小農自立の意義述べる上で，安良城盛昭を無視することはできない。安良城は『幕藩体制社会の成立と構造』のなかで，太閤検地から幕藩体制確立までの過程を土地所有の観点から検証し，太閤検地を小農民の自立を促した劃期として位置づけ，それをもって近世封建体制の成立とした[79]。この議論の提唱により，中世，近世の時代区分や封建制の確立時期をめぐって論争が始まったということができる[80]。安良城の太閤検地論は検地帳に記載される名請人の存在に着目したもので，様々な立場から批判され評価を受けてきたが，それらを踏まえつつ，渡辺尚志は幾つかの点で再評価を試みている。

渡辺尚志によると安良城の説は，以下の5点に集約できるという[81]。①「作あい」と呼ばれる名主百姓による中間搾取の否定と小経営農民（「名子・被官」などの自立途上の単婚小家族自営農民）からの余剰余労働の搾取，②家父長的奴隷制から農奴制への変化＝太閤検地は農奴制の画期，③小農民の自立過程は政策的であるよりむしろ，小農民の名主百姓からの自立闘争に意義があった，④検地による兵農分離で領主と小百姓を軸とした社会関係が編成され，「石高制に基づく米納年貢制」が確立，⑤人身売買や譜代禁止，年季奉公の確立を推進した。以上の点を踏まえつつ，渡辺自身は小農自立を自生的発展と評価した上で，安良城のように統一政権の役割を高くは評価しないとする。加えて小農自立を「下人の独立コース」中心に理解するのではなく，血縁分家による百姓数の増大を重視すべきとしたうえで，小農自立は傾向的なものであり，地主的農民は存在し続けたとも指摘している[82]。

他方，速水融は近世初期の検地帳に記載された「登録人」について，無批判に土地所有者の如くみるのは慎重を期すべきであるとし，検地帳はあくまで村の範囲を規定する土地台帳であり，村高を算出させるための年貢台帳の要素を持っていても，個々の農民の耕作権や保有権，所有権を示す台帳ではないとしている[83]。速水は太閤検地の意義は石高制を確立したことにあるとしたうえで，小農自立自体は否定していないが，政策的なものではなく，とくに「畿内先進地域」における都市的集落の形成と商品生産の展開の中で，生産力の増大要請によって生じた，生産性の高い家族労働力に依存する小経営重視への変化が「小農自立現象」であり，「経済社会」化現象として位置づけられるとした[84]。

近世初頭におけるこうした小農自立化への捉え方には温度差があるものの，小規模経営の農民が増加していくことは間違いないものといえる。こうした小農の増加に関わる事例として，民俗学の立場から福田アジオは神奈川県横浜市に位置した永田村を対象に，近世前期の小農自立の過程とそれに伴う社会関係の形成状況に関して検討を試みている。その中で福田は永田村の小農自立を17世紀後半までの田畑の分割相続による家の成立にあるとして，安良城が指摘したような下人・従属百姓の自立とは異なることを指摘しており[85]，先述の近世史における評価と民俗学的立

場の見解は一致している。

　また石井紫郎は，寛文・延宝期を，太閤検地以来の不安定な土地所有関係が改められ，検地帳や名寄帳が土地台帳としての絶対的な立場を持つに至った時期としているが[86]，白川部達夫によれば，関東では寛文期に行われた検地の進行を契機として，検地名請が土地所有の点で意識されるようになり，分付をはずし名請人となろうとする要求が高まったことが明らかとなっている[87]。それはつまり「村共同体の中で一軒前として地位を確立させる」目的があったとも述べているが，小農自立の一形態として注目すべきだろう。こうした点を踏まえると，多様な形態をとりつつも，少なくとも検地に伴う土地所有体系の整備によって，小農自立つまり家の成立が促されたこともまた疑いない。即ち近世初期の村落内において農民層の増加があったことは疑いないものと考えられる。

　加えて渡辺は，安良城の説を批判しつつも，安良城が戦国期と近世を完全な断絶過程とは捉えていない点に注目し，戦国期から寛文・延宝期までを社会の実態面では大きく移行期として把握していることを評価している[88]。即ち巨視的な視点から捉えるならば，17世紀における小農の政治的・経済的・社会的自立の傾向は，中世・近世の変革過程を示すものと指摘できる。つまり耕作地や家といった村落生活の基礎にかかわる部分での近世の実質的画期は，寛文・延宝期に位置づけられることを示唆している。一方でこうした村落変革の動向と併行して，村自体を増やす試みも関東の諸地域では進行していた。その代表的な事例に新田の開発がある。

　近世初期における関東の新田開発については，和泉清司により網羅的な把握が試みられているが，慶長期〜寛永期にかけて利根川流域や荒川，鬼怒川，小貝川といった武蔵国〜常陸，下野国で，用水開削が盛んに行われ，諸役免除・優遇施策を記した開発定書が多数発給されるなど，新田開発の跡が窺えるという。特に開発百姓の募集には開発地の近隣村落の人々が参加し，特に古村の次男・三男や隷農層といった人々を対象とし，小農自立政策の一環としてなされたと指摘する[89]。この点は分割相続による家の成立とも関わりを持つ事例であり，注目に値する。つまり家を成立させる背景として，単純な隷属農民の自立だけではなく，次男・三男といった嫡子以外の子供を自立させる自生的，政策的潮流があったことは興味深いことといえる。

(2) 新田の開発と小名集落

　こうした新田開発によって新たな村が誕生し，それによって小農民層の増加が促されたことは想像に難くない。既に述べたように年貢を村単位で徴収，貢納する村請制を整備する目的から，行政的な単位としての近世村は誕生した。近世村は藩制村とも呼ばれるが，福田アジオはこれを「支配の村」と呼び，対して「生活のムラ」という二項軸的視点を提唱した。福田は現在の集落構造を農林業センサスから検討し，かつての村や町に相当する大字と農業集落（地縁・血縁関係を基礎とした地域単位）を対照した結果，近畿・北陸圏では1大字1集落であるが，その他の西日本や東日本では1大字に複数集落が存在する形態が多いことを明らかにした[90]。

　木村礎はこうした民俗学が「発見」した生活のムラの視点を近世史において生かすべく，小名や坪といった小字単位の集落，即ち生活レヴェルの枠組みから捉えることを主張し，その実践と

して多くの成果を提示した。木村の提唱を受けて，白井哲哉は武蔵國における小名の定量的把握を行い，一村落内における小名の包合数を整理した[91]。白井は『新編武蔵風土記稿』の小名（いわゆる「字」名であるが，基本的には小字を差す）記載をもとに計量的な分析を試みているが，1村当たりの小名数は平均して4.49で，小名記載なしの村落も全体の約18％を占め，福田が農業センサスによって導き出した結果と同様に一村多集落の構造を持った小名包合村が多数を占める結果になった。白井は新田村では一村一小名と成りやすいことから，小名の無い村が多くなっているものと推測しているが，そうした点を考慮すれば，武蔵国の村落では小名という生活規模に即した枠組みが形成されやすい素地があったことを物語っているといえよう。

ここで近世前期の村落社会に関わる変化を筆者なりに整理すると，次のような点が指摘できる。①17世紀後半までの検地に伴う土地所有体系の整備（検地帳・名寄帳などの整備）が，小農民経営の増加や家の成立に一定の影響を与えた，②17世紀代に関東での新田開発が盛んとなり新田村が数多く誕生した，③小農民経営の増加の直接的な背景には速水の指摘するような経済的な要請を背景としつつ，隷属農民層のみならず分割相続や新田開発など嫡子以外の子の自立を促す自律的，政策的潮流があった，④こうした変化は17世紀代に起こり，寛文・延宝期に一定の確立をみた，⑤関東では小名を複数内包する村落が多数を占め，生活のムラを形成する素地があった。①～④の点を踏まえるならば，土地所有体系の整備と家の形成にともなう近世村の成立時期は，寛文・延宝期に一応の完成を迎え，こうした背景を期に新田村を含めた村の増加や小農民の家の増大が生じたものと考えることができる。

先述のように，福田は家格や身分階層のない等量負担を旨とする生活互助組織の形成要因は，17世紀後半における家の均等分割に基づく家の分立にあると指摘している[92]。つまり土地の分割が家の分立を促したと言い換えることができるだろう。こうした土地を基盤とした生活単位の組織結集が17世紀後半に存在したことを前提とするなら，馬込村の事例から指摘したように，庚申塔の造立施主の集団が小規模な谷戸や集落を基礎としつつ結集している可能性があることは無視できない。即ち，村落内の生活のムラが明確な形で立ち現れてくる時期と，庚申塔の造立数の増加は何らかの関係性を持っているのではないかと考えられる。この点について，今一度庚申塔の施主に立ち返って検討したい。

(3) 近世村の成立と庚申塔造立習俗の普及

庚申塔とは，既に述べたように庚申待の行に伴う供養塔として位置づけられている。そうした行として庚申待を篤信する同志が結集し集団となったものといえる。それゆえ個人銘が庚申塔の施主には刻まれるのである。そうした当初の信仰形態を前提とするならば，その結集の要因は単純に篤信の同志ということになる。しかしながら，庚申塔の施主名称を分析した結果では，確かに第1盛期には個人名の連記が多く，また施主名称も多様であるといえる。しかしながら第2盛期では個人名の連記は減少し，「講中」が6割以上となり，第1次盛期と第2次盛期での性質的な違いを認めることができる。つまり庚申塔を造立した施主の表象形態が変化していくことは，その集団の中身が変化したと評価することができる。

社会学において組織とは「特定の共同目的を達成するために人々の諸活動を調整し，制御するシステム」であり，組織は周囲の環境や目的，規範によって規定されるものとされている[93]。つまり地位や役割が定められ，組織の成員は指導者や管理機構の指示に基づきながら，自己の動機付けや欲求を満たす形で組織活動に従事するのである。こうした組織のあり方を踏まえると，当初の庚申待形態の時期（17世紀前半〜後半）は，目的は明瞭で篤信者の集団ではあるものの，本尊は多様であり，施主名称も一定していないなど，明確な規範が認められない。つまり組織としては未発達な状態にあると考えられる。

　しかし，講中など施主名称の統一的な使用が認められるようになる時期（17世紀末〜18世紀前半）には，先述のように青面金剛が本尊に位置づけられ，18世紀半ば以降ではあるが庚申講が石橋寄進を行う事例が現れるなど，次第に組織としての機能を果たす事例が認められるようになる[94]。こうした庚申待の組織化は先述のように青面金剛の本尊化によって促されたものと解釈でき，福田の指摘を踏まえるならば，それは「生活のムラ」の形成過程の中で育まれたものと推測することができる。つまりそうした組織化が，谷戸や小規模集落単位でなされていたとすれば，小名を多数包合することとなる関東の近世村は，多数の庚申待の組織を形成し得たということができるだろう。

　先述のように，永田村の事例では講を上部組織として，その中に組内（クミウチ）という谷戸単位の組織が形成されていたと指摘されているが[95]，第6章でとりあげた馬込村の場合では谷戸が上部組織で講が下部組織であったと思われる。立場はことなるものの，永田の庚申講では集落単位の上講・下講という区別ではなく，各講の家が混在していたとされていたことを踏まえなら，そうした分割された組織をつなぐ役割が庚申講に期待されていた可能性も考えられる。さらに福田は永田村の他にも，武蔵国多摩郡連光寺村（東京都多摩市）の事例として，「生活互助組織」の中核として地親類（ジシンルイ）の存在を指摘し，その形成過程には，やはり17世紀中頃の名主百姓からの田畑の等量分割による家の成立があり，そうした社会関係の成立のもとに等量負担を伴う講中や組合が存立しうることを指摘している[96]。

　馬込村ではそうした等量配分の状況までは把握していないものの，近世村の成立により規模の大きなまとまりが形成されたうえに相給村の設置により，谷戸や坪など小名単位でのまとまりが細分化され，土地所有や帰属地域に複雑な関係性が生じたものと考えられる。そのため単純な谷戸集落単位の地縁的まとまりだけではなく，谷戸集落や相給村の範囲を超えた関係性が生まれた可能性も考えられよう。それが馬込村では庚申講として生成されたと解釈することもできるのではないだろうか。即ち，地域ごとに組織形態の差異はあるせよ，寛文・延宝期における村や家の形成過程を経て，元禄期には生活単位としての規模をもつ「生活互助組織」が求められたことは想像に難くない。つまりそうした社会関係を形成する組織が生活互助レヴェルで求められたとき，組織化しつつあった庚申待集団がそうした機能のある部分を果たす位置に置かれたか，あるいはそうした谷戸単位の組織の影響を受け成立したと考えることができるのではないだろうか。そうした社会関係の形成過程が，17世紀後半の庚申塔数の変遷として視角化され，現在に示されているものと考えたい。

他方，第1次盛期においては組織化以前の庚申待集団による結集が予測されるが，このまとまりの意味を捉えることが，さらに庚申塔造立の増加要因を捉える鍵になるものと考えられる。例えば個人名の連記についてみると，東京都区部では男性名に加え女性名が刻銘される事例が，17世紀前半から各地に存在しており[97]，「内儀」や「内方」といった夫婦での造立を示唆する事例（豊島区や台東区，文京区など）を考え合わせると[98]，必ずしも戸主を代表とした家単位の参加ではなく，個人単位での信仰であった可能性が高いものと解釈できよう。しかしながら，講中銘が盛んに用いられるようになる18世紀前半には女性名は次第に認められなくなることから，戸主が施主となる事例が多くなるものと推測される[99]。

　馬込村の事例でも最古の庚申塔である延宝5年（1677）塔には戸主に比定できる施主銘以外でも，多数の女性名と道心者の名が認められ，戸主が家を代表する形になるのは，やはり施主名称が講中化する17世紀末〜18世紀初頭の庚申塔からである。つまり個人名の刻銘は，小農民が性差を超えて個人としての自立を表明したものと仮想することもできるのではないだろうか。無論庚申塔の造立は篤信者としての位置を示すためであり，家ではなく個人的な立場の参加という意味もあるだろう。しかし翻って，18世紀以降の施主形態は逆に家意識を強く示しているものと理解でき，17世紀代の個人名の連記は，家というよりも個人を重要視していたことの現れと解することができるのではないだろうか[100]。ただそうした個人としての小農が，何故庚申待を選択したかについてはこれ以上の議論は難しい。第3章における主尊の分析でも明らかなように，特定の仏教宗派とのつながりは認められず，その布教の主体を捉えることは容易ではない。中世における利根川流域の庚申待との関連性や山王二十一社信仰の隆盛，及びそれらの地域と他の江戸近郊地域との関係性が，如何なるものであったかをさらに検討する必要があるだろう。

　寛文期までの庚申待や庚申塔造立をめぐる史料は，村落史に関わるものでは筆者の知見の及ぶ限りでは存在していない。木村礎は近世の文書量について試論的検討を行い，仮説と前置きしつつ，寛文末年までの割合は，近世全体の約5％前後であると推測している[101]。これが一部の史料を基にした一定の傾向であるとしても，近世前半の史料が著しく少なく，特に民間信仰に関わる村落史料が存在していないことは，数多くの自治体史において近世前期の庚申塔の造立背景が，史料をもとに記されていないことからも理解できよう。そうした資料的制約から，これまで近世前期の庚申塔の造立意味は，実証的に検討することは殆ど試みられてこなかったといえる。

　木村礎は「ばかばかしいこと」と前置きをしつつ，「検地帳があるから村が存在する」のではなく，「既に村があったから，そこを検地した」のだと述べている[102]。安良城も生産関係を基礎として法令や政策が決定され，成立するのであって，「法令・政策が新しく生産関係を創造するものではない」と述べている[103]。つまりは土地所有や生業といった元々存在する村の生活を前提として，こうした制度は成り立っている。こうした本質的な認識に立ち返るならば，先に仮定した土地を基軸とした近世村落の変化を背景に，庚申塔施主の結集動向および，それに伴う庚申塔造立数の増加という道程は，単なる可能性の提示に留まるものではなく，村落生活の現実的な変化として意味を持ちうる仮説であると考えている。その実証には石造遺物と近世史料の更なる検討が不可欠であり，史資料的な厳しい制約はあるものの，実際の庚申の造立者をもとにした

具体的分析が急務であるといえよう。

5　結語

　近世村落史や交通史の知見および本稿で進めてきた庚申塔の分析結果をもとに，近世前期の庚申塔造立数の増加の要因を検討してきた。近世史における知見も含めて，いま一度要約すれば以下の諸点となろう。

①近世前期における運輸機構の整備・確立は，東京周辺地域の庚申塔の普及時期である寛文期（1660年代）に重なり，こうした交通路の整備が庚申塔の普及に貢献している可能性が高い。

②庚申塔の主尊には，17世紀前半では多様な像容が用いられていたが17世紀後半以降，庚申塔の主尊として青面金剛が用いられるようになり，庚申待の本尊として確立した。

③この本尊の確立期（17世紀末～18世紀前半）と施主名称の講中化の時期（17世紀末～18世紀前半）が一致することから，この時期に信仰組織としての庚申講が成立したものと考えられる。

④近世史研究の重要な成果の一つである小農自立論によれば，17世紀後半までの検地に伴う土地所有体系の整備（検地帳・名寄帳などの整備）が，小農民経営の増加や家の成立に一定の影響を与えた。

⑤17世紀代に関東での新田開発が盛んとなり新田村が数多く誕生した。

⑥小農民経営の増加の直接的な背景には，速水の指摘するような経済的な要請を背景としつつ，隷属農民層のみならず分割相続や新田開発など嫡子以外の子の自立を促す自立的，政策的潮流があった。

⑦関東では小名を複数内包する村落が多数を占め，生活のムラを形成する素地があった。

⑧176庚申塔の施主名称にみる変化や像容の変遷と近世村落の発展経緯を考え合わせるならば，庚申塔の造立が近世前期（17世紀から18世紀前半）に増加した背景には，こうした小農民経営の増加による家の成立がある。

　本章では考古学的分析と文献史学による知見を合わせて，近世前半期における庚申塔の造立数の急激な増加について考えてきた。基本的には17世紀代の制度的，社会的変化を背景とするものであった可能性が高いものといえよう。竹田聴州は小農自立や寺壇制度による祖先崇拝や家意識の活性化など，多様な社会的背景から墓標の造立が始まったものと推測しているが[104]，庚申塔のような供養塔の造立が行われた背景には，庚申待篤信者となる人々の増加もさることながら，石工や石材の調達といった技術や原材料の問題も考慮する必要があるだろう。この点は，本章の前半でも述べたごとく，交通路や物資の流通形態の整備過程などを含めて，さらに検討を要する課題といえる。

　また庚申塔の造立数の変遷にみる第1次盛期と第2次盛期の増加要因の違いは，残念ながら判然とし得ないが，第2次盛期（1690年代）に関しては，上記のまとめの②や③で指摘したような青面金剛の本尊化に代表される庚申信仰の確立や，講中化といった庚申待集団の組織化が造立数の増加をもたらした要素として考えられる。いわゆる教団宗教的な活動については本章では十分

[注]

触れていないが，先述のように山王信仰と天台宗との関わりやその活動はあったにせよ，第1次盛期の段階では青面金剛の本尊化以前で多様な像容が用いられていたことを考えあわせると，単独の仏教宗派に依らない布教の展開があったものと考えるべきであり，庚申信仰の複合的性格を改めて示すものといえる。

　以上，本章での議論は庚申塔の歴史的，社会的な立場を十分に示し得たとはいえないが，庚申塔を取り巻く諸要素の関係性を整理し，石造遺物から村落生活史への接近を図る見通しを得ることができたものと考えている。

[注]

1) 小花波平六は利根川流域（利根川・中川・江戸川など）での中世における庚申待板碑や山王二十一社板碑の分布に着目し，近世以降の山王二十一社の石塔や庚申塔の主尊として山王二十一社が刻まれる事例が，特に東葛地域に拡がりを示すことから，庚申塔の造立習俗の淵源として当該地域の重要性を指摘している。星野昌治も山王二十一社の石塔の拡がりや山王二十一社庚申塔のあり方に着目し，そうした神仏習合形態の石塔の意味を論じている。①小花波平六「旧利根川流域の庚申信仰」『八潮市史研究』13，1993，42～76頁。②星野昌治「神道の板碑」坂詰秀一編『板碑の総合研究　1　総論編』，柏書房，1983，267～303頁。

2) 窪徳忠『新訂　庚申信仰の研究　下巻』（窪徳忠著作集2），第一書房，1996，129～167頁。

3) 清水長輝『庚申塔の研究』，名著出版，1988（大日洞，初版1959），9頁。

4) 「元禄十四年播磨國赤穂郡鹽屋村五人組帳御仕置帳」（穂積重遠編『五人組法規集　続編上』，有斐閣，1944），242～255頁。

5) 伊藤蓼衣編・増訂『滑稽雑談』，国書刊行会，1917，107頁。

6) 安良城の『幕藩体制社会の成立と構造』を筆頭に，その後佐々木潤之助をはじめ小農自立論は隆盛を示すが，渡辺尚志が指摘するように，中世と近世の研究者では受け取り方に温度差があり，太閤検地を絶対的画期とする捉え方は時代区分論を含めて論議を呼んだ。①渡辺尚志「終章」（長谷川裕子・渡辺尚志編『中世・近世土地所有史の再構築』，青木書店，2004），299～311頁。また永原慶二は「封建的小農民の展開度を全国的に確定することは難し」く，安良城は資料の制約をふまえ「定量的方法」から「定性的方法」により補強する方向を目指したが，それは「前近代史における「実証」の方法という分析手法に関する重要な問題を提起した」とも述べている。②永原慶二「安良城盛昭の家父長的奴隷制社会論」『20世紀日本の歴史学』，吉川弘文館，159～163頁。

7) 安良城盛昭『幕藩体制社会の成立と構造　第3版』，御茶の水書房，1982，247～248頁。

8) 竹田聰州は墓標造立の村落内への普及の背景として，小農自立による家の成立を措定し，祖先崇拝や家の継続性といった観念の形成のなかで墓標造立が行われたとしている。竹田聰州「三　近世社会と仏教」（藤野保編『近世社会と宗教』（論集幕藩体制史9），雄山閣出版，1995），95～136頁。

9) 福田アジオ『近世村落と現代民俗』，吉川弘文館，2002，159頁。

10) 集団と組織の違いについては，その定義に関して議論があるが，本稿ではまず「集団」を目的，規範，連帯関係をもつ広義のまとまりと捉え，「組織」とは特にそうした目的を達成するための規範が整備され，構造化した狭義の集団を指す。即ち庚申待は篤信者同士による行事であり，地位や役割の特化のない未組織集団によって行われている。しかしながら，庚申講では講親や講元といった階層化が進み，その内容は未組織集団とは異なっている。塩原勉「第1章　集団と組織」（安田三郎・富永健一・吉田民人編『基礎社会学　第Ⅲ巻　社会集団』，東洋経済新報社，1981），2～16頁。

11) 寛永5年（1628）にいわゆる笠付型（当該報告書ではB－2類・本稿の庚申塔分類でF類に当たる）が認められる。野沢均・小川秀樹「墓標の調査─中野区上高田四丁目自證院墓地の調査─」（新宿区教育委員会編・発行『自證院遺跡』，1987），158～194頁。

12) 東松山市では中世期の板碑（天正13年（1585）塔）が存在するが，近世期では寛文8年（1668）年B－1a類が初出である（東松山市市史編さん課編『石佛─東松山市石造記念物調査報告書─』，東松山市，），また旧

第7章　近世庚申塔の造立習俗の展開と村落社会の変化

　　大利根町では寛文11年（1671）C類（大利根町文化財保護審議委員会編『大利根町の路傍の石仏（その１）（郷土史の研究Ⅳ）』，大利根町教育委員会，1985），久喜市では寛文８年（1669）B－１a類（久喜市市史編さん室編『久喜の金石（市史地調査報告書第10集）』，久喜市，1988），旧騎西町（現・加須市）は寛文６年（1666）B－１a類（騎西町社会教育課郷土史料係編『騎西の石仏　騎西町史調査資料第２集』，騎西町教育委員会，1991），旧川里町寛文５年（1665）B－１a類（川里町教育委員会村史編さん係編・発行『かわさとの石仏―村史地洋差報告書第四集』，1995）など，寛文年間が主体である。

[13]　縣敏夫『図説　庚申塔』，揺籃社，1999，68〜69頁。

[14]　星野昌治「山王二十一社板碑について」（日本石仏協会編『日本の石仏』12，木耳社，1979），55〜63頁。三猿の発祥については諸説あるが，山王神猿については山下立が検討を加えており，滋賀県木之本町鶏足寺の「木造十所権現日吉大宮像」（藤末鎌初頃）を最古と指摘している。山下立「山王神猿像の系譜―玉泉寺・浄光寺像を中心に―」『滋賀県立琵琶湖文化館研究紀要』11，1993，１〜10頁。

[15]　川口市には寛永20年（1643）「奉庚申供養」銘の「山王二十一仏」種字を刻む庚申塔（B－１a類）があり（川口市教育委員会編・発行『川口市文化財調査報告書　第三集』，1975），草加市にも正保３年（1643）「奉果庚申待二世成就所」銘の「山王二十一仏」種字を刻む庚申塔（B－１a類）があるなど（草加市史編さん委員会編『草加の金石』，1984），比較的初期の造立が認められるが，もともと中世の庚申板碑が存在する地域であることもあり，足立区正覚院の庚申塔との関わりを含めて，東葛飾地域一体の庚申信仰の隆盛と庚申塔造立習俗の展開を適切に捉えることが，近世庚申塔の習俗を考える上で重要であろう。

[16]　前掲注１）①。

[17]　窪は天台宗園城寺の僧侶が庚申縁起を撰述したことを明らかにした上で，その全国的な流布に際して影響を与えた可能性を推測している。史料的制約からそうした教導者の存在は不明確な点が多いが，今後の史料調査の進展によっては，明確な「布教」の実態が解明される可能性もある。前掲注２）23〜24頁。

[18]　①小花波平六「江戸東京の庚申塔―石工との関連―」（大護八郎編『日本の石仏・南関東編』，国書刊行会，1983），110〜123頁。及び②前掲注１）①42〜76頁。

[19]　金子裕之「近世墓石生産に関する一様相」（坂詰秀一先生古稀記念会編『考古学の諸相Ⅱ』匠出版，2006）199〜214頁。

[20]　都幾川村では庚申塔以外の石造遺物に「信州高遠水上村半（ヵ）右衛門」，「江戸浅草御門前石工勘六」，「川越高沢町石工久助」，「武州小川在下里村石工杉造」などが見られ，村内の石工では「石本（エヵ）雲河原□□」がある。庚申塔では在地銘なしで「石工勝蔵」との銘が確認される。①都幾川村村史編さん委員会編・発行『都幾川村史料集６⑴文化財編　石造物Ⅰ』，1993，４〜５頁。上尾市の庚申塔では，正徳４年（1714）のC類の石塔に「江戸浅草石や五良兵衛」，明和６年（1769）のH類（箱型）に「岩槻市宿町石工萩原利兵衛」，寛政12年（1800）のB－２類の石塔に「江戸岸嶋南新□粟屋勘兵□」とある。②上尾市教育委員会編・発行『上尾市の庚申塔』，1996，16頁。吉川市では，天保14年（1834）のG類に「石工中村百助」とある。③吉川市教育委員会編・発行『吉川市の石塔』（史料調査報告書第１集），1998，205頁。飯能市では寛政７年（1795）の七観音に「江戸四谷住石工松五郎光春」との銘が見られる。④飯能市教育委員会編・発行『飯能の石仏』，1989，42頁。

[21]　池尻篤「近世江戸石工製品の流通―埼玉県内の石工銘資料を事例として―」（倉田芳郎先生追悼論文集編集委員会編『生産の考古学２』同成社，2008年），391〜410頁。

[22]　渡辺英夫「第７章上流域の艀下輸送」『近世利根川水運史の研究』吉川弘文館，2002，263〜308頁。

[23]　吉原健一郎「江戸の石問屋仲間」，『三浦古文化』31，1982，44〜56頁。

[24]　西川武臣は江戸後期の村落においては「農間渡世」の石工が存在し，江戸の石仲買人から石を購入し農村に売りさばいていたことを指摘している。西川武臣『江戸内湾の湊と流通』，岩田書院，1993，144頁。

[25]　萱野章宏「袖ヶ浦の石工」，『袖ヶ浦市史研究』５，1997，109〜127頁。

[26]　前掲注21）124頁。

[27]　石工研究の動向については，縣敏夫「Ⅳ　石工の研究」（庚申懇話会編『石仏研究ハンドブック』，雄山閣，1985），198〜208頁を参照。

[28]　西川武臣によれば，嘉永２年（1849）の相模国鶴見村の史料に，江戸本所出身の石工が「渡り職」の石工として，神奈川宿の石工に雇われていたという。前掲注24）147〜150頁。

[注]

29) 町田聡「第一章　概説　―文京区の庚申信仰と庚申塔―」(文京区教育委員会編・発行『文京区の石造文化財―庚申信仰関係石造物調査報告書―』, 2011), 4～8頁。
30) 前掲注21) 第1表, 393～395頁。
31) 竹内常行「序章　利根川流域の概要　第4節　江戸時代における大規模瀬替え」(九学会連合利根川流域調査委員会編『利根川―自然・文化・社会―』, 弘文堂, 1971), 8～10頁。
32) 川名登『近世日本水運史の研究』, 雄山閣出版, 1984, 56～59頁。
33) 前掲注32) 63頁。
34) 前掲注32) 64～67頁。
35) 川名登『河岸』, 法政大学出版局, 2007, 90～94頁。
36) 妻沼町に位置した葛和田河岸の成立については, 寛永年間 (1631～1648) との『新編武蔵風土記稿』の記載がある。「幡羅郡之四　葛和田村」(蘆田伊人編『新編武蔵風土記稿』第11巻, 雄山閣, 1957), 214頁。
37) 妻沼町に位置した葛和田河岸の成立については, 寛永年間 (1631～1648) との『新編武蔵風土記稿』の記載がある。前掲注36) 214頁。
38) 前掲注22)。
39) 伊勢崎市編, 発行『伊勢崎の近世石造物』, 1985。
40) むろん石工名のわかる近世石塔28基のうち (初出は享保5年 (1720) 銘寳篋印塔), 高遠をはじめとした信州石工が15基あり, 密接な関わりをうかがわせる。享保8年 (1723) 銘のE類庚申塔では, 石工名として「北原関右衛門」, 「信州高遠中□郡」とあり, なかには嘉永2年 (1849) 銘の寳篋印塔には, 「石工　北原復祐好祖　本国信州伊奈郡高遠領北原邨住　出店当国佐位郡境町」とあり, 伊勢崎周辺に出店や居住をする者もいた。小花波平六「二　市内の石造物にみる石工名」, 『伊勢崎の近世石造物』, 伊勢崎市編・発行, 1985, 834～839頁。
41) 飛田英世「第4節古文書にみる石造物建立の様相　四　庚申塔」『龍ヶ崎市史　近世調査報告書Ⅰ』龍ヶ崎市史編さん委員会編, 1994, 265～267頁。
42) 千々和實「本門寺近世初期石塔が示す江戸首都化の標識」『史誌』第3号, 大田区史編纂委員会, 1975, 1～15頁。
43) 池上悟『立正大学仏教考古学基金　平成23年度助成研究報告　東日本における近世墓石の調査』, 2012, 3～14頁。
44) 秋池武『近世の墓と石材流通』, 高志書院, 2010。
45) 谷川章雄「近世墓標の普及の様相―新潟県佐渡郡両津市鷲崎, 観音寺墓地の調査―」『ヒューマンサイエンス』14-1, 早稲田大学人間総合研究センター, 2001, 22～31頁。
46) 前掲注35), 9頁。
47) 井ノ内真人「庚申塔の本尊について」『二松学舎大学人文論叢』44, 二松学舎大学人文学会, 1990, 113～126頁。
48) 前掲注2) 46～50頁。
49) 窪や井ノ内の議論でも青面金剛像の出現時期や場所といった淵源を探る議論には踏み込んでおらず, 小花波平六も庚申信仰研究の課題として, 青面金剛の本尊化の意義を取り上げている。①前掲注2) 133頁。②前掲注30) 113～126頁。③小花波平六「庚申信仰研究の課題の若干」(庚申懇話会編『庚申』, 同朋社, 1978 (『庚申』50号初出)), 9～13頁。
50) 前掲注2) 23～24頁。
51) ①窪徳忠『新訂　庚申信仰の研究　上巻』(窪徳忠著作集1), 第一書房, 450～482頁。②前掲注2) 10～27頁。
52) 吉岡義豊「庚申経成立の問題」『印度学仏教学研究』16-2, 日本印度学仏教学会, 1968, 73～79頁。
53) 窪徳忠「庚申の本尊について」『朝鮮学報』49, 朝鮮学会, 1968, 113～124頁。
54) 前掲注2) 133頁。
55) 前掲注13) 54～55頁。
56) 前掲注13) 54頁。
57) 前掲注13) 64～65頁。

第7章　近世庚申塔の造立習俗の展開と村落社会の変化

58) 前掲注13）110～111頁，336～338頁。
59) 前掲注13）340～341頁。
60) 前掲注3）98～99頁。
61) 前掲注3）100頁。
62) 「一身四手，左辺上手把三股叉，下手把棒，右辺上手掌拈一輪，下手把羂索，其身青色，面大張口，狗牙上出，眼赤如血，面三眼，頂戴髑髏，頭髪聳竪，如火焔色，頂纏大蛇，両膊各有倒懸一竜，竜頭相向，其蔵像腰纏二大赤蛇両脚腕上亦纏赤大蛇，所把棒上亦纏大蛇，虎皮縵胯，髑髏瓔珞，像両足下各安二鬼，其像左右両辺，各当作一青衣童子，髪髻両角，手執香炉，其像右辺，作二薬叉，一赤一黄，執刀執索，其像左辺，作二薬叉，一白一黒，執鎖執叉，形像並皆甚可怖畏，手足並作薬叉手足，其爪長利」。前掲注3）97～98頁。
63) 前掲注13）148～149頁。
64) 前掲注13）124～125頁。
65) これまでも持物の持手や腕数などを対象として，石仏研究者によって数多く論じられてきた。庚申塔の青面金剛は6手が主流だが，儀軌には4手と記されているなど，儀軌と実際の姿にはさまざまに異同がある。例えば千葉県東葛地域での二手青面金剛や四手青面金剛の分布については多数の議論があるものの，図像の検討がなされているが，未だ適切な図像学的検討が十分図られているとは必ずしも言えない。①横田甲一「再び二手青面金剛について」（日本石仏協会編『日本の石仏』16，木耳社，1980），24～27頁。今後は明確な定義や定量的把握といった手法を通して，時系列的変化や分布範囲の確定が必要となるだろう。その際，窪や清水が指摘したような，仏画として青面金剛が描かれた大津絵との関係性は検討課題の一つと言えよう。②前掲注2）100～101頁。
66) 前掲注2）100～101頁。
67) 前掲注3）130～140頁。
68) 寄与率とは，全体の変化に対して，内訳部分の変化がどの程度貢献したかを示す指標として使われる。
　　あるデータ（Y）が複数の構成要素（A・B・C・D）から成り立っていたとき，
　　　$Y=A+B+C+D$
　　となり，Yの変化は，（A・B・C・D）が変化した結果，生じているはずである。寄与度・寄与率とはYの変化を分解して表した指標である。
　　Yの恒等式の両辺を変化分の式に直す。
　　　$Y'=A'+B'+C'+D'$（ただし，Y'はYの前期からの変化分を示す）
　　さらに両辺をYで割る。
　　　$Y'/Y=A'/Y+B'/Y+C'/Y+D'/Y$
　　この式の左辺はYの変化率であり，右辺の各項は寄与度になっている。つまり，寄与度の合計は左辺Yの変化率に等しい。
　　さらに両辺をYの変化率（Y'/Y）で割る。
　　　$1=A'/Y+B'/Y+C'/Y+D'/Y$
　　右辺の各項は寄与率になる。つまり，寄与率はYの変化をもたらした構成要素（A・B・C・D）の貢献度の大きさをパーセント表示したものに一致する。稲葉三男・稲葉敏夫・稲葉和夫「1－4－(2)構成比，寄与度・寄与率」『経済・経営統計入門』，共立出版，1999，26～31頁。
69) 清水は三猿の古塔として，宗円寺の事例を取り上げているが，その記載によると造立当初は偈文等が刻まれていたものを，昭和30年代に「宗円寺」と改刻したことが指摘されている。前掲注3）139～140頁。
70) ①前掲注13）68～69頁。②板橋区教育委員会編・発行『いたばしの石造文化財（その一）庚申塔　改定版』（文化財シリーズ　第78集），1995。
71) 窪が収集した縁起集33編の内（前掲注2）319～469頁），24編（窪の附録1庚申縁起集の番号で，10・［11は宝塔の記載あり］・18・20・24・25・26・31・33を除く全て）では，異同はあるが，天帝あるいは帝釈天の使い（童子）が，庚申待の人々の名を三重の堂塔に納めて三世の功徳を守るといった内容が記される。三重あるいは三丈，三十丈，塔あるいは宝塔など文言に異同はあるものの，現存最古と窪が指摘する宇佐八幡宮所蔵の「庚申因縁記」以降，大半の庚申縁起に認められることから，そうした堂塔を模して笠付塔や石祠といった3層形態の石塔を意識的に造立した可能性も推測される。

[注]

72) 近世墓標の型式変遷については，谷川章雄が全国的な事例の整理を行っているが，近世前期において関東で主流であった型式は，板碑型と称される形態（本稿ではB−1a類）である。谷川章雄「近世墓標の類型」『考古学ジャーナル』288，ニューサイエンス社，1988，26〜30頁。この板碑型の石塔については芦田正次郎が，現在的に言えば既製品的存在として，銘文のみを後刻する販売形態であったのではないかと指摘している。芦田正次郎「江戸初期の石塔類の販売」『庚申』69，庚申懇話会，1974，14〜16頁。

73) B−1a類とB−1b類，F類などの形態を比較すると，特にF類では笠部と台座部，塔身部などの部材に分かれているため，塔身部の高さがあまりなく，像容はB−1b類に比べると形態的に小さい。

74) 前掲注3）22〜23頁。

75) 筆者はB−1b類の普及をより実証的に捉えるべく，石塔形態の詳細な計測と統計学的処理を施すことにより，各地の同一型式の石塔の類似性を把握する試みを行ったが，その結果，江戸近郊地域の石塔と統計学的に近似する石塔が江戸周辺地域からも認められ，石塔自体の流通，普及の可能性は高く，今後は他の石塔類も合わせて，詳細かつ広汎な分析を行うことが必要と考えられる。石神裕之「近世庚申塔に対する多変量解析—B−1b類を事例として—」（慶應義塾大学民族学考古学研究室編『時空を超えた対話—三田の考古学—』，六一書房，2004），167〜173頁。

76) 小林達雄「タイポロジー」（麻生優・加藤晋平・藤本強『日本の旧石器文化』1　総論編，雄山閣，1975），48〜63頁。

77) 時津裕子「近世墓標研究の射程—墓石から何を読むか—」『帝京山梨文化財研究所研究報告』10，帝京山梨文化財研究所，2002，147〜165頁。

78) 宗教的視角イメージの意味論については彌永信美が整理しているが，特に唱導，即ち教えを説いて人々を正しい道に導く上で図像メディアが果たした役割は大きいとしている。彌永信美「イメージの思考力—仏教図像をとおして」（池上良正・小田淑子・島薗進・末木文美士・関一敏・鶴岡賀雄編『岩波講座　宗教　第五巻　言語と身体』，岩波書店），2004，105〜141頁。

79) 前掲注7）。

80) 中世・近世土地所有史をめぐる研究動向については長谷川裕子，渡辺尚志の論考に詳しい。長谷川裕子「序章　中世・近世土地所有史の現在」（長谷川裕子・渡辺尚志編『中世・近世土地所有史の再構築』，青木書店，2004），3〜20頁。

81) 前掲注6）①299〜311頁。

82) 前掲注6）①299〜311頁。

83) 速水融「検知帳登録人をめぐって」『近世初期の検地と農民』，知泉書館，2009，133〜169頁。

84) 速水融「近世初期検地の性格と背景」『近世初期の検地と農民』，知泉書館，2009，117〜131頁。

85) 前掲注9）157〜231頁。

86) 石井紫郎『日本国制史研究Ⅰ　権力と土地所有』，東京大学出版会，1966。

87) 白川部達夫「第10章　近世前期の検地名請と小百姓」（長谷川裕子・渡辺尚志編『中世・近世土地所有史の再構築』，青木書店，2004），273〜297頁。

88) 前掲注6）287頁。

89) ①和泉清司「近世初期関東における新田開発と地域民衆」（地方史研究協議会編『「開発」と地域民衆—その歴史像を求めて—』，雄山閣，1991），144〜147頁。②和泉清司「近世初期関東における新田開発—伊奈氏の開発を中心に—」『駿台史学』56，駿台史学会，1982，51〜80頁。

90) 前掲注9）22〜26頁。

91) 白井哲也「小名に関する一考察」『明治大学刑事博物館年報』20，明治大学刑事博物館，1989，75〜85頁。

92) 前掲注9）157〜231頁。

93) 塩原勉「第1章　集団と組織」（安田三郎・富永健一・吉田民人編『基礎社会学　第Ⅲ巻　社会集団』，東洋経済新報社，1981），2〜16頁。

94) 本書第8章参照。

95) 前掲注9）157〜231頁。

96) 前掲注9）232〜302頁。

97) 女性名の存在については，清水も指摘しているが，決して珍しいものではなく，江戸近郊地域をはじめ，埼

玉県など江戸周辺地域でもしばしば認められる。「月待」は女性の「マチゴト」とされることも多いが，必ずしもそうした性差が明確であった地域ばかりではないものと考えられる。前掲注3）16～17頁。
(98) 例えば豊島区高田金乗院の延宝4年（1676），F類文字塔は戒名を含む多数の名を刻んでいるが，特に男性名のあと「同人内方」あるいは「同人母」といった銘や「信女」銘も確認でき，女性が庚申塔の造立に関わっていたことは確実である。それが必ずしも庚申待への参加を反映するかどうかは明確ではないが，庚申塔への記銘は対外的な参加の意味を含むものであり，庚申待行事への参加と捉えても良いものと思われる。『豊島あちらこちら第6集　豊島の石造文化財　その1』，豊島区教育委員会，1980，55頁。
(99) 具体的な数値として今回は明示し得ないが，第4章で明らかな如く，施主名称として個人銘が減少すると共に，世話人や願主が記銘されることが多くなるため，一般的な社会的立場から男性名が多くなるものと思われる。
(100) 中世における庚申信仰に関わる板碑は，結衆板碑とも呼ばれているが，その殆どは名前のみであって，苗字を記したものはほとんど無い。しかしながら近世庚申塔では姓名の表示がなされる事例も多く，18世紀代ではあまり見られなくなる。それはある意味特異な現象であり，姓名の有無を検討していくことも，庚申塔施主の性格を捉えていく上で重要であると考えられる。前掲注12)。
(101) 木村礎「寛永期の地方文書」『幕藩制国家成立過程の研究』，吉川弘文館，1978，513～548頁。
(102) 木村礎「村落史研究の方法―景観と生活―」（所理喜夫編『木村礎著作集Ⅵ　村の世界　視座と方法』，名著出版，1996），149～180頁。
(103) 安良城盛昭『日本封建社会成立試論　下』，岩波書店，1995，92頁。
(104) 前掲注8）。

第 8 章　近世後期の庚申塔にみる石造遺物の盛衰

1　問題の所在

　日本のいずれの地域においても石造遺物が全く存在しない地域はほとんど見られず，各地で多様な石塔類を見ることができる。特に関東地方では庚申塔の造立が盛んであり，これまでの議論で触れてきたように17世紀中頃から18世紀前半にかけては，江戸近郊地域での造立数が急激に増加した。その背景には庚申信仰の確立と担い手である施主（庚申待集団・庚申講）や村落社会の変化があることを第 7 章では指摘した。こうした村落内での石造遺物の造立の意味を正面から取り組み，実証的に明らかにした試みは少ない。先駆的な事例としては小山真夫[1]による信濃国小縣郡武石村（長野県武石村）の石造遺物を調査，分析した試みは貴重である。
　これは小縣郡史編纂の一環として調査した金石文資料のうち，郡制廃止によりその記録が不要となったのを惜しみ，小山の生地であった武石村について『考古学雑誌』に掲載したものである。墓標を除く石造遺物を対象に，紀年銘資料210基，無紀年銘資料116基の合わせて326基を調査した。石造遺物の初見は元禄 6 年（1693）の寶倉（石祠）で，それ以後，大正15年までに造立された石造遺物が丹念に調査されている。型式学的検討や銘文の書体，また造立意義についても関心が払われており，特に石造遺物の種類の歴史的変遷を整理した点は注目に値する。即ち，寶倉から道祖神，二十三夜塔，そして馬頭観世音へといった変遷や石造遺物の衰退とそうした信仰の消滅といった関係性に言及している。また近代以降の「遺跡顕彰碑，銅像等に移る情勢」を指摘している点も興味深い[2]。そして，こうした石造遺物が村落内で継続的に数多く造立されてきた事実を，小山の調査は明示している。
　こうした位置村落内での石造遺物の消長を丁寧に追う作業は，現在でも自治体史レヴェルで試みられているが，現在（小山の場合は大正期）までを範囲として，そうした石造遺物を総体として歴史的変遷を捉える試みは先駆的と言えるだろう。本章では到底そうした広汎な比較検討を行うことはできないが，近世を通じた庚申塔の消長を具体的に追うことは，庚申塔の造立意義はもちろん，村落内での石造遺物造立の意味を捉える一助となるものと考えられる。そこで本章では，前章に続いて18世紀後半以降の江戸近郊地域にみられる庚申塔造立習俗の変化を基軸に，民間信仰の変質と近世村落の変化との関係性に着目し，近世を通じて盛んであった石造物の造立が持つ意味の質的な変化を捉えたい。
　近世後期以降の村落社会の変化については，特に幕末維新期の幕藩体制の解体や地方文化の発展など多様な切り口から検討が加えられている。ここで村落史研究に引き寄せて整理するならば，いわゆる商品経済の発展過程での窮民層の増大，豪農経営の行き詰まりと新たな発展の過程など

が近世後期に起こったとされ[3]，なかでも豪農と貧農層との対立構造を捉えることから「豪農論」や「世直し状況論」といった議論が展開されている[4]。本章でそうした研究の全てに言及することはできないが，とくに指摘できるのは共同体や地域社会との関係性から，これらの議論が進められてきたと言うことであろう[5]。そうした地域的関係性の視点に立つとき，地方文化の動向は注目に値する。

近世後期の地方文化の動向については，杉仁[6]が「在村文化」の視角から検討を加えている。杉は既往の近世文化の捉え方が担い手や時代で区分されていることを指摘した上で，広い意味で民衆文化を農村の立場から捉える視角として「在村文化」を提唱した。そしてその担い手は「村役人～豪農商層」とし，いわゆる「業雅両立」という意識をもとにした活動であるとしている。そうした近世村落における「在村文化」の好例として，杉[7]は俳諧の普及と句碑の建碑を取り上げ，近世村落の特質として「石碑文化」[8]の存在を指摘している。こうした文化活動の地方への拡散は，商品流通の拡大や新たな地域編成の動向とも無縁ではないだろう。

羽賀祥二は『史蹟論』の中で，19世紀における史蹟や地誌編纂への関心を取り上げ，地域社会における歴史的遺蹟へのまなざしや歴史意識の変化を明らかにしている[9]。そのなかで特に注目されるのは，「歴史的功労者の顕彰（紀功碑・史蹟碑・文学碑など）」を行う記念碑の造立が19世紀になり急速に進められていくという指摘で，そうした「記念碑文化」の形成過程を明らかにすることが，地域の歴史認識の変化を解き明かす上で重要な課題となるとも述べている点である[10]。つまり近世後期は石造遺物に対する認識が大きく替わる時期であるということができ，近世庚申塔はそうした時代背景の中で，「記念碑（石碑）文化」に属する石造物と，如何なる関係性を結んできたのか把握する必要があるだろう。それは「記念碑文化」の展開を理解する上でも重要な課題として位置づけられるものと考えられる。そこで本章では18世紀後半から19世紀にかけての庚申塔に認められる石塔形態の変化や造立数の減少に着目し，近世後期の社会的，文化的変容との関わりを軸に，石造遺物をめぐる意識変化を具体的に捉える試みとしたい。

2　庚申塔の減少と造立目的の多様化

(1)　近世庚申塔の減少の背景

江戸近郊地域では近世前期にみられた庚申塔の増加傾向に対して，近世後期では庚申塔数は大幅な減少傾向を示す。既に第2章において指摘したように，18世紀以降の庚申塔の造立数は第2盛期（1690年代）をおよび，その後の第3次盛期（1710年代）を期に急激に減少し，以前は10年間で100基を越えていた数量も，1750年代以降は50基程度の状態となる。そして19世紀に入るとさらに減少し，数十基を数える状態となる。図8－1では江戸近郊及び江戸周辺地域での18世紀後半以降の庚申塔の造立数を示した。便宜的に江戸からの距離によって10里，20里，30里の圏内に属する市町村をまとめて表示している。基本的には，東京都区部の各地域と周辺市区町村の値を比較すると，年次変遷の傾向に数量的には大差がなく，一様に減少傾向が認められる。

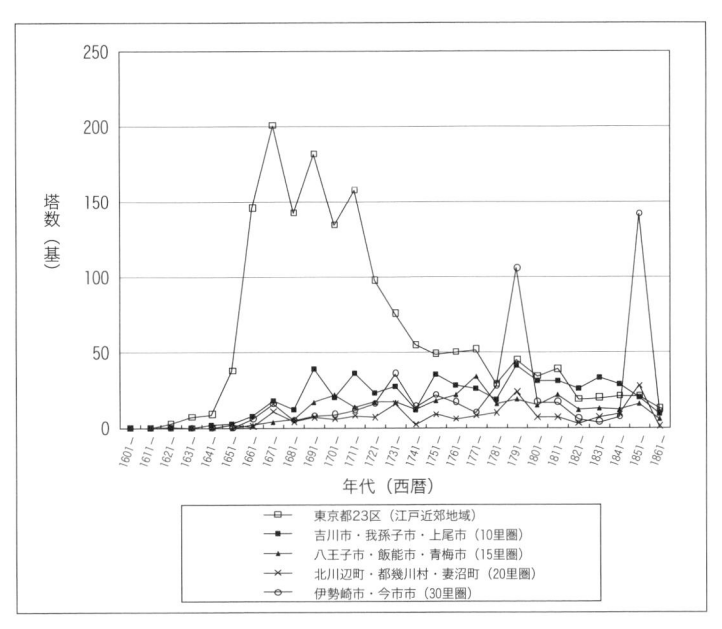

図8－1　東京都区部および東京周辺の18世紀後半以降の造立数の変遷

　他方，伊勢崎市や旧今市市（現・日光市）のように江戸からの距離が30里を越えるような地域では，近世後期に造立数が増加する傾向が認められる。この点は江戸近郊地域の庚申塔造立が総じて減少傾向を示すものと対比されて興味深い。こうした差異について，後に検討を加えたいが，江戸より10里を越えた地域では，百庚申など1回の造立で数十基～百基程度の造立を行うことがしばしば認められており[11]，こうした関東の地方村落における庚申塔造立の特質が背景としてあるものと考えられる。ここではまず，江戸近郊地域における庚申塔の造立数の減少要因から考えてみたい。

　江戸近郊地域では造立数の減少とともに，近世前期と同様，庚申塔の形態や像容，施主などの要素に変化が認められる。第2章で指摘したように，石塔形態のセリエーショングラフの結果からは，18世紀中葉以降，B－1B類の比率は減少傾向を示し，替わってB－2類が次第に主流を占めるようになる。また18世紀後半にはE類も出現し，B－1B類の比率はさらに下がりほとんど見られなくなる。その後，19世紀にはいるとG類も出現し，庚申塔の形態は近世前期の様相とは様変わりを呈する。加えてこうした流行型式の変化に伴って，像容にも変化が認められる。

　図8－2は，第3章で行った東京都区部の型式と像容との組み合わせごとにみる庚申塔数の変遷を18世紀後半以降についてグラフ化したものである。近世前半では青面金剛が主尊として最も採用された像容であったことが理解できるが，18世紀後半以降は次第に文字塔の存在が高まりを示していく傾向が認められ，その内容について検討すると「青面金剛」といった像容の代わりに文字を刻む事例が存在するほか，「庚申塔」や「庚申」といった偈文や願文などの信仰的要素を伴わない形態の文字塔が増加する傾向を指摘できる。こうした庚申塔の簡素化の潮流は18世紀後半から顕著になっていく。造立数自体の減少もあり，母数が近世前期に比べて半分以下であると

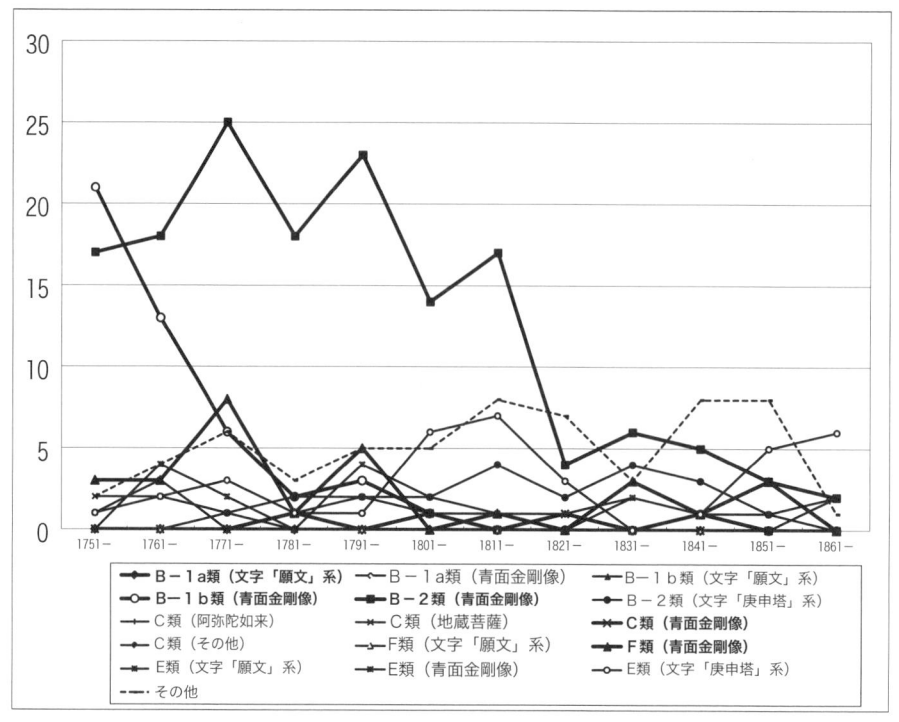

第8章　近世後期の庚申塔にみる石造遺物の盛衰

図8-2　1750年代以降の年次ごとの像容別型式変遷　　n=389
※太字は近世全体における上位5類型

はいえ，像容の比率自体は明らかに低下しており，文字塔の増加が目立っている。

特に近世前期のB-1B類のようには明瞭ではないが，E類あるいはG類と文字銘（「庚申塔」系の「後期文字塔」）との関わりが深いことを指摘できる。こうした接点は青面金剛とB-1B類同様に，型式と主尊との関係性を意味するものと予測される。以上の諸点を踏まえ，本節では庚申塔数の減少と像容の文字化の要因を議論の中心に据え，具体的には①庚申塔造立の禁止を示す史料の存在，②村中銘の出現，③石橋供養にみる庚申塔の造立，④庚申道標の増加，などの検討を通して，庚申塔造立習俗の質的変化を明らかにし，その背景としての庚申信仰や社会的，文化的変化との関連性についても検討してみたい。

(2)　新規庚申塔の造立禁止と石塔規模の変化

まず庚申塔数の減少の理由としては大きく2点の可能性を指摘することかできる。まずは政治的規制の側面で，石塔の造立を禁止する幕府の意図が存在していたこと，二つめは先に掲げた庚申塔造立行為に認められる信仰的要素の減退である。ここではまず一つめの政治的規制から論を進めたい。幕府が布達した法規において石塔に関する規制は，徳川禁令考にも記載されている墓標に刻む戒名の内容と石塔の高さ制限に関する法令である[12]。これは墓標に限らず石塔全般に影響を与えたものと考えられるが，例えば表8-1は板橋区の庚申塔の総高を対象に数量を整理したものである。121cm以上の石塔は全体の24.9％を占めるが，それ以外は3尺前後の石塔で元々

2 庚申塔の減少と造立目的の多様化

4尺を超える石塔は少なかったと言えよう。興味深いのは1740年代までは150cmを超える石塔も見受けられるが, 19世紀代では台石を含めて4尺（約121cm）以上の石塔は一基のみとなり,「墓牌之儀も高サ臺共四尺を限り」とした法令の一応の影響はあったものと解するべきだろう。

他方, 庚申塔そのものを対象とした法令は, 徳川禁令考や御触書寛保集成など, 幕府の公的な法規集からは確認できない。しかしながら, 庚申塔を含め石塔の造立を禁ずる法令は, 前章で述べた如く, 各村落で作成された五人組帳に附される前書に見ることができる。前書は五人組に連印する村民に布達された法規を記したものであり, 近世初頭より存在が確認されている[13]。そこで庚申塔に対する禁令が, どのような時間的, 空間的拡がりを示しているか検討するため, 各村落で作成された五人組帳前書の条目内容から, 石塔の造立を禁じた条目を有する史料を抽出することにした。今回は穂積陳重の『五人組法規集』[14], 穂積重遠『五人組法規集続編　上・下』[15], 野村兼太郎の『五人組帳の研究』[16]に所載の五人組帳前書より, 特に武蔵国を中心とした関東の史料に絞って抽出を試みた（表8－2）。

表8－1　庚申塔の総高にみる造立数の変遷

年代	100cm以下	101－120cm	121cm以上	150cm以上	計
1641		1			1
1651	1			1	2
1661		5	2	2	9
1671	1	4	2	1	8
1681	6	4	2		12
1691	6	5	1	1	13
1701	7	4	4		15
1711	9	8	4	3	24
1721	5		3		8
1731	9	7	1	1	18
1741	8		1	1	10
1751	12				12
1761	5	1			6
1771	5	2	1		8
1781	3	1	1		5
1791	5				5
1801	6				6
1811	1				1
1821	2				2
1831	2	1			3
1841	1	1			2
1851	7	2		1	10
1861	5				5
計	106	46	22	11	185

資料数が多く煩雑となるため, 関東地方以外の地域については除外したが, 前章で取り上げたように, 播磨国赤穂郡の元禄14年（1701）の事例は, やや早い時期のものと言え,「新地之寺社建立之儀　堅可為停止」や「惣而ほこら念佛題目之石塔供養塚庚申塚石地蔵之類」などの文言は, 享保10年（1725）の五人組帳前書をはじめとして, 後の五人組帳にも継承されていることが分かる。定量的な把握を意図していないので史料数の多寡については傾向として指摘するにとどめたいが, 基本的に幕府領を中心として総じて武蔵国の全域にわたって拡がりを見せている。幕府領中心となるのは穂積が指摘するように資料収集時の偏りもあるだろうが, 五人組制度の地域的展開にも関わるものと思われる[17]。

また文言を見ると, 禁止対象を「念佛題目之石塔」や「庚申塚」など特定する場合もある一方で,「ほこら」や「仏像」といった石塔類やその他の金銅製の仏像をも対象とする場合があり, 一様ではない。それらの系統論は穂積や野村の議論に譲るが, 基本的に18世紀前半には, 石造遺物全般の新規造立が停止（禁止）されていたことは疑いないものといえよう。石造墓標の制限について五人組帳には記されていない理由は不明だが, 石塔全般を対象にした文言が既に存在していたことが一因としてあろう。いずれにせよ元禄期以降, 継続的にこうした禁令が布達されていたことは, 庚申塔をはじめとする石塔の造立が極めて顕著に行われていたことを裏付ける史料と

表 8-2 「五人組帳前書」にみる庚申塔及び石造物等の造立禁止の事例

通しNo.	史料名	旧国名	領主	和暦	西暦	内容抄録（石塔関連部分のみ）	史料掲載頁
1	寶永三年武州多摩郡山入村五人組改帳	武蔵国	未詳	宝永3年	1706	新規寺社，供養塚，ほこらの禁	穂121
2	享保十年五人組帳前書	－	－	享保10年	1725	惣而祠堂念佛題目之石塔供養塚庚申塚，石地蔵之類の禁	穂143－144
3	享保集成絲綸録所載「当時村方五人組帳」	－	－	享保年間	1735	新規ほこら・仏像の禁	穂161
4	元文三年武蔵国荏原郡六郷領五人組帳	武蔵国	天領	元文3年	1738	新規ほこら・仏像の禁	穂164
5	元文三年武州豊島郡大久保新田五人組帳	武蔵国	天領	元文3年	1738	念佛庚申塚ほこら等有來候外不可致事	穂168
6	延享四年武州多摩郡柚井領下恩方村五人組連判帳	武蔵国	天領	延享4年	1747	新規ほこら・仏像の禁	穂190
7	延享四年武州多摩郡伊奈村御條目被仰渡候惣百姓連印帳	武蔵国	田安領	延享4年	1747	念佛庚申塚ほこら等有來候外不可致事	穂210
8	延享四年御料所五人組前書	－	天領	延享4年	1747	念佛庚申塚ほこら等有來候外不可致事	穂229
9	宝暦九年及び十四年武蔵国埼玉郡麦倉村五人組帳	武蔵国	天領	宝暦14年	1764	祠・仏堂・神事仏事新規の禁	野149
10	明和四年武蔵国高麗郡中藤村五人組帳	武蔵国	天領	明和4年	1767	新規小祠・念佛題目之石塔・供養塚庚申塚，石地蔵之類の禁	野180
11	安永六年武州多摩郡上平井村五人組帳	武蔵国	未詳	安永6年	1777	念佛庚申塚ほこら等有來候外不可致事	穂300
12	寛政三年武州足立郡淵江領普賢寺村五人組御箇條	武蔵国	天領	寛政3年	1791	新規ほこら・仏像の禁	穂315
13	寛政七年武州多摩郡砂川村御仕置五人組帳	武蔵国	天領	寛政7年	1795	新規ほこら・仏像の禁	穂318
14	寛政十一年武州多摩郡上谷保村五人組御改帳	武蔵国	天領	寛政11年	1799	新規小祠・念佛題目之石塔・供養塚庚申塚，石地蔵之類の禁	穂321
15	享和三年武州荏原郡品川領上大崎村五人組帳	武蔵国	天領	享和3年	1803	新規ほこら・仏像の禁	通しNo.3に同じ
16	文化四年武州多摩郡戸倉新田五人組帳	武蔵国	天領	文化4年	1807	新規ほこら・仏像の禁	穂366
17	文化八年武蔵国多摩郡上長淵村御條目五人組御改帳上帳	武蔵国	大名領	文化8年	1811	念佛塚・庚申塚・ほこらの新規建立禁	野279
18	文化十年五人組條目	－	未詳	文化10年	1813	新規ほこら・仏像の禁	通しNo.15に同じ
19	文政元年武州多摩郡下川口村御仕置五人組帳	武蔵国	未詳	文政元年	1818	新規ほこら・仏像の禁	穂377
20	文政四年上総国市原郡不入斗村新田五人組帳	上総国	天領	文政4年	1821	諸石塔及び庚申塚の新規建立の禁	野289－292
21	文政六年下総国香取郡橋田村五人組帳	下総国	大名領	文政6年	1823	念佛塚・庚申塚・ほこらの新規建立禁	野303－304
22	文政十年武州荏原郡鵜ノ木村五人組前書	武蔵国	天領	文政10年	1827	新規ほこら・仏像の禁	通しNo.3に同じ
23	文政十年下総国葛飾郡大畔新田五人組御仕置帳	下総国	天領	文政10年	1827	念佛塚・庚申塚・ほこらの新規建立禁	野323
24	文政十二年武州埼玉郡西袋村五人組帳	武蔵国	未詳	文政12年	1829	念佛庚申塚ほこら等有來候外不可致事	穂455
25	天保三年武州多摩郡乗願寺村御條目並五人組帳	武蔵国	田安領	天保3年	1832	念佛庚申塚ほこら等有來候外不可致事	穂456
26	天保三年武州多摩郡後ヶ谷村五人組連判書上帳	武蔵国	天領	天保3年	1832	新規ほこら・仏像の禁	穂462
27	天保十年武州豊島郡下田畑村御法度書五人組帳	武蔵国	未詳	天保10年	1839	新規念佛庚申ほこら等の禁	穂482－483
28	天保十二年武蔵国埼玉郡樋遣川村中山御役所御條目	武蔵国	天領	天保12年	1841	小祠無断建立禁	野381
29	嘉永四年下総国葛飾郡三輪野村五人組書上帳	下総国	大名領	嘉永4年	1851	念佛塚・庚申塚・ほこらの新規建立禁	通しNo.23に同じ
30	安政三年武州豊島郡田端村御法度書五人組帳	武蔵国	未詳	安政3年	1856	新規念佛庚申塚ほこら等の禁	穂623
31	安政四年武州豊島郡田端村御法度書五人組帳	武蔵国	未詳	安政4年	1857	新規念佛庚申塚ほこら等の禁	穂623
32	安政六年武蔵国高麗郡赤澤村御仕置御條目五人組書上帳	武蔵国	大名領	安政6年	1859	小祠・念佛題目之石塔・卒塔婆・供養塔・庚申塚・石地蔵の禁	野496－497
33	安政七年武州豊島郡田端村御法度書五人組帳	武蔵国	未詳	安政7年	1860	新規念佛庚申塚ほこら等の禁	穂624
34	万延2年版五人組前書	－	－	文久元年	1861	祠堂念佛題目之石塔供養塚庚申塚，石地蔵之類の禁	穂624
35	文久元年武州豊島郡田端村御法度書五人組帳	武蔵国	未詳	文久元年	1861	新規念佛庚申塚ほこら等の禁	穂627
36	文久二年武州豊島郡大久保新田五人組帳	武蔵国	天領	文久2年	1862	念佛庚申塚ほこら等有來候外不可致事	穂632

野村兼太郎『五人組帳の研究』＋穂積陳重『五人組法規集』より集成

2 庚申塔の減少と造立目的の多様化

言えるだろう。

(3) 村中銘の増加

18世紀後半以降の施主名称には，新規庚申塔の造立禁令に関わりをもつと推測される変化を見ることができる。それは「村中」，「惣村講中」といった１つの近世村が施主として位置づけられるもので，村単位での庚申塔の造立を示す事例の存在である。表８－３は東京都区部の庚申塔のうち，銘文の確認ができる15区の資料から，村が母体であると判断できる施主銘を抽出し，整理したものである[18]。なお，その抽出に際しては，「何々（村名）村講中」といった，施主が村単位の講中であるのか，村に存在した講中を示すものであるかを区分できないものは除外し，「惣村講中」，「村中」など明確に村民全体が構成する集団であることが確認できるものに限って抽出した。加えて，村単位ではなく世田谷区の安永２年（1771）塔のような「上町中」といった町単位や小名単位の表記も，ここでは除外した。

いわゆる「惣村講中」の事例は，品川区，世田谷区，杉並区，豊島区，板橋区，足立区，葛飾区と東京都区部の広い範囲に渡って確認でき，地域差を示す要素は存在しない。造立年代を見ると，初出は品川区の寛文13年（1673）塔が「施主　大井村」の銘を刻む事例で，「村中」銘は板橋区の貞享元年（1686）塔である。この２基は17世紀後半にあたり，当該期の施主銘としては特殊な事例であるが，その他の事例は全て18世紀中葉以降に建てられたものである。世田谷区の延享２年（1745）塔は願主と共に「講中惣村中」の表記があり，紛れもなく「惣村中」が施主となっている。ただ「講中」が付記されていることから，庚申講が村中として組織されているのか，講は別に存在し，合わせて講には加わっていない村の人々も石塔造立に参画したのかは判然としない。いずれにせよ村単位での造立を示す事例であることに変わりはない。また足立区の天保11年（1840）塔は「郷中」とあり村単位ではないが，地域名が付されていないため正確なところは不明であるが，複数村の関係性を示すものである可能性も考えられよう[19]。

近世に造立された庚申塔に占める，これらの石塔の割合は決して高いものとは言えないが，全11基の庚申塔の多くが18世紀中葉以降に建てられていることは興味深い。先に示したように，幕府による禁令は元禄期以降，多くの五人組帳前書で確認することができ，庚申塔の造立数は既に減少していた時期に当たる。庚申塔の造立禁止が質素倹約の立場から「新規之石塔」を禁ずる内容であることは既に述べたが，こうした時期と軌を一にして村単位の造立は，幕府の意にも少なからず沿うかたちで新規造立が可能となる方法の一つであったことを示唆するものと考えられる。先に指摘した主尊の彫刻が省略され，文字銘に変化していくといった庚申塔の簡素化も，こうした潮流を反映したものといえよう。特に名前の連記をなくし，村中銘としていくことは，一文字ごとに加算される加工賃の金銭的負担を軽減する上でも意味のあることであったと思われる[20]。

他方，組合村の存在についても見逃すことはできない。渡辺尚志は近世における地域秩序の形成過程を整理する中で，18世紀以降の組合村の形成と変容の意味に注目している[21]。当初の組合村は惣代庄屋制による村の連合体であり，その形態には助郷組合や鷹場組合など多様であったが，そうした連合体が組織的な運動母体として諸嘆願闘争を行うことにもなった[22]。以後幕府による

第8章　近世後期の庚申塔にみる石造遺物の盛衰

表8－3　「惣村中」銘のある庚申塔

No.	区名	所在地		種別	文字	形状	年代	年代(西暦)	月	日	施主	備考
1	品川区	大井4－22－16	西光寺	阿弥陀如来	奉供養庚申　為二世安楽也	F類	寛文13年	1673	8	23	施主大井村	
2	世田谷区	奥沢1－27－17	路傍	青面金剛		B－2類	文化6年	1809	11	吉日	惣講中　願主　和田常右衛門	道標銘
3	杉並区	西荻北4－37		青面金剛	奉建立庚申橋供養佛	E－1a類	延享2年	1745	4	8	願主　本田源内　講中惣村中	
4	豊島区	東池袋2－56		文字	庚申	G類	天保13年	1842	2	吉日	大道村中	
5	板橋区	南町31	西光院	文字	南無阿弥陀佛、願此功徳、廻施法界、存亡抜苦、入阿字門、往来安苦、奉供養庚申石橋造立、諸人快楽　上下両橋	E－1a類	延享2年	1745	3	吉祥日	総村講中即縁衆等発願主	
6		蓮沼町48	南蔵院	文字	庚申塔	E－1a類	文化9年	1812	2	吉日	世話人九人　村中	
7		四葉1－26	路傍	文字	庚申	B－1類	貞享元年	1684	4	15	施主　村中	
8	足立区	竹の塚1－10－16	常楽寺	青面金剛	庚申講	F－1a類	天保11年	1840	3	吉祥日	郷中　庚申講	
9		江北3－47－8	帝釈天堂	青面金剛	奉造立青面金剛為供養石橋也	B－1b類	天明3年	1783	2	吉日	村中	
10		西新小岩5－21－20	東光寺	青面金剛		B－2類	寛延3年	1741	12	吉辰	村惣講中	
11	葛飾区	新小岩3－19－6	照明寺	青面金剛	奉供養大青面金剛尊像	F－1類	明和7年	1761	9	吉日	惣村中	
12	江戸川区	南篠崎1－1	西光寺	青面金剛	奉造立青面金剛像一体	B－2類	宝暦9年	1759	11	吉日	當村講中	
13		新堀1－9	勝曼寺	青面金剛		B－2類	文化元年	1804	3	吉日	當村中	

統制策が図られ，文政10年（1827）には，改革の一環として組合村の結成を指示し，関東各地で新たな組合村が設置された[23]。

　いずれの組合村も基本的には，改革組合村ともに村単位での行動が統制的に義務づけられたことも見逃すことはできないだろう。即ち，村を単位とする意識が18世紀以降形成されていったことは疑いない。先の馬込村の場合，相給村の各村落の内，増上寺領のみ改革組合村に加入しないことになり，独自の組合村を結成した[24]。この事実は馬込村の相給村内での緊張関係を示唆するのみならず，当時の組合村の結成に際していわゆる「近世村」ごとの村意識が高まっていたことを示す証左と言えよう。こうした村単位の庚申塔と類似する造立形態として，石橋供養の庚申塔が挙げられる。

(4)　石橋供養の庚申塔

　石橋建設に伴う供養塔に庚申塔が用いられる事例は，数は少ないものの地域的な偏り無く認められる（表8－4）。例えば大田区の事例として，残念ながら石塔そのものは現存していないが，馬込の円乗院の享保6年（1721）塔は，地蔵菩薩を主尊として石橋寄進の意を示すことが主眼に建てられたものである。願文に「庚申供養并他力建立石橋一ヶ所」とあることから[25]，庚申供養塔として建てられたことは明白であるが，大書されているのは「石橋寄進」の文字と関与した庚申待の「組」名であって，庚申供養の意味が希薄な取り扱いとなっている。第6章で扱った際には，この「組」が谷戸集落単位で形成されていることに着目したが，ここで興味深いことは石橋寄進の寄付行為を庚申待の組が担っていたことといえよう。

　こうした公共性の高い行為は本来，近世村単位か谷戸単位などの「村落共同体」でなされるべきであろう。例えば私領馬込村の高札再建では，木原領馬込村の五人組帳に記された人名が確認され，村請制村としての枠組みから処理されている[26]。他方，既に指摘したように馬込の八幡宮再建への寄進では氏子組織が適切な役割を果たしていたことなどを考慮すれば，石橋という村の重要な公共施設建設に際して，一般的に考えるなら谷戸の篤信者が加入していた庚申待の組がこ

2 庚申塔の減少と造立目的の多様化

表8-4 石橋造立と関わる庚申塔一覧

区名	種別	文字	形状	年代	年代(西暦)	月	日	総高	幅	奥行き	所在地	施主
大田区	地蔵菩薩	庚申供養并他力建立石橋一ケ所成[　]　為垣翁周圓菩提石塔[　]	E-1a類	享保6年	1721	11	吉祥日	67	27	22	南馬込5-15（現存せず）	庚申待一組中丸谷　庚申待一組南谷　庚申待一組塚越谷　御料所馬込村中　同河原源太左衛門　同同源右衛門　同持添之百姓七人　私領馬込村五人　久ヶ河原村中
渋谷区	文字塔	庚申供養	E-1a類	不明	不明	3		60	29		元代々木町23	橋講中
渋谷区	青面金剛	天下泰平　国土安穏	E-1a類	寛政11年	1800	3	吉日		35		東3-17	下馬子引村他多数
板橋区	文字塔	奉石橋建立庚申待講中二世安楽所	E-1類	明和7年	1770			57	21	16	前野町5-56	願主　向臺中
足立区	青面金剛	奉納西国秩父板東念願成就	B-2類	天明3年	1783	2	吉日				花畑3-20-6	

うした役割を果たしたことは特異な事例といえ，単純な信仰集団から，まさに「村組」的な一定の生活互助組織として公的な役割を担う存在に位置づけられていたことを示す事例と評価することができるだろう[27]。

　表8-4に示したように，渋谷区や板橋区，足立区など他地域でも石橋供養，寄進を示す石塔として庚申塔が用いられており，清水が指摘したように石橋への敬虔な供養心の意味は否定できないにせよ[28]，庚申塔に対する位置づけが「庚申供養」を目的とした立場から変化していることを示唆している。加えてここで注目すべきは「橋」という村落内の公共財の造営に関与した社会組織としての庚申待集団の変質であろう。既に「庚申待集団」が「庚申講」として組織化されていく過程について第4章で述べたが，施主銘の「講中化」が示すように組織としての意識が集団内に形成されることによって，いわゆる「村組」的な生活互助組織としての意味が付与されていったものと推測することができる。

　既に第4章で指摘したように，庚申塔の施主の母体である庚申講は，17世紀においては庚申待を行う篤信者の集団であり，18世紀以降になってはじめて組織化し，明確な庚申講としての位置を村落内に占めるに至った。その社会化の過程を，石橋寄進銘の庚申塔は反映しているものと思われる。庚申講が果たした村落内での機能については，民俗調査によっても地域的な多様性があり一定の方向性を持っていたとは言えないが，18世紀前半の庚申講は信仰集団から次第に社会的機能を果たす組織へと位置づけられていったことを意味しているものと理解できよう。そうした信仰的側面の衰退の傾向は別の側面からも読み解くことができる。

(5) 道標銘のある庚申塔

　庚申塔の銘文には偈文・願文のほか施主銘や造立期日など，庚申信仰に直接，間接的に関わる銘文が刻まれているが，一方でそうした信仰的側面とは関わりを持たない銘文も刻まれている。「道標銘」は庚申待とは全く関わりがなく，猿田彦大神が道祖神的な意味を持っているとしても，実質的に何ら関係性のない銘文ということができる。道標は石造遺物として単独で存在する性質のものであり，その調査報告がなされている地域もあるなど，近世の交通史的課題を扱う上での貴重な資料として関心は高い[29]。しかしながら，東京都区部の庚申塔において道標銘がいつごろから付与されるようになり，実際にどれほどの「道標銘の付随した庚申塔」（以下，「庚申道標」）

第 8 章　近世後期の庚申塔にみる石造遺物の盛衰

表 8 － 5　庚申道標の造立数（左数字）と各区における年次ごとの庚申塔数（右数字）

年代	文京区		品川区		大田区		目黒区		渋谷区		世田谷区		杉並区		中野区		練馬区		板橋区		豊島区	
1661-		11		6		5		6		3		4		6		7		5		9		
1671-		10		12		14		11		16		24		6		2		6		8		
1681-		5		8		11		9		4		19		8		7		3		12		
1691-		3				10		11		4		13		15		8		24	2	13		
1701-	1	3		1		3		5	1	7		15		13		7		16		15		
1711-		4		5	1	13		5		6		13		11	1	7		11	1	24	1	
1721-					1	12				5	1	15	1	8		3		10		8		
1731-		2	1			1		7		2	1	10		5		2	1	7	1	18		
1741-		1		1		1				2	2	11	2	3	1	5		6		11		
1751-				1		1				2		4				2		3	2	12		
1761-				1	1	3					1	4			1	2	2	10	2	6		
1771-		1						1			2	12	2	1	1	1	1	7	2	8		
1781-		3					1	2			2	5	2	1		1			3	5		
1791-				2			1	1		1	2	5		4	1	1	1	2	3	5		
1801-	1	2				2		3		3		1						2	3	6		
1811-				1	3	4				4		9						1		1		
1821-		1						1		3		3					1	1	2	2		
1831-					1	1				1		1		1			1	2		3		
1841-						2				1		2		1				2		2		
1851-						1		1				1		1					7	10		
1861-																	1	1	4	4		
総計	2	46	1	41	8	90	2	59	1	52	23	174	5	87	6	53	12	120	33	182	1	

が存在しているか，定量的かつ包括的に把握されたことはない。そこで各区部の道標銘付き庚申塔を集成し，その地域的差異の有無と時期差の有無を検討してみたい。

　道標銘は石塔の左右側面や裏面などに明瞭に記されるものもあるが，一方で像容の刻まれた碑面の端部に願文と共に記される事例もあり，その形態は一様ではない。今回は道しるべとしての意味を持つ文言が含まれている資料は，道標銘付き庚申塔として抽出するものとした。分析項目は区部ごとの造立数の変遷および道標銘を持たない資料との計量的比較を行い，地域差と時期差を把握したい。具体的対象とした区は，文京区，品川区，大田区，目黒区，渋谷区，世田谷区，杉並区，中野区，練馬区，板橋区，豊島区，北区，足立区，葛飾区，荒川区，墨田区の16区である。また道標銘が確認できた資料でも，紀年銘のない資料については除外した。

　まず庚申道標の計量的把握から試みたい。表 8 － 5 は各区部の庚申道標の実数と各区ごとに造立された庚申塔の総数を示したものである。区部ごとで資料数に粗密が見られるが，母数が異なることもあり，そうした地域差がそのまま地域的特徴を示すものとは即断はできない。まず初出は中野区の寛文 9 年（1669）の C 類の文字塔である。17世紀末〜18世紀前半では全体の石塔数に占める道標銘付き庚申塔の比率は10％以下で推移しているが，特に目立つ出現区としては世田谷区や杉並区，中野区，練馬区など東京西部地域と，板橋区や北区などの東京北部地域が圧倒的に多い。18世紀前半では東京西部から北部にかけて道標銘付き庚申塔が造立されており，東京東部や南部では顕著な数量を示していない傾向が看取される。

　これらの地域は甲州街道や中山道といった主要街道の他，大山道やいわゆる「青梅街道」[30]など，多くの街道や脇往還が張り巡らされている[31]。基本的に東京西部地域は武蔵野台地上にあり水運の便がよくない。対して東京東部は多くの川筋や掘割が存在し，水運の便が良かった[32]。そうした交通路の利便性に対応して，道標銘の存在に多寡が生じたものと推測される。詳細に銘文を検討すると，例えば東京西部の世田谷区では，奥沢に現存する享保13年（1728），E 類の文字

2 庚申塔の減少と造立目的の多様化

塔が初出である。銘は左側面に「これより右江九ほん仏道」，左側面に「これより左江ぬまへ道」と記されている[33]。この庚申塔は幹線道に面していないこともあり，「奥沢」に近接する「九品仏」，「沼部」への道名が記されている。

一方，世田谷区駒沢の，延享4年（1747）のE類，文字塔は「庚申供養」と記されるものの，道標銘の方が大きく刻まれている[34]。正面に「西ハ大山道」，左側面には「東ハ赤坂道」，右側面には「右　めくろミち」とあり，裏面にも「[　]坂道」と刻まれている。この塔は世田谷区駒沢の旧大山道沿いの路傍に立っており，大山道をはじめ目黒道など，道名の表示はやや巨視的な地名を刻んでいる。また杉並区久我山の享保7年（1722）B−1B類，青面金剛刻像塔には，右側面には「これよりみぎいのかしら三ち」，左側面には「これよりひだりふちう三ち」の銘が刻まれている[35]。また下井草の寛保元年（1741），F類青面金剛刻像塔は「右　志やくち道」，「南　中の道」，「うしろ　の東　おそのい道」とあって，所沢道に位置している[36]。基本的には，久我山の享保2年塔も下井草の寛保元年塔も「井の頭」や「石神井」など近接地への道であるが，「府中」といった造立地との関係性の深い土地への道名を刻んでいるものもある。

基本的な傾向としては，庚申塔が造立された村に近接する土地へ向かう道名が刻まれており，物的，人的交流の頻度に合わせて関係性の高い地名が刻まれているものと思われる。くわえて世田谷区の大山道銘の存在は，大山詣の往来との関係を考えないわけにはいかない[37]。岩科小一郎は板橋，練馬区の庚申道標を対象として，銘文や分布に関して興味深い指摘をしている[38]。板橋区前野町の熊野神社境内にある安永8年（1779）青面金剛塔に刻まれた「右ハ江戸道　北　川口ぜんかうじ道」，「南ハどう志やかいどう川越道」の銘より，特に「どう志やかいどう」に着目し，他の板橋区内の道標銘に「ふじ道」，「ふじ大山道」，「大山道」の銘が多いことから，熊野神社の安永8年塔は「川越道」つまり下練馬宿の「富士街道」と呼ばれた大山道へ続く道への分岐点を示していたと解釈し，「どう志やかいどう」の意味を「道者街道」であると結論づけている。

また東部地域の葛飾区の事例[39]では，高砂に現存する正徳2年（1712）のC類には「左　やはたみち」とある。加えてそこに隣接する道標年塔も三猿が刻まれており庚申塔の範疇に含まれる資料であるが，正面に「是より　右　下河原村　さくら海道」の銘がある。道標塔は元禄6年（1693）と古い造立であるが，正徳2年塔を含めて下総国方面を意識している。元禄6年塔は正に「さくら海道（佐倉道）」を意識していることからも，その先に位置する成田山新勝寺への成田詣の参詣者に対応するための道標銘であったことが窺える。

第8章　近世後期の庚申塔にみる石造遺物の盛衰

表8－6　庚申道標の造立数とその比率

	庚申道標	庚申塔全数	比率
1661－	1	146	1%
1671－	0	201	0%
1681－	0	143	0%
1691－	4	182	2%
1701－	4	135	3%
1711－	9	158	6%
1721－	6	98	6%
1731－	7	76	9%
1741－	5	55	9%
1751－	3	49	6%
1761－	10	50	20%
1771－	9	52	17%
1781－	8	29	28%
1791－	10	45	22%
1801－	9	34	26%
1811－	13	39	33%
1821－	8	19	42%
1831－	4	20	20%
1841－	2	21	10%
1851－	8	21	38%
1861－	7	13	54%
	127	1586	8%

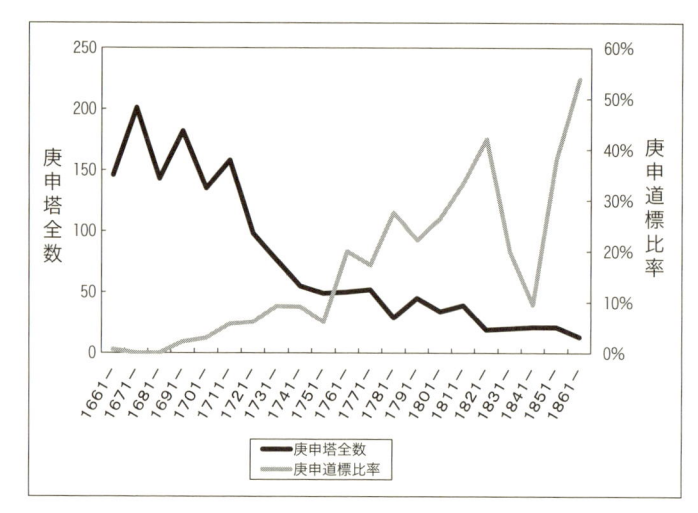

図8－3　17世紀後半以降の庚申塔造立数と庚申道標比率の変遷

　こうした街道ごとの道標銘にみる，行く先表示の違いは，地域の関係性を明らかにする上で興味深いが，ここで着目したいのは表8－6に示した如く，庚申道標の比率が18世紀後半以降急激に高まることである。庚申塔の資料数自体が減少するため，母数との関係から比率が高まったとも考えられるが，庚申塔の造立が減少していた時期において，その大半に道標銘が付されたことは興味深いことといえる。基本的に道標塔の存在がある如く，他の石塔の流用によらない道標も多数存在しており，山本光正は近世的な道標について，元禄以降に造立されるようになることを指摘している[40]。にもかかわらず，こうした庚申道標が増加する背景の一つには，先に取り上げた石塔の新規造立制限が要因として指摘できるだろう。すなわち，史料が存在しないため推測の域は出ないが，庚申塔に道標としての「公的役割」を担わせることで，新規の石造物の造立を為政者側に認めさせる根拠にしようとしていた可能性が考えられるだろう。

　他方，人的，物的交流の拡大を背景とした，道標需要の高まりも要因としては当然予測される。即ち，消費都市である江戸への物資流通量の拡大や代参講に代表される物見遊山的な旅客数の増加といった社会的背景を考慮する必要があると思われる。西山松之助は「行動文化」という概念を設定し，19世紀以降の文化現象を概括している[41]。いわゆる文化文政期以降，物見遊山や縁日・祭礼・見世物・出開帳といった商業性の高い催し，富士山，大山への参詣など，江戸を中心とした行楽を伴う人的活動は活発となり，一つの文化現象をなした。例えば金子晃之は『江戸名所図絵』をもとに近世後期における江戸の行楽地の分布や特色を検討しているが，その行動範囲は広範囲にわたり多種多様である[42]。特に寺社を対象とした名所への関心が高く，街道を基軸として日本橋から西は半径40ｋｍ程，東は半径20ｋｍ程が行楽圏内に入ることを明らかにしている。鈴木は18世紀以降，『名所記』の記述が江戸御府内を越え，江戸周辺地域へ拡大していく点を指摘しているが[43]，こうした社会背景に立脚すれば，庚申道標の造立は実質的な交通量の増加に対応したものと評価することもできよう。

194

ただし，そうした社会経済的側面とは別に，庚申塔という純粋な供養塔が次第に道標として「流用」され，その役割が増大していくことの意味は適切に捉えておく必要があるだろう。第6章で取り上げた馬込村寺郷谷の庚申塔も，青面金剛が刻まれているものの，側面には行く先表示が大書されている。一見すれば庚申塔ではあるが，道標としての意図が明確に文字の大きさからは読み取れる。こうした道標的な意味の大きい庚申塔は，江戸近郊の各地で見ることができ，石橋供養の庚申塔の造立なども合わせて考えるならば，庚申塔の造立目的としての供養塔的な側面が薄らぎ，次第にいわば実利的な石塔として意識されるようになっていったことが窺える。

つまり信仰から実利的あるいは記念碑的石塔へという庚申塔の造立意義の質的変化は，庚申信仰そのものの変質として捉えることが可能だろう。それは文字塔の増加時期（18世紀後半）とも重なる傾向を示しており，18世紀後半以降の庚申信仰の質的変化，つまりはさらなる世俗化[44]の傾向にある庚申信仰の様相を示しているものと評価できる。庚申塔施主の講中化と世俗化については，既に第4章で指摘したが，こうした庚申信仰の世俗化は江戸後期の同時代人の意識にまでのぼるようになってきている。例えば第2章でも取り上げた，文化3年（1806）刊の伴蒿蹊『閑田次筆』巻二の既述より「今世庚申待，日待，月まちなど，男女会集し，酒宴淫楽をこととし，果は淫奔に及ぶも勘からず」[45]，との一文がある。窪徳忠は歌舞音曲や酒を交えた「庚申待」の様子として紹介しているが，こうした庚申待のあり方は19世紀前後の庚申待の世俗化を象徴する事例として位置づけることができるだろう。

先に述べた石橋供養塔や庚申道標といった，社会的，公共的な役割を担うようになる変化も，ある意味では庚申塔の信仰的な象徴性を不要とする当時の人々の意識として捉えることができ，いわば庚申待の世俗化を反映したものと考えることができるのではないだろうか。西山は近世後期の「行動文化」の意味を「封建社会内での自己の解放」であり，行動の「商品化」がそれを支えたとしているが[46]，人的交流や物資輸送の増大といったいわば世俗的な要因が，庚申塔の造立意義をも変えていくことになったと推測することもできる。いずれにせよ，庚申塔の造立形態や意義が近世後期以降に変化していくことは確かで，上述したような社会的側面も存在する一方で，純粋な民間信仰のレヴェルでの外的影響も考慮しておく必要があろう。例えば近世後期における江戸近郊地域での富士信仰の隆盛は，社寺や山岳参詣を目的とした代参講の隆盛として捉えられているが，一方で庚申信仰の衰退とも密接な関係性を持っている。そこで次節では庚申信仰と富士信仰との接点を軸に，庚申信仰の質的変化の実態について，更に検討してみたい。

3　近世後期の富士信仰の流行と庚申信仰の変化

(1) 富士信仰の隆盛と庚申信仰

近世後期の庚申信仰には，富士信仰との関わりを示す事例がしばしば認められるようになる。例えば富士講に関わる史料として，大田区石川地区の庚申講が所有する庚申待の掛軸がある[47]。描かれた正確な時期は不明であるが，おそらく19世紀代と考えられており，図像には富士山を背

景に「庚申」の文字が大書され，その下には枡形と三猿が描かれている[48]。いわゆる枡形庚申とよばれるこの軸の下部には由緒書が付され，孝安天皇の庚申年に富士山が姿を現したことを縁起として認めたものである。他方，庚申信仰と富士信仰との接点を示す石造遺物も存在し，例えば大田区大森の富士講が建てた灯籠の台石に，富士山の浮彫を背景として三猿が刻まれた図像を見ることができる[49]。こうした富士講関連の石造遺物には三猿が刻まれる事例が多く，庚申信仰との関係が密接であったことを象徴的に示している。

他方，先ほどの庚申道標でも指摘したように，富士参詣を意図した富士講の同行者たちが数多く存在したことも見逃せない。こうした江戸後期の講の組織について平野栄次は，史料や石造遺物の銘文から武蔵国の拡がりを検討しているが，例えば東京都武蔵野市の秋本家文書に含まれる文化8年（1811）の登山入用帳では，現在の行政区画で，東京都の西東京市，武蔵野市，三鷹市，調布市，小金井市，小平市，東久留米市，清瀬市，東大和市，練馬区，埼玉県所沢市，新座市の各地域に位置した村の名が記され，丸嘉講と称した富士講の組織とその勢力を示している[50]。この地域では富士塚も多数建造されており，富士講の活動が村単位の組織を超えたものであったことを窺わせる。

こうした富士信仰の隆盛時期は江戸後期であることが指摘されている。富士信仰研究に関しては分厚い蓄積があり，その全てをこの場で網羅する余力はないが，大まかに富士信仰の形態について，岩科小一郎や平野の論考を参照して整理したい[51]。その時期は大きく三つに区分できる。まず富士講が形成される以前の富士修験道の展開期，そして富士講としての活動期，そして近代以降の教派神道としての展開期である。富士信仰の流れは浅間社の信仰や富士修験の活動を基軸とした富士山周辺の東国主体の信仰であった。それが戦国期から江戸初期にかけて角行藤仏という修験者が登場し，富士信仰の基礎を構築したといわれる。いくつかの伝記が教典として遺されているが，伝説的人物でその生涯は明瞭でない。その教義は呪術的であり，「おふせぎ」と呼ばれた護符や真言的な章句を「御神語」として重んじた。また曼荼羅的な「御身抜」と呼ばれる図形化した富士山や創作された異体字の軸を掲げ，礼拝することを勧めた。その後，4代の系譜を経て村上光清と「食行身禄」と呼ばれた伊東伊兵衛が登場する。

身禄の活動は「光清派」とは異なり，呪術的側面を排除し処世訓的教義と日々の生業への精励を勧めるものであった。享保18年（1733）に身禄が富士山烏帽子岩で入定（即身成仏）を果たすや，それがもとで身禄派の富士信仰への関心が高まった。身禄の名が示す如く，ミロク信仰との関係性も深く，そうした宗教的歴史観を背景として育まれた思想と評価できるだろう[52]。安丸良夫はこうした新たな富士信仰の思想性について言及しているが，安丸は「平易な日常道徳」の実践を説いた点に着目し，自らの主体的努力によって幸福を得るという，現世利益的で呪術的な当時の宗教意識を変えたことを評価している[53]。

そして富士塚が江戸に造立され，各地へと普及した18世紀後半から19世紀にかけての時期が，富士信仰の拡大期であるとされる。富士塚は江戸高田の植木職藤四郎が，安永8年（1779）に高田水稲荷の小山を改造して築造したのがはじまりとされるが，富士山の溶岩である「黒ボク」を貼り付け，小御岳の石尊大権現や烏帽子岩，頂上には仙元大菩薩の石祠が設置されている。平野

によれば黒ボクを用いた富士塚は武蔵国では舟運に恵まれた江戸川流域に多いと指摘しているが[54]，大谷忠雄も神奈川県の事例を整理する中で，神奈川県内の富士塚は東部に偏重し，また江戸御府内，近郊に見られる黒ボクを積んだ形態は少ないとされる[55]。こうした築造形態による地域差は，信仰の物質的側面の普及において，交通路や江戸との関係性が重要な要素であることが窺える事例として興味深く，今後の詳細な調査が期待される。

(2) 不二道の活動と百庚申

富士講の初見は寛政7年（1795）に町触として「富士講」の名が認められ，その結成が禁じられていることから，講としての成立はこの寛政期に比定できるものと言えよう[56]。講としての組織化や富士塚の造立など信仰形態の成熟と共に，新たな富士信仰の展開が生じた。九世禄行小谷三志の登場である。三志は本名を徳治郎と称し，明和2年（1765），鳩ヶ谷宿の糀屋に生まれた。青年期までは富士講の先達として教化に努めたが，従来の富士講が迷信と形式に流れているとして，家業精励・質素勤倹・勤労奉仕・夫婦和合などの日常的道徳実践を説いて，文化6年（1809）以降，富士講の名を「不二道」に改めた[57]。

小谷三志の不二道の特色は，社会奉仕の実践道徳の教義を説いたことにある。即ち信者が質素倹約によって蓄積した金銭や物資を貧窮者の救済にあて，また道路・橋・土手の修繕工事など土木奉仕をも行った。三志は全国的な布教活動を展開し，多くの信者を得て，その弟子の数は5万人ともいわれ，信者の中には醍醐理性院僧正であった徳大寺行雅や武士，庶民層まで多様な身分階層の人々が含まれていたといわれる[58]。このころ江戸ではすでに富士講は普及し，多数の富士塚の築造にみられるように数度の幕府による禁令を経てもなお衰えることはなかった[59]。そうした中で三志の新たな教義の提唱は，富士講の発展にも影響を与えている。

三志は既に述べたように富士講ではなく，「不二道」を名乗っていたが，当初は「不二孝」と呼称していた。それを信者となった徳大寺行雅から「不二道」と改めよとの指摘を得て，「不二道孝心講」と改めたよう

図8－4　埼玉県和光市吹上観音の位置図
※ベースマップデータは，国土地理院「電子国土Webシステム」配信のデータを利用

第8章　近世後期の庚申塔にみる石造遺物の盛衰

写真8-1　吹上百庚申

写真8-2　「孝心塔」

である[60]。この「孝心（こうしん）」は音から庚申を意識したものと言われ，様々な祭儀の方法をも取り入れたとされる。例えば孝心の御礼と称される会を催すのは「庚申」の日であったという[61]。これまでも富士信仰と庚申信仰との関わりは指摘されてきたが，その接点は，孝安天皇92年の庚申年に富士山が出現したとする富士山の縁起によるものと考えられてきた[62]。くわえて神道において庚申の神とされた猿田彦の妻が浅間神社の主神である木花開耶姫であるといった点が指摘されているが，富士講や不二道との関わりは未だ十分には解明されていない。

不二道孝心講は文政年間（1816〜1829）前後から，武蔵国をはじめ関東各地にも広がっていたが[63]，これらの地域では時を同じくして「百庚申」の造立が目立ちはじめる。「百庚申」とは，文字通り庚申塔を百基造立する形態のものを典型として，一つの碑面に対して百書体の文字で「庚申」と書き記した塔（一石百文字庚申塔）も存在する[64]。くわえて造立形態も百基程度を一度に立てる場合もある一方で，数基から数十基程度を継続的に造立し庚申塔を蓄積させていく形態もあり，一様ではない。その流行は18世紀後半の寛政12年（1800）と万延元年

198

(1860) の庚申年にピークがあり，各地で百庚申の造立が行われた。百庚申は継続的な造立が多いために，その初出を捉えることは難しい。しかし一石百文字庚申塔については縣敏夫が関東における資料を整理している。その初出年は寛政9年（1797）で，群馬県甘楽町の資料である[65]。

その後，関東各地で百庚申が造立されるようになるが，その一つに埼玉県和光市の吹上観音で知られる臨済宗福田山東明寺の裏山の百庚申がある（写真8-1）。ここには近世から近代にかけて135基の庚申塔が造立されている[66]。吹上観音における最古塔は宝暦11年（1799）のE類の青面金剛像塔である[67]。その後，明和5年（1768），B-2類の青面金剛像塔，寛政8年（1796），B-2類の青面金剛像塔が造立されている。そして嘉永年間の造立が最も多く63基，弘化年間が4基である。そのうち特に嘉永元年（1848）の造立が62基と最も多い。現状では並び順に特定の意味を認めることはできないが，宝暦11年塔を「親塔」として，小道を挟んで向かい合わせに並びたつ様子は壮観である。

この嘉永銘の庚申塔群の中で，高さ36cm，E類の小ぶりな石塔がある（写真8-2）。主尊として「孝心」の文字を刻み，右に「嘉永七年甲寅六月日」，左に「道満村　願主　小邑藤衛門」とある[68]。小型ゆえに見落としやすい塔であるが，この「孝心塔」は「百庚申」を理解する上で重要な石塔といえる。「孝心塔」の存在はほとんど確認されていないが，川口市の文政2年（1829）の塔には[69]，表面は「庚申」と刻まれているが，その右側面には「あしき事見る事いわず聞くもせず　いわぬこころがすぐに孝心」の和歌が刻まれている。これは三志の作った和歌で自筆の揮毫が鳩ヶ谷市博物館に所蔵されている[70]。こうした「孝心」の文字を刻む石塔の類例は具体的調査がなされていないため，その分布域は不明であるが，こうした「孝心塔」や「百庚申」の造立は，庚申塔の減少期にあっては非常に特異な現象ということができる。特に「百庚申」の事例は，E類やG類かつ文字塔が大半を占めるとはいえ，100基前後の造立行為であり，前節で指摘したように新規石塔の造立禁止の時期にあって特殊である。また筆者が指摘してきたように近世後期における庚申塔の信仰的側面の減退という仮説とも少なからず相対する傾向であるといえる。縣敏夫によれば「百庚申」のうち「百書体庚申塔」については，群馬県を始めとして，北関東の各地にまで及んでおり，その分布域は広範囲にわたるものと指摘できる[71]。こうした「百庚申」の流行は，清水が指摘するように千体荒神や五百羅漢など「数に頼って，数に応じた功徳を得ようとする信仰心に由

写真8-3　富士信仰信者によって造立された庚申塔

来」[72)]するものであることは否定し得ないが,「百」という数字や「孝心塔」の存在にみる「孝」へのこだわりは興味深い。

　例えば百の数については富士信仰の活動の一つとして「百仙元」と呼ばれる百ヶ所の仙元（浅間）社を巡拝する活動が宝珠花村（埼玉県吉川市）の丸宝講で行われていたとされており興味深い[73)]。また中国孝経に関わる章句に「孝は百行の本」の言葉もあることから[74)],こうした「百」の意味や,特に不二道の「考」への執着を見逃すことができない。また庚申信仰と富士信仰との関わりでいえば,この吹上百庚申の石塔列に存在する,高さ73cmのE類を呈する庚申塔（写真8-3）には,「庚申」と大書された銘の右側に「人皇六代孝安天王始テ庚申當代　迠凡三十六度右始末如此」とあり,左側には「嘉永二酉年　十二月日」「武州多摩郡西久保村」「施主　冨士山　信者中」の銘を刻んでいる。「冨士　信者中」の文字からは,明らかに富士信仰の信者による庚申塔の造立がなされたことを示しているが,「人皇云々」の銘文も枡形午王を描く庚申掛軸の文言として,しばしば用いられているもので,孝安天皇の庚申年から36度目の庚申年とは,寛政12年（1800）であった[75)]。こうした諸点を踏まえるなら,庚申,富士両信仰の密接な関係性は一層明確なものとして理解できる。

　百庚申の造立年は,先に指摘したように庚申年に多い。吹上の場合は宝暦より造立がされ年次幅は広く,庚申年にあたる造立は万延元年の1基のみである[76)]。ただし嘉永期の造立について,いわゆる「親庚申塔」に記した文言からは施主の意図を知ることができる。その石塔は百有余基のなかでも最も大きく造形が精巧なもので,嘉永2年（1849）に造立されたB-2類の青面金剛塔である。裏には「金弐両　地代」,「金壱両　除埽料」,「右者当山庚申塔連名之中一同　書面之通永代会寄附者也」,「嘉永二巳酉十月七日」とあり,これらの庚申塔が連名で建てられ,その地代や掃除料を東明寺に納めていたことが分かる[77)]。加えて嘉永期の造立は,当初から多数基の庚申塔造立を行う意志を持っていたことが窺われ,「百庚申」を意識していた可能性は高いだろう。

　即ち「孝心塔」や「冨士山　信者中」の銘を持つ庚申塔の存在は,まさに富士信仰,つまりは不二道孝心講と百庚申の関係性を示しているものとして解釈できる。不二道の特徴は孝行,勤勉,倹約,社会奉仕といった社会道徳の普及に重きをおいたことにあった。岡田によれば,三志の教導した孝行や道徳観念は,二宮金次郎（尊徳）にも影響を与えたという。金次郎が行った「報徳仕法」は元々は小田原藩の藩政改革として行われたものであるが,その背景には疲弊した窮民の存在があった。それは金次郎自身が行った相模,駿河両国の村々に対する調査で,救済を必要とする村が7割以上に上ったことからも理解できる[78)]。そうした社会背景の中で,金次郎は文政5年（1822）以降,小田原藩の枝領である下野桜町陣屋で報徳仕法を実践する。岡田によれば,その協力者の多くが「不二孝仲間」であったといわれ[79)],三志自身が揮毫した「孝は　耕なり」の書を,金次郎は自らの郷里栢山村の者に与えているという[80)]。

　金次郎の下野での活動は一定の成功を見るも,小田原藩の政策転換により縮小し,金次郎自身も天保13年（1842）幕府の御普請役格に登用されることで終りを迎える[81)]。金次郎自身の著作からは不二道の普及に関わる記述は見られないが,報徳仕法と不二道が共通して持つ,社会奉仕や勤勉,孝行といった道徳観の志向,金次郎が三志の書を農民に与えるといった行為からは,双方

の思想普及に際して，互いに啓発し，貢献しあった可能性が推測される。即ち二宮金次郎の報徳仕法の活動範囲である下野や不二道の籾種移動運動に認められる活動範囲は，百庚申の分布とも少なからず重なりを示している[82]。それは単なる偶然の一致ではなく，むしろ報徳運動や不二講の社会活動の方向性が融合しつつ，貧窮村落でのこれらの思想への期待が反映されているものと解釈できるのではないだろうか。

　百庚申の存在する地域での報徳運動や不二道の普及の実態は，未だ十分には検討されておらず，今後より詳細に検討する必要がある。くわえて「一石百書体庚申塔」の初見は，三志の不二道の活動が始まる以前であり，百庚申の淵源として不二道や富士信仰を位置づけることは，現在のところ困難である。しかし少なくとも，不二道が社会奉仕の実践道徳として困窮する農村に受け入れられ，そうした思想を背景に孝心塔が造立されたことは疑いない。つまり庚申信仰が富士信仰との関係性を形成する中で，道徳観念的な位置づけへと変化を遂げた事例が存在していることを示している。こうした信仰から道徳思想への変化を論じることは，既に本稿の対象範囲を大きく逸脱するものであるが，富士信仰と庚申信仰の関係性を検討する作業は，単なる信仰史的側面のみならず，思想史的側面へも一定の知見を提示することができるものと言えよう。

　他方，不二道以外の富士信仰と庚申信仰との習合的傾向があったことも確かであり，両信仰を同一視する意識の一般への普及は，富士塚の造立や富士登山といった実践的行為への関心を高め，庚申塔の造立意義を失わせた可能性は否定できないだろう。そうした庚申塔の造立意義の衰退が，庚申道標への転用や簡素化を促した要素の一つになったものと推測される。それはまた庚申信仰そのものの衰退過程としても捉えられよう。百庚申については未だ網羅的資料の整理が進んでおらず，これからの課題ということができる。とくに江戸から遠隔の地域における近世後期石塔造立の増加をどう理解するかは，単に信仰面での発露と捉えるばかりではなく，社会思想的立場から見直すことが必要といえよう。

4　庚申塔にみる石塔文化の盛衰と近世村落社会

(1) 近世後期の「石碑文化」

　これまで見てきたように近世後期は庚申塔の造立が減少し，その背景として庚申信仰そのものの衰退や変質，そして社会情勢の変化などが背景として存在していることを指摘した。しかし，庚申塔のような信仰に伴う供養塔とは対照的に，18世紀後半以降，増加を示す石塔も存在している。例えば冒頭にも取り上げた杉仁は，「在村文化」という切り口から，俳諧の普及と句碑の建碑の実態を明らかにしている[83]。房総半島の地域俳壇を事例とした杉の分析では，蕉風俳諧の会得を誇示するために句碑を建立したと位置づけ，その句碑建立に至るまでの過程を丹念に史料から追っている[84]。そして江戸と房総の僻村との人的交流関係の実態を明らかにしたうえで，俳句や建碑に関わる情報普及のあり方を通して地域俳壇内の情報網にも光を当てている。

　杉は寺請制度を背景とした寺院による仏事法会の慣習の普及が石造墓標の造立を促したとし，

第8章　近世後期の庚申塔にみる石造遺物の盛衰

表8－7　再建銘を有する庚申塔一覧

区名	主尊種別	文字	形状	年代（和暦）	年代（西）
文京区	文字	（正）庚申／（左）	その他（須弥壇型）	天明5年	1785
文京区	文字	（正）猿田彦大神　【基礎】左）　文化四丁卯年　二月吉祥日　再建	E－1a類	文化4年	1807
大田区	文字	（正）庚申塚／（左）文化十一年甲戌三月再造之　御忌講中／（右）従是九品佛道／（背面）旧碑延宝六戊午歳十一月造之　願主　森氏道圓	E－1a類	文化11年	1814
杉並区	青面金剛	（右）奉供養庚申講現當成就處／（左）于時元禄十三庚辰稔十月朔日　（以下18名連記）于時萬延元庚申歳八月四日　講主同行　信心欽言　世話人　再建　（以下4名連記）	F－1a類	万延元年	1860
杉並区	青面金剛	（右）維時享和二壬戌歳十二月庚申日再建／（左）奉建立　延宝八庚申年八月吉日	D類	享和2年	1802
墨田区	青面金剛	（右）寶永三丙戌天　文化十一・甲戌天　再建　小泉氏　合田氏　本所報恩寺前　（以下4名連記）　願主観心　石工辰右衛門／（左）九月上旬五日　（以下4名連記）	B－2類	文化11年	1814
葛飾区	青面金剛	文政二己卯歳正月吉辰再興之	B－2類	文政2年	1819
葛飾区	青面金剛	（碑面右）再建立　金町村　講中／（碑面左）宝暦五亥天十二月吉日	B－1b類	宝暦5年	1755
（参考）江戸川区	青面金剛		B－2類	正徳5年	1715
（参考）北区	文字	（梵字ウーン）奉待庚申供養二世安樂所	B－1a類	元禄6年	1693

※1　東京都教育委員会『文化財の保護』「東京東部庚申塔データ集成」の「東京東部庚申塔データ」参照

さらにそうした墓石の普及が石工の活動を活発化させ，「建碑の慣習化」を促し，近世村落内のいわゆる「石碑文化」を生じさせたとしている。渡辺尚志も連光寺村で名主となった忠右衛門が，万延元年（1860）に桜の植樹と句碑の建立を先導した点に注目し，「松園という俳号をもつ忠右衛門が村内の俳諧仲間を中心に桜の名所をつくることにより，村民の精神的紐帯を強化しようとした」点に注目している[85]。こうした文化面での指導者的役割を豪農層が要求されていたことを渡辺は強調しているが，こうした句碑造立活動が各地で参加であったことは注目に値する。

こうした村落内での石塔の造立について，杉は古代，中世の建碑活動は来世供養を目的としたものであり，現世行為とは隔絶したものであったものが，近世では句碑や顕彰碑など現在を意識した造立行為となることに着目して，その「文化価値」の変化を重要視している。建碑に関わる精神的側面の変化を具体的に検証した事例は多くはないが，羽賀祥二は近世後期の史蹟碑や顕彰碑といった記念碑や地誌編纂の分析を通して，石塔造立の意義が「宗教から歴史へ」と変化していく可能性に言及している[86]。つまり芭蕉がかつて句を詠んだ土地やその遺風の継承を表明しようとする俳人達の意識は，まさに歴史意識そのものと言えるだろう。杉によれば，芭蕉塚と称される句碑は芭蕉50回忌を数えた18世紀中頃から盛んになると述べている[87]。

また句碑とは別に，「筆子塚」と呼ばれる寺子屋の師匠に対する報恩感謝を込めた墓碑を建てる習俗もある。川崎喜久男は房総半島全域にわたる丹念な調査を実施し，その分布や地域的特徴を整理している[88]。それによれば，造立開始時期は17世紀後半まで遡るものの，その造立が顕著となるのは，概ね18世紀後半から19世紀前半にかけてであることが理解できる。川崎はこうした筆子塚の造立を寺子屋の普及過程を知る手がかりとして位置づけ，近世村落における教育活動の隆盛を物語る事例と評価している。こうした筆子塚は広義の意味で顕彰碑として理解することが可能であり，いわゆる信仰的な石塔造立とは性質の異なる建碑行為であることが窺える。

羽賀は顕彰碑の造立が19世紀以降増加することを指摘しているが，句碑や筆子塚に認められる建碑活動の動向は，「宗教から歴史へ」という羽賀の指摘に合致するものとして位置づけること

4　庚申塔にみる石塔文化の盛衰と近世村落社会

月	日	総高	塔身部高	幅	奥行き	所在地	再建前　造立年	備考	報告書掲載頁
1	吉祥日	210	—	—	—	大塚5	延宝8年(1680)		72－73
2	吉祥日	146	93	28	21	本駒込3－7－14	記銘なし	道標銘	20
3		110	—	33.5	—	南千束2－29	延宝6年(1678)	道標銘	98
8	4	147	138	36	32	堀ノ内2－6－10	元禄13年(1700)		320
2	庚申日	83	66	30	20	和田1－68－11	延宝8年(1680)		333
7		118	—	46	—	向島5－4－4	宝永3年(1706)		31
1		107	—	53	—	東金町6－8－7	記銘なし		57
2	吉日	108	—	88	—	東金町6－20－17	記銘なし		59
1		256	—	—	—	北葛西4－5	台石に「文化五年戊辰四月吉日　再建」		※1
2	21	134	147.5	53.5	27	岩淵町22－17	基壇に「天保七年（1836）銘」	道標銘	21

ができるだろう。既に第2節で指摘したように，18世紀後半以降，庚申塔の主尊内容が示す道標化や簡素化の潮流は，供養塔的意味の消滅として理解できる可能性を述べた。つまり，こうした宗教的な背景を持たない建碑活動の流れを踏まえるなら，庚申塔の変化はそれと矛盾するものではない。そこでこうした変化をさらに詳しく検討するため，庚申塔に認められる再建銘に注目してみたい。

(2) 再建銘のある庚申塔

既述のように庚申塔は供養塔であり，行の完成を契機として造立されるものである。従って本来であれば，庚申待の行の完遂によって造立されねばならない。しかしながら，18世紀後半以降の庚申塔には，再建銘を刻む庚申塔が認められる。そこで東京都区部の資料から，再建銘が確認される事例を抽出し，表8－7にまとめたところ，文京区，大田区，杉並区，北区，足立区，葛飾区，墨田区など各地に点在していることが指摘できる。その造立年代は葛飾区の事例が宝暦5年（1755）である以外は，全て19世紀代の造立となっている。北区の事例は台石に再建銘が記されているため，上部の竿石は当初の造立時の者である可能性もあるが，いずれにせよ再建前の造立年次が各史料には刻まれているため，その時間的経過を知ることができる。その大半は17世紀後半の庚申塔造立盛期から18世紀初頭で，再建時期とはおよそ100年程度の隔たりを持っている。庚申塔の造立母体である庚申講の継続性に関しては，馬込村の検討でも触れたように，その多くは結集当時の員数を守りつつ継承されていた可能性が高い[89]。従って，こうした再建銘の庚申塔は初期に造立した集団と系譜を同じくする講組織による造立の可能性が高いと推測できる。しかし庚申塔は本来，篤信者の行の達成が趣意であったことを踏まえるなら，再建という行為は本来の主旨からははずれるものである。にもかかわらず，「再建」銘を刻んだ意図は，先祖代々受け継いできた庚申塔の「歴史」を重んじたからに他ならないだろう。

事例は異なるが，窪が以前紹介した練馬区史料に，庚申塔の造立趣意を記したものがある[90]。

第8章 近世後期の庚申塔にみる石造遺物の盛衰

その内容は，下練馬村の安右衛門と名乗る人物が記したもので，亡くなった父である「東光院」は天保11年以来，庚申塔の造立を念願していたが果たせず，今日まで到っている。そこでその意志を尊重し，追善のため庚申塔を造立したいので，寄付を募りたいとの旨を記した納加帳である。日付には「寅正月」とあるだけで，不明なため明確な年代は特定できないが，少なくとも天保11年よりも後に作成されたことは疑いない。その内容には「今年迄最早七ヶ年程相成候」，「父心掛之通リ庚申塔建立」といったと文言から，早々に父の遺志を継ぎ庚申塔を造立したいとする親子の情が感ぜられるが，一方で安右衛門当人の庚申信仰への気持ちは見られない。亡父の遺志と追善を示すという，いわば記念碑的意識が，この庚申塔造立の大きな契機として位置づけられていることは注目すべきだろう[91]。

このように宗教性が希薄となった庚申塔の造立形態の存在は，羽賀の指摘を支持するものであり，そうした庚申塔の造立をめぐる人々の意識が明らかに変化していることを示唆している。即ち18世紀後半以降の庚申塔の造立行為における質的な変化の底流には，宗教的性質が失われ世俗化していく庚申信仰そのものの変化が第一の要素として存在し，それは庚申信仰に限らず，多くの民間信仰に認められることと言えよう。冒頭において取り上げた，小山真夫による長野県武石村の石造遺物調査の結果に示されていたように，民間信仰の盛衰とともに石塔の種類は変遷を示し，近代には顕彰碑といった宗教的背景を持たない石塔へと建碑活動は変化を遂げるものといえよう。

ここで留意せねばならないのは，江戸御府内および江戸近郊地域で庚申塔数の減少の理由を，すべて庚申信仰自体の衰退にのみ帰結することはできないということだろう。庚申日を意識しない造立が進むことや，勤行など宗教的行為を行わない娯楽的庚申待のあり方など，信仰自体の変質や衰退を窺わせるものが，江戸近郊地域を含めて関東各地で見られることも本章で指摘した通りである。しかし文京区向丘・光源寺の明和9年（1772）塔（青面金剛像・F類）にみられるように，高さ258cm，「百万遍講中」を中心に217名の人々による造立といった，大規模な庚申塔が17世紀後半であっても江戸御府内で造立されている[92]。江戸から離れた地方村落での庚申塔数の増加も，旺盛な石塔造立意欲を示すものといえ，庚申信仰の衰退には必ずしもみえない。

こうした矛盾する状況がみられる背景には，現状では十分な史料がなく推測の域を出ないが，近世後期の庚申塔造立の意義が，地域ごとに変容し，多様化していったということを物語っているものと思われる。江戸近郊では新規石塔の禁止もあり，道標など実利的石塔との併用など，信仰的側面が減退した形態になったのに対して，江戸周辺地域や以遠の地域では，自然石を用いて簡略化しつつも，百庚申に認められるような多数の造立に意味を求める形態へと変化していった。しかしそれは信仰の意味をまったく失ったものでないにせよ，青面金剛も三猿も必ずしも必須なものではなく，富士信仰もあれば孝心講もあるといった多様なものであり，庚申塔造立という行為が庚申信仰の力のみで支えられた時代が終わったことを示しているという点では，共通しているように思われる。すなわち石造物の造立意義が，多様化したことは確かであるといえるのではないだろうか。

こうした石造遺物の村落社会における位置づけは，庚申塔のみで語りうるものではないが，庚

申塔の石塔や像容，銘文などに示された変化の様相は，他の石造遺物から全く隔絶されたものではなく，有機的繋がりを持っていることを本章の行論は物語っている。つまり民間信仰研究の立場から庚申塔を捉えるなら，その盛衰の過程は一信仰の変質として理解されようが，一方で杉のいう「石碑文化」という巨視的な視野から捉えるならば，近世における建碑意識の歴史的変遷を，庚申塔は明瞭に示しているものと評価できるだろう。ただし，杉が述べるような墓標の普及が建碑活動を促したものとは筆者は理解していない。なぜならば，近世墓標の造立数は17世紀代には必ずしも多いものではなく，地域的差異があるにせよ，18世紀以降に墓標の造立が普及するとされているからである[93]。

即ち，庚申塔の造立数を追う限り，17世紀後半には膨大な量の石塔が江戸御府内および江戸近郊地域において造立されている。その意識は羽賀が「記念碑」の造立意義として指摘した，集団の共有すべき歴史的感情のシンボルという表現[94]を借りるなら，近世前期の「庚申塔」は集団の共有した信仰的感情のシンボルであり，まさに羽賀の指摘する「宗教から歴史へ」という「石碑文化」の潮流が立ち現れているものと理解できるだろう。従って，近世初頭から幕末まで一貫して造立が確認される庚申塔は，そうした近世村落内の「石碑文化」を捉えるにあたって，最も具体的かつ多彩な知見を示す歴史資料であり，その通史的な検討を試みることが，「石碑文化」を媒介とした社会的，文化的変化を明らかにする一助となるものと考えている。

5 結語

本章の分析をまとめると以下の諸点に集約できる。
①18世紀以降にみられる庚申塔の減少は，Ⅰ．幕府による禁令の影響，Ⅱ．庚申塔の造立習俗自体の減退，Ⅲ．富士信仰との習合による庚申信仰の変質，が背景として指摘できる。
②とくに「庚申道標」や「再建」銘に見られるように，供養塔的意義が減退し，庚申塔が宗教的背景をもたない石塔となっていくことが窺える。
③句碑や顕彰碑が示すように，近世後期の村落内には宗教性を持たない建碑活動が盛んとなった。
④造立形態の簡素化（主尊の文字化やE類・G類など加工の少ない形態の選択）や他の用途への流用は，いわゆる「宗教から歴史へ」という近世後期の「石碑文化」の潮流を反映したものと理解できる。
⑤近世を通じて造立された庚申塔は，そうした近世村落内での石造遺物の造立意識に関する歴史的変遷を明瞭かつ具体的に示す貴重な資料と言える。

「石仏」と形容される石造遺物をめぐる研究のあり方は，民間信仰史や石造美術史など特定の分野史において関心が持たれ，その意味を歴史復元資料として捉える立場は殆ど見られなかった。そうした従来の研究姿勢を脱却し，庚申塔の豊かな研究可能性を明らかにする試みとして，本論を位置づけることができるだろう。羽賀は「石碑文化が歴史的にいかに展開していったかは重要な研究課題になりうる」と指摘したが，近世庚申塔の考古学的分析によって示された多くの知見は，まさにその指摘を裏付けたものといえる。しかしここで留意すべきなのは，歴史学の中で指

第 8 章　近世後期の庚申塔にみる石造遺物の盛衰

摘されてきた「石碑文化」はあくまでも18世紀以降の傾向を切り取ったものにすぎず，真に石造遺物の文化を近世史の中に位置づけた議論とは必ずしもいえないものであったことである。

本章では，17世紀における供養塔としての庚申塔が，次第に変質していく過程に追った。庚申塔は17世紀から19世紀，現代に至るまで造立が続く石造物である。地蔵や観音といった仏教的かつ墓標的役割を含む石造物とは異なり，純粋に民間信仰に伴う石造物であるという点でも，石塔造立の意味を通史的に明らかにするうえで極めて貴重な資料といえる。本書での議論が庚申塔の研究可能性をひろげる試みとなったかは心もとないが，その歴史資料としての有効性は明確に示しえたものと考えている。

［注］
1) ①小山真夫「信濃国小縣郡武石村金石文（一）」『考古学』25－6，東京考古学会，1935，14〜33頁。②小山真夫「信濃国小縣郡武石村金石文（二）」『考古学』25－7，東京考古学会，1935，28〜40頁。
2) 前掲注1）①33頁。
3) 北島正元「天保期の歴史的位置」(北島正元編『幕藩制国家解体過程の研究』，吉川弘文館，1978)，1〜22頁。
4) 「豪農論」や「世直し状況論」を含めた近世・近代移行期の研究動向の整理については渡辺尚志に詳しい。①渡辺尚志『近世村落の特質と展開』，校倉書房，1998，②佐々木潤之助『幕末社会論』，塙書房，1969，③佐々木潤之助『世直し』，岩波書店，1979。
5) 「日本近世における地域」『近世の豪農と村落共同体』，東京大学出版会，1994，15〜42頁。
6) 杉仁『近世の地域と在村文化─技術と商品と風雅の交流─』，吉川弘文館，2001。
7) 杉仁「非文献史料にみる在村文化　房総芭蕉句碑をめぐる情報網と風雅の交流」『国立歴史民俗博物館研究報告』第97集，2002，33〜48頁。
8) 石造遺物を示す言葉として，「石塔」，「石碑」，「石造物」といった多様な用語の使用が可能であるが，ここでは特定の目的を持った石塔を造立する意味を持たせる意図から「石碑文化」の用語を用いる。
9) 羽賀祥二『史蹟論』，名古屋大学出版会，1998。
10) 前掲注9）330頁。
11) 清水長輝は「たくさん見かけるのは群馬県の前橋や高崎の周辺である」として，北関東から長野県にかけての事例をいくつか紹介しているが，定量的な把握は試みていない。清水長輝『庚申塔の研究』，名著出版，1988，(大日洞，初版1959)，188〜190頁。
12) 徳川禁令考(2744)の「葬式石牌院號居士等之儀ニ付御觸書」には「墓牌之儀も高サ臺共四尺を限り」とあって，天保2年（1831）の段階ではそうした石塔の高さ制限が行われていたことが窺われる。石井良介編『徳川禁令考』V，創文社，1959，122頁。
13) 穂積陳重は天文5年の「百姓御仕置御法度」を一応の淵源とし，野村兼太郎は寛永14年（1637）の「御当家令條」に現れる悪党御制禁を祖型とする立場をとっている（33〜37頁）。五人組制度自体は煎本増夫が寛永10年代前後を成立時期としているが，いずれにせよ五人組帳前書が17世紀初頭の五人組制度の確立と共にあることは論を待たない。①穂積陳重『五人組制度論』，有斐閣，1921，②野村兼太郎「五人組帳の研究」(野村兼太郎編『五人組帳の研究』，有斐閣，1943)，3〜93頁，③煎本増夫『五人組と近世村落─連帯責任制の歴史』，2009，雄山閣。
14) 前掲注13）①44頁。
15) ①穂積重遠編『五人組法規集　続編上』，有斐閣，1944。②穂積重遠編『五人組法規集　続編下』，有斐閣，1944。
16) 野村兼太郎編『五人組帳の研究』，有斐閣，1943。
17) 穂積重遠は関東付近では相給村の存在もあり，五人組帳の作成を幕府が強制したことを紹介しているほか，幕府領の条文が多領への影響点を指摘しており，そうした幕府直轄領での五人組制度の厳格な活用がなされていたことも影響としてあるだろう。他方，五人組帳の内容が領主によって異なることは野村も述べている。①

[注]

前掲注16）25頁。②穂積重遠「解説」『五人組法規集　続編下』，有斐閣，1944，1〜55頁。

18) ①品川区教育委員会編・発行『品川区史料(2)―庚申塔・念仏供養塔・回国供養塔・馬頭観世音供養塔・地蔵供養塔・道標―』，1983。②足立区教育委員会編『足立区文化財調査報告書　庚申塔編』，足立区社会教育課，1986。

19) 近世においては郷の名称は地域単位としては使用されていないが，村の意志によって補完的に結成された「郷」や「庄」の存在は確認できるという。村連合的基軸として郷の存在が意識されていたといえよう。白井哲也「江戸時代の『郷』―海老ヶ島九か村・上野四か村―」（木村礎編『村落生活の史的研究』，八木書店，1993），123〜147頁。

20) 一般的に刻銘文字数によって石塔の値段は変動するものであり，例えば明治期の史料であるが，群馬県伊勢崎市に現存する史料には「竿石代金　七円也」の他に，「細字三百三十字　拾参円弐拾銭也　一文字四銭之割」，「表面大字　十七文字　参円四拾銭也」とあって，文字数や大きさにより費用が異なっている。従って，文字数を減らすことはそうした費用軽減の効果が期待できたろう。伊勢崎市編・発行『伊勢崎の近世石造物』，1985，832〜833頁。

21) 渡辺尚志「日本近世における地域」『近世の豪農と村落共同体』，東京大学出版会，1994，15〜42頁。

22) 熊澤徹「江戸の下肥値下げ運動と惣々惣代」『史学雑誌』94－4，1985，482〜511頁。

23) 森安彦『幕藩制国家の基礎構造』吉川弘文館，1982，314〜337頁。

24) 大田区史編さん委員会編『大田区史　中巻』，大田区，280〜304頁。

25) 大田区教育委員会編・発行『大田区の民間信仰　（庚申信仰編）』，1969，29〜31，60〜88頁。

26) 安政3年（1856）11月朔日「村方高札場立替金取集帳」には113名（プラス4ヶ寺）の名が記されており，明治元年（1868）の「五人組帳」と対応したところ，木原領馬込村と千束村の村人が拠出していたことが分かる。安政3年（1856）11月朔日「村方高札場立替金取集帳」（北原進編『大田区史（史料編）加藤家文書3』，1986），426〜427頁。

27) 享保6年（1721）塔には「御料所馬込村中」や「私領馬込村五人」の銘があることから，庚申待組が近世村と同等に対比しうる存在であったことを窺わせる。ただし留意すべきなのは，庚申待組の構成者が相給村単位なのか，混成であるのかによって，その位置づけは変わってくるものと思われる。第6章の議論で示した如く，筆者は混成であると考えており，こうした相給村を越えた庚申待組の存在は興味深い。

28) 前掲注11）235頁。

29) 道標については自治体史での関心が高く，例えば青梅市の道標72基について，滝沢博は現位置と明治期の地図を対照しつつ，青梅と他地域との関係性の深さ示す指標として，行き先銘や造立位置などの検討を行っている。滝沢博「道標覚書」『青梅市の石仏』，青梅市教育委員会，1974，215〜261頁。

30) 青梅街道は近世当時は「江戸道」，「青梅道」，「甲州裏道」と呼ばれるなど明確な名称はなかったようであるが，近世後期にあっては多摩地域の物資を輸送する交通路として利用された。東京都教育庁生涯学習部文化課編・発行『青梅街道』（歴史の道調査報告書　第三集），1995。

31) 街道整備に関しては以下の論文を参照。丸山雍成『日本近世交通史の研究』，吉川弘文館，1989。

31) 渡辺善次郎は江戸近郊の商品作物の栽培に関して，東京東部ではその栽培が盛んであり，その背景には水運の利便性があったことを指摘している。また下肥流通の視点からも同様の言及をしている。渡辺善次郎『都市と農村の間―都市近郊農業史論―』，論創社，1983。

33) 世田谷区教育委員会編・発行『世田谷区石造遺物調査報告Ⅱ　世田谷の庚申塔』，1984，62頁。

34) 前掲注33）71頁。

35) 杉並区教育委員会編・発行『文化財シリーズ36　杉並の石仏と石塔』，1991，138頁。

36) 前掲注35）76頁。

37) 鈴木章生は大山参詣の隆盛時期を検討する素材として神奈川県秦野市の道標を分析している。それによれば享保20年（1735）より造立がはじまり，1750年代以降，道標造立が増えることを指摘している。鈴木章生「相模大山信仰の成立と展開―民間参詣の動向と信仰圏をめぐって―」（圭室一雄編『大山信仰』（民衆宗教史叢書第22巻），雄山閣出版，1992），91〜125頁。

38) 岩科小一郎『富士講の歴史』，名著出版，1983，386〜402頁。

39) 葛飾区道標調査団『葛飾のみちしるべ』，葛飾区教育委員会，1995，7〜9頁。

207

40) ①山本光正「近世及び近現代における道標の成立と展開」『国立歴史民俗博物館研究報告』32，1991，23〜70頁。②山本光正「はじめに」（葛飾区道標調査団『葛飾のみちしるべ』，葛飾区教育委員会，1995），1〜5頁。

41) 西山松之助「江戸町人総論」（西山松之助編『江戸町人の研究　第1巻』，吉川弘文館，1972），3〜42頁。

42) 金子晃之「近世後期における江戸行楽地の地域的特色―『江戸名所図会』からみた行動文化―」『歴史地理学』175，歴史地理学会，1995，1〜21頁。

43) 鈴木章生「名所記にみる江戸周辺寺社への関心と参詣」（地方史研究協議会編『都市周辺の地方史』，雄山閣出版，1990），108〜126頁。

44) ここでいう「世俗化」とは、いわゆる宗教学的立場における捉え方のような西欧キリスト教の絶対的神聖さが失われ、世俗社会の統制下へと至る過程を指すのとは異なり、一般的な意味での宗教的側面の衰退を指す。従って、ここでは庚申待の信仰的側面の減退と遊戯化の傾向を意味する。宗教学的意味での世俗化については以下の論考を参照。林淳「2章　日本宗教史における世俗化過程」（脇本平也・柳川啓一編『現代宗教学4　権威の構築と破壊』，東京大学出版会，1992），31〜57頁。

45) 窪徳忠『新訂　庚申信仰の研究　下巻』（窪徳忠著作集2），第一書房，1996，151頁。

46) 前掲注41）36頁。

47) 大田区教育委員会編・発行『大田区の民間信仰（庚申信仰編）』，1969，60〜61頁。

48) 前掲注47）11頁。

49) 小花波平六「庚申信仰礼拝対象の変遷」『庚申信仰』（民衆宗教史叢書　第17巻），雄山閣出版，1988，141〜171頁。

50) 岩科小一郎「富士講」『富士浅間信仰』（民衆宗教史叢書　第16巻），雄山閣出版，1987，71〜95頁。

51) 前掲注50）71〜95頁。

52) ミロク信仰については宮田登の研究を参照。宮田登『ミロク信仰の研究』，1975，未来社。

53) 安丸良夫「富士講」（村上重良・安丸良夫校訂『民衆宗教の思想』（日本思想史大系67），岩波書店，1971），634〜645頁。

54) 平野栄次「武蔵野の富士講」（坂本要，岸本昌良，高遠奈緒美編『富士信仰と富士講』平野榮次著作集Ⅰ，岩田書院，2004），309〜337頁。

55) 大谷忠雄「南武蔵相模の富士塚」（平野榮次編『富士浅間信仰』，雄山閣，1987），111〜133頁。

56) 前掲注47）66頁。

57) 石川晶康「第6章　鳩ヶ谷の宗教・文化　第七節　小谷三志と鳩ヶ谷」（鳩ヶ谷市編・発行『鳩ヶ谷市史』，1992），669〜678頁。

58) 岡田博編『大久保利武講述　不二道孝心講』（まるはと叢書），小谷三志翁顕彰会，1992。

59) 前掲注50）71〜95頁。

60) 前掲注56）106頁。

61) 清水長輝は小谷の弟子和田三伝の著した『鳩の杖』に「孝心は庚申の日教へ子打つどひて，御恩礼済度などあり，庚申の音をとれり」の記述があることから、庚申信仰との関連性を指摘している。また渡辺刀水によれば，三志は「かう」と発音する文字はすぐ「孝」の字で表したとする弟子の言葉を紹介している。渡辺刀水『小谷三志翁』，出版社記載なし，1940，15〜16頁。

62) 前掲注49）141〜171頁。

63) 石川晶康「第6章　鳩ヶ谷の宗教・文化　第八節　不二道」（鳩ヶ谷市編・発行『鳩ヶ谷市史』，1992），678〜689頁。

64) 縣敏夫『図説　庚申塔』，揺藍社，1999，368〜369頁

65) 前掲注63）288〜289頁。縣によれば、寛政6年（1794）の銘をもつ一石に青面金剛を百体刻む形態の庚申塔が群馬県倉淵村にあり、群馬県を中心とした分布を一石百書体庚申塔は示すと指摘しているほか、南関東では認められないという。

66) 「和光市の石仏―庚申塔」（和光市編・発行『和光市史　民俗編』，1988），742〜744頁。

67) 前掲注66）768〜777頁。

68) 清水は「小邑藤衛門」と読んでいるが（209頁），『和光市史』では「萩衛門」読んでいる（776頁）。実見し

[注]

69) 沼田信一「庚申信仰と庚申塔」『川口市史　上巻』，川口市，1988，800～803頁。なお同様の事例は野田市にも存在するという。平野実『庚申信仰』角川書店，1969。

70) 鳩ヶ谷市文化財保護委員会編『鳩ヶ谷市の古文書　第18集　小谷三志著作集Ⅵ—書翰—』，鳩ヶ谷市教育委員会，1993。

71) 前掲注64）368～369頁。

72) 前掲注11）188～190頁。

73) 岩科小一郎『富士講の歴史』，名著出版，1983，386～402頁。

74) 孝経自体には「孝は百行の本」の文言は見られないが，唐の玄宗皇帝を始めとする注解に示され，栗原圭介によれば日本では続日本紀巻第二十に「古者より民を治め，国を安んずるには必ず孝を以て治理む。百行の本は茲より先なるは莫し」とあるという。徳田進によれば，近世でも「孝」は重要な教育的徳目であり，「孝子譚」を題材とした「二十四孝」と呼ばれる文学や往来物類の出版が盛んであった。弘化元年（1844）刊の『和漢二十四孝図会』の著者柳下亭種員は「抑孝は百孝の本とも又忠臣は孝子の門より出ともいへり　幼童此書を必読して」云々と述べているとされる。従って，こうした意識は孝経そのものを知らずとも，文学や往来物のなかで一般に流布していたと推測される。加えて，中国には『百孝図説』，日本でも『本朝百孝子伝』などの書物もあるようだが，これらは実際には普及しなかったとしている。①栗原圭介「孝経解題」『孝経』，明治書院，1986，1～48頁。②徳田進『孝子説話集の研究　近世編—二十四孝を中心に—』井上書房，1953。

75) 小花波平六「庚申信仰礼拝対象の変遷」（小花波平六編『庚申信仰』（民衆宗教史叢書　第17巻），雄山閣出版，1988），141～171頁。

76) 前掲注65）768～777頁。

77) 前掲注65）677～678頁。

78) 長倉保「小田原藩における報徳仕法について—とくに一村仕法の問題を中心に—」（北島正元編『幕藩制国家解体過程の研究』，吉川弘文館，1978），507～546頁。

79) 岡田博は文政6年（1823）の利根川洪水に対する救恤活動が不二道孝心講のいわゆる「人助け信心」のはじまりであり，組織としての実践活動の基盤となったことを指摘している。また例えば不二道による土持（土木事業）によって改修された道路は上野，下野，武蔵，下総，上総，常陸など各国に及び，加えて農作物の適地適作を進めるため籾種の交換運動が三志の死後，不二道によって行われたが，その対象範囲は武蔵，下総，常陸，上野，信濃，駿河など広範囲に及んでいたという。岡田博「富士講の人助け信心考—不二道孝心講の農産物品種改良運動—」『富士信仰研究』3，2002，77～100頁。

80) 鳩ヶ谷市文化財保護委員会編『鳩ヶ谷市の古文書　第18集　小谷三志著作集Ⅳ—和歌・句—』，鳩ヶ谷市教育委員会，1991，85頁。

81) 前掲注77）507～546頁。

82) 前掲注78）。また長谷川伸三によれば，下野芳賀郡真岡地方の事例として，天保期前後に幕府代官による農村復興がなされたが，農業生産力の向上がならず，藩士や有力商人，上層農民の関心は報徳仕法に移ったとしており，下野での二宮尊徳の影響力は大きいものがあったと考えられる。長谷川伸三「北関東農村の荒廃と農民層」『歴史手帖』10-6，1982，10～17頁。

83) 前掲注7）33～48頁。

84) 前掲注7）41頁。句碑建立時には句を募り，句集を発行することになっており，江戸・京阪の宗匠に選句を依頼するという。そして建碑の場所と芭蕉の何の句を採るか決めるという。

85) 渡辺尚志『近世村落の特質と展開』，校倉書房，1998，215～216頁。

86) 羽賀は『明治維新と宗教』において，近代以降に起こった宗教観の変化を整理し，宗教に替わる道徳観念としての歴史の価値が発見されていく過程を明らかにしている。いわば近代化の過程として宗教から歴史への変化捉えているが，『史蹟論』では，さらに19世紀以降の地誌編纂への関心度の高まりに着目し，『新編武蔵風土記稿』などの記事を事例として，寺社縁起的な宗教的背景を持った歴史認識から，次第に考証学的な学問としての歴史認識へと変化した可能性に言及している。羽賀祥二「第九章　風土記・図会の編纂と歴史意識　四

第8章 近世後期の庚申塔にみる石造遺物の盛衰

宗教から歴史へ」『史蹟論』，名古屋大学出版会，324〜330頁。羽賀祥二『明治維新と宗教』筑摩書房，1994。
87) 前掲注7）42頁。
88) 川崎喜久男「房総の寺子屋―筆子塚等の建立状況からみた普及ぶり―」（千葉県企画部広報県民課編『千葉県の歴史』19，千葉県），33〜40頁。
89) 小花波平六は板橋区蓮沼の事例として，現存する庚申講の講帳や継続的に立てられている庚申塔の施主銘を対応させ，明治期の講員と近世庚申塔の施主の苗字が一致することから，同一の講による造立が行われてきたものと推測している。小花波平六「各地の庚申事例（一）」『庚申』26，1962，15〜27頁。
90) 練馬区編・発行『練馬諸家文書抄』，1961，196頁。

庚申納加帳
一　各様御機嫌能御座被成候段，大慶ニ至極ニ奉存候，随而私父東光院儀，天保十一年亥年年中より，当初重現ニ置而，庚申塔建立仕度旨之真願ニ有之候得共，不行届病死仕候，今年迄最早七ヶ年程相成候所，来三月朔日之儀ハ庚申日ニ御座候間，為追善之導者案内書印，父心掛之通リ庚申塔建立，右日限迄ニ是非仕度奉存候，然共私義も不仕合相続，身力不相叶，依之当村方中之御助力を以，建立仕度存寄，尤御加入之儀ハ金壱朱より御清銘等切付可申上心懸ニ御座候間，当二月十五日迄ニ何卒以御真心御名々御寄扶之程奉願上候
以上
寅正月　日　当村字重現
願主　安右衛門
世話人　五人組中
元組　宿湿花昧中様

91) 荒川区諏訪神社境内に鳩ケ谷宿松坂屋の八太郎という名の8歳の子供が造立した庚申塔が存在したことが史料より認められるという。こうした造立者に関わる史料は少なく，今後の史料探索に期待したい。野尻かおる「鳩ケ谷宿松坂屋八太郎八才の庚申塔」『荒川ふるさと文化館だより』5，2000。
92) 文京区の有形民俗文化財に指定されている明和9（1772）年銘庚申塔（F類・青面金剛像）は基壇部を2段形成する大型の庚申塔であり，笠付型の形態と合わせて造立費用はかなり高額であったことが推測される。文京区教育委員会編・発行『文京区の石造文化財』，41〜43頁。
93) 谷川章雄「近世墓標の類型」『考古学ジャーナル』289，ニューサイエンス社，1988，26〜30頁。
94) 前掲注86）6頁。

終章　近世庚申塔研究の地平

　本論は近世庚申塔が持つ豊かな研究領野のごく一部について，今回は実践を試みたに過ぎない。しかしながら，近世村落の生活や文化の歴史的変化を復元する作業として，近世庚申塔の考古学的研究は一定の成果を提示できたものと考えている。その分析をまとめると特に型式学的分析では，①主要な流行型式の変遷過程に認められる関東地方での斉一的傾向，②特定地域に偏った型式の存在，③型式普及に際しての物資輸送路の重要性，などを挙げることができ，近世当時の物質文化の流通動向が明らかとなったことは，考古学的研究の有効性を示すものとして評価できるだろう。また像容分析では17世紀末以降の青面金剛の増加が，庚申信仰の本尊の確立過程を反映した傾向であると推測し，石塔形態の変化の契機の一つとして，こうした像容との関係性があることを指摘した。

　また銘文に対する分析では，①近世を通じて個人名の連記を主とする施主集団が多数存在し，とくに17世紀から18世紀初頭にかけて50％前後の高い割合を示す。②17世紀後半においては造立者の集団として「結衆」，「同行」をはじめ多様な名称を使用する施主の形態が存在していた。③18世紀以降の特に「講中」を庚申塔造立者の集団表象として使用する施主の形態が広汎な発展を遂げる，といった庚申塔の造立主体の実態を解明する上で，銘文資料が有効であることが確かめられたといえよう。また造立期日の分析では，特に造立月での地域差があり，その背景には生業や中世からの石塔造立の伝統的意識が関与している可能性を指摘した。造立日については施主名称同様に18世紀以降，庚申日を必ずしも重要視しない意識が生まれ，そこには吉日を志向する意識にとどまらず，信仰的側面に重きをおかなくなる傾向を示したものと解釈でき，庚申信仰そのものの変質を示唆する可能性があることを指摘した。

　加えて馬込村の施主に対する微視的な視点からの検討は，小名集落単位での庚申塔の造立や施主の村落内での社会関係や階層差を捉えることに焦点を絞って議論した。その結果，十分な裏付けを得るには至らなかったもの，小名単位ばかりではなく，相給村やその他の社会関係を越えた結びつきから，庚申塔の施主が結集していた可能性を見通すことができたものと考えている。こうした結びつき意味を適切に評価し，より詳細な検討を今後も図ることによって，近世前期における庚申塔造立の背景を明らかにする手がかりをつかめる可能性もあるものと思われる。

　以上のような検討を踏まえ，通時代的な庚申塔による近世史の復原を第7章，第8章では試みた。第7章では，とくに近世前期における関東各地への庚申塔の普及や庚申塔の増加の背景として，交通路の整備や近世村落の支配制度の確立，そして家の成立との関わりが存在することを指摘したが，こうした切り口は従来の近世庚申塔研究では十分な検討を試みられなかった課題ということができる。そうした領域に対して，庚申塔を素材として新たな側面から分析を試みた今回

終章　近世庚申塔研究の地平

の作業は，庚申塔のもつ歴史復元資料としての有効性を検証するとともに，民間信仰史や民俗学的研究の一資料ではなく，歴史資料として庚申塔を位置づけることができたものと考えている。

また第8章では「石碑文化」といった宗教的要素の少ない石塔造立の意識を，供養塔である庚申塔の変化を通して検討した。庚申道標や再建銘の庚申塔の存在は，まさに石碑への流れの中に位置づけられるものであり，そうした近世後期に特有の文化意識を，より通時代的に捉える上で近世庚申塔は有効な資料であることも明らかとなった。そうした宗教的側面からの接近としては，今回触れることができなかったが，庚申塔研究が従来重ねてきた石造美術史や図像学的研究は未だに有効な研究領域と言える。さらに考古学的な手法を導入し，より分析手法を洗練させていくことによって新たな可能性を導くことができるものと考えている。筆者は統計学的分析手法をもとに，B-1b類の形態的特徴を捉え，形を数値として捉える試みを行った[1]。手法的レヴェルでは未だ開発途上であることは否定し得ないが，石造美術史的な視角や型式学的研究をさらに具体的かつ実証的に進めるためには，そうした新たな技法の導入も必要と言えるだろう。

庚申塔を核として，近世・近現代石造遺物の研究の方法とその可能性について改めて概観してきたが，他方で石造遺物には物質的あるいは銘文以外にも資料性は存在している。この点を考える上で福田アジオは興味深い指摘をしている。それは，享保4年（1719）に劇的な流行を示した「岩船地蔵」を対象として，関東甲信・静岡など岩船地蔵が現存する地域において聞き取り調査を行った際，享保年間の歴史的事実よりもむしろ，後世に，新たに付け加えられていった説明が多く語り伝えられていたという点である[2]。加えて，文献史学と民俗学の成果の不一致について，民俗学は「累積する歴史」を明らかにするものであるのに対し，文献史学は一時的な特定の時代・地点に限定された歴史に着目するといった目的意識の違いが背景にあると指摘している。そこで少し記憶と歴史の関係について考えてみたい。

昨今記憶に対する学問的関心は高い。民俗学，歴史学を問わず，数多くの議論もなされ[3]，とくに近年記憶化の作業のひとつとしての，記念・顕彰行為（コメモレイション）に関心が集まっている[4]。その物的表象のひとつが記念碑であり，聖地化・記念碑による歴史構築の手法は，既に欧米では記憶の歴史化の問題として取りあげられている[5]。「再生産され・再構成され，アメリカ合衆国という国家を存続させるに不可欠な「伝統」を創り続けている」とフットが述べているように，例えば北米リトル・ビックホーン古戦場をめぐる政治運動[6]や植民地や戦争を顕彰する史蹟・記念碑[7]など，現代アメリカ社会が過去の歴史と向き合いながら，集団的記憶を再構築していく過程は興味深い。

こうした記憶論的な視角でみれば，先の岩船地蔵に蓄積された記憶もまた単なる物語ではなく，岩船地蔵という媒体を流用して新たな物語を形成してきた過程＝歴史であり，そうした意味で岩船地蔵はまさに歴史の記憶媒体に他ならない。福田の言う「累積の歴史」，即ち柳田国男が求めていた歴史研究とは，日々累積し，創られていく記憶を歴史資料として位置付け，活用していくことであり[8]，その物質的な記憶装置こそ石造遺物なのである。戦争関連の石造遺物に限らず，すべての時代の石造遺物において，こうした記憶化の媒体としての役割は，重要な資料性として評価すべきであろう。

[注]

　もちろん近世石造遺物の従来的な資料的価値（石造美術史・民間信仰史・墓制など）が存在することは疑いない。そうした資料的価値も含めて，時代を超えて地域の人々と共に「生きてきた」石造遺物を活用し，蓄積された多様な過去の「記憶」を歴史として再び甦らせることこそが，その歴史資料としての有効性を提示することに繋がるものと考えている[9]。鈴木公雄が指摘したように，考古学は歴史性を有する「物質資料」の有効な研究法を備えた学問であり，石造遺物の様々な資料性をより使いやすい形で，諸学問に対して提示していく立場にある[10]。すなわち研究分野の参加を規定するのは，資料そのものにあるのではなく，その価値を発見する側にこそある[11]。とくに石造遺物研究の重要な位置を占める文献史学や民俗学と石造遺物とを繋ぐ，インターフェースとしての役割を考古学が担ってこそ，より豊かな歴史復元が可能となるはずであり，近世・近現代における考古学的研究の意義や学問的地位もまた強固になるものと考えている。

[注]

[1] 石神裕之「近世庚申塔に対する多変量解析—B−1b類を事例として—」（慶應義塾大学民族学考古学研究室編『時空を超えた対話—三田の考古学—』，六一書房，2004），167〜173頁。

[2] 福田アジオ『歴史探索の手法—岩船地蔵を追って—』，筑摩書房，2006。

[3] 岩本通弥「総論　方法としての記憶—民俗学におけるその位相と可能性—」（岩本通弥編『現代民俗誌の地平3 記憶』，朝倉書店，2003），1〜13頁や，ル・ゴフ，ジャック著（立川孝一訳『歴史と記憶』，法政大学出版局，1999）など参照。

[4] 古関隆「コメモレイションの文化史のために」（阿部安成・古関隆・見市雅俊・光永雅明・森村敏己編『記憶のかたち　コメモレイションの文化史』，柏書房，1999），5〜22頁。

[5] フット，ケネス・E 著，和田光弘ほか訳『記念碑が語るアメリカ—暴力と追悼の風景—』，名古屋大学出版会，2002や，藤川隆男「歴史家ケン・イングリスとオーストラリアの第一次大戦の記憶」『パブリック・ヒストリー』1，2004，51〜56頁。

[6] 鈴木透「生まれ変わる古戦場—カスター神話の解体と先住インディアンの記憶の復権—」（近藤光雄，鈴木透，マイケル・W・エインジ，奥田暁代，常山菜穂子『記憶を紡ぐアメリカ　分裂の危機を超えて』，慶應義塾大学出版会，2005），85〜130頁や鈴木公雄「歴史考古学の発達と考古学の未来」『考古学はどんな学問か』東京大学出版会，2005，228〜240頁における指摘は的確である。

[7] 和田光弘「記念碑の創るアメリカ—最初の植民地・独立革命・南部—」（若尾祐司・羽賀祥二編『記録と記憶の比較文化史』，名古屋大学出版会，2005），114〜164頁。

[8] 柳田国男の民俗学観や歴史観については，中井信彦が歴史学の立場から的確な評価を与えている（中井信彦『歴史学的方法の基準』塙書房，1973）。柳田は民俗学研究を通じて，繰り返される人間生活の日常性のなかから歴史を再構成すること，つまり「一回性のない歴史学」を標榜していたと指摘する。中井はそうした柳田史学のなかに，これからの歴史学の方向性を見出そうとしている。

[9] 近年，町づくりの枠組みのひとつとして「歴史的環境」という概念が提示されているが（片桐新自「歴史的環境へのアプローチ」（片桐新自編『歴史的環境の社会学』，新曜社，2000），1〜23頁），片桐新自がその要素として指摘している「記憶」や「郷愁」，「歴史的想像力」などは，まさに地域の定点として生きてきた石造遺物に内包されている。

[10] 鈴木公雄『出土銭貨の研究』東京大学出版会，1999，250頁。

[11] 前掲注10）。

跋にかえて

　「歴史」の客観性，歴史的真実とは何か。筆者がまだ小学生の頃，そこまで大上段に構えてはいないものの，素朴な思いから関心を持って眺めていたのが，古代の「天皇陵比定」の問題やいわゆる「邪馬台国論争」などであった。老若男女を問わずこれらの話題には関心が高く，例えば「邪馬台国」の位置をめぐっては，畿内・九州各説が取りざたされ，その論争は今でも喧しい（ちなみに著名な佐賀県吉野ヶ里遺跡が，1980年代の筆者が小・中学生にかけてのころ，発掘された）。こうした議論の中軸に据えられているのが，「魏志倭人伝」（『三国志』「魏書」第30巻烏丸鮮卑東夷伝倭人条）である。その記述にある里程や方角の読み方次第で，いわば「好み」の場所に「邪馬台国」を「誘致」することも可能であり，一部には荒唐無稽な議論や書籍も数多くある。天皇陵の比定問題もまたしかりである。
　こうした議論それ自体は，歴史に対する一般の関心の高さを示すものであり，広く歴史事象を共有し議論を深めるという意味でも，決して批判されるべきことではない。しかし筆者は，学術的とされる議論においてさえ見え隠れする「恣意性」に少なからず疑問を覚え，とくに文献による歴史研究それ自体に対して懐疑的な思いをもった。今日にして思えば，極めて短絡的な捉え方であるが，「遺物」という厳然たる過去の「実体」によって歴史を明らかにしようとする考古学ならば，その恣意性を克服できるのではないか，と考えたのが考古学を学ぼうと思ったきっかけであった。むろんそうした考古学への憧憬も，大学で考古学を学び，発掘調査という現実に触れることで薄らいでいったのだが。
　そもそも「歴史」を明らかにするという作業において，最も重要な点とは何であろうか。きわめて素朴に簡潔にまとめるならば，過去の出来事について，「何（研究対象）」を，「どのように」に明らかにし（分析方法），「いかに」記すのか（叙述方法），という点に尽きるのだろう。「歴史というのは，歴史家がその歴史を研究しているところの思想が歴史家の心のうちに再現したものである」[1]とは，『歴史とは何か』で著名なE・H・カー（Edward Hallett Carr）が述べた言葉である。やや回りくどい言い回しだが，筆者なりに解釈するなら，当時の人々の思いや価値観を自らの心の中に再現することが歴史家の仕事であり，それは単なる「出来事」の羅列でもなければ，珍しい遺物の発見でもないのである。
　筆者は，最初に入った発掘調査が東京都文京区の近世遺跡であったこともあり，歴史時代の考古学の面白さに目覚め，歴史考古学という領域で研究を進めていくことになったが，そのなかで自らの立ち位置の不安定さを常に感じてきた。先史考古学のような「モノ」資料の絶対的優位がなく，文献史学の「補助学」的な立場から脱しているとは必ずしもいえない。そうした意味で，歴史復元の学問という立場から，考古学の位置を問い直すことを常に意識してきたように感じて

跋にかえて

いる。そもそも人間は自らを取り囲む自然環境や社会と交わらずに生きることはできない。すなわち過去の人間活動を捉えるということは，そうした環境や社会との密接なつながりを明らかにすることでもある。そうであればこそ，数多くの多様な要素から形成される「つながり」やその意味を，遺物や遺構から如何に明らかにするか，その具体的方法を模索してきたといえる。

日本考古学は良くも悪くも遺構，遺物の抑制的な実証研究に没頭してきたきらいがあるといわれる。むろん，「ひだびと論争」に代表されるような「編年研究」脱却し，「社会構成体」の復元を目指す方向性もまた提起されてきたことも確かである[2]。とくに戦後，皇国史観からの「解放」によって，岡山県月の輪古墳の発掘に代表される和島誠一や近藤義郎らの「国民的歴史学運動」は脚光を浴びた。そこでは網野善彦が当時を回顧して述べているように，実証主義史家＝「無思想の歴史家」という風潮が歴史学界に広がり[3]，唯物史観を視軸とした研究が一つの潮流となっていった。

筆者はいわゆる団塊第二世代にあたることもあり，そうしたやや教条的な歴史観に共感することはなかったが，いわゆるプロセス考古学やポストプロセス考古学の潮流とは無縁ではなかった。筆者が大学院生であった1990年代後半，溝口孝司は当時叫ばれていた「日本考古学の危機」や「国際化の必要性」という問題を克服するにあたって，まず欧米考古学の動向を整理したうえで，「一般理論」つまり，「メタセオリー」の重要性と必要性を指摘し，そうした論議を考古学の一領野として位置づけることを訴えた[4]。たしかにプロセス考古学にしろ，ポスト＝プロセス考古学にしろ，外的価値体系（溝口の指摘では，前者はシステム論的機能主義・新進化主義であり，後者は社会理論・社会人類学）である一般理論の導入によって自らを形成し変革したのは事実であり，とくに社会人類学など「外部的」秩序／価値体系の意図的で自覚的参照が，欧米考古学の成熟に貢献したのは事実だろう。しかし，現実の文化や社会は多様な要素の集合によって成り立つものであって，それをすべて一つの理論や構造のなかに押し込めることには，違和感を持たざるを得ない。

近年，イギリスの考古学者イアン・ホダー（Ian Hodder）は，「Entanglement（エンタングルメント）」という作業概念を提起し，「人」と「事物（「モノ」・「コト」）」との関係をいかに捉えるべきなのかという点について，興味深い見解を提示している[5]。ホダーは，「社会」を捉えていく上で，社会科学の多くが人と人との関係に関心を注いできたのに対して，「事物」の存在意義を問い直したうえで，「人」と「事物」とが相互にまた複雑に「絡み合う」関係として捉えなおすことが必要であると説く。そうした「人」と「事物」との依存性や，依存性に関する「弁証法」として「Entanglement（エンタングルメント）」という概念を定義づけている。いくつかの実践的事例のうちの一つとして取り上げられているものに，近年日本でも脚光を浴びつつある進化生態学の系統樹的手法を援用した進化考古学の成果がある。

オブライエン（Michael J. O'Brien）とライマン（R. Lee Lyman）は，北米大陸（特にアメリカ合衆国南東部）で出土した尖頭器（projectile point）について類縁関係を整理し，分岐学的手法（the cladistic method）を援用して「系統樹 phylogenetic tree」を作成している[6]。彼らは尖頭器の基本形状の計測値や形態的特徴の記号化などの作業を行い，発掘された多様な尖頭器の系統

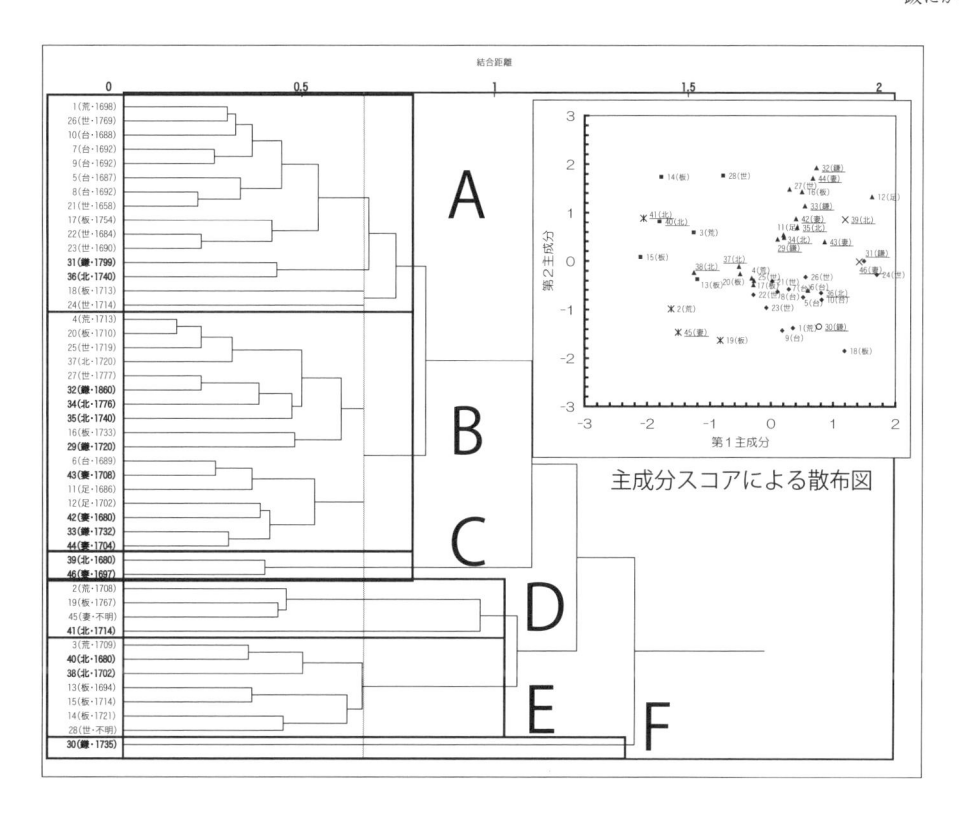

的な発生の状況を整理するため，その分岐過程を数値的に算出し，系統樹として可視化している。彼らが分析に用いた項目は，狩猟時の使用実態や製作技法と関わるものとして考古学的に抽出されたものであり，1つの石器から抽出できる多様な要素の絡み合いのなかから，製作技法の時空間的な伝達を可能とした選択的要素（要因）を明らかにすることにある程度成功し，個々の遺物（モノ同士）のつながりを捉えているものといえる。

　筆者も以前，庚申塔の「かたち」の要素に着目して多変量解析（「主成分分析」・「クラスター分析」）を試みたことがある[7]。後述するごとく，さまざまな問題点が山積していたため，本書で取り上げることはしなかったが，この作業を試みるきっかけとなったのは，ある学会において型式普及を示す「文献史料」の存在を尋ねられたことにあった。文字記録に頼らずに型式普及の証拠と意味を提示しうるのか，改めて考古学の立場で方法論について考える必要があると思ったのである。図は，庚申塔のB－1b類を対象として，石塔の各部位10項目の計測データを基に算出した「サイズ変換値」を用いて作成した，群平均法によるデンドログラム（樹形図）と主成分分析で算出された主成分スコアによる散布図である[8]。詳細な分析内容は拙稿に譲るが，一つの成果として「かたち」における「見た目の違い」を，ある程度は傾向として捉え得ることが示唆された点だろう。

　例えばA～Fのまとまりから解釈すると，資料No.1（荒川区・口絵写真12）とNo.21（世田谷区・口絵写真10）は，同じ「A」のまとまりに位置するのに対して，No.37（旧北川辺町・口絵写真7）とは「B」のまとまりに位置するなど，ある程度形態的差異を捉えている。他方，No.45（旧・妻

跋にかえて

沼町・口絵写真3）とNo.19（板橋区・第2章図2－3－b B－1b類実測図）とが，同じまとまりとして示されているなど，「見た目」ではいささか異なる個体もまとめられている。これは純粋に石塔の形態（正面・頭部・底部厚といった石塔そのものの「かたち」）が数字として反映された結果といえ，彫り込まれた像容や装飾的側面が捨象されてしまったからに他ならない。この点を掬い上げるには，計測項目や装飾要素の記号化といった一層の改善が必要であり，文化的要素を「計量する」ことの困難が示されているといえる。

　すなわちオブライエンや筆者が試みたのは，モノの類似度合いを，再検証可能な数値化と統計学的処理を施すことによって明らかにしようとしたものといえる。ただしここで留意すべきなのは，その「つながり」の評価であろう。オブライエンらは，「系統推定」が可能であるという「縦のつながり」についても議論しているが，層位学的な情報によってそれらを並べなおしたのでは，従来の考古学的方法論とあまり変わりがない。とくに系統的つながりを示す議論では，「類縁性」と「相似性（相同性）」とでは大きく意味が異なってくるものであり，「つながり」の性質を適切に評価することが必要となる。純粋に分岐学的手法のみによって，そうした「つながり」に蓋然性のある解釈が可能であるのか。この点こそが，文化的要素に対する系統学的手法の援用において重要な課題となってこよう。

　層位学や型式学が，古生物学や生物分類（体系）学からの援用であることからもわかるように[9]，そもそも考古学の素地に「系統学的な思考」が内包されていないわけではない。しかしながら，最近「系統樹志向」を喧伝している三中信宏が指摘しているように，有性生殖の生物集団は雌雄がそろって始めて系統発生の「進化プロセス」が生じるのであって，「生物系統学」の持つそうした学問的「規範」が，「系統学的な思考」を文化領域へと導入するうえでの壁となっているのは確かである[10]。しかし三中は，一般的に「進化」を生物学的に捉えすぎであるとしたうえで，系統推定の方法論では，生物体系学よりも写本系譜学や歴史言語学のほうが手法的にも先行していたとし[11]，「祖先から子孫への「系譜」」という基本パターンの抽出を目的としている点で，「系統学的な思考法（系統樹思考）」は生物のみならず一般的なオブジェクトに適用できると評価している[12]。

　そもそも分類や系統推定（おもに型式編年とそれを基礎とした伝播過程の推定）の作業は，考古学において最も熱心に行ってきたものであり，生物体系学と大きな相違がない。にもかかわらず系統学的思考が忌避される背景には，その系統的な「類縁関係」の詳細な推定が困難な点に求められるのではなかろうか。三中の整理を援用すれば，体系学の基礎となる「進化」概念の要素には，「パターン（存在の様相）」と「プロセス（パターンの生成過程）」が含まれており，とくにこの「パターン」の体系化を行う際に，分類学と系統学が重要な分析方法となる。しかし三中が生物進化の「パターン」を，「生物多様性の持つ秩序性」と評したように[13]，多様すぎてみなバラバラのようにみえる生物も「秩序」が存在するからこそ，「体系化」される得るものといえる。

　しかし，考古学が対象とする「モノ」とは，基本的に「一個人」の文化的，社会的経験知に基づいて生成されるものであり，究極的にいえば極めて「個別性」の高いものといえる[14]。他方で考古学が「型式」として認定するものは，考古学者が経験的に抽出した考古学的属性のうち，特

定の要素によって類別したものであり，V・G・チャイルド（Vere Gordon Childe）が述べているように，そうした型式を社会的産物であると評価する。それは，モノを生み出す際の拠りどころが，周囲の人々からの教育や模倣にあるからであり，ある特定の「人間社会」を反映したものと捉えているからである[15]。すなわち個別性を包み込む「社会的属性」を「モノ」が持っているという前提の下で考古学は議論をするのである。

こうした「モノ」のもつ二面性（個別性と社会性）が，考古学における系統学的議論をより複雑にしていると思われる。少なくとも型式を社会的産物と見る伝統的な考古学の手法を前提として系統学的議論を行うとしても，近年の異種混淆性についての文化人類学や歴史学，考古学における議論からも明らかなように[16]，型式として抽出された属性は均質なものではなく，その内容が複雑かつ多様であることは論を待たないだろう。そこで先述のオブライエンらは，文化人類学のクローバー（Alfred Louis Kroeber）が『Anthropology』で提示した系統樹を引用し，幹から枝が分岐する生物学的系統樹と異なり，文化進化は網目状であるとする考え方を評価している[17]。筆者はホダーが提示するような「絡み合い」的なつながりに共感するものであるが，こうしたネットワーク的，さらには3次元的つながりこそ，文化領域における「つながり」といえるのではないだろうか。二次元的な系統関係を推計する手法ではなく，複雑かつ立体的なつながり方を捉える手法によってはじめて，文化領域における「系統学的思考」が活かされてくるのではないだろうか[18]。

そうした方法論の構築に際して，進化生態学における分岐学的な分析手法や統計学的手法を導入することは，考古学にとっても有益な意味を持つだろう。ただし，他の学問分野において確立した言葉や概念の使用については，やはり慎重を期す必要がある。既述のホダーによる「エンタングルメント」という分析概念も，実は量子力学で用いられている「学術用語」として存在しており，論文中では触れられていないが，何らかの影響を受けている可能性は高いだろう[19]。こうした他学問からの援用はきわめて魅力的なものであるが，物理学者のアラン・ソーカル（Alan David Sokal）とジャン・ブリクモン（Jean Bricmont）の言葉ではないが，「物理学の相対性理論から，社会学についてわかることは何一つありえない」と社会学者のブルーノ・ラトゥール（Bruno Latour）を批判したように[20]，他学問の過度な援用が議論の本来的価値を損なう可能性のあることも，自戒を込めて肝に銘じておきたいと思う。

資料の分析手法と並んで問題となるのは，解釈や叙述の方法である。特に歴史学では歴史叙述の「物語性」について，数多くの議論が行われてきた。例えばヘイドン・ホワイト（Hayden White）は，歴史家と作家の実践作業を対照したうえで，歴史叙述は文学と区別できるものではないとして，過去の客観的知識の存在を否定した[21]。これに対してカルロ・ギンズブルグ（Carlo Ginzburg）は，史料は正しく問いかけられて初めて語りだすというリシュアン・フェーヴル（Lucien Paul Victor Febre）の言葉を借りて，そうした史料と問いとを媒介するものとして，「ナラティヴ」の形態を捉えることができるとした[22]。すなわち上村忠男の解釈によれば，歴史家が試みる文体の工夫は，「現実への接近のためのひとつの方法」であり，そうした工夫によって「真相」が立ち現われるとする[23]。そしてギンズブルグは，歴史復元の作業を「ナレーション（叙

跋にかえて

述の作業）」と「ドキュメンテーション（資料的裏づけの作業）」に区分する。それはすなわち「物語性」の問題が意識されるのは「ナレーション」という行為に際してであって，その立証作業の客観性については「ドキュメンテーション」の行為が担保するものであり，歴史叙述がその点を踏まえて行われているならば，文学的な意味での「虚構」が入り込む余地はないということなのだろう。

リチャード・J・エヴァンズ（Richard J. Evans）も，歴史の「物語性」を語るポストモダン的潮流に反論を加えている[24]。エヴァンズは歴史家個人の価値観が歴史叙述に現れるという点は認めたうえで，「歴史学は経験的な学問であり，知識の本質よりもむしろ内容のほうが問題になる。利用できる史料があり，それを扱う方法が確立していて，しかも，歴史家が注意深く入念であれば，過去の現実を再構築することは可能である。それは部分的・暫定的なものであり，確かに客観的とはいえないかもしれない。それでもなお，それは真実である」[25]と主張する。そしてランケ（Leopold von Ranke）以来の「検証ルール」，すなわち「脚注と参照文献リスト」の存在によって，読者が歴史家の主張の拠って立つ史料を調べ確かめることができることが，すなわち立証された歴史的事実の支持につながるとした[26]。

他方，E・H・カーは，歴史における客観性とは，示そうとする事実の客観性ではなく，事実と解釈の結びつけ方を客観的に行うことであると説いている[27]。そしてその行為には，過去と現在という関係性だけでなく，未来という視角が含まれており，そのことが歴史著述の正当性を担保することになるとも説く。すなわち歴史の解釈とは，時代によって変化するものであり，もしそうであるとするならば，歴史研究者は現在的な視角（価値観）にとらわれず，未来という視角を持って歴史を解釈すれば，現在のみならず未来に至るまで妥当と評価されうる解釈へと到達できるのだと，E・H・カーは考えるのである。歴史的解釈が権力や時代的風潮によって恣意的に変えられてきたことは，日本における戦前から戦後にかけての歴史観の変化を持ち出すまでもなく，歴史学・考古学の研究者がおしなべて経験してきたことである。そうした意味で，考古学における歴史叙述の客観性もまた，考古学資料の精緻な分析とともに「考古学者」自身の歴史観を洗練していくことよってはじめて，担保しうるということが改めて理解されるのである[28]。

本書で試みた歴史復元の実践では，庚申塔というこれまで歴史資料として関心を払われなかった素材をもとに，日常的歴史学としての考古学，つまりは庚申塔の型式や時間的変遷といった人間行動の長期的な変化を読み解くことだけではなく，それらの背景にある近世の人々の意識やそれを取り巻く社会の構造といった外在し，かつ連関する歴史的事象を視野に入れた「歴史」を復元することを目標としていた。とくに第6章で行ったような庚申塔と文献史料を絡み合わせた分析は，成功したか否かは別として，たった一基の庚申塔が建てられた「来歴」を読み解くなかからでも，ある時代のある社会の姿を捉えることが可能かを模索する試みであった[29]。その際，1970年代以降，ギンズブルグやアラン・コルバン（Alain Corbin）など，欧州の歴史研究において進展した潮流を無視することはできない。ギンズブルグらが提唱する「ミクロストリア（microstoria）」が標榜したのは，いわゆるマルクス主義的歴史哲学や啓蒙史観といった定方向的な発展段階論を背景に持った均質でモデル指向の歴史研究の脱却であった。

こうした流れは，フランスのアナール学派（Annales school）の人々の実践してきた歴史著述の手法を背景として持つものでもある。当時ニューヒストリーと呼ばれた歴史研究の潮流が標榜してきたことは，次のように要約できるだろう[30]。即ちこれまでの伝統的歴史学とは，政治に関心を持ち，事件史としての側面を強調し，文書史料の詳細な分析こそ歴史を客観的に叙述できるという方向性であったのに対して，ニューヒストリーでは人間の諸活動すべてに対する関心を持ち，事件よりも出来事を生んだ構造を把握することに関心を注ぐ。そして歴史とは多様で，相対立する代弁者たちの声の総体であると定義し，多義的解釈（ヘテログロッシア [heteroglossia]）を歴史家の理想として掲げている[31]。近年では当然のことなのかもしれないが，多様な史資料，口述的なものや，統計的なもの，そしてもちろん物質的なものを通して，多義的に歴史を捉えようとするものである。こうしたアナール学派が標榜してきた学際的な視野，即ち全体史と呼ばれるような人間諸科学の総体としての歴史学は，その学際性ゆえに研究の断片化が促され，昨今のアナールの沈滞につながったともいわれるが，解釈の方法や研究素材の多様性を認識した点は高く評価されるべきだろう[32]。

ピーター・バーク（Peter Burke）が指摘しているように，アナール学派によって新たな研究領域が拡大していくなかで，「伝統的な史料」のみでは研究を進めることができなくなり，「新しい種類の史料」が必要となっていった[33]。そうした資料空間の拡大において，物質文化の重要性は当然ながら増している。考古学資料とは，モノという物理的存在である以上に多様な意味を内在する一つの象徴でもある。先述したように，モノにはモノの作られた当時の人間の意識と，それを取り囲む多様な社会形態が複雑なつながりを持って潜んでいる。それを読み解くことが考古学の目的であり，それは現在から過去を再構築するとともに，新たな意味を付与することでもある。その際，鈴木公雄が指摘しているように二分法的に一方に決定づけてしまうのではなく，「モノ」と「コト」の研究をバランスよく行うことが重要であるといえよう[34]。

考古学とは物質文化研究であるとともに歴史研究の学である。モノの実証的研究はもちろんとしても，社会や経済といった人間活動のあり方に迫ることは，歴史研究のなかでの資料的価値の理解を促すうえで極めて重要となるだろう。これまで歴史学と考古学を「従属」的関係で捉えることが多く，どちらか一方に偏る傾向も強かった。筆者としてはそうした学問的な境界をことさら強調するよりも，過去の人間の営みを復元するという共通の土台に立って，史資料操作の方法論はそれぞれ専門的であっても，そこから明らかになる知見の共有を図っていくことができれば，とくに文献史料の豊富な近世における考古学による歴史研究の意義もまた，確固たるものになっていくのではないかと考えている。考古学はどんな学問か。この問いに対する筆者自身の答えはまだない。今後もさまざまな「考古学資料」をもとに，歴史復元の試みを試行錯誤しつつ続けていくことで，いつかその答えに到達したい。

＊　　　　＊

本書の各章は以下の論考を骨子としたものである。
序章　書き下ろし

跋にかえて

第1章　「近世庚申塔研究の見取り図」『史紋』第3号，2005年1月，11～34頁に加筆。
第2章　「近世庚申塔にみる流行型式の普及―江戸周辺における物質文化交流の復原への試み―」『歴史地理学』第44巻4号，2002年9月，1－21頁，Ⅱ～Ⅲ章に大幅に加筆。
第3章　書き下ろし
第4章　「近世庚申塔にみる施主名称の史的変遷―江戸近郊農村における近世前期の一様相―」『日本宗教文化史研究』第4巻1号，2000年5月，124－152頁に加筆。
第5章　「近世庚申塔の造立期日銘にみる地域差―東京都区部を中心として―」『日本宗教文化史研究』第10巻2号，2006年11月，95－110頁に加筆。
第6章　「武蔵国荏原郡馬込村の庚申塔にみる施主の社会関係」『史紋』第4号，2005年5月，31－56頁。
第7章　第1，3，4節は書き下ろし。第2節は「近世庚申塔にみる流行型式の普及―江戸周辺における物質文化交流の復原への試み―」『歴史地理学』第44巻4号　2002年9月，1－21頁，Ⅳ章に加筆。
第8章　書き下ろし
終章　「石造遺物から読み解く見た歴史」鈴木公雄ゼミナール編『近世・近現代考古学入門』慶應義塾大学出版会，2007年10月，119－132頁の一部改稿。

　本書に掲載した研究の一部を遂行するにあたり，平成13年度・平成14年度文部科学省科学研究費補助金（特別研究員奨励費）および平成20年度慶應義塾大学学事振興資金による助成を受けた。
　また本書刊行にあたっては，平成24年度慶應義塾学術出版基金による出版補助を受けた。

＊　　　　　　＊

　本書は慶應義塾大学大学院文学研究科に2005年提出した学位論文をもとに加筆・修正を加えたものである。論文審査に際してご尽力を賜った，近森正先生（慶應義塾大学），谷川章雄先生（早稲田大学），そして本書の刊行をお伝えし，お喜び頂いたにもかかわらず，その完成をご覧いただくことができないまま，泉下の人となられた阿部祥人先生（慶應義塾大学）に篤く御礼申し上げるとともに，阿部先生の御冥福を心よりお祈り申し上げる次第である。
　また本書の作成にあたり，これまで多くの学恩を受けてきた鈴木公雄先生（慶應義塾大学）には言葉には表せないほど多くのことを教えて頂き，未熟な筆者を導いて下さった。他界されてはや8年になるが，いまでも色々なお言葉を鮮明に思い出す。鈴木先生にご指導頂く機会を永遠に失われたことは痛恨の極みであるが，その学恩に報いるべく研究に精進したいと考えている。そして慶應義塾大学民族学考古学研究室の現スタッフである高山博先生，杉本智俊先生，佐藤孝雄先生，山口徹先生，安藤広道先生はじめ，諸先輩，後輩諸氏にも様々なご指導，ご教示を頂いたことに対し厚く御礼申し上げたい。そして棚橋訓先生（お茶の水女子大学），羽生淳子先生（University of California, Berkeley），桜井準也先生（尚美学園大学），小林謙一先生（中央大学），朽木量先生（千葉商科大学），とりわけ一昨年他界された森本伊知郎先生（椙山女学園大学）には

民族学考古学専攻に進学した当初より数多くのご教示を賜った。厚く御礼申し上げたい。

また庚申塔調査および口絵写真掲載に際してご協力を賜った各所の諸社寺のみなさまにも厚く御礼申し上げたい。くわえて本書の分析の中核となったセリエーショングラフの作成は，表計算ソフトのマクロを開発していただいた学部時代よりの畏友，片岡泰樹氏の力なくしては不可能であった。このほか論文作成時はもちろん，これまでの研究活動の中でご厚恩を賜った方々は数知れない。ここにお一人お一人のお名前を記せないことを心からお詫び申し上げるとともに，微力ながら近世考古学の研究成果を積み重ねていくことによって，その御恩に報いたいと思う。

そして本書の編集を担当して頂いた慶應義塾大学出版会の飯田建氏には，穏やかながら鋭い指摘と助言を頂き刊行にたどり着くことができた。改めて篤く御礼申し上げたい。最後ではあるが，祖母ふさよ，母れい子，そして妻祥子と娘宙空，7月に誕生する我が子に心からの感謝の気持ちを伝えて擱筆としたい。

　　　　くくり猿吊るす御堂や木の芽風
　　　　　　　　　　　　　　主水

2013年　初庚申

　　　　　　　　　　　　　　　　　　　　　　　　　　　　　　　　　石神　裕之

[注]
1) E・H・カー著，清水幾太郎訳『歴史とは何か』岩波書店，1962，26頁。
2) 勅使河原彰『日本考古学の歩み』名著出版，1995
3) 網野善彦『歴史としての戦後史学』日本エディタースクール出版部，2000，28〜29頁。
4) 溝口孝司「考古学的研究の基本構造に関する一試論―欧米考古学を主要な素材としての分析と提言―」『考古学研究』44-1，1997，考古学研究会，51〜71頁。および溝口孝司「メタセオリー，一般理論と考古学の場所―山尾幸久氏のコメントを媒介として―」『考古学研究』44-4，1998，考古学研究会，96〜103頁。
5) 「Entanglement」とは，「人」と「事物（「モノ」・「コト」）」に関わる4つの様態を加算したものであるしている。すなわち「人はいかに事物に依存し（HT），事物はいかに他の事物に依存し（TT），事物はいかに人に依存し（TH），人は人に依存しているか（HH）」という4つの依存的関係性が存在しているとした上で，以下の等式として示している。

　　　　Entanglement =（HT）+（TT）+（TH）+（HH）

Hodder, Ian, *Entangled: An Archaeology of the Relationships between Humans and Things*, Wiley-Blackwell, 2012, pp88.
6) Leonard, Robert D. O'Brien, Michael J. Lyman, R. Lee Glover, Daniel, S. Darwent, John, *Cladistics and Archaeology*, University of Utah Press, 2003.
7) 日本考古学の特に「かたち」に対する統計学的手法の導入は，十分に試みられてはこなかったが1990年代以降，中園聡や時津裕子らによって，土器や墓標の諸属性に対して多変量解析が試みられている。筆者による分析では，加藤久雄，足立和隆らによる統計学的手法を参照し（加藤久雄・足立和隆「形態人類学における"かたち"に関する多変量解析」『多変量解析実例ハンドブック』朝倉書店，2002年，157〜165頁）石塔全体の大きさを合成した値（幾何平均）をもとに，各項目の計測値を割ることで基準化し，「サイズ変換値」を算出した。それによって「大きさ」の要素を除いた，「相似性」を捉えることが可能となるという。対象資料はB−

1b類（板状駒型）を対象に，東京都荒川区4基，台東区6基，板橋区8基，世田谷区8基，千葉県鎌ヶ谷市5基，埼玉県旧・北川辺町8基，旧・妻沼町5基の合計46基（石神裕之「近世庚申塔の形態に対する多変量解析—東京近郊におけるB-1b類を事例として—」（慶應義塾大学民族学考古学研究室編『時空を超えた対話—三田の考古学—』，六一書房，2004），167-173頁）。

8) クラスター分析では，機械的に近似した傾向をもつ資料が集約されるため，計測項目の組み合わせの意味を推測できる主成分分析を合わせて行った。主成分の因子負荷量の傾向からは，第1主成分は「石塔の厚さと高さおよび幅との関係」といった石塔全体の形態を総合的に反映した主成分であると考えられ，「かたち」の「相似性」を示すものと解釈できる。第2主成分は「台座の有無と石塔の幅」に関する主成分であると解釈できる。したがって，グラフの第3・4象限の第2主成分が負のものは，台座がないか相対的に台座の薄い資料であると考えられる。なお掲載図は新たに作成したもので，前掲注7）文献での図とは少し異なる。

9) H・J・エガース「相対年代決定法」（田中琢・佐原真訳『考古学研究入門』岩波書店，1981），48〜120頁。

10) 三中信宏「おわりに—系統樹思考の裾野の広がり」（中尾央・三中信宏編『文化系統学への招待 文化の進化パターンを探る』勁草書房，2012），201-211頁。

11) 前掲注10) 209頁。

12) 三中信宏「文化系統学と系統樹思考—存在から生成を導くために」（中尾央・三中信宏編『文化系統学への招待 文化の進化パターンを探る』勁草書房，2012），171〜199頁。

13) 前掲注12) 173頁。

14) ゴードン・チャイルドは「美術品は個性的でユニーク，考古資料は抽象的な型式である」と指摘する。批判的な解釈としてではなく，考古学的方法論に則るならば，こうしたチャイルドの考え方が，一般的な考古学における「遺物」の捉え方を代表している。他方で，ホダーが指摘するように，個人と社会の関係に着目して，その個人が作り出すモノを通して社会が生成されると解釈する（Hodder, Ian *Reading the past*. Cambridge University Press, 1986.）。そうした意味での「個別性」は考古学でも関心を払われてきたが，筆者は今少し「モノ」の「個別性」にこだわり，例えば1個の「モノ」が生成され埋没するまでの過程のなかにある「個々の歴史」を捉えることも必要であると考えており，この点は後述する（V.G.チャイルド著 近藤義郎・木村祀子訳『考古学とは何か』，岩波書店，1969，15頁）。

15) 「一定の社会に認められ・採用され・具体化された個々人の創造物こそ型式」と述べる（V.G.チャイルド著，近藤義郎訳『考古学の方法 新装版』河出書房新社，1994，19頁）。

16) 文化研究における異種混淆性（ハイブリディティ hybridity）の捉え方については，近年歴史学者のピーター・パークが浩瀚な知識をもとに，主に欧米における多様な研究の対象や用語，展開や意義などを簡明にまとめている（ピーター・パーク著，河野真太郎訳『文化のハイブリディティ』法政大学出版局，2012）。日本での考古学的実践例は少ないが，朽木量による日系移民墓標に対する先駆的研究が挙げられる（朽木量『墓標の民族学・考古学』，2004，慶應義塾大学出版会）。

17) 前掲注6) 104-111頁。掲載図の原著は（Kroeber, A. L. *Anthropology: race, language, culture, psychology, pre-history*. Revised ed. Harcourt Brace, 1948, p. 260）。

18) 三中によれば，戦前の植物学者，早田文蔵による「動的分類学（dynamic taxonomy）」がネットワーク的系統樹思考を提起していたとし，中尾佐助も関心をいだいていたという（三中信宏『系統樹思考の世界すべてはツリーとともに』2006，講談社）。また系統樹の三次元化もドイツ鳥類学の重鎮マックス・ヒュルブリンガー（Max Fürbringer）による鳥類系統樹など，19世紀末から行われていることを三中は指摘しているが，文化領域への展開には十分な検討が必要だろう（三中信宏「I-4三次元系統樹のもつ新たなビジュアル性」（三中信宏（文）・杉山久仁彦（図版）『系統樹曼荼羅 チェイン・ツリー・ネットワーク』，NTT出版，2012），42-67頁）。

19) 量子力学における「Entanglement（エンタングルメント）」とは，「量子もつれ」とも呼ばれ，非局所性（離れた場所にあっても相互に絡み合い，影響し合っているという性質）による遠隔作用が存在するとしたうえで，2つの粒子が何の媒介もなしに同期して振る舞うことを指す。その意味で「量子もつれ」という現象を通じて，絡み合う文化事象を説明することは一見分かりやすいが，あくまで比喩的であって物理事象の原理が社会現象の説明にはならないのは明らかである。量子力学を全く意識せずにホダーが用いているとすれば問題は生じないが，仮に意識的に「用語」を用いているとするならば，本文中で直接的に量子力学的表現を用いていないと

いう点では，ホダーの態度は抑制的といえる（古沢明『量子もつれとは何か 「不確定性原理」と複数の量子を扱う量子力学』講談社，2011）。

20) アラン・ソーカルとジャン・ブリクモンは，人文科学，とくに社会科学における自然科学（数学・物理学）の「濫用」の激しさを取り上げて，痛烈な批判を展開している。ここで重要なポイントは，メタファーやアナロジーに頼った議論すべてを否定しているのではなく，彼らが述べるように「（自然科学における）確立した理論と，（ラカンの精神分析学のような）あまりに漠然としていて経験的に検証のしようがないような理論のあいだのアナロジー」が問題だと指摘する。そして，「ありきたりの哲学的，社会学的な思いつきを，見栄えのよい科学用語で飾り立てることで，深遠な考えと受けとらせようとしているのか？」と刺激的な言葉で論難している（アラン・ソーカル，ジャン・ブリクモン著，田崎晴明・大野克嗣・堀茂樹訳『知の欺瞞 ―ポストモダン思想における科学の濫用―』，岩波現代文庫，2003，16頁）。ちなみにラトゥールの批判対象となったのは，相対性理論を社会学的に考察した「アインシュタインのテクストを代表の派遣に関する社会学への貢献として読む」（Latour, Bruno 'A relativistic account of Einstein's relativity', *Social Studies of Science* 18, 1988, pp. 3–44）である。

21) White, Hayden *Metahistory : the Historical Imagination in nineteenth-century Europe*, the Johns Hopkins University Press, 1967.

22) カルロ・ギンズブルグ著，上村忠男訳『歴史・レトリック・立証』，みすず書房，2001，146〜147頁。

23) 上村忠男「訳者解説―ギンズブルグにおける「表象と真実」問題のその後―」（カルロ・ギンズブルグ，上村忠男訳『歴史・レトリック・立証』，みすず書房，2001），197〜212頁。

24) リチャード・J・エヴァンズ著，今関恒夫・林以知郎監訳，佐々木龍馬・與田純訳『歴史学の擁護―ポストモダニズムとの対話―』，晃洋書房，1999。こうした歴史の「物語性」議論を提起したポストモダン的思想それ自体について，先に取り上げたアラン・ソーカルとジャン・ブリクモンは，次のような批判を加えている。「意図的にわかりにくく書かれたポストモダニズムの著作と，そこから醸し出される知的不誠実は，知の世界の一部を毒し，すでに一般大衆の間に蔓延している軽薄な反―主知主義に拍車をかけることになる」（前掲注20）文献，306頁）としたうえで，「最も重要な問題は，まだ説得されていない人々に届きうる社会批評（今日のアメリカで左派の数が微々たるものであることを思えば，これは必要である）」のいかなる可能性も，主観主義的前提によって，論理的に不可能になることである。もしもすべての言説が「お話」や「物語」にすぎず，何をとっても他の何かよりも客観的だったり正しかったりしないというなら，最悪の性差別主義も，あるいは人種差別的な偏見も，もっとも反動的な社会経済学の理論も，現実世界（が存在するとしての話だが）の記述や分析としては少なくとも「同等に正しい」ことになってしまう。既存の社会体制への批判を展開していくための拠点として，明らかに相対主義はあまりに弱い」（前掲注20）文献，308〜309頁）と述べている。

25) 前掲注24)エヴァンズ文献，195頁。

26) 前掲注24)エヴァンズ文献，102頁。

27) 前掲注1)文献，178頁。

28) 考古学が過去を解釈するうえでは，とくに「モノ」と人の関係性について自覚的である必要がある。例えば極めて素朴な事例だが，H・J・エガース（H. J. Eggers）は1959年刊行の著書において既に，中近世ヨーロッパの人々が過去の遺構遺物に対して抱いていた関心について着目している。例えば，12世紀のデンマーク人サクソ・グラマンティスの歴史書に「巨石墓」が過去のデンマークに住んでいた巨人のものであるとされていたり，中世土地境界文書にこうした巨人墓，墳丘墓，土城を土地の境界線の曲がりかどになる地点の目印として記入される事例を紹介している（前掲注9) エガース文献，18〜25頁）。このように「モノ」に対する評価は，時代によって変化するものであり，ジュリアン・トーマス（Julian Thomas）は，考古遺物は，発掘され「現在のコンテクスト」となったいまも，過去のコンテクストが現在のコンテクストになったプロセスは続いてゆき，増大してゆくものであると説く。すなわち遺物は，失われた「過去の存在の証拠」である一方で，現在の考古学者が現時点で理解できる価値観によって理解できる範囲の中で対象化を行った「モノ」でもある。したがって，失われた過去である一方で現在に至る何らかのつながりが残存し，それを現在知において解釈しているにすぎない。加えて，価値観が将来にわたって同じものではないことからも理解できるように，「コンテクスト」もまた可変性を有しており，将来の考古学者によってまた新たな対象化がなされる可能性を有するのである。このようなモノと人との関係のなかで，「考古学」が「考古学」であるためには，研究者と「モノ」と

跋にかえて

の関係性を常に自覚的に再構築していくこと重要であり，そうした行為が考古学的解釈をより適切なものとしていくことにつながるのではなかろうか（J.トーマス著，下垣仁志・佐藤啓介訳『解釈考古学―先史社会の時間・文化・アイデンティティ―』，同成社，2012，80〜121頁）．

29) 先述した「モノ」の「個別性」という性質を活かすうえでも，「モノ」が経験してきた歴史を捉えることが重要であり，考古学が捉える「型式」は「社会」的なものであるかもしれないが，先出のJ・トーマスも指摘しているように，「モノ」ひとつひとつは「個的（パーソナル）な歴史」を有しているといえる．前掲注28)文献，118頁．

30) ピーター・バーク著，谷川稔訳「序章　ニューヒストリー　その過去と未来」（谷川稔・谷口健治・川島昭夫・太田和子他訳『ニューヒストリーの現在―歴史叙述の新しい展望』人文書院，1996），5－29頁および291－309頁（脚註）．

31) 前掲30)文献，292頁．ロシアの評論家ミハイル・バフーチン（Mikhail Bakhtin）のDialogic Imaginationの内容からの引用であるとしている．

32) ホダーもアナール学派の生み出した枠組みを評価しているが，彼らの言う「長期的時間」から文化，社会の構造を把握することについて，考古学においては十分に行われていないと指摘している（Hodder, Ian *The Archaeological Process: An Introduction*. Oxford: Blackwell, 1999, pp. 130.）

33) ピーター・バーク著，長谷川貴彦訳『文化史とは何か　増補改訂版』，法政大学出版局，2008，167頁．

34) 鈴木公雄「歴史考古学の発達と考古学の未来」『考古学はどんな学問か』東京大学出版会，2005，228〜240頁．

文献目録

【地誌・史料】
蘆田伊人編『新編武蔵風土記稿』6，（大日本地誌大系6）雄山閣，1957。
蘆田伊人編『新編武蔵風土記稿』1，（大日本地誌大系1）雄山閣，1957。
蘆田伊人編『新編武蔵風土記稿』11，（大日本地誌大系11）雄山閣，1957。
石井良介編『徳川禁令考』V，創文社，1959。
伊藤蓼衣編・増訂『滑稽雑談』，国書刊行会，1917。
西川如見著，飯島忠夫・西川忠幸校訂『町人嚢・百姓嚢・長崎夜話草』，岩波書店，1942。
日本随筆大成編輯部編『世事百談／山崎美成［著］，閑田耕筆，閑田次筆／伴蒿蹊［著］，天神祭十二時／山含亭意雅栗三［著］』（新装版第1期18，吉川弘文館），1994。
野村兼太郎編『五人組帳の研究』，有斐閣，1943。
穂積重遠編『五人組法規集統編下』，有斐閣，1944。
穂積重遠編『五人組法規集統編上』，有斐閣，1944。
穂積陳重『五人組制度論』，有斐閣，1921。

【自治体史・史料編】
荒川区編・発行『荒川区史』，1989。
足立区役所編・発行『足立区史』，1955。
板橋区史編纂委員会編『板橋区史』，板橋区，1964。
青梅市史編さん委員会『青梅市史上巻』，青梅市，1995。
大田区史編さん委員会編『大田区史資料編民俗』，大田区，1983。
大田区史編さん委員会編『大田区史（資料編）加藤家文書1』，大田区，1984。
大田区史編さん委員会編『大田区史（資料編）加藤家文書2』，大田区，1985。
大田区史編さん委員会編『大田区史（資料編）加藤家文書3』，大田区，1986。
大田区史編さん委員会編『大田区史（資料編）加藤家文書4』，大田区，1987。
大田区史編さん委員会編『大田区史中巻』，大田区，1992。
葛飾区編・発行『増補葛飾区史』，1985。
川口市編，発行『川口市史通史編』上巻，川口市，1988。
北区史編纂委員会『北区史資料編近世2』，北区，1995。
品川区編・発行『品川区史資料編』，1971。
澁谷区役所編・発行『澁谷区史』上巻，1947。
杉並区役所編・発行『新修杉並区史』中巻，1982。
東京都教育庁生涯学習部文化課編・発行『青梅街道』（歴史の道調査報告書第三集），1995。
練馬区編・発行『練馬諸家文書抄』，1961。
鳩ヶ谷市文化財保護委員会編『鳩ヶ谷市の古文書第18集小谷三志著作集IV－和歌・句－』，鳩ヶ谷市教育委員会，1991。
鳩ヶ谷市編・発行『鳩ヶ谷市史』，1992。
鳩ヶ谷市文化財保護委員会編『鳩ヶ谷市の古文書第18集小谷三志著作集VI－書翰－』，鳩ヶ谷市教育委員会，1993。
龍ヶ崎市『龍ヶ崎市史近世調査報告書I』龍ヶ崎市史編さん委員会編，1994。
和光市編・発行『和光市史民俗編』，1988。

【石造物関連調査報告書】
荒川区教育委員会編・発行『荒川の庚申塔』，1993。
上尾市教育委員会編・発行『上尾市の庚申塔』，1996。

文献目録

足立区教育委員会文化財調査金石文調査団編『足立区文化財調査報告書庚申塔編』，足立区教育委員会，1986。
伊勢崎市編，発行『伊勢崎の近世石造物』，1985。
石川博司編『東京区部庚申塔DB』，ともしび会，1995。
板橋区教育委員会編・発行『いたばしの石造文化財（その一）庚申塔改定版』（文化財シリーズ第78集），1995。
榎本直樹『文京区の石仏』私家版，1980。
大田区教育委員会編・発行『大田区の民間信仰（庚申信仰編）』，1969。
大田区社会教育課社会教育係編『大田区の民間信仰（念仏・題目・諸信仰編）』（大田区の文化財第12集），大田区教育委員会，1976。
大利根町文化財保護審議委員会編『大利根町の路傍の石仏（その1）（郷土史の研究Ⅳ）』，大利根町教育委員会，1985。
葛飾区教育委員会編・発行『葛飾区石仏調査報告』，1982。
葛飾区道標調査団『葛飾のみちしるべ』，葛飾区教育委員会，1995。
川口市教育委員会編・発行『川口市文化財調査報告書第三集』，1975。
川里町教育委員会村史編さん係編・発行『かわさとの石仏―村史地洋差報告書第四集』，1995。
騎西町社会教育課郷土史料係編『騎西の石仏騎西町史調査資料第2集』，騎西町教育委員会，1991。
北区教育委員会編・発行『東京都北区庚申信仰関係石造物調査報告書』，1996。
北川辺町史編さん委員会編・発行『北川辺町の石仏』，1977。
久喜市市史編さん室編『久喜の金石（市史地調査報告書第10集）』，久喜市，1988。
品川区教育委員会編・発行『品川区史料（二）―庚申塔・念仏供養塔・回国供養塔・馬頭観世音供養塔・地蔵供養塔・道標―』，1983。
澁谷郷土研究会『渋谷区の文化財石仏・金石文編』，渋谷区教育委員会，1977。
新宿区教育委員会編・発行『自證院遺跡』，1987。
杉並区教育委員会編・発行『文化財シリーズ36杉並の石仏と石塔』，1991。
墨田区教育委員会編・発行『墨田区文化財調査報告書Ⅲ―庚申塔・水鉢・狛犬―』，1982。
世田谷区教育委員会編・発行『世田谷区石造遺物調査報告Ⅱ世田谷の庚申塔』，1984。
草加市史編さん委員会編『草加の金石』，1984。
台東区教育委員会編・発行『台東区の庚申塔〈台東区文化財調査報告書第39集〉』，2008。
特別区庚申塔共同調査チーム「Ⅰ特集東京都東部庚申塔データ集成」『文化財の保護』第43号，東京都教育委員会，2011。
都幾川村史編さん委員会編・発行『都幾川村史料集6（1）文化財編石造物Ⅰ』，1993。
豊島区教育委員会編・発行『豊島あちらこちら第六集豊島の石造文化財その一』，1980。
中野区教育委員会編・発行『中野区の文化財No.1路傍の石仏をたずねて』，1976。
奈良原春作『妻沼町の庚申塔』，妻沼町文化財保護委員会，1975。
練馬区郷土資料室『練馬の庚申塔』，練馬区教育委員会，1986。
飯能市教育委員会編・発行『飯能の石仏』，1989。
東松山市市史編さん課編『石佛―東松山市石造記念物調査報告書―』，東松山市，1981。
文京区教育委員会編・発行『文京区の石造文化財―庚申信仰関係石造物調査報告書―』，2011。
目黒区教育委員会編・発行『文化財その1目黒区の庚申塔』，1976。
吉川市教育委員会編・発行『吉川市の石塔』（史料調査報告書第1集），1998。

【辞典類】
大塚民俗学会編『日本民俗事典』（縮刷版），弘文堂，1994。
角川日本地名大辞典編纂委員会『角川日本地名大辞典11埼玉県』，角川書店，1975。
総合日本仏教大辞典編集委員会編『総合仏教大辞典』法蔵館，1987。
水野清一・小林行雄編『図解考古学事典』，東京創元社，1959。

【刊行図書・報告書関連】
［自然科学・考古学全般］
貝塚爽平『東京の自然史』, 紀伊國屋書店, 1979。
九学会連合利根川流域調査委員会編『利根川―自然・文化・社会―』, 弘文堂, 1971。
後藤守一ほか『仏教考古学講座第7冊』, 雄山閣, 1936。
後藤守一『日本歴史考古学』, 四海書房, 1937。
鈴木公雄『考古学入門』, 東京大学出版会, 1988.
鈴木公雄『出土銭貨の研究』, 東京大学出版会, 1999。
鈴木公雄『考古学はどんな学問か』東京大学出版会, 2005
鈴木尚ほか編『徳川将軍墓とその遺品・遺体：増上寺』, 東京大学出版会, 1967。
浜田耕作『通論考古学』, 大鐙閣, 1922（雄山閣, 1984）。
森本和男『遺跡と発掘の社会史―発掘捏造はなぜ起きたか―』, 彩流社, 2001。

［庚申塔関連］
縣敏夫『図説庚申塔』, 揺藍社, 1999。
石川博司『庚申塔調査の手引』, 庚申塔資料刊行会, 1968。
窪徳忠『庚申信仰』, 山川出版社, 1958。
窪徳忠『庚申信仰の研究, ―日中宗教文化交渉史―』, 日本学術振興会, 1961（『新訂庚申信仰の研究―日中宗教文化交渉史―（上・下）』（窪徳忠著作集1・2）, 第一書房, 1996）。
庚申懇話会編『庚申―民間信仰の研究』, 同朋社, 1978,
清水長輝『庚申塔の研究』, 名著出版, 1988（大日洞, 初版1959）。
竹内利美『東筑摩郡誌別篇第二農村信仰誌庚申念佛篇』, 慶友社, 1975。
松浦伊喜三『庚申塔スケッチ集』, 1969。
山中笑『共古随筆』, 温故書店, 1928。

［石造物関連］
天沼俊一『慶長以前の石灯籠』, スズカケ出版部, 1937。
石田哲弥『石仏学入門』（環日本海歴史民俗学叢書）, 高志書院, 1997。
石田哲弥・椎橋幸夫『道祖神信仰史の研究』, 名著出版, 2001。
小川琢治『日本石仏小譜』, 1914。
川勝政太郎『石造美術概説』, スズカケ出版部, 1935。
川勝政太郎講述, 歴史考古学研究会編『偈頌』, 言叢社, 1984。
川崎喜久男『筆子塚研究』, 多賀出版, 1992。
倉石忠彦『道祖神信仰論』, 名著出版, 1990。
庚申懇話会『日本石仏辞典』, 雄山閣, 1975（増補版1980）。
庚申懇話会『石仏調査ハンドブック』, 雄山閣, 1981。
庚申懇話会『石仏研究ハンドブック』, 雄山閣, 1985。
庚申懇話会編『日本石仏辞典第2版』, 雄山閣出版, 1995。
坂詰秀一編『板碑の総合研究2地域編』, 柏書房, 1983。
関根達人編『津軽の飢饉供養塔』弘前大学人文学部文化財論ゼミナール, 2004。
関根達人ほか『下北・南部の飢饉供養塔補遺津軽の飢饉供養塔』弘前大学人文学部文化財論ゼミナール, 2005。
武田久吉『道祖神』, アルス社, 1941。
武田久吉『農村の年中行事』, 竜星閣, 1943。
中川正『ルイジアナの墓地―死の景観地理学―』, 古今書院, 1997。
服部清道『板碑概説』, 鳳鳴書院, 1933（1972, 角川書店）。
服部清道『徒歩旅行者の歴史学』, 牧書房, 1944。
福田アジオ『歴史探索の手法―岩船地蔵を追って―』, 筑摩書房, 2006。

文献目録

フット，K.E. 著，和田光弘ほか訳『記念碑が語るアメリカ―暴力と追悼の風景』，名古屋大学出版会，2002。
若杉慧『石仏巡礼』，社会思想研究会出版部，1960。
若杉慧『野の佛』，創元新社，1963（創元社，1958初版）。

［墓標関連］
秋池武『近世の墓と石材流通』，高志書院，2010。
池上悟『立正大学仏教考古学基金平成23年度助成研究報告東日本における近世墓石の調査』，2012。
朽木量『墓標の民族学・考古学』慶應義塾大学出版会，2004。
坂詰秀一監修『近世大名墓所要覧』，ニューサイエンス社，2010。
西海賢二・水谷類・渡部圭一・朽木量ほか『墓制・墓標研究の再構築歴史・考古・民俗学の現場から』岩田書院，2010。
松原典明『近世大名葬制の考古学的研究』，雄山閣，2012。

［講関連］
岩科小一郎『富士講の歴史』，名著出版，1983。
岡田博編『大久保利武講述不二道孝心講』（まるはと叢書），小谷三志翁顕彰会，1992。
桜井徳太郎『講集団成立過程の研究』，吉川弘文館，1962（『講集団の研究』（桜井徳太郎著作集第3巻））。
桜井徳太郎『日本民間信仰論増訂版』，弘文堂，1970。
宮田登『ミロク信仰の研究』，1975，未来社。
渡辺刀水『小谷三志翁』，出版社記載無，1940。

【村落研究】
有賀喜左衛門『同族と村落』（有賀喜左衛門著作集Ⅹ），未来社，1971。
岩本通弥編『現代民俗誌の地平3 記憶』朝倉書店，2003。
福田アジオ『日本村落の民俗的構造』，弘文堂，1982。
福田アジオ『近世村落と現代民俗』，吉川弘文館，2002。

【歴史学・近世史関連】
安良城盛昭『日本封建社会成立試論下』，岩波書店，1995。
安良城盛昭『幕藩体制社会の成立と構造第3版』，御茶の水書房，1982。
石井紫郎『日本国制史研究Ⅰ権力と土地所有』，東京大学出版会，1966。
煎本増夫『五人組と近世村落連帯責任制の歴史』，雄山閣，2009
エヴァンズ，R.J.，今関恒夫・林以知郎監訳，佐々木龍馬・與田純訳，『歴史学の擁護ポストモダニズムとの対話』，晃洋書房，1999。
岡田芳朗『日本の暦』新人物往来社，1996。
川名登『河岸に生きる人々利根川水運の社会史』，平凡社，1982。
川名登『近世日本水運史の研究』，雄山閣出版，1984。
川名登『河川水運の文化史江戸と利根川文化圏』，雄山閣出版，1993，
川名登『河岸』，法政大学出版局，2007。
木村礎編『村落生活の史的研究』，八木書店，1994。
木村礎『村の生活史』，雄山閣出版，2000。
佐々木潤之介『幕末社会論―「世直し状況」研究序論』，塙書房，1969。
佐々木潤之助『幕末社会論』，塙書房，1969。
佐々木潤之助『世直し』，岩波書店，1979。
杉仁『近世の地域と在村文化―技術と商品と風雅の交流―』，吉川弘文館，2001。
徳田進『孝子説話集の研究近世編―二十四孝を中心に―』井上書房，1953。
中井信彦『歴史学的方法の基準』塙書房，1973

西川武臣『江戸内湾の湊と流通』，岩田書院，1993。
西山松之助編『江戸町人の研究第1巻』，吉川弘文館，1972。
羽賀祥二『史蹟論―19世紀日本の地域社会と歴史意識―』，名古屋大学出版会，1998。
羽賀祥二『明治維新と宗教』筑摩書房，1994。
長谷川裕子・渡辺尚志編『中世・近世土地所有史の再構築』，青木書店，2004。
速水融『近世農村の歴史人口学的研究：信州諏訪地方の宗門改帳分析』，東洋経済新報社，1973。
速水融『近世濃尾地方の人口・経済・社会』創文社，1992。
速水融編『近代移行期の人口と歴史』，ミネルヴァ書房，2002。
速水融編『歴史の中の江戸時代』，藤原書店，2011。
フランドロワ，I編．グベールほか著，尾河直哉訳『「アナール」とは何か　進化しつづける「アナール」の100年』，藤原書店，2003。
丸山雍成『日本近世交通史の研究』，吉川弘文館，1989。
溝口常俊『日本近世・近代の畑作地域史研究』，名古屋大学出版会，2002。
森安彦『幕藩制国家の基礎構造』吉川弘文館，1982。
ル・ゴフ，J，立川孝一訳『歴史と記憶』，（法政大学出版局，1999）。
歴史学研究会編『歴史学研究』458，青木書店，1978，
渡辺善治郎『都市と農村の間―都市近郊農業史論―』論創社，1983。
渡辺尚志『近世の豪農と村落共同体』，東京大学出版会，1994。
渡邊敏夫『暦入門』，雄山閣出版，1994。
渡辺英夫『近世利根川水運史の研究』吉川弘文館，2002。

【論文／庚申塔関連】

芦田正次郎「庚申塔から見た庚申信仰の変容―荒川下流域特に北区を中心として―」『文化財研究紀要』第3集，北区教育委員会，1989，16～50頁。
石神裕之「近世庚申塔にみる施主名称の史的変遷―江戸近郊農村における近世前期の一様相」（『日本宗教文化史研究』，日本宗教文化史学会，2000），124～152頁。
石神裕之「近世庚申塔にみる流行型式の普及―江戸周辺における物質文化交流の復原への試み―」（『歴史地理学』44－4，歴史地理学会，2002），1～21頁。
石神裕之「近世庚申塔に対する多変量解析―B－1b類を事例として―」（慶應義塾大学民族学考古学研究室編『時空を超えた対話―三田の考古学―』，六一書房，2004），167～173頁。
石川博司「庚申塔の塔形分類」『庚申』54，庚申懇話会，1969，20～24頁。
石川博司「庚申塔の範囲の基準」『庚申』46，庚申懇話会，1967，18～25頁。
石川博司「庚申塔の範囲基準」『庚申』43，1967，18～25頁を参照。
石川博司「庚申年に備えて」『庚申』80，庚申懇話会，1980，1～3頁。
石川博司「市内の庚申塔」（青梅市教育委員会編・発行『青梅の石仏』，1974），38～76頁。
石川博司「東京都の庚申年造塔―中沢厚氏に答える―」日本石仏協会編『日本の石仏』17，木耳社，1981年，20～30頁。
井ノ内真人「庚申塔の本尊について」『二松学舎大学人文論叢』44，二松学舎大学人文学会，1990，113～126頁。
牛越嘉人「中島の庚申講」『信濃』46－10，信濃史学会，1994，820～833頁。
大島建彦「庚申の昔話」『民俗』32，相模民俗学会，1958，1～6頁。
小花波平六「各地の庚申事例（一）」『庚申』26，1962，15～27頁。
小花波平六「庚申待板碑」『考古学ジャーナル』132，ニューサイエンス社，1977，21～23頁。
小花波平六「庚申信仰研究の課題の若干」（庚申懇話会編『庚申民間信仰の研究』，同朋社，1978［『庚申』50号初出］），9～13頁。
小花波平六「江戸東京の庚申塔―石工との関連―」（大護八郎編『日本の石仏・南関東編』，国書刊行会，1983），110～123頁。
小花波平六「庚申信仰研究のあゆみと展望」（小花波平六編『庚申信仰』（民衆宗教史叢書17巻），雄山閣，1988），

343～365頁。
小花波平六「庚申信仰礼拝対象の変遷」(小花波平六編『庚申信仰』(民衆宗教史叢書17), 雄山閣出版, 1988), 141～171頁。
小花波平六「旧利根川流域の庚申信仰」八潮市立資料館協議会編『八潮市史研究』13, 八潮市立資料館, 1993, 42～76頁。
嘉津山清「庚申の当たり日について―暦から見た庚申塔造立のお日柄―」『歴史考古学』50, 2000, 62～75頁。
窪徳忠「庚申の本尊について」『朝鮮学報』49, 朝鮮学会, 1968, 113～124頁。
窪徳忠「庚申信仰研究の意義」『庚申』81, 庚申懇話会, 1980, 1～23頁。
窪徳忠「庚申塔造立の意義とその変遷」『庚申』24, 庚申懇話会, 1961, 1～9頁。
武田久吉「庚申雑記(一)～(八)」『民族文化』3～6・8, 2-2～6・9・10, 1940・41。
冨永文昭「庚申塔についての考察―江東区を中心として―」江東区教育委員会編・発行『江東ふるさと歴史研究―』, 1997, 25～34頁。
鳥野幸治「庚申について」『國學院雜誌』31-10, 1924, 1～16頁。
仲芳人「奈良県の近世庚申塔年表」史迹美術同攷会編『史迹と美術』59-8, 史迹美術同攷会, 1989, 333, 357～364頁。
中野守久「旧袋村庚申講の記録(一)」北区教育委員会編・発行『文化財研究紀要』1, 1987, 30～54頁。
中野守久「旧袋村庚申講の記録(二)」北区教育委員会編・発行『文化財研究紀要』2, 1983, 21～41頁。
中村たかを「近世考古学の一課題」『物質文化』16, 物質文化研究会, 1970, 18～24頁。
南雲寿美雄「庚申塔より見た村人の結合状態」『群馬文化』創刊号, 群馬文化の会, 1957, 1～8頁。
沼田信一「庚申信仰と庚申塔」(川口市編・発行『川口市史上巻』, 1988), 800～803頁。
野尻かおる「鳩ケ谷宿松坂屋八太郎八才の庚申塔」『荒川ふるさと文化館だより』5, 2000。
林古渓「駒込神明富士両社の庚申塔」『考古学雑誌』6-2, 1916, 295～311頁。
藤沢一夫「大阪の庚申塔資料」『考古学』7-4, 1936, 295～311頁。
町田聡「第一章概説―文京区の庚申信仰と庚申塔―」(文京区教育委員会編・発行『文京区の石造文化財―庚申信仰関係石造物調査報告書―』2011), 4～8頁。
町田葉子「越後秋山郷における庚申講の形成過程―オオド・コド・マゴドから―」『日本民俗学』212, 日本民俗学会, 1997, 125～142頁。
松村雄介「供養塔としての庚申塔」日本石仏協会編『日本の石仏』25, 国書刊行会, 1983, 15～23頁。
三輪善之助「江戸時代の庚申塔」『考古学雑誌』, 1915, 5～12頁。
三輪善之助「天王寺の庚申塔」『考古学』, 1936, 7～4頁。
山下立「山王信仰の懸仏」『滋賀県立琵琶湖文化館紀要』10, 1992, 95～124頁。
山下立「山王神猿像の系譜―玉泉寺浄光寺像を中心に―」『滋賀県立琵琶湖文化館紀要』11, 1993, 1～10頁。
横田甲一「関東の板碑型と称せられる塔に対する私見」『庚申』74, 庚申懇話会, 1977, 6～16頁。
横田甲一「再び二手青面金剛について」日本石仏協会編『日本の石仏』16, 木耳社, 1980, 24～27頁。
横田甲一「二手青面金剛」『庚申』66, 庚申懇話会, 1973, 10～14頁。
吉岡義豊「庚申経成立の問題」『印度学仏教学研究』16-2, 日本印度学仏教学会, 1968, 73～79頁。
和歌森太郎「庚申信仰」『和歌森太郎著作集』10, 弘文堂, 1981 (津軽民族の会編・発行『津軽民俗』2, 1949 初出), 155～161頁。

【論文／考古学関連】
小林達雄「タイポロジー」(麻生優・加藤晋平・藤本強編『日本の旧石器文化』1 総論編, 1975), 雄山閣, 48～63頁。
坂詰秀一「仏教考古学序説」(坂詰秀一編『シンポジウム仏教考古学序説』, 雄山閣, 1971), 7～13頁。
鈴木公雄「近世考古学の課題」(鈴木公雄ゼミナール編『近世・近現代考古学入門』, 慶應義塾大学出版会, 2007), 3～11頁, (初出『村上徹君追悼論文集』, 村上徹君追悼論文集編集委員会, 1988)
鈴木公雄「土器型式の認定方法としてのセット論の意義」『考古学手帖』21, 1964, 1～5頁。
横山浩一「型式論」(近藤義郎, 横山浩一ほか編『1 研究の方法』岩波講座日本考古学, 岩波書店, 1985), 44～

78頁。

【論文／石工関連】

縣敏夫「Ⅳ石工の研究」（庚申懇話会編『石仏研究ハンドブック』，雄山閣，1985），198～208頁を参照。

芦田正次郎「江戸初期の石塔類の販売」『庚申』69，庚申懇話会，1974，14～16頁。

池尻篤「近世江戸石工製品の流通―埼玉県内の石工銘資料を事例として―」（倉田芳郎先生追悼論文集編集委員会編『生産の考古学2』，同成社，2008），391～410頁。

石山秀和・實形裕介・外山徹「石に刻まれた文化交流―石造物の寄進名から」『袖ヶ浦市史研究』5，袖ヶ浦市教育委員会，1997，81～108頁。

小花波平六「二市内の石造物にみる石工名」，（伊勢崎市編・発行『伊勢崎の近世石造物』，1985），834～839頁。

萱野章宏「袖ヶ浦の石工」『袖ヶ浦市史研究』5，袖ヶ浦市教育委員会，1997，109～127頁。

飛田英世「第4節古文書にみる石造物建立の様相四庚申塔」『龍ヶ崎市史近世調査報告書Ⅰ』龍ヶ崎市史編さん委員会編，1994，265～267頁。

飛田英世「第4節古文書にみる石造物建立の様相四庚申塔」『龍ヶ崎市史近世調査報告書Ⅰ』龍ヶ崎市史編さん委員会編，1994，265～267頁。

吉原健一郎「江戸の石問屋仲間」，『三浦古文化』31，1982，44～56頁。

【論文／民俗学関連】

岩本通弥「総論方法としての記憶―民俗学におけるその位相と可能性」（岩本通弥編『現代民俗誌の地平3記憶』，朝倉書店，2003），1～13頁。

小川直之「関東地方における摘田の伝承（上）」平塚市博物館編・発行『自然と文化』3，1980，93～134頁。

小川直之「関東地方における摘田の伝承（下）」，平塚市博物館編・発行『自然と文化』4，1981，45～126頁。

岸本昌良「第4章町の中の民俗第1節氏子圏と氏子組織」（大田区史編さん委員会編『大田区史資料編民俗』，1983），720～739頁。

柳田国男「猿の祭」『定本柳田国男集』13，筑摩書房，1963（津軽民族の会編・発行『津軽民俗』創刊号，初出1949），266～274頁。

柳田国男「石神問答」（『定本柳田国男集』12，筑摩書房），1963（聚精堂，初出1910）。

【論文／講関連】

岩科小一郎「富士講」（平野栄次編『富士浅間信仰』（民衆宗教史叢書第16巻），雄山閣出版，1987），71～95頁。

岩鼻通明「講の機能と村落社会」（戸川安章編『仏教民俗学大系7寺と地域社会』名著出版，1992），143～159頁。

岡田博「富士講の人助け信心考―不二道孝心講の農産物品種改良運動―」『富士信仰研究』3，2002，77～100頁。

坂本要「3講と民間信仰（1）馬込村加藤家文書に所載の講」（大田区史編纂委員会編『大田区史中巻』，大田区，1992），1133～1191頁。

塩野雅代「近隣組織の村落研究における位置―研究会の活動を通して―」『社会伝承研究Ⅳ近隣組織の構成と展開』，社会伝承研究会，1975，2～11頁。

塩原勉「第1章集団と組織」（安田三郎・富永健一・吉田民人編『基礎社会学第Ⅲ巻社会集団』，東洋経済新報社，1981），2～16頁。

竹内利美「講集団の組織形態―松本平の庚申講について―」『民族学研究』8-3，日本民族学会，1943，34～84頁。

竹内利美「組と講」（西岡虎之助・大場磐雄・大藤時彦・木内信蔵監修『郷土研究講座第2巻村落』，角川書店，1957），235～256頁。

竹内利美『東筑摩郡誌別篇第二農村信仰誌庚申念佛篇』，山村書院，1943（慶友社，1975）。

竹田聴州「近世村落の宮座と講」（家永三郎等監修『日本宗教史講座第3巻宗教と民衆生活』，三一書房，1959），139～211頁。

西海賢二「近世の遊行僧と供養塔―木喰観正の宗教活動をめぐって―」日本石仏協会編『日本の石仏』13，木耳社，1980，31～48頁。

文献目録

西海賢二「江戸後期の女人講―常総地域の人口対策と子安講をめぐって―」（圭室幸雄編『寺と地域社会』（仏教民俗大系7），名著出版，1992），159～187頁。
西海賢二「板碑にみる講集団の萌芽―特に多摩を中心として―」（日本石仏協会編『日本の石仏』12，木耳社，1979），41～48頁。
西海賢二「民衆宗教と講」（村上直・白川部達夫・大石学・岩田浩太郎編『日本近世史研究事典』，東京堂出版，1989），186～187頁。
平野栄次「第4章第2節　2村落内の講」（大田区史編さん委員会編『大田区史資料編民俗』，大田区，1983），298～315頁。
平野栄次「（2）題目講」（大田区史編さん委員会編『大田区史資料編民俗』，大田区，1983），1983，309頁。
平野栄次「五　馬込宮ノ下の念仏講」（大田区社会教育課社会教育係編『大田区の民間信仰（念仏・題目・諸信仰編）』，大田区教育委員会，1976），12～16頁。
平野栄次「武蔵野の富士講」（坂本要，岸本昌良，高遠奈緒美編『富士信仰と富士講』平野榮次著作集Ⅰ，岩田書院，2004），309～337頁。
三木一彦「山間村落における信仰集団存立の地域的基盤―江戸時代の秩父郡大野村を事例として―」『歴史地理学』40-2，歴史地理学会，1998，2～21頁。
森本一彦「社会関係としての講集団の組織化―二つの岩室村の伊勢講―」『日本民俗学』212，日本民俗学会，1997，85～104頁。
安丸良夫「富士講」（村上重良・安丸良夫校訂『民衆宗教の思想』（日本思想史大系67），岩波書店，1971），634～645頁。

【論文／墓標関連】

金子裕之「近世墓石生産に関する一様相」（坂詰秀一先生古希記念会編『考古学の諸相Ⅱ』，匠出版，2006），199～214頁。
朽木量「近世墓標とその地域的・社会的背景―山城国木津郷梅谷村の事例―」『史学』66-1，三田史学会，1996，91～110頁。
朽木量「墓標の考古学的分析からみた近世前期の採石活動―奈良在地産石材の消長と南山城における墓標の地域的差異―」『史学』69-3・4，三田史学会，2000，259～282頁
朽木量「近世墓標からみた京都府南山城地域の社会的繋がり」『帝京山梨文化財研究所研究報告』10，帝京山梨文化財研究所，2002，131～145頁。
朽木量「墓標からみた近世の寺院墓地―神奈川県平塚市大神真芳寺墓地の事例から―」『国立歴史民俗博物館研究報告』112，国立歴史民俗博物館，2004，451～464頁。
竹田聴洲「石碑墓の源流」日本歴史学会編『日本歴史』265，吉川弘文館，1970，111～116頁。
竹田聴州「三　近世社会と仏教」（藤野保編『近世社会と宗教』（論集幕藩体制史9），雄山閣出版，1995），95～136頁。
谷川章雄「近世墓塔の形態分類と編年について千葉県市原市高滝・養老地区の調査」『早稲田大学大学院文学研究科紀要別冊10哲学・史学編』，早稲田大学大学院文学研究科，1983，175～186頁。
谷川章雄「近世墓標の類型」『考古学ジャーナル』288，ニューサイエンス社，1988，26～30頁。
谷川章雄「近世墓標の変遷と家意識―千葉県市原東高滝・養老地区の近世墓標の再検討―」『史観』12，早稲田大学史学会，1989，12～16頁。
谷川章雄「近世墓標の普及の様相―新潟県佐渡郡両津市鷲崎，観音寺墓地の調査―」『ヒューマンサイエンス』14-1，早稲田大学人間科学総合センター，2001，22～31頁。
筑紫敏夫「墓標からみた江戸湾沿岸防備」（地方史研究協議会編『都市周辺の地方史』雄山閣，1990），61～88頁。
千々和實「本門寺近世初期石塔が示す江戸首都化の標識」，大田区史編さん委員会編『史誌』第3号，大田区，1975，1～15頁。
坪井良平「山城木津惣墓墓標の研究」『考古学』10-6，東京考古学会，1939，310～346頁。
時津裕子「近世・近代墓の計量考古学的分析―筑前秋月における櫛形墓標の変化―」『人類史研究』11，人類史研究会，1999，269～273頁。

時津裕子「近世墓にみる階層性―筑前秋月城下の事例から―」『日本考古学』9，日本考古学協会，2000，97〜122頁。

時津裕子「近世墓標研究の射程―墓石から何を読むか―」『帝京山梨文化財研究所研究報告』10，帝京山梨文化財研究所，2002，147〜165頁。

沼田頼輔「墓碑の形式」『掃苔』第2巻第10号，東京名墓顕彰会，1933，206〜214頁。

野沢均・小川秀樹「墓標の調査―中野区上高田四丁目自證院墓地の調査―」(新宿区教育委員会編・発行『自證院遺跡』，1987)，158〜194頁。

平子鐸嶺「本邦墳墓の変革」『仏教』，1899，146〜157頁。

森潤三郎「江戸時代の墳墓概観」『歴史公論』第3巻第11号，雄山閣，1934，109〜115頁。

森本六爾「墳墓研究の方法並びに沿革」『歴史公論』3－13，雄山閣，1936，58〜68頁。

渡部圭一「モノと精神史のあいだ―石塔史料論の自立をめざして―」(西海賢二・水谷類・渡部圭一・朽木量ほか『墓制・墓標研究の再構築歴史・考古・民俗学の現場から』岩田書院，2010)，49〜94頁。

【論文／歴史学・近世史関連】

和泉清司「近世初期関東における新田開発と地域民衆」(地方史研究協議会編『「開発」と地域民衆―その歴史像を求めて―』，雄山閣，1991)，144〜147頁。

和泉清司「近世初期関東における新田開発―伊奈氏の開発を中心に―」『駿台史学』56，駿台史学会，1982，51〜80頁。

伊藤好一「江戸地廻り経済の形成と関東農村」(村上直編『関東近世史の研究』，名著出版，1984)，220〜232頁。

煎本増夫『五人組と近世村落』，雄山閣，2009。

小野寺淳「伊勢参宮における講組織の変容―明石市東二見を事例に―」『歴史地理学』47－1，4〜19頁。

金子晃之「近世後期における江戸行楽地の地域的特色―『江戸名所図会』からみた行動文化―」『歴史地理学』175，歴史地理学会，1995，1〜21頁。

北島正元「天保期の歴史的位置」(北島正元編『幕藩制国家解体過程の研究』，吉川弘文館，1978)，1〜22頁。

鬼頭宏「懐妊書上帳にみる出産と死亡」『三田経済学研究』6，1972，8〜17頁。

木村礎「寛永期の地方文書」『幕藩制国家成立過程の研究』，吉川弘文館，1978，513〜548頁。

木村礎「日本村落史を考える」(日本村落史講座編集委員会編『日本村落史講座1』，雄山閣，1992)，21頁。

木村礎「村落史研究の方法―景観と生活―」(所理喜夫編『木村礎著作集Ⅵ村の世界視座と方法』，名著出版，1996)，149〜180頁。

熊澤徹「江戸の下肥値下げ運動と惣々惣代」『史学雑誌』94－4，1985，482〜511頁。

栗原圭介「孝経解題」『孝経』，明治書院，1986，1〜48頁。

斉藤修「第1章比較史上における日本の直系家族世帯」(速水融編著『近代移行期の家族と歴史』，ミネルヴァ書房，2002)，19〜37頁。

白井哲也「小名に関する一考察」『明治大学刑事博物館年報』20，明治大学刑事博物館，1989，75〜85頁。

白井哲也「江戸時代の『郷』―海老ヶ島九か村・上野四か村―」(木村礎編『村落生活の史的研究』，八木書店，1993)，123〜147頁。

白川部達夫「第10章近世前期の検地名請と小百姓」(長谷川裕子・渡辺尚志編『中世・近世土地所有史の再構築』，青木書店，2004)，273〜297頁。

杉仁「非文献史料にみる在村文化房総芭蕉句碑をめぐる情報網と風雅の交流」『国立歴史民俗博物館研究報告』第97集，2002，33〜48頁。

鈴木章生「名所記にみる江戸周辺寺社への関心と参詣」(地方史研究協議会編『都市周辺の地方史』，雄山閣出版，1990)，108〜126頁。

鈴木章生「相模大山信仰の成立と展開―民間参詣の動向と信仰圏をめぐって―」(圭室一雄編『大山信仰』(民衆宗教史叢書第22巻)，雄山閣出版，1992)，91〜125頁。

鈴木公雄「歴史考古学の発達と考古学の未来」『考古学はどんな学問か』東京大学出版会，2005，228〜240頁。

鈴木透「生まれ変わる古戦場―カスター神話の解体と先住インディアンの記憶の復権」『記憶を紡ぐアメリカ分裂の危機を超えて』(近藤光雄、鈴木透、マイケル・W・エインジ、奥田暁代、常山菜穂子，慶應義塾大学出

版会，2005)，85〜130頁。

高島緑雄「荏原郡の水利と摘田（一）―谷田地帯における中世水田へのアプローチ―」『駿台史学』55，1982，87〜109頁。

高島緑雄「荏原郡の水利と摘田（二）―谷田地帯における中世水田へのアプローチ―」『駿台史学』56，1982，205〜231頁。

長倉保「小田原藩における報徳仕法について―とくに一村仕法の問題を中心に―」（北島正元編『幕藩制国家解体過程の研究』，吉川弘文館，1978)，507〜546頁。

永原慶二「安良城盛昭の家父長的奴隷制社会論」『20世紀日本の歴史学』，吉川弘文館，159〜163頁。

長谷川伸三「北関東農村の荒廃と農民層」『歴史手帖』10-6，1982，10〜17頁。

長谷川裕子「序章中世・近世土地所有史の現在」（長谷川裕子・渡辺尚志編『中世・近世土地所有史の再構築』，青木書店，2004)，3〜20頁。

牧原憲夫「思想としての日本村落史」（『村の世界視座と方法』（木村礎著作集Ⅵ)，名著出版，1996)，397〜408頁。

森安彦「幕末維新期村落女性のライフ・コースの研究（一）―江戸周辺，武州荏原郡太子堂村の事例―」（国立史料館編・発行『史料館研究紀要』16，1984)，113〜225頁。

森安彦「幕末維新期村落女性のライフ・コースの研究（二）―江戸周辺，武州荏原郡太子堂村の事例―」（国立史料館編・発行『史料館研究紀要』17，1985)，157〜212頁。

師橋辰夫「江戸・東京朱引考」『文化財の保護』第22号，東京都教育委員会，1990，13〜15頁)。

山本光正「近世及び近現代における道標の成立と展開」『国立歴史民俗博物館研究報告』32，1991，23〜70頁。

和田光弘「記念碑の創るアメリカ―最初の植民地・独立革命・南部―」（若尾祐司・羽賀祥二編『記録と記憶の比較文化史』，名古屋大学出版会，2005)，114〜164頁。

渡辺尚志「終章」（長谷川裕子・渡辺尚志編『中世・近世土地所有史の再構築』，青木書店，2004)，299〜311頁。

【論文／社会学・地理学・統計学関連】

小田匡保「戦後日本の宗教地理学―宗教地理学文献目録の分析を通じて―」『駒沢地理』38，2002，21〜51頁。

稲葉三男・稲葉敏夫・稲葉和夫「1-4-（2）構成比，寄与度・寄与率」『経済・経営統計入門』，共立出版，1999，26〜31頁。

片桐新自「歴史的環境へのアプローチ」（片桐新自編『歴史的環境の社会学』，新曜社，2000)，1〜23頁，

正岡寛司「家研究の展開と課題」，『家族史研究』3，1981，68-92頁。

森岡清美「わが国における家族社会学の発達」『成城文芸』96，1981，1〜13頁。

【英文】

Deetz, James, and Dethlefsen, Edwin S. "The Doppler Effect and Archaeology: A Consideration of the Spatial Aspects of Seriation", *Southwestern Journal of Anthropology* 21 (3), 1965, pp. 196-206.

Dethlefsen, Edwin, and Deetz, James "Death's Heads, Cherubs and Willow Trees: Experimental Archaeology in Colonial Cemeteries." *American Antiquity* 31 (4), 1966, pp. 502-510.

Deetz, James, and Dethlefsen, Edwin S. "Death's Head, Cherub, Urn and Willow", *Natural History* 76 (3), 1967, pp. 29-37.

Rouse, Irving, "Seriation in Archaeology", American historical anthropology: Essays in honor of Leslie Spier, L. Riley and Walter W. Taylor, eds., Southern Illinois University Press, 1967, pp. 153-195.

索引

事項

あ行

相給村　131, 148
アタリ日　101, 105, 109
アナール学派　26, 45, 70-76, 78, 79, 120, 121, 169
家意識　19, 22, 176
家制度　19, 113, 114
家連合　113
石工　4, 12, 16, 20, 25, 26, 64, 65, 81, 155-157, 160, 161, 165, 178, 179
石工見世持　156
石燈籠　9
石問屋　156
石橋供養　186, 190, 191
伊勢講　113, 147
一石百書体庚申塔　201, 208
一石百文字庚申塔　198, 199
岩船地蔵　212
江戸（江戸近郊地域）　41
江戸石工　156, 160, 178
江戸近郊村落（地域）　41, 42
江戸近郊地域　55, 87, 120, 181, 204
江戸御府内　41, 42, 50, 54, 104, 155, 197, 204
江戸周辺地域　41, 42, 55, 181
江戸地廻り経済圏　40, 65
荏原台　116, 119
閻魔大王　73, 79
青梅街道　60, 156, 192
大津絵　77, 166, 169
大山講　19
大山道　192, 193
大山詣　193
御岳講　147

か行

過去帳　138, 144
河岸　57, 62, 63, 157, 162
　　──問屋　157
川越道　193
願主　86, 88
観世音菩薩　79
閑田次筆　79, 195
観音菩薩　71
儀軌　16, 65, 164-166, 169
飢饉供養塔　21
記念碑（石碑）文化　21, 184
木原領　116, 120, 123, 124, 126, 127, 190, 207
義民六人衆　116
旧五街道　41
寄与率　167, 180
近隣組織　83, 83, 97, 98, 142
句碑　1, 21, 27, 184, 201, 202, 205, 206, 209
偈　21, 70, 71, 169
型式学　24
　　──的分析　7, 22, 24, 39-43, 48, 54, 55, 97
　　──的分類　43
型式分類　43, 48
偈頌　4, 8, 14, 22
偈頌銘　4
結衆　8, 85-88, 90, 91, 94, 95, 211
結衆板碑　182
顕彰碑　1, 21, 202, 204, 205
検地帳　115
講（中）集団　15
講衆　85-87, 91, 92
甲州街道　52, 54, 60, 192
講集団　13, 33, 82, 83, 97, 144
孝心　198, 199
庚申縁起　3, 4, 12, 74, 77, 110, 163-165, 169, 178, 180
庚申掛軸　35, 169
庚申講　13, 17, 25, 33, 36, 37, 82, 83, 95, 113, 115, 120, 122, 139, 140, 143, 144, 148, 174, 177, 191, 203, 210
庚申懇話会　3, 10, 11, 15-17
庚申神　79
庚申信仰の世俗化　195, 199, 200
庚申道標　186, 191, 192, 194-196, 201, 205
庚申日　101, 104, 105, 107-110, 204, 211
庚申待　2, 8, 35-37, 69, 74, 79, 87, 91, 92, 94, 95, 96, 104, 106, 108, 110, 140, 141, 143, 173-177, 182, 190, 195, 204, 207
　　──板碑　1-3, 7, 8, 13, 16, 17, 34, 72, 177

索引

――結衆　95
――集団　93, 94, 96, 114, 122, 143, 174-176, 191
講組織　95, 113
講中　83, 85, 86, 88, 90, 92, 94, 174, 211
五街道　5
石高制　171
滑稽雑談　152
小名　116, 120, 141, 142, 173, 174, 211
五人組　123, 127, 136, 140, 143, 153, 187
――帳　84, 97, 114, 115, 123, 124, 126, 129-131, 146, 187, 206, 207
――帳前書　187, 189, 206
木花開耶姫　198
御幣猿　71, 72
記念・顕彰行為　212
子安講　20
五輪塔　44
婚姻圏　138, 139
金剛力士　79
金比羅灯籠　20, 25
在村文化　184, 201

さ行

佐倉道　193
猿田彦　198
猿田彦大神　3, 69, 70, 73, 79, 191
三給村　116, 130
三猿　3-5, 10, 12, 22, 35, 155, 168, 178, 180, 193, 204
三山講　147
三尸　2, 35, 36, 69, 106, 164
――説　164
山王懸仏　67
山王権現　79
山王七社　74
山王神猿像　178
山王信仰　74, 155, 177
山王二十一社　16, 72, 74
――板碑　35
山王廿一社本地仏種子　74
山王二十一仏　74, 178
山王二十一社　155, 163, 175, 177, 178
地神塔　20
史蹟碑　202
史迹美術同攷会　11
地蔵　16

地蔵菩薩　45, 47, 70-76, 78, 79, 120, 122, 160, 167, 169
――像　70, 71
寺壇関係　22
寺壇制度　18, 19, 83, 201, 153, 176
支配の村　172
下末吉面　118
社会構成史学　114
釈迦如来　71, 79
十九夜塔　20
宗教地理学　25
宗門改帳　146
宗門人別改帳　84, 97, 123, 130, 131, 136, 138
宗門人別帳　113-115, 124, 138
一六夜待　79
守庚申　2, 8, 69, 79, 104, 164
――経　8
守三尸　8
朱引図　42
巡拝塔　20, 82
聖観音　71
上州新田街道　62
聖徳太子　72
小農自立　113, 142, 143, 152, 153, 170-172, 176, 177
――現象　171
――論　170, 171, 177
小農民自立　153
小農民の自立　171
青面金剛　3, 4, 14, 16, 22, 33, 34, 37, 57, 61, 69, 70, 71, 73-79, 96, 110, 120-122, 152, 153, 162-170, 174, 185, 186, 193, 195, 200, 204, 208, 210, 211
――像　71, 72, 164, 166, 168, 179
――の主尊化　164, 166, 167, 169, 170
――の本尊化　77, 164, 170, 174, 176, 179
常夜灯　39
新四国八十八カ所霊場碑　39,
迅速図　116,
新編武蔵国風土記稿　120, 122, 130
新編武蔵風土記稿　141
助郷村　5, 41, 66
生活のムラ　6, 142, 172, 173
石祠　47, 169
石造美術　4, 9, 97
――史　9, 10, 13, 15, 16, 24, 25, 81, 205, 212

238

石碑文化　1, 184, 202, 205, 206, 212
石仏学　18, 26
石仏推計学　20
施主　86, 88
　——分析　82, 90
　——名称　81, 82, 84-88, 90-96, 108, 110, 115, 122, 211
セリエーショングラフ　50, 54, 58-62, 120, 162, 168
セリエーション分析　40, 41, 50, 54, 55, 57, 62
惣村講中　86
村落生活史　5, 6, 8, 21, 114, 115, 142
村落地理学　84

た行

太閤検地　171, 172, 177
太閤検地論　152, 171
大黒講　147
代参講　141, 194, 195
帝釈天　69, 79
大青面金剛呪法　164
大日如来　79
題目講　96, 148
題目塔　96
高尾山講　147
高尾山太々講　130
高遠石工　156
頼母子講　141, 147
田畑名寄帳　113, 136
陀羅尼集経　164
檀那寺　123, 126, 127, 136, 140, 153
手水石　131
手水鉢　3
月待　79, 181
　——板碑　7, 74
　——信仰　74, 79
津出河岸　63, 119, 155, 157
摘田　111
摘み田　119, 140, 145, 149
　——上がり　119
　——正月　119, 140, 145
　——日待ち　119
　——日待講　140
伝尸（でんし）病　164
天台宗園城寺　164
東海道　51, 119
道教　14, 69, 164

　——的　2
同行　83-88, 90, 92, 94, 211
同族団　113, 114, 142, 149
同族団（本家分家の仲間）　97
　——組織　142
道祖神　1, 3, 9, 19, 20, 39, 70, 79, 183, 191
道標　19, 39
等量分割　139, 174
燈籠　3, 39, 47

な行

中山道　57, 192
二十三夜塔　20, 183
二手青面　34
　——金剛　34, 35, 180
女人講　20
認知考古学　22
念仏講　82, 96, 120-122, 140, 148
農村社会学　84, 113

は行

芭蕉塚　202
八幡講　147
馬頭観世音　183
馬頭観音　1, 13, 16, 19, 20, 27, 39, 78, 82, 96, 169
日待　105
　——講　120
百庚申　7, 36, 185, 198-201, 204
百書体庚申塔　199
富士講　16, 129, 131, 196, 197, 207
不二講　201
富士信仰　7, 36, 195-197, 200, 201, 204, 205
富士塚　196, 197, 201
不二道　197, 200, 201
　——孝心講　197, 198, 200, 209
仏教考古学　9, 13, 22
筆子塚　1, 21, 27, 202
不動明王　70, 79
弁財天　169
宝篋印塔　44
報徳運動　201
報徳仕法　200, 201
法華題目　79
梵字　72

索引

ま行

磨崖仏　3, 9
弥陀三尊来迎塔　166
道行　86-88, 92
宮座　113
ミロク信仰　196
武蔵野台地　105, 116, 192
村絵図　20, 25, 116
村組　114, 143
村中　83
村中銘　186, 189
村明細帳　20
目黒道　193

や行

薬師如来　72, 79

ヤト（谷戸）　119, 120, 131, 140, 141, 153
夜念仏　74
四手青面金剛　180
四手青面金剛像　166

ら行

流行型式　22, 37, 41, 50, 55, 57, 58, 61-64, 78, 155, 157, 161, 162, 167, 211
歴史考古学　6, 27, 82
歴史人口学　6, 7, 124, 131
歴史地理学　20, 23, 81, 113
老子守庚申求長生経　164

アルファベット

Battleship Pattern（軍艦型パターン）　52

人名

あ行

縣敏夫　15, 17, 27, 30, 37, 79, 95, 98, 164, 164, 178, 199, 199, 208
秋池武　179, 161
秋山正香　34
芦田正次郎　35, 36, 79, 96, 99, 181
跡部直治　28
阿部正精　41
網干義教　22
天沼俊一　9, 27
荒井昭　36
荒井広祐　34
安良城盛昭　152, 153, 171, 172, 175, 177, 182
有賀喜左衛門　113, 142, 149
伊折俊夫　37
池上悟　65, 67, 179
池尻篤　156, 160, 178
石井紫郎　172, 181
石神裕之　8, 30, 37, 97, 110, 112, 213
石川治夫　20, 31, 82, 97
石川博司　3, 8, 15, 17, 29, 34-37, 43, 48, 54, 64, 66, 67, 98, 111
石川昌康　208
石田哲哉　18-20, 30, 31, 36
石田茂作　22

石山秀和　20, 31, 39, 65
和泉清司　172, 181
伊東伊兵衛　196
伊藤重信　34
伊藤好一　65
稲葉和夫　180
稲葉敏夫　180
稲葉三男　180
稲村坦元　28
井ノ内真人　36, 163, 179
位野木寿一　20, 25, 31, 65
彌永信美　181
岩科小一郎　28, 193, 196, 207-209
岩鼻通明　87, 98
岩本通弥　213
牛越嘉人　36, 143, 144
宇野沢梅吉　35
エヴァンズ，R.J.　32
蛯原徳夫　36
大石一久　28
大島建彦　14, 29
大谷忠雄　197, 208
大畠洋一　36
大畑洋一　37
岡田　200, 208, 209
岡村庄造　36

小川琢治　　9, 27
小川直之　　145
小田匡保　　32
小野寺淳　　113, 144
小花波平六　　4, 8, 15, 29, 32-37, 69, 72, 74, 75, 79, 97, 112, 177-179, 208-210
織戸市郎　　35
小和田稔　　37

か行

貝塚爽平　　116, 145
片桐新自　　213
勝倉元吉郎　　35
嘉津山清　　37, 101, 102, 106, 108, 110
加藤和徳　　35, 36
加藤政久　　37
金子晃之　　194, 208
金子弘　　35, 36
金子裕之　　155, 178
萱野章宏　　20, 31, 156
ギンズブルグ，カルロ　　8
川勝政太郎　　8, 9, 13, 27
川崎喜久男　　21, 31, 202, 210
川名登　　40, 65, 157, 179
菊池武紀　　33
岸本昌良　　146
北島正元　　206
北原進　　139, 144, 145
北村章宏　　20
北村和寬　　31, 39, 65
北村敏　　145
鬼頭宏　　147
木村礎　　5, 6, 8, 114, 142, 144, 149, 172, 173, 175, 182
喜代吉榮徳　　36
朽木量　　19, 23, 25, 30, 144
窪徳忠　　3, 8, 14, 15, 24, 29, 30, 33-35, 69, 74, 77, 79, 101, 104-106, 110, 112, 144, 163, 164, 166, 177-180, 195, 203, 208
熊澤徹　　207
倉石忠彦　　19, 30
栗原圭介　　209
胡桃沢友男　　35
黒田正　　35
国遠一夫　　34
小笹芳友　　147
古関隆　　213

小谷三志　　197, 199-201
後藤守一　　13, 28
小林繁夫　　35
小林達雄　　22, 31, 170, 181
小林徳太郎　　33
小林行雄　　8
小山真夫　　9, 13, 29, 33, 42, 66, 183, 204, 206

さ行

斉藤修　　146
榊原勲　　36
坂口和子　　35
坂詰秀一　　13, 22, 27-30
桜井徳太郎　　83, 95-98, 113, 144
佐々木潤之介　　149, 177, 206
佐藤佐太郎　　15
佐藤宗太郎　　29
椎橋幸夫　　30, 31
塩野雅代　　83, 97, 142, 144
塩原勉　　177, 181
繁原幸子　　37
四時堂其諺　　152
實形裕介　　31, 39, 65
柴田常恵　　13
柴田寿彦　　35, 36
渋沢敬三　　28
嶋二郎　　37
清水長明　　35
清水長輝　　8, 14-16, 29, 33, 43, 66, 69, 75, 79, 101, 110, 112, 152, 164-167, 169, 177, 180, 191, 199, 206, 208
白井哲哉　　173, 181, 207
白川部達夫　　172, 181
杉仁　　1, 7, 21, 31, 184, 201, 202, 205, 206
鈴木章生　　19, 30, 194, 207, 208
鈴木栄太郎　　144
鈴木公雄　　31, 32, 43, 66, 213
鈴木茂　　34
鈴木透　　213
鈴木尚　　28
関根達人　　21, 31

た行

大護八郎　　33-35,
高島信平　　35, 111, 145, 149
高橋健自　　13
高橋大蔵　　36

索引

高橋肇　36
高森良昌　39, 65
孝安天皇　196, 200
滝沢博　207
滝本靖士　36
竹内常行　179
竹内利美　13, 15, 18, 29, 33, 82-85, 90, 96, 97, 114, 115, 122, 123, 142, 144
竹田聰州　19, 23, 30, 113, 144, 176, 177, 182
武田久吉　9, 14, 15, 19, 28, 29, 33, 34
谷川章雄　19, 20, 25, 29, 30, 31, 65-67, 79, 162, 179, 180, 210
種元勝弘　33
田村右品　36
田村允彦　37
千々和實　161, 179
筑紫敏夫　19, 30
坪井良平　9, 13, 18, 19, 23, 28, 39, 40, 42, 65
ディーツ　39, 40
デスレフセン　39
當摩泰二　35
時津裕子　19, 22, 30, 32, 170, 181
徳川家康　8
徳大寺行雅　197
徳田進　209
飛田英世　160, 179
冨永文昭　36, 101, 105, 110
外山徹　31, 39, 65
鳥居龍蔵　9, 28
鳥野幸治　8

な行

中井信彦　213
中上敬一　36
中川正　39, 41, 65
長倉保　209
中沢厚　35
中沢幸男　35
中島利一郎　28
永田日出男　35
永田よしの　34
中野守久　17, 30, 36, 148
永原慶二　177
中村たかを　17, 29, 64, 67
中山正義　36
仲芳人　36, 79
南雲寿美雄　15, 29, 33, 144

西海賢二　17, 20, 21, 30, 31, 83, 97
西川如見　95
西川武臣　178
西山松之助　194, 195, 208
二宮金次郎（尊徳）　200, 201
沼田信一　209
沼田頼輔　42, 66
野沢均　177
小川秀樹　177
野尻かおる　37, 210
野村兼太郎　98, 187, 206

は行

羽賀祥二　21, 31, 184, 202, 204-206, 209
長谷川伸三　209
長谷川裕子　181
畑大介　19, 31
服部清道　7, 9, 13, 28, 35
浜田耕作　9, 13, 27, 31
浜田弘明　20
林古渓　12, 28, 33
林淳　208
速水融　6, 8, 131, 136, 138, 147, 171, 176, 181
伴蒿蹊　79, 195
バーク,ピーター　8
飛田　160
平子鐸嶺　9, 13, 27
平野栄次　16, 35, 35, 98, 145, 148, 196, 196, 208
平野実　34
比留間博　105, 111
福田アジオ　6, 8, 114, 115, 139, 142-144, 148, 149, 153, 171-174, 177, 212, 213
藤沢一夫　14, 29, 33
藤田秀司　33
藤橋幹之助　35
藤原頼長　8
フット,ケネス・E　31, 213
別所光一　33
星野昌治　29, 35, 79, 177, 178
星野光行　37
穂積重遠　187, 206, 207
穂積陳重　187, 206

ま行

牧原憲夫　8
正岡寛司　144

町田聡　　37, 157, 179
町田葉子　　17, 30, 36, 143, 144
松浦伊喜三　　14, 29
松岡六郎　　33
松尾芭蕉　　202
松原典明　　19, 30
松村雄介　　20, 21, 30, 31, 35, 36
松本真　　36
丸山雍成　　207
三木一彦　　113, 144
水野清一　　8
溝口常俊　　144
源俊房　　8
三輪善之助　　12, 14, 15, 28, 29, 33, 34
村上光清　　196
森岡清美　　148
森貞成　　28
森潤三郎　　42, 66
森田茂　　36
森本和男　　28
森本一彦　　113, 115, 144
森本六爾　　28
守屋貞治　　156
森安彦　　138, 207
師橋辰夫　　66
門間勇　　36

や行

八木奘三郎　　13
八代恒治　　34
安丸良夫　　196, 208

柳田国男　　8, 10, 14, 28, 29, 33, 212, 213
山内清男　　22, 31
山口義晴　　37
山下立　　36, 67, 178
山中共古（笑）　　10, 12, 14, 28, 33
山本力　　36
山本弘光　　36
山本光正　　194, 208
横田甲一　　15, 16, 29, 30, 33-36, 180
横山浩一　　18, 30, 40, 50, 65
吉岡義豊　　33, 164, 179
吉原健一郎　　156, 178

ら・わ行

ル・ゴフ，ジャック　　213
若杉慧　　10, 15, 28, 29
和歌森太郎　　14, 29, 33
和田三伝　　208
渡辺菊治　　36
渡辺善治郎　　111, 207
渡辺尚志　　148, 171, 172, 177, 189, 202, 206, 207, 209
渡辺刀水　　208
渡邊敏夫　　111
渡辺信幸　　34, 35
渡辺英夫　　156, 160, 178
渡部圭一　　19, 30
和田光弘　　213

アルファベット

Rouse, Irving　　65

著者紹介

石神裕之（いしがみ ひろゆき）

1973年，神奈川県生まれ。2005年，慶應義塾大学大学院文学研究科後期博士課程単位取得満期退学。博士（史学）。
日本学術振興会特別研究員（DC・PD）を経て，2007～2010年，慶應義塾大学文学部准教授（有期），2010～2013年，慶應義塾大学矢上地区文化財調査室准教授（有期）。現在，慶應義塾大学文学部非常勤講師。
主要業績に「関東地方の六道銭にみる永楽通寳」（『考古学ジャーナル』No.62，ニューサイエンス社，2012年），『会津保科（松平）家屋敷跡遺跡―慶應義塾中等部新体育館・プール建設計画に伴う埋蔵文化財発掘調査報告書―』（編・共著，慶應義塾大学民族学考古学研究室，2011年），「芝増上寺徳川家霊廟の奉献石灯籠―研究可能性の整理として―」（港区港郷土資料館編・発行『徳川家霊廟』，2009年），「石造遺物から読み解く歴史」（鈴木公雄ゼミナール編『近世・近現代考古学入門』，慶應義塾大学出版会，2007年），などがある。

近世庚申塔の考古学

2013年4月20日　初版第1刷発行

著　者─────石神裕之
発行者─────坂上　弘
発行所─────慶應義塾大学出版会株式会社
　　　　　　　〒108-8346　東京都港区三田 2-19-30
　　　　　　　TEL〔編集部〕03-3451-0931
　　　　　　　　　〔営業部〕03-3451-3584〈ご注文〉
　　　　　　　　　〔　〃　〕03-3451-6926
　　　　　　　FAX〔営業部〕03-3451-3122
　　　　　　　振替　00190-8-155497
　　　　　　　http://www.keio-up.co.jp/
装　丁─────鈴木　衛（東京図鑑）
印刷・製本───亜細亜印刷株式会社
カバー印刷───株式会社太平印刷社

©2013 Hiroyuki Ishigami
Printed in Japan　ISBN 978-4-7664-2041-8

慶應義塾大学出版会

近世・近現代考古学入門
「新しい時代の考古学」の方法と実践

鈴木公雄ゼミナール 編

徳川将軍家墓所の埋葬形態に見られる個人の"格"や、軍隊用食器の形態に見られる戦時中の世相の変遷など、豊富な史料が存在する「新しい時代」だからこそ、幅広い解釈が可能となる「近世・近現代考古学」の入門書。　　［日本図書館協会選定図書］

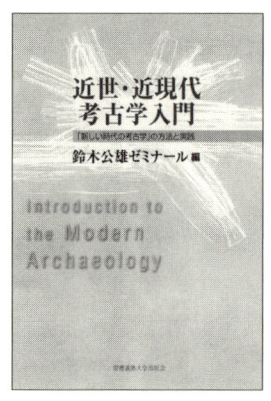

A5判／並製／300頁
ISBN 978-4-7664-1413-4
●2,800円　2007年10月刊行

◆目次◆

はじめに

第1章　近世・近現代考古学とはなにか
- 近世考古学の課題　　　　　　　　　　　　　　　鈴木公雄
- 歴史考古学の発達と考古学の未来　　　　　　　　鈴木公雄

第2章　近世・近現代考古学の方法

第1節　研究の方法と成果
- 近世陶磁器研究の現状と課題　　　　　　　　　　森本伊知郎
- 「飯茶碗」の考古学　　　　　　　　　　　　　　浅川範之
- 江戸在地系土器の現在・過去・未来　　　　　　　両角まり
- 近世考古学と瓦研究―歴史考古学の瓦研究史回顧から　　比毛君男
- 出土銭貨研究の成果と展望　　　　　　　　　　　櫻木晋一
- 石造遺物から読み解く歴史　　　　　　　　　　　石神裕之
- 近世考古学と形質人類学　　　　　　　　　　　　奈良貴史
- 近世・近代における家畜化―人と動物のかかわり　姉崎智子
- 近世都市「江戸」の考古学　　　　　　　　　　　髙山優
- 江戸の墓制―墓に込められた身分秩序　　　　　　松本健

第2節　理論的展開
- 近世・近現代考古学のライフサイクル論　　　　　小林謙一
- 近現代遺物研究と消費理論　　　　　　　　　　　桜井準也
- 民俗学・民具学・物質文化研究と近現代考古学　　朽木量
- ＜遺跡＞問題―近現代考古学が浮かび上がらせるもの　　五十嵐彰

第3章　歴史考古学と関連分野
- 歴史考古学と先史考古学―北アメリカの例を中心として　　羽生淳子
- 歴史考古学と文献史料　　　　　　　　　　　　　中島圭一
- 歴史考古学と文化人類学　　　　　　　　　　　　棚橋訓
- 考古学と人類学・自然科学　　　　　　　　　　　髙山博

表示価格は刊行時の本体価格（税別）です。